类案争点与法律适用丛书

婚姻家庭继承纠纷争点整理与法律适用

杨晓蓉／主编

人民法院出版社

图书在版编目（CIP）数据

婚姻家庭继承纠纷争点整理与法律适用 / 杨晓蓉主编. -- 北京 : 人民法院出版社, 2025. 5. --（类案争点与法律适用丛书）. -- ISBN 978-7-5109-4505-2

Ⅰ. D920.5

中国国家版本馆CIP数据核字第2025EZ1076号

婚姻家庭继承纠纷争点整理与法律适用

杨晓蓉　主编

策划编辑　韦钦平
责任编辑　周利航　赵芳慧
封面设计　尹苗苗　李俊凯
出版发行　人民法院出版社
地　　址　北京市东城区东交民巷27号（100745）
电　　话　（010）67550628（责任编辑）　67550558（发行部查询）
　　　　　　65223677（读者服务部）
客服QQ　2092078039
网　　址　http://www.courtbook.com.cn
E－mail　courtpress@sohu.com
印　　刷　三河市国英印务有限公司
经　　销　新华书店

开　　本　787毫米×1092毫米　1/16
字　　数　445千字
印　　张　25.75
版　　次　2025年5月第1版　2025年5月第1次印刷
书　　号　ISBN 978-7-5109-4505-2
定　　价　98.00元

编写说明

习近平总书记强调，全面依法治国是国家治理的一场深刻革命，关系党执政兴国，关系人民幸福安康，关系党和国家长治久安。[①]在以习近平同志为核心的党中央坚强领导下，新时代中国特色社会主义法治建设发生历史性变革、取得历史性成就。党的二十届三中全会审议通过《中共中央关于进一步全面深化改革 推进中国式现代化的决定》，对完善中国特色社会主义法治体系作出重大部署，要求健全公正执法司法体制机制，深化和规范司法公开，落实和完善司法责任制，改进法治宣传教育，完善以实践为导

---

① 《高举中国特色社会主义伟大旗帜 为全面建设社会主义现代化国家而团结奋斗——在中国共产党第二十次全国代表大会上的报告（2022年10月16日）》，载《人民日报》2022年10月26日，第1版。

向的法学院校教育培养机制。

人民法院始终坚持以习近平新时代中国特色社会主义思想为指导，深入践行习近平法治思想，全面贯彻落实党的二十大和二十届三中全会精神，深刻领悟“两个确立”的决定性意义，增强“四个意识”、坚定“四个自信”、做到“两个维护”，做深做实为大局服务、为人民司法，推动司法审判工作高质量发展，为中国式现代化提供有力司法服务和保障。人民法院出版社紧紧围绕贯彻落实习近平法治思想，落实最高人民法院工作要求，从服务审判执行工作、服务法治中国建设的实践需求出发，立足新闻出版宣传工作职责，策划组织编写了《类案争点与法律适用丛书》(以下简称《丛书》)，旨在为办理类似案件提供系统方法论和法律适用指引，促进公正司法、定分止争。《丛书》具有以下几个特点：

一是深入践行习近平法治思想，积极回应人民关切。人民法院是党领导下的国家审判机关，始终把维护人民群众合法权益作为司法审判工作的根本出发点和落脚点，着力解决好“为了谁、依靠谁、我是谁”这一根本问题。《丛书》围绕婚姻家庭、劳动争议、房屋买卖、道路交通等民生关注热点重点，梳理归纳司法实践中的难点堵点问题，将习近平法治思想贯穿具体个案释法说理全过程各环节，充分展现司法审判公正、高效化解各类矛盾风险、切实维护人民群众合法权益的生动实践。

二是聚焦类案法律适用，推动法律统一正确实施。公正司法是维护社会公平正义的最后一道防线。通过公正司法维护社会公平正义，是新时代党领导人民推进全面依法治国、建设社会主义法治国家的必然要求，这对全国法院法官司法能力和水平提出新的要求。《丛书》依托法答网、人民法院案例库、多元解纷案例库、“法信”等司法资源，数智法律知识服务平台汇集的大量典型案例、法律适用问题答问，聚焦类案审判实践中的常见争点、疑难复杂问题、新型问题等，以最高人民法院裁判观点为基础标准，系统化梳理类案争点，深入剖析类案法律适用产生分歧的原因，切实为类案法律适用提供统一的裁判尺度和指导参考，以期正确适用法律，规范法官自由裁量权，确保司法裁判的公正性。

三是指导提升审判能力水平，有效服务定分止争工作。定分是依法办案，止争是化解矛盾；定分是解决案件，止争是解决问题；“定分”重在“止争”。人民法院要做实善于从政治上看、精于从法治上办，就需要在案件审理时充分听取当事人诉求，明确争议焦点，明晰请求权基础规范；在此基础上，运用科学有效的审判方法，进一步分析基础规范的构成要件及要件事实，最后准确适用法律。《丛书》梳理归纳了相关案由下各类情形的请求权及其请求权基础规范，为类案裁判提供了相对明晰的法律适用规范指引以及审理重点与方法步骤，为司法审判提质增效提供了方法论支撑。

《丛书》的付梓出版，得益于最高人民法院各有关审判业务庭的精心指导，得益于一线资深法官的默默付出，凝聚着全体编撰人员的心血和智慧。作为类案争点与法律适用方面的创新之作，一方面囿于认识水平、时空条件等因素，另一方面新类型案件层出不穷，《丛书》有关内容或还有不足之处。借此机会，衷心希望《丛书》的编辑出版能够助力提升全国法官的审判能力和水平，积极服务公正司法定分止争、促进矛盾纠纷源头预防实质化解等人民法院中心工作，为做实为大局服务、为人民司法，建设更高水平的社会主义法治国家、推进中国式现代化贡献智慧和力量。

《类案争点与法律适用丛书》编委会

2025 年 1 月

前言

天下之本在国，国之本在家。

中华民族历来重视家庭。尊老爱幼、妻贤夫安、母慈子孝、兄友弟恭、知书达礼、遵纪守法、家和万事兴等中华民族传统美德，铭记在中国人的心中，融入中国人的血脉中，是支撑中华民族生生不息、薪火相传的重要精神力量，是家庭文明建设的宝贵精神财富。

习近平总书记指出："无论时代如何变化，无论经济社会如何发展，对一个社会来说，家庭的生活依托都不可替代，家庭的社会功能都不可替代，家庭的文明作用都不可替代。无论过去、现在还是将来，绝大多数人都生活在家庭之中。我们要重视家庭文明建设，努力使千千万万个家庭成为国家发展、民族进步、社会和谐的重要基点，成为人们梦想启航的地方。"[①]

随着改革开放不断深入，尤其是新时代以来，我国经济社会发展取得历史性成就，人民生活水平不断提高，城乡家庭的结构和生活方式发生了新变化。随之而来的就是民众婚姻家庭观以及财富理念的变化，反映在婚姻家庭及继承类家事纠纷案件上，则呈现案件数量逐年上升趋势。人民法院家事审判部门承载着维护社会和谐稳定、家庭和睦安宁的神圣职责，责任重大、使命光荣，任重而道远。

天下之事，不难于立法，而难于法之必行。

党的二十大报告中指出："公正司法是维护社会公平正义的最后一道防线。深化司法体制综合配套改革，全面准确落实司法责任制，加快建设公正

① 习近平：《注重家庭，注重家教，注重家风》，载《求是》2025 年第 3 期。

高效权威的社会主义司法制度，努力让人民群众在每一个司法案件中感受到公平正义。”我国《民法典》第五编、第六编较为完整地确立了婚姻家庭继承制度规则，但囿于立法本身原则、笼统、抽象的特征，加之受市场经济规则、个体权利勃兴、社会多元观念等影响，婚姻家庭继承纠纷呈现案件总量大、裁判标准多元、审理难度增加等特点。目前，司法实践中婚姻家庭继承等家事案件的裁判尺度尚有差异，审判的质量和效率与广大人民群众的期待还有距离。最高人民法院张军院长在传达学习贯彻习近平总书记在全国两会期间系列重要讲话精神和全国两会精神时也强调，要紧紧围绕“公正与效率”这个主题，抓住审判工作这个“实处”，着力在促公正、提效率、强队伍上下功夫，促进审判体系和审判能力现代化，推动在更高水平上实现“准确认定事实、精准适用法律、促进公平正义”。

欲知平直，则必准绳；欲知方圆，则必规矩。党中央高度重视法律适用的统一。党的十八届四中全会通过的《中共中央关于全面推进依法治国若干重大问题的决定》将“统一法律适用标准”作为完善以宪法为核心的中国特色社会主义法律体系的重要任务之一。《最高人民法院关于深化司法责任制综合配套改革的实施意见》又将“完善统一法律适用机制”作为重要内容。在统一法律适用的司法大背景下，本书通过对婚姻家庭继承案件的类型化、体系化、规范化梳理，以期帮助相关司法同仁、法律职业共同体准确适用法律、妥善化解婚姻家庭继承纠纷。

全书主要以《民事案件案由规定》中婚姻家庭纠纷和继承纠纷两个二级案由为纲，分为上下两编：上编婚姻家庭纠纷包含第一章婚姻家庭纠纷案件概述、第二章婚约财产纠纷、第三章婚姻效力及同居关系纠纷、第四章婚姻关系解除纠纷、第五章夫妻财产分割纠纷、第六章家庭关系纠纷、第七章收养关系纠纷；下编继承纠纷包含第八章继承纠纷案件概述、第九章法定继承纠纷、第十章遗嘱继承与遗赠纠纷、第十一章遗产的处理纠纷。

全书第一章与第八章作为上编和下编的概述章节，分别简明扼要地概述了近年来全国法院婚姻家庭纠纷案件与继承纠纷案件的审理概况、案件特点以及审理原则，并对要件审判九步法予以适度展开。除了第一章与第八章外，其余每章均围绕婚姻家庭纠纷和继承纠纷两个二级案由项下的具体案由展开，分为以下三个小节：第一节主要介绍具体目标类型案件的内涵、特点、审理原则、审理要素（基本涵盖要件审判九步法的前四步）以及相关程序问题等；第二节为争点整理与认定，针对婚姻家庭与继承纠纷司法实践中的常见案由，以请求权为基础，进一步细化了纠纷类型，围绕请求权基础规范与要件事实，对司法实践中的争点予以整理，并结合具体案例阐述分析；第三节为法律适用中的疑难问题，对当前司法实践中尚存在争议的疑点、难点，一一展开论述，并提出倾向性的裁判观点。

本书结合《最高人民法院关于适用〈中华人民共和国民法典〉婚姻家庭编的解释（二）》的最新精神，贯彻以案说法、以法析理、以理明情的理念，精心选取典型案例、提炼裁判观点，对家事审判中常见的重点、疑难问题进行了梳理与解答。综观本书，呈现以下四个特点：

一是内容全面。全书紧密结合婚姻家庭纠纷和继承纠纷司法实务，内容全面系统、体系完整严谨，为类型案件办理提供全方位、精细化参考指引，实现流程精细完整、业务覆盖全面。对婚姻家庭和继承类案办理中的裁判思路、审理要素、实务难点、示范说理、判项表述等内容进行系统梳理，构建出完整的司法裁判知识图谱，为统一类案裁判尺度、提升办案质效提供了颇具价值的参考。

二是逻辑严整。全书按照司法裁判的内在逻辑体系，全面总结梳理了全国，尤其是江苏三级法院优秀法官裁判文书的实践智慧成果，提炼的争点与所作的解析缜密精细、严谨规范，既可以作为全国审判一线的初、中级法官的工具书，也为广大律师、法学院校师生等法律职业共同体探知和研究法官思维方式、解决问题路径、化解争议方法以及评判法律问题提供了重要窗口。

三是观点时新。全书站在贯彻落实习近平法治思想的高度上立意叙述，在争点解析上既积极传播中华民族传统美德，传递尊老爱幼、男女平等、夫妻和睦、邻里守望等观念，又注重在案例评析时弘扬民主、文明、和谐、公正、法治、诚信、友善等社会主义核心价值观。书中采选的案例大多系近年来生效的典型案例，裁判观点与审理理念与时俱进。

四是使用便捷。全书立足全国一流标准，秉持为一线实务工作者打造高标准、高水平的司法实务“工具书”的理念。书中既涵盖有关类案的常见问题，又直面司法实践当中的热点、难点，为解决有关前沿争议问题提供了具有较强参考价值的破题思路。同时，本书还在“规范指引”部分直接将目标法律法规、司法解释等予以明确，努力追求让广大实务工作者达到“一本在手、类案无忧”的功效。

为做好本书的编撰工作，在人民法院出版社的指导下，我们擢选法学理论与司法实践兼修的精干力量组成编写组。编写组由江苏省扬州市中级人民法院院长杨晓蓉博士担任主编，参与编写的人员均系常年在家事审判一线的业务骨干。其中各章节编写人员如下（以撰写章节先后为序）：第一章编写人员为祁若冰与肖伯怿、第二章编写人员为王睿冰、第三章编写人员为李虹、第四章编写人员为王雨欣、第五章编写人员为黄月花与杜丽丽、第六章编写人员为沈起、第七章编写人员为祁理琦、第八章编写人员为李益松与王兵、第九章编写人员为周洁、第十章编写人员为曹保山、第十一章编写人员为赵广才。经过近一年的编写、整理、修改，最终由法学博士袁江华统改、杨晓蓉博士定稿，《婚姻家庭继承纠纷争点整理与法律适用》一书终于付梓刊印。

在本书出版之际，特别感谢最高人民法院民事审判第一庭王丹法官在百忙之中对书稿进行的认真细致的审读。王丹法官作为《最高人民法院关于适用〈中华人民共和国民法典〉婚姻家庭编的解释（二）》的起草人，对本书提出了许多专业精到的修改建议，使书稿内容与最新司法解释的规定和精神保持一致。此外，本书汇聚了诸多领导及法官的经验和智慧，在此，我们一并表示感谢。

当然，因家事案件具有明显伦理性表征，势必会受到不同地区、不同文化、不同风俗习惯的影响，加之受编者教育背景、实践经验与业务能力等因素所限，书中难免存在错漏与不足，真诚希望各位同仁、读者批评指正，以共同促进我们家事审判能力与水平的提升。

编　者

2025 年 3 月

凡 例

1. 本书中法律文件名称一般用简称，例如《中华人民共和国民法典》简称《民法典》。

2. 本书中下列司法解释一般也使用简称：

文件全称	简称	相关信息
《最高人民法院关于适用〈中华人民共和国民法典〉婚姻家庭编的解释（一）》	《民法典婚姻家庭编解释（一）》	发文字号：法释〔2020〕22 号 公布日期：2020 年 12 月 29 日 施行日期：2021 年 1 月 1 日
《最高人民法院关于适用〈中华人民共和国民法典〉婚姻家庭编的解释（二）》	《民法典婚姻家庭编解释（二）》	发文字号：法释〔2025〕1 号 公布日期：2025 年 1 月 15 日 施行日期：2025 年 2 月 1 日
《最高人民法院关于适用〈中华人民共和国民法典〉继承编的解释（一）》	《民法典继承编解释（一）》	发文字号：法释〔2020〕23 号 公布日期：2020 年 12 月 29 日 施行日期：2021 年 1 月 1 日
《最高人民法院关于适用〈中华人民共和国民事诉讼法〉的解释》	《民事诉讼法解释》	发文字号：法释〔2015〕5 号 公布日期：2015 年 1 月 30 日 施行日期：2015 年 2 月 4 日 第一次修正施行日期：2021 年 1 月 1 日 第二次修正施行日期：2022 年 4 月 10 日

续表

文件全称	简称	相关信息
《最高人民法院关于审理涉彩礼纠纷案件适用法律若干问题的规定》	《涉彩礼纠纷规定》	发文字号：法释〔2024〕1号 公布日期：2024年1月17日 施行日期：2024年2月1日

目 录

上编 婚姻家庭纠纷

上编

婚姻家庭纠纷

第一章　婚姻家庭纠纷案件概述

家庭作为社会的细胞，是国家发展、民族进步、社会和谐的重要基点。党的十八大以来，以习近平同志为核心的党中央高度重视家庭文明建设。

习近平总书记深刻指出："家庭和睦则社会安定，家庭幸福则社会祥和，家庭文明则社会文明。历史和现实告诉我们，家庭的前途命运同国家和民族的前途命运紧密相连。"[①] 随着我国社会经济的不断发展，城乡居民的家庭结构、民众的婚姻家庭观念也在发生变化。近年来，人民法院坚持以习近平新时代中国特色社会主义思想为指导，深入学习贯彻习近平总书记关于家庭家教家风的重要讲话精神，创新思路、改进方法、开拓机制、转变作风，依法妥善审理各类家事案件，充分发挥家事审判定分止争、情感治愈功能，不断提升人民群众的获得感、幸福感、安全感，以更高站位、更强担当、更大力度、更实举措推动家事审判工作高质量发展，为推进社会和谐稳定健康发展，夯实全面建设社会主义现代化国家的社会根基提供坚强有力的司法服务和保障。

就司法层面而言，婚姻家庭案件既关涉财产权益保护，又关涉家庭成员间的人格、身份、情感、安全等多方面的利益考量。我国《民法典》婚姻家庭编较为完整地确立了婚姻家庭制度规则，但囿于立法本身原则、笼统、抽象的特点，且婚姻家庭案件法律适用亦与家事审判[②] 理念的深度转变息息相关，其本身也涉及《民法典》总则编、物权编、合同编与婚姻家庭编的法律交汇领域，加之受市场经济规则、个体权利勃兴、社会多元观念等影响，婚

① 《习近平在会见第一届全国文明家庭代表时的讲话》，载《人民日报》2016 年 12 月 16 日，第 2 版。

② 家事审判是指以家事案件（我国司法统计中一般称婚姻家庭案件）为审判对象的审判活动与机制。因应婚姻家庭继承纠纷案件的特殊性，为全面保障当事人的人身、财产、人格、安全、情感等利益，妥善解决家事纠纷，维持家庭和平健康，提高人们家庭生活质量，最高人民法院于 2016 年发布《关于开展家事审判方式和工作机制改革试点工作的意见》，探索妥善化解家事纠纷的审判路径。参见王琦：《聚焦我国家事审判改革的几个面向》，载《政法论丛》2018 年第 1 期。

姻家庭领域的新情况新问题层出不穷，婚姻家庭纠纷审理呈现案件总量大、判断标准多元、审理难度增加等特点。

一、婚姻家庭纠纷案件概况

“婚姻家庭”不仅指婚姻家庭关系，也涵盖婚姻家庭生活，[①]包括我国《民法典》婚姻家庭编在内的调整婚姻家庭关系的法律规范，其调整范围为夫妻之间、家庭成员之间及其他近亲属之间的人身关系和财产关系。亲属人身关系，因结婚、出生、收养等法律事实而发生，因离婚、死亡、解除收养关系等法律事实而消灭，存在于具有特定亲属身份的主体之间；亲属财产关系以主体间存在特定亲属人身关系为前提，不同于其他财产关系，不体现直接的经济目的，具有非对价性和强烈的伦理性，旨在服务于亲属共同生活、实现养老育幼的家庭职能。

（一）婚姻家庭纠纷案件审理概况

从全国统计数据看，婚姻家庭纠纷案件在数量上几乎占据全部民事纠纷案件的十分之一。[②]除总数多外，婚姻家庭纠纷案件还呈现明显的集中分布趋势，主要为离婚及其衍生纠纷案件，集中于核心家庭领域。[③]

婚姻是家庭的起始，常意味着一个新核心家庭的产生和两个原有核心家庭的结合。和谐稳定的家庭关系需要各方的互相体谅与长期磨合。从司法实践出发，婚姻家庭纠纷主要肇因于：其一，缺乏互谅互让。夫妻或家庭成员间忽略感情的培养、情感的表达。个人的成长背景、经济条件、地域习俗各异，致使彼此的文化修养、思想观念和情感表达方式不同，长期的沟通不畅

---

① 参见最高人民法院民法典贯彻实施工作领导小组编著：《中国民法典适用大全 · 婚姻家庭卷》，人民法院出版社 2022 年版，第 90~91 页。

② 从婚姻家庭纠纷案件总体受理情况来看，2021 年至 2023 年，全国法院新收一审婚姻家庭纠纷案件分别为 1 769 487 件、1 689 844 件、2 034 502 件，分别占民事一审新收案件数的 10.65%、10.68%、11.61%；审结一审婚姻家庭纠纷案件分别为 1 709 455 件、1 711 949 件、2 032 771 件，分别占民事一审审结案件数的 10.86%、10.62%、11.63%。由此可见，无论从新收案件数还是从审结案件数看，婚姻家庭纠纷案件都为主要的民事纠纷案件。基础数据来源于《全国法院司法统计公报》，载最高人民法院网站，http：//gongbao.court.gov.cn/ArticleList.html ？ serial_no=sftj，2024 年 5 月 9 日访问。

③ 2021 年至 2023 年，全国法院新收婚姻家庭纠纷案件共 5 493 833 件，其中排名前三的案由依次为离婚纠纷 4 569 470 件，占比 83.17%；抚养纠纷 390 134 件，占比 7.10%；赡养纠纷 67 608 件，占比 1.23%。基础数据来源于《全国法院司法统计公报》，载最高人民法院网站，http：//gongbao.court.gov.cn/ArticleList.html ？ serial_no=sftj，2024 年 5 月 9 日访问。

会加深观念冲突和处事矛盾，最终影响家庭和谐。其二，经济利益分割不当。当前社会财富的类型、获取途径和管理模式多元，生育和抚育成本提高对夫妻财产分配提出更多要求，拆迁、继承等事项为家庭带来大额财产的同时也是对家庭成员的重大考验。其三，传统社会控制力式微。因应市场经济的发展，传统社会中自然发展形成的以社会成员间的血缘、情缘及地缘关系为连接纽带的社会成员关系网络[①]，即“熟人社会”，逐渐向“契约社会”过渡，物质因素增多，传统道德规范和社会舆论对个人的约束力有所下降，已婚出轨、拒绝赡养或抚养等引发的婚姻家庭纠纷日益增多。

（二）婚姻家庭纠纷案件分类

最高人民法院《民事案件案由规定》在“婚姻家庭纠纷”中列举了第三级案由 17 个，同时考虑到司法实践中，各类案由所涉案件数量差异大，本书甄别当事人诉讼请求指向的客体，区分纠纷事实关涉类型，确定争议问题实质，从案件审理焦点和关键问题处着手，将婚姻家庭纠纷作如下区分，见表 1。

表 1　婚姻家庭纠纷主要类型

<table>
<tr><td rowspan="10">婚姻家庭纠纷</td><td>婚约财产纠纷</td><td colspan="2">婚约财产纠纷</td></tr>
<tr><td rowspan="4">婚姻效力及同居关系纠纷</td><td colspan="2">婚姻无效纠纷</td></tr>
<tr><td colspan="2">撤销婚姻纠纷</td></tr>
<tr><td rowspan="2">同居关系纠纷</td><td>同居关系析产纠纷</td></tr>
<tr><td>同居关系子女抚养纠纷</td></tr>
<tr><td rowspan="2">婚姻关系解除纠纷</td><td colspan="2">离婚纠纷</td></tr>
<tr><td colspan="2">离婚后损害责任纠纷</td></tr>
<tr><td rowspan="3">夫妻财产分割纠纷</td><td colspan="2">婚内夫妻财产分割纠纷</td></tr>
<tr><td colspan="2">离婚后财产纠纷</td></tr>
<tr><td colspan="2">夫妻财产约定纠纷</td></tr>
</table>

① 魏红：《如何发挥社会控制在防控西南地区性侵害未成年人犯罪中的作用》，载《政法论丛》2016 年第 2 期。

续表

<table>
<tr><td rowspan="13">婚姻家庭纠纷</td><td rowspan="11">家庭关系纠纷</td><td rowspan="2">扶养纠纷</td><td>扶养费纠纷</td></tr>
<tr><td>变更扶养关系纠纷</td></tr>
<tr><td rowspan="2">抚养纠纷</td><td>抚养费纠纷</td></tr>
<tr><td>变更抚养关系纠纷</td></tr>
<tr><td rowspan="2">亲子关系纠纷</td><td>确认亲子关系纠纷</td></tr>
<tr><td>否认亲子关系纠纷</td></tr>
<tr><td colspan="2">探望权纠纷</td></tr>
<tr><td rowspan="2">赡养纠纷</td><td>赡养费纠纷</td></tr>
<tr><td>变更赡养关系纠纷</td></tr>
<tr><td colspan="2">监护权纠纷</td></tr>
<tr><td colspan="2">分家析产纠纷</td></tr>
<tr><td rowspan="2">收养关系纠纷</td><td rowspan="2">收养关系纠纷</td><td>确认收养关系纠纷</td></tr>
<tr><td>解除收养关系纠纷</td></tr>
</table>

1. 婚约财产纠纷

此类纠纷涉及以结婚为目的的财产赠与。按我国的民间婚俗，订婚的男女常会有财物往来，俗称彩礼。婚约本身对当事人无法律上的约束力，解除婚约也不需要诉诸法律程序，但解除婚约往往会产生向对方索还彩礼的情况，因而产生财产纠纷。该类案件常表现为原告诉请被告返还婚约财产，所适用规范主要集中于婚约财产返还等规定。①

2. 婚姻效力及同居关系纠纷

婚姻效力纠纷中当事人进行了结婚登记，但双方当事人对婚姻登记的效力尚存争议，如原告请求确认婚姻无效或是撤销婚姻，②即婚姻无效纠纷、撤销婚姻纠纷。同时，婚姻无效或者被撤销的，无过错方有权请求损害赔偿，③故该类纠纷中还可能涉及损害赔偿请求权。

① 参见《民法典婚姻家庭编解释（一）》第 5 条；《涉彩礼纠纷规定》第 3 条、第 5 条、第 6 条。

② 参见《民法典》第 1051 条、第 1052 条、第 1053 条；《民法典婚姻家庭编解释（一）》第 18 条、第 19 条、第 20 条。

③ 参见《民法典》第 1054 条。

同居关系纠纷是指当事人未进行结婚登记，仅为同居关系，双方因同居关系的解除产生的财产分割及子女抚养纠纷，如原告请求分割共同财产，[①]请求确认抚养关系、给付抚养费、确认探望权等，[②]即同居关系析产纠纷、同居关系子女抚养纠纷。

3. 婚姻关系解除纠纷

此类纠纷涉及婚姻关系的解除。离婚纠纷系典型的人身与财产关系复合之诉，在处理夫妻身份关系的同时，往往涉及夫妻财产分割和子女抚养问题，审判实践中均将其归入"离婚纠纷"案由项下一并处理。本书在婚姻关系解除纠纷部分重点论述请求解除婚姻关系、[③]请求履行离婚协议、[④]请求离婚损害赔偿、[⑤]请求离婚经济补偿[⑥]等内容。

4. 夫妻财产分割纠纷

此类纠纷涉及夫妻共同财产的分割事宜，如婚内夫妻财产分割纠纷中通常为婚姻关系存续期间请求分割共同财产、[⑦]夫妻财产约定纠纷、离婚纠纷中的请求分割夫妻共同财产、[⑧]离婚纠纷中请求分割共同债务、[⑨]离婚后财产纠纷中请求分割离婚时未分割的共同财产。[⑩]

5. 家庭关系纠纷

此类纠纷涉及夫妻、亲子等家庭成员之间基于特定的身份关系产生的权属纠纷，如夫妻及同辈亲属间的扶养纠纷，[⑪]亲子之间提起的请求确认亲子关系或对亲子关系提出异议的亲子关系纠纷，[⑫]请求变更抚养关系或请求给付抚

---

① 参见《民法典》第304条、第1054条；《民法典婚姻家庭编解释（一）》第3条。

② 参见《民法典》第1071条。

③ 参见《民法典》第1079条；《民法典婚姻家庭编解释（一）》第23条。

④ 参见《民法典》第464条、第465条、第490条、第522条、第1076条；《民法典婚姻家庭编解释（一）》第70条。

⑤ 参见《民法典》第1091条；《民法典婚姻家庭编解释（一）》第86条、第88条、第89条、第90条。

⑥ 参见《民法典》第1088条、第1090条。

⑦ 参见《民法典》第1066条。

⑧ 参见《民法典》第1062条、第1087条；《民法典婚姻家庭编解释（一）》第71条至第82条。

⑨ 参见《民法典》第1089条；《民法典婚姻家庭编解释（一）》第34条、第35条、第36条。

⑩ 参见《民法典》第1092条；《民法典婚姻家庭编解释（一）》第70条、第83条。

⑪ 通常为请求确认扶养义务。参见《民法典》第1059条、第1075条。

⑫ 参见《民法典》第1073条。

养费的抚养纠纷，[1]请求确认探望权的探望权纠纷，[2]请求确定、变更、指定、撤销、恢复监护权的监护权纠纷，[3]请求承担赡养义务的赡养纠纷，[4]以及家庭成员之间请求分割共同财产的分家析产纠纷。[5]

6. 收养纠纷

此类纠纷涉及因收养形成的拟制血亲间的法律关系。通过收养行为，原本没有父母子女关系的收养人与被收养人形成了法律上拟制的父母子女关系，收养关系纠纷包含确认收养关系纠纷与解除收养关系纠纷，在确认收养关系纠纷中以请求确认收养关系为主，[6]在解除收养关系纠纷中可能同时涉及养父母对成年养子女的生活费给付请求权、经济补偿请求权，养父母对生父母的经济补偿请求权等。[7]

二、婚姻家庭纠纷案件特点

（一）纠纷主体的亲缘性

婚姻家庭关系是基于两性关系、血缘关系和扶养关系而形成的人与人之间的关系，[8]婚姻家庭纠纷的当事人彼此具有血缘上或法律上的亲缘关系，在夫妻、家庭等团体中进行了全方位的人格投入，系伦理性、情感性结合，彼此间的情感、生活高度融合，相关的社会行为并非基于完全理性利益的追求，彼此间亦具有不可替代性。在纠纷解决后，因当事人间具有亲属关系，仍将继续发生交往联系。相较之下，公司股东、合伙人这类在合同关系、侵权关系等民事法律关系中所涉的经济团体，常基于理性利益和事务性工作形成，旨在寻求利益平衡或利益结合，可替代性较高，人格投入有限，[9]在纠纷结束后彼此可以再无瓜葛、各奔东西。以上差异，致使婚姻家庭纠纷所涉的法律关系具有强烈的伦理性和非对价性，不以等价有偿作为基础前提和基本原则，

---

① 参见《民法典》第 1084 条、第 1085 条；《民法典婚姻家庭编解释（一）》第 44 条至第 53 条。

② 参见《民法典》第 1086 条。

③ 参见《民法典》第 26 条至第 39 条。

④ 参见《民法典》第 1067 条、第 1074 条；《老年人权益保障法》第 14 条、第 15 条。

⑤ 参见《民法典》第 303 条、第 304 条。

⑥ 参见《民法典》第 1093 条至第 1109 条、第 1111 条。

⑦ 参见《民法典》第 1114 条至第 1118 条。

⑧ 参见贺小荣：《以习近平法治思想为指导　推动新时代家事审判工作高质量发展》，载《中国审判》2023 年第 12 期。

⑨ 参见冉克平：《夫妻团体法：法理与规范》，北京大学出版社 2022 年版，第 4~5 页。

矛盾常更为敏感激烈，看似激烈但又有和解可能，看似寻常又存在激化风险。

（二）法律关系的复合性

婚姻家庭纠纷案件属于复合之诉，既涉及婚姻家庭成员间的人身关系，又涉及财产关系。婚姻家庭纠纷以人身关系为基础和主导，人身关系处于基础性、主导性、决定性地位，财产关系基于人身关系而产生并以维系婚姻家庭成员间人身关系为目的，处于从属性地位。[①] 财产关系的性质认定和归属纠葛以人身关系为前提，随着人身关系的产生、变更、消灭而调整变化。如男女双方因缔结婚姻而产生夫妻共同财产和个人财产，因婚姻缔结不成可能导致婚约财产纠纷，因婚姻关系终止产生夫妻共同财产的分割。

（三）家庭关系的理性化

近几十年来，因应工业化和城市化的扩张、个人意识的觉醒、社会流动性和社会分工的增强，家庭关系逐渐脱离长期以来的自然伦理状态，“实用理性”的趋向愈加明显，核心家庭大量形成，传统大家庭逐渐解体并呈现去功能化趋势，直系血亲之外的伦常关系和亲密度与一般社会关系相差无几，伦常互动也常被契约型的互惠关系所侵蚀和渗透。家庭逐渐被认为是基于个人需求而非满足社会功能形成，婚姻家庭中的平等和个人价值也越来越为人们所重视，人们开始有侧重地强调婚姻法中的契约思想，具体表现在司法实践中即为离婚纠纷案件数量持续较多、婚姻家庭中的男女双方于人身关系和财产权利上的地位趋于平等、同居关系纠纷数量缓慢上升。

（四）纠纷处理的公益性

婚姻家庭纠纷处理不当，可能致使家庭私人伦理受到破坏，进而危及社会公共伦理。如家庭分裂和父母离异可能导致未成年人犯罪等社会问题，又如妇女、老年人在经济、生理上天然处于弱势地位，若对家庭暴力、婚外恋、遗弃老人等问题处理不当，易使家庭问题延伸为社会问题。为维护家庭伦理进而维护社会公共伦理，近年来，婚姻家庭纠纷的相关立法和审判实务在贯彻形式上的平等自由原则的同时，同样追求实质意义上平等、自由的价值理

---

① 参见最高人民法院民法典贯彻实施工作领导小组编著：《中国民法典适用大全·婚姻家庭卷》，人民法院出版社 2022 年版，第 2~3 页。

念，注重照顾未成年人、妇女以及老年人等家庭中弱势群体的利益。在制度安排上维护婚姻制度和强化家庭责任，实现家庭在新时代所担负的传承优秀法律文化、稳定婚姻家庭关系、落实儿童权利优先、弘扬婚姻家庭主流价值观的社会功能，已经成为基本共识，如通过在《老年人权益保障法》中新增“常回家看看”条款、明确“精神赡养义务”等实现“孝道入法”。

家庭本身所承载的社会功能与公益属性，致使婚姻家庭案件不同于一般的民商事案件，不能简单地以审理普通民商事案件的标准来衡量婚姻家庭纠纷案件审理质量。法官在对“夫妻感情是否破裂”“最有利于未成年人的抚养方式”等问题作出司法判断时，不仅要考虑当事人双方的利益平衡，还常涉及社会价值导向、妇女儿童等弱势群体权益的保障，裁判结果要经得起漫长时间和复杂生活的考验，这对审判人员的专业水平、理念转变、生活经验均有较高要求，需要审判人员在《民法典》规范下，统一审判理念和规则标准，在婚姻家庭案件审理时真正落实性别平等、家务劳动价值与在外工作价值平等，加大对未成年人、妇女、老年人等弱势群体的保护力度，确保婚姻家庭审判实现形式平等和实质平等的两全。

（五）事实认定的复杂性

从婚姻家庭纠纷案件的审理周期和发改原因看，事实认定的复杂性是影响婚姻家庭纠纷审理周期的主要因素，亦是发改的主要原因。其复杂性主要体现在：其一，家庭事务的自治性和私密性。家庭作为私密领域，在纠纷爆发之前，当事人基于情感和信赖通常不会存在证据收集意识，日常生活中的留痕也常因为时间流逝而消失，客观上导致当事人举证难。其二，个别法律概念的抽象性和模糊性。如离婚纠纷中的“夫妻感情是否破裂”，未成年人抚养权认定中的“抚养意愿”等，“感情”“意愿”等概念的主观性较强，法院只能通过对当事人的询问观察，结合既往的婚姻家庭生活事实进行衡量判断，难以量化裁量。其三，职权探知的职能弱化。婚姻家庭纠纷的殊异性致使在家事审判中采用职权探知原则已成为“共识”。[①] 但囿于当前法律规范对于职权探知范围界定不够清晰、诉讼理念转变不够深入、“案多人少”的客观背景，当前司法实践中尚存在一些法院对职权探知的认识不一、对其适用范围

---

① 参见王晓桐、蒲业学：《家事审判中法院依职权调查取证制度功能的异化与回归——以75份婚姻家庭继承纠纷判决书为分析样本》，载《南都学坛》2023年第6期。

的限度不明、积极性不足等问题，客观上影响了部分婚姻家庭纠纷案件的事实查明。

（六）纠纷矛盾的延续性

在婚姻家庭案件领域，同一或相关当事人一案结、他案起的现象并不鲜见，主要表现为：一是多次起诉离婚。因夫妻感情破裂标准较难认定，当事人在第一次判决不准予离婚后会再次提起离婚诉讼。二是婚姻家庭关系破裂后，衍生案件持续出现。婚姻家庭案件的当事人普遍具有亲缘性，双方纠葛通常不会因为案件审结而中断，如一案处理不当，当事人双方后续可能继续衍生矛盾，并提起他诉，如在离婚纠纷后衍生离婚后财产纠纷、抚养纠纷，由分家析产纠纷衍生赡养纠纷、继承纠纷等。三是提起一案后，又提起他案以创造诉讼优势。如有的当事人将人身安全保护令申请作为离婚诉讼的手段，又如亲友之间提起民间借贷之诉以减损夫妻共同财产等。

三、婚姻家庭纠纷案件审理原则

婚姻家庭纠纷案件审理要在民法基本原则的基础上，充分考量身份法的特点，不能以财产法原理遮蔽婚姻家庭属性，更不能将商品经济的财产法规则直接适用于婚姻家庭领域。

（一）坚持家事审判思维，维护家庭和谐稳定

家事审判的目的在于服务家庭建设，要以矛盾彻底化解为出发点，以家庭和谐为落脚点，坚持“德法共治”，既重视发挥法律的规范作用，又重视发挥道德的教化作用。[①] 婚姻家庭关系是德法共治的特殊领域，《民法典》婚姻家庭编明确了婚姻家庭法律规范的同时，也对道德规范作出了规定。[②] 一方面，家庭是社会的基石，亦是社会的细胞。家庭具有极强的教育功能，是个人基本价值观培树的摇篮。家庭治理是国家治理的基础，父母作为子女的第一位老师，良好家教家风是预防未成年人罪错行为的关键，也是形成良好社会风气的重要前提。另一方面，权利和义务互依互存的情态最初源自家庭。婚姻家庭关系中各主体彼此间的权利和义务，如夫妻之间的互相忠实义务，父母

---

① 参见钟贝：《用心做好家事审判　促进家庭社会和谐》，载《人民法院报》2022年12月27日，第2版。

② 参见《民法典》第1043条。

的监护抚养义务和子女的赡养义务，这些权利义务关系的明确，既为婚姻家庭关系的审理提供了规范指引，也为构建和谐稳定的家庭关系提供了依据，使优良家风建构不仅有伦理道德支撑，也有了法律保障。

（二）坚持司法为民理念，加大对特殊群体的优先保护

婚姻家庭关系作为最基本的社会关系，与群众生活需求密切相关，面临的新情况新问题多，社会关注度高，尤其婚姻家庭纠纷并非仅涉及个人私权，还兼及婚姻关系的稳定、未成年子女的成长、老年人的赡养等社会公共利益，切实保护妇女、未成年人、老年人、残疾人的合法权益。[①] 故而婚姻家庭案件审理须充分发挥主观能动性，从弱势群体的生存发展需求出发，对当事人的财产和身份权利处分行为进行适度干预，在法律框架内给予未成年人、妇女和老年人等弱势群体差异性保护，以实现婚姻家庭法作为道德伦理性"善法"的人文关切，充分发挥家庭所具有的繁衍、教育、抚养、赡养等社会功能，切实维系夫妻、亲子伦理关系。不仅要实现性别平等，还要坚持未成年人利益最大化原则、遵循最有利于被收养人的原则，[②] 强化对未成年人、老年人、妇女等弱势群体的实质保护与关爱，在维护家庭和谐稳定的同时，达到社会效果与法律效果的统一，实现婚姻家庭的实质正义。

（三）坚持恢复性司法思维，力求弥合修复家庭关系

婚姻家庭纠纷案件审理并非旨在功利性地分配权益，而是始终坚持以人为本，以修复婚姻家庭关系、实现家庭和睦为导向，既要"面向过去"，重点关注当事人内心情感，找到纠纷产生的根源，又要"面向未来"，充分发挥家事审判的诊断、修复和治疗功能，对尚未破裂的婚姻和问题家庭施以援手，为当事人之间的信任复苏、新生活开展创造条件，帮助形成和谐稳定的婚姻家庭"未来状态"。司法实践中具象为：其一，阻止离婚的任意性。婚姻是家庭关系的基础和起点，法律保障离婚自由，但反对轻率离婚。基于此，以审慎的程序设计确认是婚姻"死亡"还是婚姻"危机"，旨在帮助双方缓冲矛盾、增进理解，达到"能挽尽挽"。其二，确保身份关系相对公平、有尊严地解除。如经过细致调查和全面综合分析，确认双方矛盾难以弥合，应在确保

---

① 详见《民法典》第 1041 条。

② 详见《民法典》第 1044 条。

各法律主体权利平等，兼顾未成年人、老年人等弱势群体权益保护的基础上，做到基本公平地分割利益，尽量减轻当事人结束婚姻关系或是解决家庭纠纷时的痛苦与屈辱，使其能以心理上阳光、经济上健康的姿态迎接新的生活。

（四）坚持调解优先原则，确保案结事了人和

中国“家和万事兴”的文化传统以及“力求两和”的古代家事审判原则，均体现将情感维系融入家事纠纷处理的大智慧。将调解这一“中国智慧”贯穿整个婚姻家庭纠纷的诉讼过程，利用法律思维组织调解，平衡各方法益，其目的并不仅是促进纠纷“快结”，更是为了实现“事了”“人和”，确保案涉矛盾的真正化解。一方面，调解有利于缓和当事人之间的对立情绪，防止夫妻或亲属关系的进一步恶化，保证当事人能够心平气和地进行交流，理性地面对和处理问题，从而对未来的事务进行妥善安排，在平息纷争的基础上，尽量引导婚姻家庭纠纷的“一揽子解决”；另一方面，调解具有高度的灵活性，适合用来处理不同于物质利益关系的婚姻家庭关系，能够综合考虑社会沿革、风俗习惯和民意民情，因地制宜、因案制宜，对家事纠纷进行具体化、个别化的解决，以折中调和的方式避免诉讼程序的机械性、程式性，从而实现满足解决家事纠纷需要的实质正义。

第二章　婚约财产纠纷

第一节　婚约财产纠纷概述

一、婚约财产纠纷的概念

婚约财产纠纷是男女双方因给付和接收彩礼而产生的民事争议。彩礼，最早见于《礼记》，记载为“纳征”，是古代求婚至完婚的“三书”“六礼”整个结婚过程的一部分，通常是指男女双方以缔结婚姻为目的，按照当地习俗由一方或其亲属（通常是男方）向另一方或其亲属给付的财物，承载着男方对女方的尊重和承诺。[①] 与古代“媒妁之言，父母之命”不同，现代人的婚恋观是追求自由恋爱，故而形成夫妻感情是婚姻基础的社会认知，彩礼不再是缔结婚姻的必需程序，可有可无、可多可少。然而，随着经济的发展，彩礼金额不断提高，有些地方的“高价彩礼”让原本的仪式感变了味。“讲排场”“比阔气”“先谈彩礼，再谈感情”等不良风气，以及“因婚致贫”等社会现象，宏观上影响了人们的婚恋观，破坏了社会文明，微观上增加了结婚成本，给婚姻埋下了不稳定因素。2021 年以来，中央一号文件连续 5 年提出治理高额彩礼问题。2025 年中央一号文件还特别强调“加大对婚托、骗婚等违法行为的打击力度”。据统计，近 5 年人民法院受理涉彩礼民事案件超 2 万件，彩礼金额高达人均收入的 10 倍。[②]

婚约财产纠纷作为民事案由，原告绝大多数为男方，诉讼请求基本为返还彩礼，被告的抗辩通常为否定彩礼性质、存在不应返还情形。人民法院审理婚约财产纠纷所适用的规则有两类：一是原则性规范，主要指《民法典》

---

① “三书”是指聘书、礼书、迎书；“六礼”是指纳采、问名、纳吉、纳征、请期、亲迎。

② 参见欧阳震雨：《依法治理“高价彩礼”推进移风易俗》，载《中国青年报》2024 年 4 月 25 日，第 7 版。

第 10 条和第 1042 条。前者是所有民事纠纷处理的依据，自然包括婚约财产纠纷。后者是关于婚姻家庭的概括性规范，“禁止借婚姻索取财物”旨在引导人们树立正确的婚恋观。二是具体性规范，主要指《民法典婚姻家庭编解释（一）》第 5 条和最高人民法院 2024 年 1 月 17 日公布的《涉彩礼纠纷规定》，是婚约财产纠纷请求权和抗辩权的基础规范。另外，为治理高价彩礼，更加妥善处理婚约财产纠纷，最高人民法院在 2023 年底与民政部、全国妇联联合发布了四起涉彩礼纠纷典型案例。2025 年 2 月 28 日，最高人民法院发布了第二批涉彩礼纠纷典型案例。两批共发布八起典型案例，对统一类似案件的法律适用，引导社会形成文明风尚，具有重要意义。

二、婚约财产的基本特点

婚约财产即彩礼，其性质，在理论上存在所有权转移说、从契约说等学说，在 2003 年《最高人民法院关于适用〈中华人民共和国婚姻法〉若干问题的解释（二）》第 10 条出台后，赠与说成为学界通说，即认为彩礼属于民事法律上的赠与行为。[①] 在赠与说基础上还存在三种不同观点：一是附解除条件赠与说。该说认为彩礼是附解除条件的赠与，所附的解除条件是婚约解除或者婚姻未能缔结，当条件成就时，赠与行为失效，当事人之间的权利义务消灭，可基于不当得利主张返还彩礼。二是附义务赠与说。认为彩礼授受是附义务的赠与，受赠人应当按照约定履行义务，彩礼所附义务就是缔结婚姻，若未能履行该义务，赠与人可依法行使撤销权，向受赠人请求返还赠与的彩礼。三是目的性赠与说。认为彩礼是以结婚为目的的赠与，目的不达则接受彩礼构成不当得利。目的赠与是指为了达到将来某种目的的一种无偿给付，当给付目的不能按照给付意图实现时，受领给付者即欠缺保有给付利益的正当性。以上学说从不同角度分析了彩礼返还具有必要性的法理基础，但由于彩礼不同于一般财产，其承载了当事人缔结人身关系的意愿，从而使得其与一般赠与有着明显的区别。关于彩礼的性质，虽然一直存在学说纷争，但是司法实践中的统一认识为彩礼是一种特殊的赠与，与一般的赠与不同，其具有下列特征。

---

① 参见胡云红、宋天一：《彩礼返还纠纷法律适用研究——以全国法院 158 份问卷调查和相关裁判文书为对象》，载《中国政法大学学报》2022 年第 6 期。

（一）习俗性和仪式性

彩礼源于“六礼”，即纳吉、纳采、问名、纳征、请期、亲迎。其中纳征是指给付彩礼，已有几千年的历史传承，是男女双方缔结婚姻关系过程中的重要程序，具有鲜明的习俗性和仪式性。从给付财物的原因看，彩礼不是给付人出于增进双方感情的自愿“慷慨”，而是为了缔结婚姻关系受制于当地传统婚俗的压力，不得不为的给付。从给付财物的品类看，作为彩礼的现金往往被要求是个吉利数字，比如 99 999 元（长长久久）、21 800 元（两家一起发）、10 007 元（万里挑妻）等。有的地区还有相对固定的“行情”，比如某地区彩礼行情为“10 万元 + 三金”。作为彩礼的财物除了常见的“三金”“五金”外，还可以是房产、车辆、家具家电等承载当事人对未来婚姻生活憧憬的财产。从交付财物的方式看，彩礼交付一般有仪式要求，比如订婚仪式上交付，或者提亲时交付。所交付的财物往往需要符合当地风俗的外观要求，比如红纸包裹。有的地区则对接受彩礼的人有专门要求，比如媒人转交、特定亲属接收等。从时间上看，彩礼交付一般在男女双方登记结婚或举行婚礼之前，体现了彩礼的仪式性要求，交付彩礼之后才能进入缔结婚姻的下一个环节。

（二）以结婚为目的性和给付性

缔结婚姻的一方为达到缔结婚姻目的按当地习俗向另一方交付的财物，即为彩礼。这一概念表达出彩礼的两个基本特点：一是彩礼必须是以结婚为目的的给付；二是彩礼必须是对结婚对象的给付，通常是男方向女方的给付。如果男方向女方交付财物时没有结婚意向，则不是彩礼。比如，男女恋爱期间，男方向女方发送的具有特殊含义的红包，520 元、1314 元等，属于《涉彩礼纠纷规定》第 3 条规定的情形，通常认定为一般赠与行为，给付人要求返还的，不予支持。给付性是指彩礼必须是已经给付的财物，因为尚未给付的财物，无以结婚为目的可言。男方给付彩礼后，女方仍可以选择是否与其结婚，女方同意结婚，男方给付彩礼的目的达成。若女方不同意结婚，则男方有权请求女方返还彩礼，如果男方仅对女方作出口头许诺而未实际给付彩礼，女方不享受“彩礼”给付请求权，因为不经给付的财物不是彩礼。

（三）明示性和非要式性

明示与默示相对。明示，以口头或书面等形式明确表达当事人内在的意思。默示，是指当事人的意思表示不能由其直接表示得知，而是通过其行为运用逻辑和生活习惯原则来推知。彩礼是当事人以结婚为目的的给付，是男女双方谈婚论嫁的程序或仪式，给付一方应当清楚明了地表达结婚意愿，可以自己表达，也可通过他人表达，可以口头表达，也可书面表达，不以书面形式为必要条件，但应足以让接受彩礼一方知晓或应当知晓给付方的缔结婚姻意图，否则所给付的财物不能认定为彩礼。彩礼的非要式性，还体现在以下两点：一是实际给付彩礼和接受彩礼的当事人还可能包括男女的父母等亲属，所用作彩礼的财物往往集家庭之力给付，给付人和接受者没有身份上的限制，家庭可以成为授受彩礼的主体。二是男女双方是否符合法定结婚条件，对婚约和彩礼的认定没有影响，男女是三代以内旁系血亲，或存在其他法律禁止结婚的情形仍可订立婚约，也可接受彩礼。婚约关系作为一种社会关系，婚约中的身份关系不受法律限制，也不受法律保护。男女双方因不符合法律规定的结婚条件导致不能结婚的，不影响彩礼的认定。

综上，考虑到社会生活中存在女方招婿时，女方向男方支付彩礼的现象，可以总结彩礼是一方向另一方作出的具有习俗性、仪式性、以结婚为目的性、给付性、明示性、非要式性的特殊赠与，可据此特性厘清彩礼范围。

三、婚约财产纠纷的审理原则

婚约财产纠纷是民事纠纷的一种类型，所有的民事纠纷的审理原则均适用于婚约财产纠纷是应有之义，比如平等原则、公平原则等。虽然婚约不受法律保护，但是男女双方因此缔结了民间风俗认可的人身关系以及发生的财产纠纷应受法律调整。生活中，婚约当事人同居生活并不鲜见，财产混同，甚至已生育子女，符合婚姻生活的实质，所以有关婚姻纠纷的审理原则也应当是审理婚约财产纠纷的原则，比如婚姻自由原则、一夫一妻原则等。除此之外，人民法院审理婚约财产纠纷时还应遵循以下特有原则。

（一）尊重习俗原则

我国地域辽阔，民族众多，各个地区、各个民族之间的婚姻习俗存在差异，关于彩礼范围的认定应尊重当地风俗。比如江苏省某地有“压箱子钱”“下车礼”的习俗。在给付彩礼的目的落空后，双方对彩礼范围各执一词，人民法院在审理婚约财产纠纷案件时，除依据《涉彩礼纠纷规定》等规则审查彩礼范围外，还可以根据一方给付财物的目的，综合考虑双方当地习俗、给付的时间和方式、财物价值、给付人及接收人等事实，认定彩礼范围。尊重习俗原则，是《民法典》第10条规定“处理民事纠纷，应当依照法律；法律没有规定的，可以适用习惯，但是不得违背公序良俗”的应有之义，能够实现风俗习惯与法律规定的良性互动，完善与彩礼有关的裁判规则，更好地实现司法审判的社会效果和法律效果统一。

（二）利益平衡原则

利益平衡原则是指通过司法的权威协调各方面的冲突因素，使相关各方的利益在共存和相容的基础上达到合理的优化状态。《民法典婚姻家庭编解释（一）》第5条规定的彩礼返还情形比较概括，没有进一步明确如何认定“共同生活”，也未解释何谓“生活困难”，这需要在个案中综合各种因素来认定。当婚约当事人未办理结婚登记手续，但确已共同生活一段时间的情况发生时，共同生活期间会产生消费性支出及其他经济交往，双方的生理、心理会发生变化等，如果要求女方全部返还彩礼，显然不公平。男女双方办理结婚登记手续但确未共同生活的，如未能共同生活的原因在于女方，全部返还彩礼尚且合理，但是如未能共同生活的原因在于男方，此时要求女方全部返还彩礼同样不公平，因为在婚恋市场已婚女性的优势明显弱于未婚女性。事实上，由于社会生活的纷繁复杂，婚约财产纠纷也越来越复杂，比如有婚约的男女长期同居不领结婚证，共同生活期间的财产混同，或产生共同债权债务，或未婚生育，或因给付彩礼导致男方生活困难，或悔婚，或者多种情况同时存在，造成男女双方，甚至两个家庭的矛盾升级，等等。婚约财产纠纷是掺杂感情、财产、风俗等多方面因素的复合型纠纷，法官在行使自由裁量权时应结合具体情形依据利益平衡原则进行综合分析。

（三）注重保护妇女的合法权益

如上文所述，婚约当事人或按风俗举行结婚仪式后，或同居生活后，或孕育子女之后，已符合事实婚姻的状态，女方的身体和心理等均遭受较大影响，此时要求女方返还全部彩礼缺乏合理性。为此，《涉彩礼纠纷规定》第5条和第6条针对已办理结婚登记但共同生活时间较短、未办理结婚登记但已共同生活等情形，规定可以根据彩礼实际使用及嫁妆情况，综合考虑彩礼数额、共同生活及孕育情况、双方过错等事实，结合当地习俗，确定是否返还以及返还的具体比例。基于此，法官可根据双方共同生活时间的长短、女方的妊娠情况、孕育子女的数量等事实，酌情减少女方返还男方彩礼的比例或数额。对于共同生活时间较长，女方无悔婚行为的，一般不宜返还彩礼，如果已生育子女的，不应要求女方返还，要注重保护妇女的合法权益。

四、婚约财产纠纷的审查要素

（一）立案审查

1. 当事人主体资格的审查

【审查要点】

（1）婚约财产纠纷当事人一般为男女双方。

（2）男女双方的父或母可以成为婚约财产纠纷的共同原告或共同被告，条件是其系彩礼的直接给付者或接收者。

（3）在离婚纠纷案件中请求返还彩礼的，当事人只能是男女双方，不可列男女双方的父母为原告、被告或第三人。

【规范指引】

《涉彩礼纠纷规定》第4条。

2. 管辖的审查

【审查要点】

（1）婚约财产纠纷属于婚姻家庭纠纷，按一般地域管辖原则确定管辖法院。一般由被告住所地基层人民法院管辖，被告住所地与经常居住地不一致的，由经常居住地基层人民法院管辖。

（2）如彩礼范围涉及不动产，不适用不动产专属管辖。如彩礼仅为不动产，双方因不动产的权利确认和分割产生纠纷的，由不动产所在地的基层人民法院管辖。

【规范指引】

《民事诉讼法》第18条、第22条、第34条。

（二）返还彩礼诉请的审查

【审查要点】

（1）双方当事人有无登记结婚。

（2）双方当事人有无同居生活。

（3）彩礼是否给付。

（4）彩礼给付是否导致给付人生活困难。

【规范指引】

《民法典婚姻家庭编解释（一）》第5条；《涉彩礼纠纷规定》第1条、第3条。

（三）对返还彩礼抗辩的审查

【审查要点】

（1）婚约解除的原因。

（2）同居生活时间长短，有无生育子女。

（3）彩礼的范围、种类、数额、给付方式。

（4）彩礼花费情况。

【规范指引】

《民法典婚姻家庭编解释（一）》第5条；《涉彩礼纠纷规定》第5条、第6条。

第二节　争点整理与认定

依据《民法典婚姻家庭编解释（一）》第5条和《涉彩礼纠纷规定》，对于当事人诉请返还彩礼的案件，人民法院在审理中应判断是否存在法律明令禁止的“借婚姻索取财物”的情形，如构成“借婚姻索取财物”，接受彩礼一方将承担返还全部彩礼的义务。如不构成，则应审查认定有无返还彩礼之必要，还需对彩礼的范围进行审理认定。最后，还要对影响彩礼返还比例的各种因素进行审查。关于彩礼的范围，可以依据前文总结的彩礼性质，并根据双方或接受财物一方所在地的风俗习惯及个案具体情况综合认定，注意区别彩礼与一般赠与。一方在节日、生日等有特殊纪念意义的时点给付的价值不大的礼物、礼金是一般赠与，而不是彩礼。一方为表达或者增进感情的日常消费性支出是一般赠与，也不是彩礼。已用于筹备婚礼或共同生活的消费性支出，不是彩礼。[①] 彩礼范围确定后，关于彩礼返还比例或数额，应根据双方的具体情况处理，婚姻登记、同居时长、怀孕经历、生育子女数量、悔婚过错等事实均是影响返还比例和数额的重要因素。

依据《涉彩礼纠纷规定》第 4 条的规定，能够成为共同原告或共同被告的事实要件是男女双方的父母实际给付或实际接收了彩礼，由于彩礼给付具有仪式性，经常是现金或实物交付，事实审查难度较大。当事人有时会利用审查难度，原告想方设法扩大返还义务的主体范围，增加被告以保证彩礼返还结果能够执行到位。相反，被告会抗辩否认父母实际接收彩礼的事实，由女方一人承担返还义务，因一个人财力有限，执行不到财产将导致男方诉讼目的落空。

上述实体和程序审查因素是婚约财产纠纷当事人诉辩对抗的焦点，成为人民法院审理中的常见争点。

争点 1：以索取财物为目的作出结婚承诺，构成借婚姻索取财物，应返还全部彩礼

【案例】王某与李某婚约财产纠纷案 [②]

2023 年 6 月，王某（男）与李某通过微信相亲群相识。同月下旬，李某向王某表达交往意愿，并提出在共同生活和办理结婚登记之前王某要给其 25 万元，王某表示同意，双方遂建立恋爱关系。在 2023 年 6 月至 2024 年 2 月期间，李某多次以支付房租、买首饰及其他生活消费为由，向王某索取 12 万余元。其间，双方一直异地生活，主要通过微信联络，李某主动与王某联系几乎均以索要钱款为目的，其余时间则以工作忙碌等为由拒接、忽视王某的

① 茆荣华主编：《上海法院类案办案要件指南》（第 5 册），人民法院出版社 2022 年版，第 328 页。

② 参见最高人民法院 2025 年 2 月 28 日发布的第二批人民法院涉彩礼纠纷典型案例二。

电话，且其从未回赠过王某财物。因自 2024 年 2 月起李某拒接王某电话，对王某的领证提议采取推脱、逃避的态度，并多次表示“给够钱才领证”，双方产生隔阂。王某提起诉讼，请求李某返还所得钱款 12 万元。李某抗辩，王某在恋爱中自愿赠与的财物不予返还。法院经审理认为，从双方交往真实意图、给付财物态度、相处模式及感情状况等事实可以看出，李某对双方感情持漠然态度，其与王某建立恋爱关系是为了利用王某对结婚的期待索要财物从而满足其物质需求，李某的行为构成借婚姻索取财物，判决李某向王某返还全部钱款 12 万余元。

【分析】

恋爱中的赠与和彩礼均是一方自愿给付另一方的。前者是指男女双方为增进感情，主动、自愿赠与对方财物以表心意，且通常为互相赠与，后者往往是男方欲与女方缔结婚姻关系而支付的财物，给付者和接受者的共同目的是缔结婚姻以及使婚姻延续。借婚姻索取财物则是一方为取得财物而与另一方建立恋爱关系、作出结婚承诺，恋爱和结婚的意图虚伪，给付一方通常是被迫而非自愿给付财物。本案中，李某没有与王某结婚的意愿，其与王某保持联系的目的在于索要钱财，而非恋爱和结婚，王某经李某索要后给付钱款，存在被迫性，给付并非出于自愿，故可认定王某的行为构成“借婚姻索取财物”。

特别说明：李某在此段关系中名为恋爱，实为索财，其仅在有物质需要时才与王某联系。同时，李某虽表示可以结婚，但明确表示“给够钱才领证”，索取财物意图明显。尽管李某索要的单笔款项价值不大，但不能将王某的赠与行为视为正常恋爱中的赠与，而是认定李某借婚姻索取财物，按照《涉彩礼纠纷规定》第 2 条处理。

【规范指引】

《民法典》第 1042 条;《涉彩礼纠纷规定》第 2 条。

争点 2：双方未办理结婚登记，但已共同生活的，彩礼应适当返还

【案例】周某与高某婚约财产纠纷案[①]

2019 年 11 月，周某与高某经媒人介绍相识相恋。2020 年 2 月 3 日，周某向高某交付彩礼金 38 000 元和中华香烟 5 条、玉溪香烟 5 条。2020 年正月十五，周某与高某开始同居，双方一直未举行结婚仪式，也未登记结婚。同居 3 个月后，高某不辞而别。周某诉请高某返还彩礼金 38 000 元及 10 条香烟的价值 3350 元。法院经审理认为，周某与高某虽未登记结婚，但已共同生活一段时间，酌情减少彩礼返还的金额，判决高某返还彩礼金和香烟款合计 33 000 元。

【分析】

《民法典婚姻家庭编解释（一）》第 5 条第 1 项规定的返还彩礼的情形是指男女双方未办理结婚登记且未共同生活，给付彩礼一方目的完全落空，可以判决接受彩礼一方全部返还彩礼。但实践中更多是，双方未办理结婚登记，但已举行结婚仪式并共同生活一段时间，此情形不应一概全额返还。对于未办理结婚登记的过错，双方各执一词的，法院依据“谁主张，谁举证”的原则分配举证责任。有证据证明一方存在过错的，过错方应付出相应的代价，承担少分得彩礼的不利后果。法院可依据一方或双方的过错程度确定合适的彩礼返还比例。如双方均无过错，对于共同生活较短且未生育子女的，可判决全额返还，但存在共同生活时间较长、已生育子女、帮助赡养老人等因素时应酌情减少返还彩礼。

特别说明：关于“共同生活”的认定，不能仅局限于同一物理空间，除男女双方共同居住在同一处所外，还应从物质、精神、生活等多方面进行综合考量，做到主客观一致。主观上，双方具有携手共度余生的美好愿望。客观上，双方能够相互扶持照顾，共同履行夫妻义务，承担家庭责任。共同居住几天，尚未开始稳定的共同居住状态的，不宜认定为“共同生活”，共同生活时间长短应与彩礼返还比例成反比，共同生活时间越长则返还比例越少，甚至不返还。可视共同生活期间的具体情况，依据利益平衡等原则进行酌定。

---

① 参见江苏省泰兴市人民法院（2021）苏 1283 民初 152 号民事判决书。

【规范指引】

《民法典婚姻家庭编解释（一）》第 5 条；《涉彩礼纠纷规定》第 6 条。

争点 3：双方登记结婚后共同生活时间较短，但彩礼数额较大时，彩礼可适当返还

【案例】马某与夏某离婚纠纷案[①]

马某为夏某购买“三金”花费 37 388 元，两日后二人按农村习俗举行了订婚仪式。马某向夏某交付订婚彩礼 88 800 元，同年双方登记结婚并举行婚礼，马某向夏某支付结婚彩礼金 388 800 元。二人共同生活两个月后夏某离家出走。马某诉请与夏某离婚，并要求夏某返还彩礼 514 988 元。一审法院考虑双方共同生活时间、彩礼数额、有无子女情况等因素，判决双方离婚，并判决夏某返还彩礼金 20 万元。马某不服提起上诉，认为返还彩礼的数额过低。二审法院经审理后认为，一审法院酌定返还数额不妥，判决撤销一审法院关于彩礼的判项，改判夏某向马某返还彩礼 350 000 元。

【分析】

给付彩礼的目的不仅是登记结婚，获得夫妻名分，其目的还在于婚姻的延续。在共同生活时间较短就提出离婚，而彩礼金额又比较高时，仅以已登记结婚为由认定彩礼无须返还，可能会引发道德风险，让别有用心的人利用彩礼返还规则，故意登记结婚，并不打算继续婚姻关系，不同居或短暂同居后即要求离婚。人民法院审理此类案件时，判决酌情返还彩礼既是平衡双方的利益，也是彰显国家反对高价彩礼的明确态度。

特别说明：首先，当事人诉请离婚时一并提出返还彩礼请求的，案由为离婚纠纷。登记结婚后，一方要求返还彩礼的前提条件是离婚，可以离婚后单独提起婚约财产纠纷，也可在离婚时一并提起彩礼返还请求。其次，关于高额彩礼的数额和价值的认定，应根据当地的经济状况、风俗社情、当事人收入水平等综合判断。

【规范指引】

《涉彩礼纠纷规定》第 5 条。

---

① 参见江苏省连云港市中级人民法院（2021）苏 07 民终 3709 号民事判决书。

争点 4：婚前给付彩礼并导致给付人生活困难的，离婚时应适当返还彩礼

【案例】张某甲与张某乙婚约财产纠纷案[①]

张某甲与张某乙经媒人介绍相识相恋后，举行订婚仪式，张某甲向张某乙交付彩礼 61 800 元。双方于 2017 年 2 月 27 日登记结婚，但未办理结婚仪式，共同生活至 2017 年 5 月中旬分居。2018 年 6 月 22 日，双方协议离婚。张某甲的父母均为残疾人，母亲患有乳腺癌，家庭生活困难。离婚后，张某甲以给付彩礼导致生活困难为由向法院起诉，要求张某乙返还彩礼。法院经审理认为，根据张某甲所在地区经济水平，61 800 元彩礼属于数额较大，导致其家庭负担较重，且双方结婚时间较短，应予以考虑适当放宽"给付人生活困难"的认定标准，综合考虑双方的感情因素、共同生活的情况、负担能力等，判决张某乙返还彩礼的 60%，即 37 080 元。

【分析】

该案符合《民法典婚姻家庭编解释（一）》第 5 条第 3 项规定的返还彩礼的情形。返还彩礼的请求发生在婚后，此时男女双方已经登记结婚且共同生活，根据该条第 2 款的规定，适用此项主张返还彩礼的前提条件是双方离婚，离婚时和离婚后可依据此项提出返还彩礼。关于生活困难，是指给付彩礼后导致给付人负债累累的绝对困难，而非相比以前生活水平下降的相对困难，因为已登记结婚且已共同生活的情形一般不再支持返还彩礼，因生活困难返还彩礼系基于实际情况的例外规定，故认定范围不宜过大。

特别说明：生活困难是指依靠个人财产和离婚时分得的财产无法维持当地基本生活水平的状态，且生活困难的原因是支付彩礼所导致，而非其他原因导致，彩礼返还请求权人不仅需举证证明生活困难的事实，还需举证证明生活困难的原因。

【规范指引】

《民法典婚姻家庭编解释（一）》第 5 条。

---

① 参见山东省淄博市中级人民法院（2019）鲁 03 民终 750 号民事判决书。

争点 5：结婚仪式中给付的“压箱子钱”是彩礼

【案例】朱某与马某婚约财产纠纷案[①]

朱某与马某经人介绍于2020年相识相恋。2021年12月4日，朱某给付马某结婚礼20万元、首饰7件价值66 990.1元。女方用彩礼购买了陪嫁物品和生活日用品。2022年2月6日，举行结婚仪式。仪式中双方各在女方嫁妆中的箱子里放置10万元，当地俗称“压箱子钱”。仪式后，女方到男方家生活，未办理结婚登记。2022年8月，双方发生矛盾，女方回娘家，并带走3件首饰价值17 317.34元。审理中，双方对首饰的金额和结婚礼20万元是彩礼无争议，但对“压箱子钱”是否为彩礼存在争议。法院经审理后认为，按当地习俗婚礼仪式上的“压箱子钱”，属于彩礼，确认彩礼金额合计317 317.34元，并根据彩礼的花费、已共同生活一段时间、兼顾保障妇女权益等因素，判决马某向朱某返还彩礼20万元。

【分析】

男女交往过程中一方向另一方交付的财物，如礼金、金器、改口费、见面礼、下车费、开门封、聘礼（大价值的香烟、白酒、牛羊等）等具有习俗性、仪式性、以结婚为目的性、给付性、明示性、非要式性的财物，为彩礼。逢年过节的人情往来、置办新服装、价值不大的食品、过节发给亲属的小额红包等因缺乏以结婚为目的性，不是彩礼，不在彩礼返还的范围，但是如果价值过大的，男女双方可依其他法律关系处理。

特别说明：实际生活中，已支出的婚宴费、婚纱摄影费、酒水钱等是否属于彩礼，需根据当事人意思表示以及彩礼的性质综合判断，没有明确约定为彩礼的，不宜认定为彩礼，而应认定为消费性支出，一方主张返还的，一般不予支持。在部分地区，婚礼仪式中有向参加婚礼的小孩或亲友发红包的习俗，金额往往比较小，通常不应认定为彩礼，无需返还，如存在向个别亲友发出较大额的、具有特殊含义的红包，可按赠与处理。

【规范指引】

《涉彩礼纠纷规定》第1条。

---

① 参见江苏省兴化市人民法院（2022）苏1281民初8563号民事判决书。

争点 6：未表达结婚意愿的“见面礼”属于礼节性的赠与，不是彩礼

【案例】张某与王某婚约财产纠纷案[①]

张某与王某经人介绍相识相恋，2022 年 2 月，王某第一次到张某家做客，张某母亲依据当地风俗给付王某“见面礼”11 000 元。2022 年 2 月 8 日，王某过 30 岁生日，张某给付 9900 元的红包给王某。2022 年 6 月 20 日，张某与王某商量结婚事宜，并一同购买了“四金”，价值 44 886 元。后双方因琐事产生矛盾分手。法院经审理后认为，依据当地风俗，双方因结婚购买的“四金”属于彩礼。“见面礼”11 000 元和“生日红包”9900 元属于礼节性的赠与，不属于彩礼范围，判决王某向张某返还“四金”，驳回了张某的其他诉讼请求。

【分析】

“见面礼”并非一概不属于彩礼，符合彩礼性质的见面礼是彩礼。本案中，张某母亲给付见面礼时，双方还未谈婚论嫁，张某母亲给付的见面礼不具有缔结婚姻的明示性和以结婚为目的性，所以不能认定为彩礼。同样，张某给付的红包，也缺乏彩礼特性，故不是彩礼。关于礼物、见面礼、红包等这类男女交往过程中的赠与，由于金额往往高于一般人交往的水平，加上给付者存在结婚的意愿，容易让人产生属于彩礼的误会。故判断彩礼范围时，不能囿于数额大小或数字寓意，需紧扣彩礼的明示性、以结婚为目的性、习俗性等性质来分析认定。

特别说明：彩礼数额多由双方协商确定，这是由彩礼的习俗性和仪式性所决定的。彩礼给付后，会产生一定范围内身份关系的公示意义，男女双方对配偶的选择自由受到限制，如悔婚将导致彩礼落空的风险，这是帮助判断所给付财物是否为彩礼的比较直观的方法。

【规范指引】

《涉彩礼纠纷规定》第 3 条。

---

① 参见江苏省扬州市邗江区人民法院（2023）苏 1003 民初 2792 号民事判决书。

争点 7：女方父母若为彩礼实际接受者，可以成为婚约财产纠纷的共同被告

【案例】何某与朱某甲、朱某乙、许某婚约财产纠纷案 ①

朱某甲与朱某乙系父女关系，许某是朱某乙的母亲。2018 年初，何某与朱某乙建立恋爱关系并同居，同年农历九月订婚，次月举办结婚仪式，年底生育一女，但一直未办理结婚登记，后双方解除同居关系。订婚时，何某将小见面礼 40 000 元、大见面礼 60 000 元以及换帖红包 11 000 元经媒人交给朱某甲和许某，又将改口红包 6000 元和“三金”（项链、戒指、耳钉）交付给朱某乙。结婚时，何某将聘礼及食盒金合计 126 000 元交付给朱某甲、许某。在订婚和结婚期间，何某还分六次给付朱某甲菜金，前两次各 1000 元，后四次各 2000 元，合计 10 000 元。法院经审理认为，父母代付以及父母代收彩礼符合当地风俗，代收彩礼的父母应承担返还责任，还认定菜金是招待媒人的支出不是彩礼，且已经消费完毕，不应返还，最终确定彩礼总额为 243 000 元，扣除双方共同生活开支，结合生育子女等情况，判决朱某甲、朱某乙、许某向何某返还彩礼 80 000 元。

【分析】

由于彩礼的家庭性，其给付人和接受人并不限于男方和女方个人，从订婚的传统习俗和实际生活看，父母送彩礼，父母代收彩礼的现象很普遍，所以对于婚约财产的给付人和接受人应作广义的理解，不能仅局限于缔结婚姻关系的男女本人，还可能包括男女双方的父母，在父母实际给付或接受彩礼后可以与子女共同成为返还婚约财产诉讼案件的当事人。

特别说明：发生婚约财产返还争议的男女双方的父母不能单独成为婚约财产纠纷案件的当事人，因为返还请求权的前提是存在婚约，男女双方的父母不是婚约当事人，他们只可能基于其实际支付或实际接受财物而成为婚约财产纠纷的共同当事人，反之则不能成为共同原告或共同被告。另外，在离婚纠纷中不存在共同当事人，即使离婚时涉及婚约财产的分割，离婚纠纷案件的当事人也只能是男女双方。

---

① 参见山东省德州市中级人民法院（2022）鲁 14 民终 1747 号民事判决书。

【规范指引】

《涉彩礼纠纷规定》第 4 条。

争点 8：举行结婚仪式后共同生活较长时间且已育有子女的，不再返还彩礼

【案例】张某与赵某婚约财产纠纷案[①]

张某与赵某经人介绍相识相恋，自 2019 年 2 月起共同生活，于 2020 年 6 月生育一子。2021 年 1 月双方举行结婚仪式，未办理结婚登记手续。赵某收到张某彩礼款 160 000 元。后双方感情破裂，于 2022 年 8 月终止同居关系。法院经审理认为，双方自 2019 年 2 月起即共同生活，后按民间习俗举行了婚礼，并生育一子，现已年满 2 周岁，且共同生活期间必然因日常消费及生育、抚养孩子产生相关费用，若在以夫妻名义共同生活数年且已共同养育子女 2 年后仍要求返还彩礼，对赵某明显不公平，判决驳回张某全部诉讼请求。

【分析】

《民法典婚姻家庭编解释（一）》第 5 条第 1 项规定返还彩礼的情形为"双方未办理结婚登记手续"，没有对此情形下共同生活和未共同生活进行区分。现代社会，有婚约的男女同居现象较为普遍，法院受理的婚约财产纠纷大多数发生在已同居的男女之间，共同生活时间长短、共同生活开支等事实经常成为婚约财产纠纷案件审理过程中确定彩礼返还数额时需要考虑的重要因素。在《涉彩礼纠纷规定》发布前，人民法院在依据"双方未办理结婚登记手续"这一情形判决返还彩礼时，关于是否要以"共同生活"为由扣减部分彩礼经常发生争议。现在争议得以解决，以"双方未办理结婚登记手续"为由要求全额返还彩礼时应当限于男女未共同生活的情形。如已共同生活，男女双方已有"夫妻之实"，因在"登记结婚"和"共同生活"之间，前者为婚姻关系法律上的形式要件，后者为婚姻关系事实上的实质内容，二者均符合彩礼给付之典型追求，原则上不应有主从之分，故返还彩礼时只能部分返还，甚至不返还，才能彰显公平。[②] 本案中，双方当事人虽未办理结婚登记，

---

① 参见最高人民法院 2023 年 12 月发布的涉彩礼纠纷典型案例二。

② 姚明斌、刘亦婷：《彩礼返还请求权的规范构造》，载《南大法学》2023 年第 4 期。

但按照当地习俗举办了婚礼，双方以夫妻名义共同生活 3 年有余，且已生育一子。本案判决符合当地风俗习惯，平衡各方当事人利益，特别体现了对妇女合法权益的保护。

【规范指引】

《涉彩礼纠纷规定》第 6 条。

争点 9：彩礼给付方隐瞒自身重大疾病导致未办理结婚登记的，其过错可作为酌定减少返还彩礼数额的因素

【案例】吴某与刘某婚约财产纠纷案[①]

2023 年 8 月，吴某（男）与刘某举行订婚仪式，给付彩礼 22.8 万元。后因刘某发现吴某隐瞒患有重大疾病导致不能生育的情况，双方未能办理结婚登记，也未共同生活过。吴某向法院起诉要求刘某返还全部彩礼。法院经审理后认为，虽然双方未办理结婚登记且未共同生活符合全部返还彩礼的法定情形，但是因吴某向刘某隐瞒了自身存在重大疾病导致不能生育的事实，其对未办理结婚登记这一结果存在过错，应对返还彩礼数额予以适当减少方能体现公平。经法院调解，刘某酌情向吴某返还彩礼 20 万元，吴某撤回起诉。

【分析】

生育是婚姻的核心功能。本案中，吴某患有重大疾病导致不能生育将导致刘某的婚姻目的不能实现，其故意隐瞒的行为既使得刘某丧失了是否生育子女的选择权，也妨碍了刘某对配偶的个体选择自由，是不诚信的过错行为，其应承担相应的不利后果，为平等保护双方当事人的利益，依据公平原则，可以根据吴某的过错程度对刘某返还彩礼的数额予以适当酌减。

特别说明：虽然在双方未办理结婚登记且未共同生活的情形下，人民法院通常支持返还全部彩礼，但是若未能办理结婚登记的结果是给付彩礼一方故意促成，或者是给付彩礼一方的过错所导致，比如给付彩礼一方有外遇、对另一方或其近亲属进行暴力侵害、隐瞒直接影响婚姻质量的重大疾病等，人民法院不应机械适用《民法典婚姻家庭编解释（一）》第 5 条判定全部返还，而应查清未能登记结婚的具体原因，如给付彩礼一方确存在过错，则依

---

① 参见最高人民法院 2025 年 2 月 28 日发布的第二批人民法院涉彩礼纠纷典型案例四。

据《涉彩礼纠纷规定》的规定，根据过错程度酌情减少彩礼返还的比例或数额，如接受彩礼一方也存在过错，则应按各方过错的程度，依据公平原则综合认定。

【规范指引】

《涉彩礼纠纷规定》第5条、第6条。

第三节　法律适用中的疑难问题

由于社会经济的发展，财产形式、支付方式等都发生了天翻地覆的变化，用于彩礼的财产和支付方式也超出了人们原有的认识，给人民法院判定彩礼带来一定的难度，尤其是实践中彩礼金额不断提高，已不再由缔结婚姻男女个人负担，转而变成双方联姻家庭之间的财产流转，支付彩礼和接受彩礼更多的主体是缔结婚姻男女双方的父母，使得彩礼关系更加复杂。[①] 在当事人因授受财物发生争议后，往往会依据己方需求，努力将彩礼与赠与或其他财产关系相混淆，掩盖自己授受财物的真实意图，阻碍人民法院查清事实，以达到促成或阻止财产返还之目的，尤其对彩礼范围认定、彩礼还是一般赠与等婚约财产纠纷核心问题的审理更是人民法院审理难点中的难点。下文针对司法实践中常见的疑难问题，以案析之，以期传播司法实践中总结的关于彩礼范围、共同生活、返还比例等重要事实认定和法律适用方面的有益经验。

① 参见胡云红、宋天一:《彩礼返还纠纷法律适用研究——以全国法院158份问卷调查和相关裁判文书为对象》，载《中国政法大学学报》2022年第6期。

问题 1：男女双方恋爱期间为增进感情的消费性支出和赠与，是否属于彩礼

【案例】敬某与王某婚约财产纠纷案[①]

敬某（男）与王某曾为恋爱关系，双方未办理结婚登记，也未举办婚礼。2021 年 9 月至 2023 年 5 月期间，王某携自己的孩子与敬某同居生活。同居期间，敬某通过微信转账或发红包的方式向王某转账 29 笔，共计 10 457.27 元，其中有三笔金额为 520 元。同时，敬某通过同样的方式向王某的孩子转账 31 笔，共计 1208.78 元。另外，王某于 2021 年 8 月 12 日向敬某转账 12 000 元。敬某于 2021 年 8 月 19 日向王某转账 10 000 元。后因敬某不满王某的工作提出分手，并要求王某返还钱款遭拒后向人民法院起诉，其主张王某返还彩礼 5 万元，为恋爱期间其支付的房租、购物、吃饭、加油、转账给王某及其孩子的款项的总和。王某辩称双方只是恋爱，还没有谈到结婚，敬某主张的 5 万元都是家庭开支，不是彩礼。人民法院审理后认为，敬某所举证据未能证明诉争款项具有彩礼性质，绝大多数为日常性消费支出，另有三笔 520 元的转账，具有特殊寓意，属于男女双方在恋爱期间为增进感情的一般赠与，不具有婚约彩礼的性质，故判决驳回了敬某的全部诉讼请求。

【分析】

依据《涉彩礼纠纷规定》第 3 条的规定，人民法院在审理涉彩礼纠纷案件中，可以根据一方给付财物的目的，综合考虑双方当地习俗、给付时间和方式、财物价值、给付人及接收人等事实，认定彩礼范围。本案中，从敬某向王某转账的笔数看，转账多为小金额款项，更符合一般赠与和生活消费的需要，即使有一笔 10 000 元的整额转账，也发生在王某向敬某转账 12 000 元之后不久，显然不符合彩礼的性质。婚约是当事人通过明示方式达成的共识，且具有与赠与等财产关系明显不同的习俗性和仪式性。敬某与王某未达成婚约，其给付王某及其子女的各笔款项属于《涉彩礼纠纷规定》第 3 条中列举的情形：（1）一方在节日、生日等有特殊纪念意义时点给付的价值不大的礼物、礼金；（2）一方为表达或者增进感情的日常消费性支出；（3）其他价值不大的财物，不属于彩礼，故王某无需返还。

---

① 参见广东省深圳市龙岗区人民法院（2024）粤 0307 民初 8774 号民事判决书。

特别说明：男女双方在恋爱过程中，因财产发生争议后，当事人往往会依据己方需求，努力混淆彩礼和一般赠与，掩盖自己授受财物的真实意图，以达到促成或阻止财产返还之目的。如何分辨和处理这两者，可以从以下几点入手：第一，适用法律规范不同。作为特殊赠与的彩礼，其所适用的法律规范主要有《民法典》第10条、《民法典婚姻家庭编解释（一）》第5条、《涉彩礼纠纷规定》，而一般赠与主要适用《民法典》合同编中关于赠与合同的规定。第二，给付目的不同。彩礼一定是有条件的赠与，即以缔结婚姻为目的给付，否则将不构成彩礼，给付目的特定，且不可强制执行。一般赠与不一定附条件，可为单纯赠与，也可附义务赠与。第三，返还财产的程序限制不同。一般赠与完成后，赠与人请求返还财产的，应先行使撤销权，且应在一年的撤销权除斥期间内行使，否则撤销权消灭，返还财产的请求权随之丧失。而法律没有为彩礼设定撤销权，返还彩礼也没有除斥期间的限制。第四，返还财产确定性不同。对于彩礼返还的种类、数量、比例等，人民法院通常会根据男女双方在缔结婚姻过程中的相处方式、生育子女情况、经济状况等进行酌定，返还原物抑或返还折价款，人民法院可依据便于生活的原则进行认定，即使原物存在，也可认定返还折价款，认定返还的折价款也无须与原物价值相当。一般赠与则不同，赠与合同被撤销后，应当恢复至未签订合同之前的状态，原则上是返还原物，如原物不存在，所返还的折价款一般应与原物价值相当。彩礼还有很多不同于一般赠与的"特殊"之处，比如主体特定方面不同，不一而足，可具体案件具体分析。

【规范指引】

《涉彩礼纠纷规定》第3条。

问题2：返还彩礼时应否扣除用于共同生活的开支

【案例】程某与黄某婚约财产纠纷案[①]

程某（男）与黄某相识相恋后于2022年4月举行结婚仪式，未领取结婚证。2022年8月二人分手。2021年10月至2022年8月恋爱期间，程某向黄某陆续转账，合计219 680元，其中2022年4月10日一次性转账82 880元。

---

① 江苏省扬州经济技术开发区人民法院（2022）苏1091民初2301号民事判决书。

黄某向程某陆续转账合计 21 731.4 元，为举办婚礼支付了酒席、酒水、婚庆等费用近 4 万元，为程某购买房屋支付税费 28 750 元、中介费 10 000 元，还为程某支付装修费 82 000 元。程某起诉至法院，请求判决黄某返还彩礼 219 680 元。黄某辩称未收彩礼，但自认 82 880 元系用于办婚宴的款项。法院经审理后认为，82 880 元系程某以缔结婚姻为目的给付的财物，为彩礼。其余 136 800 元不是以结婚为目的的给付，而是基于双方亲密关系，相互转账，部分为赠与，部分为共办事务的支出，程某主张返还依据不足。考虑双方已举行婚礼和共同生活一段时间的事实，扣除黄某为举办婚礼支出的费用后，结合当地农村风俗习惯，最终判决黄某向程某返还彩礼 8000 元。

【分析】

程某诉称其向黄某的所有转账均为彩礼。黄某辩称转账中只有 82 880 元是彩礼，其余转账一部分是一般赠与，一部分是共办事务的支出。在男方主张返还彩礼时，女方往往会主张部分或全部彩礼已用于共同生活开支，此时女方应当对自己的主张承担举证责任。在日常生活用款数额较小，双方感情尚佳的时候也不太可能保留证据，导致女方举证困难，此时如直接以证据不足驳回女方的请求，可能会造成实体上不公正。我们认为，对于主张彩礼用于共同生活中的大额支出，如购房、购车等，应当由女方承担明确的举证责任，对于主张彩礼用于共同生活中的小额支出，则可以降低女方的举证责任，可根据双方财产的总量、消费水平、共同生活时间、当地经济状况等进行比例推算，扣除后再返还。

特别说明：男方如对彩礼用于共同生活中的小额支出或共同生活时间长短表示反对的，应当提供更为明确的证据证明。

【规范指引】

《涉彩礼纠纷规定》第 6 条。

问题 3：在婚约财产纠纷案中可否一并处理返还嫁妆的主张

【案例】奚某与何某婚约财产纠纷案[①]

2023 年 6 月，奚某（男）与何某经人介绍相识相恋，同年 9 月二人举行

---

① 上海市浦东新区人民法院（2024）沪 0115 民初 73914 号民事判决书。

订婚仪式，奚某向何某支付了彩礼 158 000 元。2023 年 10 月 29 日，奚某给何某购买铂金钻戒 1 枚、足金手镯 2 只、足金项链 1 根、足金挂坠 1 只，共 5 件首饰。何某给奚某购买铂金镶钻戒指 1 枚。2024 年 1 月 27 日，奚某与何某举行结婚仪式，奚某向何某支付“改口费”20 000 元，何某置办嫁妆若干，主要有被子 10 条、四件套 3 套、被套 4 条、枕芯 12 只、枕套 8 只、毛毯 2 条、热水壶 2 只、镜子 1 只、脸盆 2 只、碗盘 18 只。结婚仪式后，双方除偶尔相聚外未正常同居生活，未登记结婚。2024 年 2 月 7 日，奚某给何某购买价值 26 339 元的足金手镯 1 只。2024 年 8 月 8 日，奚某向法院起诉，要求何某返还彩礼 178 000 元、首饰 6 件、举办婚礼支出损失 89 000 元、婚礼红包 29 000 元、代管工资 8000 元、旅游费用 6262 元及以前述款项合计 310 262 元为基数按全国银行间同业拆借中心公布的一年期贷款市场报价利率计算的自起诉之日起至实际支付之日止的利息。何某辩称同意返还部分彩礼和首饰，不同意返还 2024 年 2 月 7 日购买的价值 26 339 元的手镯，称该手镯系情人节礼物，是赠与，不应返还，对奚某的其余主张均不认可，并主张奚某返还其嫁妆。奚某同意返还嫁妆和戒指。人民法院审理后认为，男女双方未办理结婚登记的，彩礼应当返还，嫁妆可一并处理，并判决何某向奚某返还 178 000 元、首饰 5 件，驳回奚某的其他诉讼请求，同时判决奚某向何某返还铂金镶钻戒指 1 枚及上述嫁妆。

【分析】

奚某在订婚仪式上交付的礼金 158 000 元，以及婚礼前交付的首饰 5 件、婚礼时给付的“改口费”20 000 元，是以缔结婚姻为目的按当地习俗向何某交付的财物，符合彩礼的特征，是典型的彩礼。但是，2024 年 2 月 7 日奚某为何某购买手镯时双方婚礼早已完成，继续给付彩礼与当地风俗不符，不符合常理，结合 2 月 7 日临近情人节的事实，何某主张该手镯为情人节礼物更具合理性，属于奚某对何某的一般赠与，赠与已完成，何某可不予返还。对于奚某主张的举办婚礼支出损失 89 000 元及婚礼红包 29 000 元，均属于消费性支出，不属于彩礼范围，故何某也无需返还。对于代管工资 8000 元，未有证据证实奚某曾将 8000 元工资交与何某保管，即使属实，也不属于彩礼范围，对奚某的此项请求不应予以支持。至于奚某主张的利息，没有法律依据，不应得到人民法院的支持。关于何某主张奚某返还嫁妆和戒指，因奚某同意返还，人民法院应当予以支持。如果奚某不同意在本案处理或不同意返还或作出不置可否的回应，人民法院仍可在婚约财产纠纷案件中一并审理，因为彩礼与嫁妆产生于缔结婚姻的不同阶段，给付主体和权利归属虽有所不同，但案涉当事人相同，产生纠纷的基础事实相同，一并审理既能提高诉讼效率，节省司法资源，也能减少当事人讼累。

特别说明：嫁妆可以在婚约财产纠纷中一并处理，不等于必须在婚约财产纠纷案中处理，可以分案处理。嫁妆一般为女方父母对女方一人的赠与或对夫妻二人的共同赠与，赠与的主要目的不是缔结婚姻关系，而是生活使用的需要，所以嫁妆往往为具体的物品，最常见的嫁妆有床上用品、家具家电、汽车，也可能是房子或现金等。嫁妆的法律性质一般认定为婚前个人财产，也存在一些特殊情况，最为常见的有三种情形：一是父母明确将嫁妆赠与夫妻双方的，嫁妆为夫妻共同财产；二是男女双方约定嫁妆婚后为夫妻共同财产的；三是婚前购置的嫁妆在婚后发生形态变化，如存款转为房产、投资等，此时共有状态不明确，需结合资金来源和用途综合判断是否属于共同财产。

【规范指引】

《民法典》第1063条；《民法典婚姻家庭编解释（一）》第5条；《涉彩礼纠纷规定》第2条、第3条。

第三章　婚姻效力及同居关系纠纷

第一节　婚姻效力及同居关系纠纷概述

一、婚姻效力及同居关系纠纷的概念

婚姻效力，是指因婚姻关系的成立而产生的各种法律后果。婚姻成立是当事人私法自治的表现，但是婚姻成立之后，能否实现当事人最初所追求的私法效果，也就是说，产生婚姻的权利义务关系和拘束力，这就涉及婚姻的效力状态问题。[①] 婚姻的效力属于价值判断，是立法权衡各种关系对当事人的婚姻作出的评价。我国《民法典》对婚姻的效力状态规定得比较详细，除了婚姻的有效之外，还规定了婚姻的无效和婚姻的可撤销。

无效婚姻，亦称婚姻无效，是指不具备法定结婚实质要件或形式要件的两性结合，在法律上不具有婚姻效力，应当被宣告为无效的婚姻。婚姻无效的情形有：重婚、有禁止结婚的亲属关系、未到法定婚龄。可撤销婚姻，是指当事人因意思表示不真实而成立的婚姻，或者当事人成立的婚姻在结婚的要件上有欠缺，通过有撤销权的当事人行使撤销权，使已经发生法律效力的婚姻关系失去法律效力。[②] 婚姻可撤销的情形：因胁迫而结婚的、一方婚前患有重大疾病未如实告知。无效的或者被撤销的婚姻自始没有法律约束力，当事人不具有夫妻的权利和义务。

同居关系，是指未办理结婚登记的男女以夫妻名义共同生活所形成的法律关系。对于同居关系和事实婚姻的区别，《民法典婚姻家庭编解释（一）》第 7 条有明确的规定：1994 年 2 月 1 日以前，男女双方已经符合结婚实质要

---

① 姚秋英：《婚姻效力研究》，中国政法大学出版社 2013 年版，第 42 页。

② 最高人民法院民法典贯彻实施工作领导小组编著：《中国民法典适用大全 · 婚姻家庭卷》，人民法院出版社 2022 年版，第 61 页。

件的，按事实婚姻处理；1994 年 2 月 1 日以后，男女双方符合结婚实质要件的，人民法院应当告知其补办结婚登记。未补办结婚登记的，当事人提起诉讼仅请求解除同居关系的，人民法院不予受理；已经受理的，裁定驳回起诉。当事人因同居期间财产分割或子女抚养纠纷提起诉讼的，人民法院应当受理。

二、婚姻效力及同居关系纠纷的基本特点

（一）欠缺婚姻法定要件

合法有效的婚姻应当具备婚姻成立的实质要件和形式要件。婚姻的形式要件众所周知，即依法登记。男女双方只有经依法登记，才能建立婚姻关系。婚姻的实质要件是指当事人一方或双方必须具备或排除的某些情形。婚姻不仅是个人的私事，还是国家法律的重要调整对象。法律对于结婚的要件作出明确规定，符合法定要件的婚姻合法有效，违反法定要件的婚姻，即使已经成立，效力也会被否定。无效婚姻、可撤销婚姻、同居关系是由于欠缺法定的有效要件而不能产生合法婚姻的法律约束力，是不为法律所保护的一种婚姻状态。

（二）法律效力溯及既往

无效婚姻和被撤销的婚姻都是违反法律规定的婚姻，从办理结婚登记一开始就不具有合法有效的法律效力，因此，在婚姻被确认无效和被依法撤销后，该婚姻溯及登记时即不具有法律约束力，而非自人民法院确认婚姻无效或者撤销婚姻后才不发生法律效力。婚姻被确认无效或者被撤销的，双方当事人之间不具有夫妻之间的人身关系，既不承担相互扶养的义务，也不享有配偶继承权，双方共同生活期间为同居期间，相关权利义务比照同居法律关系予以处理。

（三）违法情形具有法定性

《民法典》对婚姻无效或被撤销的具体情形及事由、行权期间均作出了明确规定。婚姻无效的法定情形为重婚、有禁止结婚的亲属关系、未到法定婚龄，以伪造、变造、冒用证件等方式骗取结婚登记的行为不在此列。婚姻无效的，只要无效事由存在，权利主体就可以请求确认婚姻无效。即使夫妻一方或者双方死亡后，生存一方或者利害关系人仍可提出申请。撤销婚姻的法

定事由为因胁迫而结婚的、婚前患有重大疾病未如实告知的。请求撤销婚姻的，应当自胁迫行为终止之日起1年内提出，或者自知道或者应当知道撤销事由之日起1年内提出；被非法限制人身自由的，应当自恢复人身自由之日起1年内提出。

三、婚姻效力及同居关系纠纷的审理原则

（一）合法婚姻当事人的财产权益保护原则

《民法典》第1054条第1款规定："……对重婚导致的无效婚姻的财产处理，不得侵害合法婚姻当事人的财产权益……"在因重婚而导致婚姻无效的情形下，重婚的双方当事人对同居期间财产的处理很可能损害重婚一方合法婚姻的配偶一方当事人的财产权益。《民法典婚姻家庭编解释（一）》第16条规定："人民法院审理重婚导致的无效婚姻案件时，涉及财产处理的，应当准许合法婚姻当事人作为有独立请求权的第三人参加诉讼。"因此，法律赋予合法婚姻的当事人作为有独立请求权的第三人参加因重婚引发的无效婚姻诉讼，不仅有利于人民法院查明重婚的当事人在同居期间所得财产的真实情况，亦有利于保护合法婚姻的一方当事人的财产权益。

（二）未成年子女的合法权益特殊保护原则

婚姻无效或者被撤销的，双方当事人虽不具有夫妻的权利义务关系，但当事人所生的子女与父母的关系并不因此而受影响。父母子女间的关系主要是来自相互间存在的血缘关系，法律上虽将不符合法定条件的婚姻规定为无效或者可撤销，但父母与子女间的血缘关系是客观存在的，不因夫妻婚姻关系的无效、被撤销而消失。因此，虽然婚姻无效或者被撤销，但是当事人所生的子女仍适用《民法典》关于父母子女的规定。一方面，当事人双方仍应当对所生子女负抚养、教育义务，若由一方抚养子女的，另一方依法享有探望权；另一方面，子女在父母年老时，亦应当尽赡养扶助义务，父母死亡的，子女亦享有继承权。

（三）照顾无过错方原则

婚姻无效或者被撤销的，双方当事人之间的财产关系不适用夫妻财产制的规定。对于同居期间所得的财产，首先应当尊重当事人对自己财产的处分

权，若当事人对同居期间的财产归属有约定，则按约定处理；若没有约定，也应当由双方当事人协商处理。当事人无法达成协议的，则由人民法院按照照顾无过错方的原则进行处理。此处“照顾无过错方的原则”主要是考虑有的婚姻无效或者被撤销，另一方当事人可能并不知情，其以为是合法有效的婚姻并对该段婚姻付出，对婚姻无效和婚姻被撤销并无过错，故人民法院在对财产进行处理时，应当适当照顾无过错方，对无过错方可多分财产。

四、婚姻效力及同居关系纠纷的审查要素

（一）婚姻无效纠纷的审查要素

1. 立案审查

（1）当事人主体范围的审查

【审查要点】

请求确认婚姻无效的主体：婚姻当事人及利害关系人。利害关系人包括：以重婚为由的，为当事人的近亲属及基层组织；以未到法定婚龄为由的，为未到法定婚龄者的近亲属；以有禁止结婚的亲属关系为由的，为当事人的近亲属。

（2）当事人诉讼地位的审查

【审查要点】

①婚姻当事人请求人民法院确认婚姻无效的，一方为原告，另一方为被告。

②利害关系人请求人民法院确认婚姻无效的，利害关系人为原告，婚姻关系当事人双方为被告；夫妻一方死亡的，生存一方为被告；夫妻双方均已死亡的，不列被告。

③人民法院审理重婚导致的无效婚姻案件时，涉及财产处理的，应当准许合法婚姻当事人作为有独立请求权的第三人参加诉讼。

【规范指引】

《民法典婚姻家庭编解释（一）》第 9 条、第 14 条、第 15 条、第 16 条。

2. 婚姻无效诉请的审查

【审查要点】

双方缔结婚姻时存在无效婚姻的法定情形：重婚的、有禁止结婚的亲属关系的、未到法定婚龄的。

【规范指引】

《民法典》第1047条、第1048条、第1051条；《民法典婚姻家庭编解释（一）》第17条。

3. 对婚姻无效抗辩的审查

【审查要点】

（1）双方缔结婚姻时是否存在法定婚姻无效的情形。

（2）原告向人民法院请求确认婚姻无效时，法定婚姻无效的情形是否已经消失。

【规范指引】

《民法典婚姻家庭编解释（一）》第10条；《民法典婚姻家庭编解释（二）》第1条。

4. 审理程序的审查

【审查要点】

（1）请求确认婚姻无效案件不适用撤诉，也不适用调解，应当依法作出判决。

（2）利害关系人请求确认婚姻无效的，只能就婚姻效力提出请求，而无权要求处理当事人的财产分割和子女抚养问题。

（3）在审理确认婚姻无效案件中，涉及财产分割和子女抚养的，可以调解。调解达成协议的，另行制作调解书；未达成调解协议的，应当一并作出判决。

（4）离婚案件中，人民法院有权主动确认婚姻无效。当事人以离婚为由提起诉讼，人民法院经审查认为双方的关系属于无效婚姻的，人民法院应行使释明职责，将婚姻无效的情形告知当事人，当事人变更诉讼请求申请确认婚姻无效的，应依法作出判决；当事人坚持原离婚诉讼请求的，应依职权改变案由，直接判决驳回诉讼请求，确认婚姻无效。

（5）宣告死亡判决被撤销的，不影响确认婚姻无效判决的效力。

（6）就同一婚姻关系分别受理了离婚和请求确认婚姻无效案件的，对于离婚案件的审理，应当待请求确认婚姻无效案件作出判决后进行。婚姻关系被宣告无效后，涉及财产分割和子女抚养的，应当继续审理。

【规范指引】

《民法典婚姻家庭编解释（一）》第11条、第12条、第13条。

（二）撤销婚姻纠纷的审查要素

1. 立案审查

（1）当事人主体资格的审查

【审查要点】

①因胁迫结婚的，请求撤销婚姻的为受胁迫的一方。

②患有重大疾病且未如实告知的，请求撤销婚姻的为被隐瞒的一方。

【规范指引】

《民法典》第1052条、第1053条;《民法典婚姻家庭编解释（一）》第18条。

（2）法定期间的审查

【审查要点】

①因胁迫结婚的，受胁迫的一方请求撤销婚姻的，应当自胁迫行为终止之日起1年内提出；被非法限制人身自由的当事人请求撤销婚姻的，应当自恢复人身自由之日起1年内提出。

②一方患有重大疾病的，未在结婚登记前如实告知另一方的，另一方请求撤销婚姻的，应当自知道或者应当知道撤销事由之日起1年内提出。

③上述“1年”均为除斥期间。

【规范指引】

《民法典》第1052条、第1053条;《民法典婚姻家庭编解释（一）》第19条。

2. 撤销婚姻诉请的审查

【审查要点】

（1）受胁迫结婚。胁迫是指行为人以给另一方当事人或者其近亲属的生命、身体、健康、名誉、财产等方面造成损害为要挟，迫使另一方当事人违背真实意愿结婚。

（2）一方患有重大疾病，未如实告知另一方。重大疾病发病时间限于结婚登记之前。

【规范指引】

《民法典》第1052条、第1053条;《民法典婚姻家庭编解释（一）》第18条。

3. 对撤销婚姻抗辩的审查

【审查要点】

（1）原告是否受胁迫结婚。

（2）被告婚前是否患有重大疾病且未如实告知原告。

（3）原告是否在1年内申请撤销婚姻。

【规范指引】

《民法典》第1052条、第1053条；《民法典婚姻家庭编解释（一）》第18条、第19条。

（三）同居关系纠纷的审查要素

1. 立案审查

【审查要点】

同居关系的解除纠纷不属于人民法院的主管范围。同居关系导致的财产分割及子女抚养纠纷，属于人民法院的受理范围。

【规范指引】

《民法典婚姻家庭编解释（一）》第3条；《民法典婚姻家庭编解释（二）》第4条。

2. 同居关系诉请的审查

【审查要点】

（1）双方未办理结婚登记而以夫妻名义共同生活。

（2）同居生活期间共同生育子女。

（3）同居生活期间双方共同所得的收入和购置的财产。

（4）同居期间为共同生产、经营而形成的债权、债务。

（5）同居关系导致的损害赔偿。

【规范指引】

《民法典婚姻家庭编解释（一）》第3条、第7条；《民法典婚姻家庭编解释（二）》第4条。

3. 对同居关系抗辩的审查

【审查要点】

（1）双方是否存在事实婚姻。

（2）同居期间所生子女是否为双方亲生子女。

（3）同居期间所得的财产是否为当事人一方所有。

（4）双方就财产归属是否已协议处理。

（5）同居期间的债权、债务是否为一方的个人债权、债务。

【规范指引】

《民法典婚姻家庭编解释（一）》第3条、第7条；《民法典婚姻家庭编解释（二）》第4条。

第二节　争点整理与认定

一、婚姻无效纠纷

原告诉请确认婚姻无效，影响原告诉请要件事实成立与否的争点内容为双方缔结婚姻时是否存在婚姻无效的法定情形、无效婚姻的认定是否存在阻却事由、原告是否为无效婚姻的无过错方等，因此上述争点内容即为婚姻无效纠纷争点主要涵摄范围。

争点1：有禁止结婚的亲属关系而形成的婚姻无效

【案例】类某与罗某婚姻无效纠纷案[①]

2014年，类某与罗某登记结婚并生育子女。后因夫妻感情不和，类某向法院提起离婚诉讼。类某主张其与罗某系姨家表兄妹关系，但未提交证据证明。罗某虽认可双方的特殊身份关系，但坚决不同意离婚。后一审法院判决不准离婚。2021年类某申请再审，并提交了婚姻无效的特殊身份关系证明。经再审查明，类某母亲邱某甲与罗某母亲邱某乙系同胞姊妹关系，类某与罗某系姨家表兄妹，系三代以内旁系血亲，属于法律禁止结婚的亲属关系，故撤销一审判决，确认双方婚姻无效。

① 参见山东省蒙阴县人民法院（2021）鲁1328民再12号民事判决书。

【分析】

身份关系不适用自认规则，对于离婚案件中当事人主张双方存在特定身份关系导致婚姻无效，法院不能依照双方一致陈述确认特定身份关系，应引导当事人对身份关系进行举证，在当事人举证存在困难情况下，依当事人提供的相关线索依职权调查、收集相关证据。对于当事人提交的证据，应结合当事人陈述，根据具体案情进行审查。如双方对存在特定身份关系有争议，对主张存在特定身份关系一方提供的证据，另一方提出异议的，法院应加大对证据真实性、合法性、关联性审查力度，以准确认定当事人是否存在特定身份关系。通常情况下，由于存在禁止结婚的亲属关系而形成的无效婚姻，不存在阻却事由，任何时候都可以请求确认其为无效婚姻。

【规范指引】

《民法典》第1048条、第1051条。

争点2：起诉时已到法定婚龄的，不影响婚姻的效力

【案例】何某与勾某婚姻无效纠纷案[①]

何某与勾某于1995年经人介绍认识，半年之后确立恋爱关系，决定结婚时何某未满20周岁，后由勾某及其亲属至乡人民政府办理了结婚证，办证时其并未出面。婚后初期双方感情不错，自2008年开始，因勾某怀疑何某出轨，双方渐生矛盾，自2011年底一直分居。何某因结婚时未达法定婚龄而诉至法院，要求确认与勾某的婚姻关系无效。法院经审理认为，登记结婚时，何某实际年龄不满20周岁，未达法定婚龄，符合法律规定的无效婚姻情形。但何某向法院提起离婚诉讼时，该无效情形已经消失，双方的婚姻关系有效，故判决驳回何某的诉讼请求。

【分析】

法定结婚年龄是法律规定的男女双方可以结婚的最低年龄。达到法定婚龄是结婚的实质性要件之一，未达法定婚龄，到婚姻登记机关进行结婚登记的，应不予登记；若未达法定婚龄取得了婚姻登记的，为无效婚姻，当事人有权请求人民法院确认该婚姻无效。当事人以一方未达法定婚龄为由申请确

---

① 参见江苏省昆山市人民法院（2015）昆周少民初字第0033号民事判决书。

认婚姻无效，若在申请时，已达法定婚龄，则婚姻无效的事由已消灭，此时请求确认婚姻无效的，人民法院不予支持。

【规范指引】

《民法典》第1047条、第1051条。

争点3：拟制旁系血亲之间的婚姻关系有效

【案例】熊某与任某婚姻无效纠纷案[①]

熊某与任某于2006年举行婚礼，婚后生育一双儿女，于2010年补办结婚登记手续。任某系其父母于1984年收养，任某之母与熊某之父是同胞姐弟，熊某与任某系表兄妹关系。2019年熊某以其与任某系三代以内的旁系血亲，属于法律禁止结婚的情形为由，主张确认其与任某之间婚姻无效。法院经审理认为，熊某与任某不具有血缘关系，不存在基因遗传等问题，同时两人系表兄妹关系，彼此通婚也不与社会公序良俗相悖，故对熊某主张其与任某婚姻无效的诉请不予支持。

【分析】

血亲包括自然血亲和拟制血亲。自然血亲是指源于同一祖先、具有血缘关系的亲属，自然血亲基于出生而发生。拟制血亲是指虽然没有血缘关系，但因为其符合一定的条件，法律给予其与自然血亲同等权利义务的亲属关系，如养父母与养子女、继父母与受其抚养教育的继子女之间就是拟制血亲。拟制血亲之间的婚姻关系是否有效，要看是拟制直系血亲之间的婚姻关系还是拟制旁系血亲之间的婚姻关系：（1）拟制直系血亲之间的婚姻关系无效。禁止血亲结婚主要基于两个方面的考虑，一是基于优生优育上的考虑，二是基于对传统伦理道德和亲属秩序的维护。拟制直系血亲也是直系血亲，继父母与继子女之间，养父母与养子女之间虽然没有血缘关系，但也是父母子女关系。拟制直系血亲之间结婚严重违反人伦，会引起亲属关系的混乱，无法为社会大众所接受。（2）拟制旁系血亲之间的婚姻关系有效。拟制旁系血亲通婚，从优生学上来看，因没有血缘关系，不会增加疾病或者生理缺陷的遗传概率。从社会伦理道德上来看，无血缘关系的兄弟姐妹结婚并不违背传统的

---

① 参见四川省平昌县人民法院（2019）川1923民初2497号民事判决书。

家庭伦理关系，不违背社会公序良俗，亦可保障公民的婚姻自由。

【规范指引】

《民法典》第1048条。

争点4：无效婚姻经依法确认后自始无效

【案例】朱某与付某婚姻无效纠纷案[①]

朱某的母亲与付某的父亲是兄妹关系，朱某与付某系嫡亲表兄妹。1987年，双方在父母的撮合下结婚。婚后付某一直在北京务工，且与婚外异性育有一子，双方因此产生矛盾。2022年，朱某诉至法院，请求确认双方之间的婚姻无效。法院经审理认为，朱某与付某虽登记结婚多年并育有一女，但双方属于三代以内旁系血亲，为《民法典》规定的禁止结婚的情形之一，双方婚姻自始无效，不受法律保护，故判决确认双方婚姻无效。

【分析】

无效婚姻是违反法律规定的婚姻，从办理结婚登记时起就不具有合法有效的法律效力，因此，在婚姻被宣告无效和被依法撤销后，该婚姻溯及登记时即不具有法律约束力，而非自人民法院宣告婚姻无效或者撤销婚姻后才不发生法律效力。无效婚姻虽然自始没有法律拘束力，但对于无效婚姻的效力认定问题，有两种观点：一种观点认为，无效婚姻，只要存在法定无效情形的，该婚姻从一开始就当然无效，无须任何有权机关宣告或者确认。另一种观点则认为无效婚姻应当为宣告无效。尽管无效婚姻存在法定无效原因，但只有经过有权机关宣告或者确认程序后，才发生无效的后果，并溯及至婚姻一开始。若未经宣告或确认程序的，则该婚姻仍视为有效婚姻。若采取当然无效，则无效婚姻无须人民法院进行宣告便自始无效，不利于当事人合法权益的保护，也不利于对合法婚姻和违法婚姻的区分，并可能危害婚姻秩序。《民法典婚姻家庭编解释（一）》第20条规定："民法典第一千零五十四条所规定的'自始没有法律约束力'，是指无效婚姻或者可撤销婚姻在依法被确认无效或者被撤销时，才确定该婚姻自始不受法律保护。"因此，婚姻无效虽然为绝对无效，但我国立法对婚姻无效采取的是宣告无效主义，须经人民法院

① 参见江苏省宝应县人民法院（2021）苏1023民初3059号民事判决书。

宣告确认，该无效婚姻才正式不受法律保护，在未经人民法院宣告之前，该婚姻即使存在无效事由，仍具有婚姻的法律效力。

【规范指引】

《民法典》第 1054 条；《民法典婚姻家庭编解释（一）》第 20 条。

争点 5：无效婚姻中处理财产应照顾无过错方

【案例】董某与李某、韩甲、韩乙同居关系析产纠纷[①]

韩某与李某于 1988 年 9 月登记结婚，婚后生育一女韩甲。韩某与董某于 2002 年 7 月登记结婚，于 2002 年 2 月生育一子韩乙。韩某于 2017 年 7 月去世。2018 年，法院判决韩某与董某登记的婚姻无效。韩某于 2001 年 11 月购买案涉房屋，并于 2016 年 12 月取得房屋所有权证书。2020 年，董某向法院起诉，要求确认 302 号房屋为董某与韩某共同共有。一审法院以证据不足为由，对原告主张案涉房屋属于其与韩某共同共有不予支持。宣判后，董某提起上诉。二审法院经审理认为，因双方婚姻关系被宣告无效，双方在同居期间未对财产进行约定，故确认双方在同居期间取得的案涉房屋为双方共同共有。考虑案涉房屋购买时间、购房出资、房屋居住使用情况、董某在同居期间不具有主观过错的情况，酌定董某在案涉房屋中享有 50% 的份额。

【分析】

夫妻财产制以夫妻身份为基础，但婚姻无效的双方当事人自始不存在合法有效的夫妻关系，不适用夫妻财产制的规定。在婚姻被确认无效时，对于同居期间所得的财产，首先应当尊重当事人对自己财产的处分权，若当事人对同居期间的财产归属有约定，则按约定处理，若没有约定，也应当由双方当事人协商确定。当事人无法达成协议的，则由人民法院按照照顾无过错方的原则进行处理。此处“照顾无过错方的原则”主要是考虑到有的婚姻无效，另一方当事人可能并不知情，其以为是合法有效的婚姻并对该段婚姻付出，对婚姻无效并无过错，故人民法院在对财产进行处理时，应当适当照顾无过错方，对无过错方可多分财产。《民法典婚姻家庭编解释（一）》第 22

① 参见北京市第一中级人民法院（2021）京 01 民终 3966 号民事判决书。

条规定："被确认无效或者被撤销的婚姻，当事人同居期间所得的财产，除有证据证明为当事人一方所有的以外，按共同共有处理。"本案中，案涉房屋出资来源主要是贷款，在韩某与董某同居关系期间偿还，应当按共同共有处理；董某在与韩某进行结婚登记时，其对于韩某与李某的婚姻状况不知情，属于无效婚姻中的无过错方。因此，在分割案涉房屋时，应向无过错方董某适当倾斜，结合董某要求占有该房屋一半份额的请求，法院对此予以支持。

【规范指引】

《民法典》第1054条；《民法典婚姻家庭编解释（一）》第22条。

争点6：宣告死亡判决被撤销的，不影响确认婚姻无效判决的效力

【案例】王某与常某婚姻无效纠纷

常某与王某系表兄妹关系，双方于1990年登记结婚，婚后生育一双儿女。1998年常某离家外出务工，一直未与家人联系，其家人多方寻找，始终杳无音信。2018年王某向法院申请宣告常某死亡，公告期届满后，仍无常某的下落，法院依法宣告常某死亡。2019年王某又诉至法院要求宣告其与常某的婚姻无效，法院查明双方系三代以内旁系血亲，属于法律禁止结婚的亲属关系情形，遂宣告双方婚姻无效。2023年常某突然返回家中，并向法院申请撤销宣告死亡判决。法院受理后，查明申请人确系常某本人，遂依法作出撤销死亡宣告的判决。王某与常某的婚姻因存在法定无效情形而属于无效婚姻，即使常某死亡宣告判决被撤销，宣告婚姻无效的判决也将继续有效。

【分析】

在夫妻一方或者双方死亡的情况下，生存一方或者利害关系人仍可请求确认婚姻无效，人民法院在审理此类案件的过程中要注意区分当事人自然死亡与宣告死亡的情形。根据《民法典》的规定，宣告死亡会产生婚姻关系终止、继承开始等法律效果，此时夫妻中存活的一方或者利害关系人仍可向人民法院请求确认婚姻无效。但由于宣告死亡只是一种法律上的推定，被宣告死亡的人有可能还存活于世。若死亡宣告被撤销，其配偶无再婚或未向婚姻登记机关书面声明不愿意恢复的，婚姻关系自撤销死亡宣告之日起自行恢复。而无效婚姻因违反法律禁止性规定而无效，不受法律的保护与认可，其效力

并不会因为宣告死亡的判决被撤销而受影响。被宣告死亡的人重新出现，其与另一方当事人的婚姻因存在法定无效事由而属于无效婚姻，如果该婚姻已被人民法院确认无效，则即使死亡宣告判决被撤销，确认婚姻无效的判决也将继续有效。[①]

【规范指引】

《民法典》第1051条。

争点7：请求确认婚姻无效纠纷案件中不适用撤诉

民事诉讼法上的撤诉包括两种情形：一种是当事人出于对自己权利的处分，主动向人民法院申请撤诉；另一种则是由于原告未按期交纳诉讼费用，经传票传唤，无正当理由拒不到庭的，或者未经法庭许可中途退庭的，依法按撤诉处理。当事人向人民法院提起离婚之诉，人民法院经审查发现该婚姻属无效婚姻的，若当事人在人民法院告知其婚姻无效后提出撤诉申请，人民法院应当不予准许，并在向当事人释明后作出确认婚姻无效的判决。当事人请求确认婚姻无效的纠纷被人民法院受理后，不按规定交纳诉讼费或者发生其他按撤诉处理的情形时，若人民法院经审查发现该婚姻确属无效的，根据举重以明轻的原则，因无效婚姻是违反法律禁止性规定的违法婚姻，人民法院有权确认其无效并据此作出确认婚姻无效的判决，不得按撤诉处理。

【规范指引】

《民法典婚姻家庭编解释（一）》第11条。

二、撤销婚姻纠纷

原告诉请撤销婚姻，影响原告诉请要件事实成立与否的争点内容包括是否存在婚姻可撤销的法定情形、原告行使撤销权是否在法律规定的期限内、被告所患疾病是否为婚前必须告知的重大疾病等情形，因此上述争点内容即为撤销婚姻纠纷争点主要涵摄范围。

---

① 参见最高人民法院民法典贯彻实施工作领导小组主编：《中华人民共和国民法典婚姻家庭编继承编理解与适用》，人民法院出版社2020年版，第88页。

争点 8：子女受父母胁迫结婚可请求依法撤销婚姻

【案例】周某与付某撤销婚姻纠纷案[①]

周某在其母亲安排下与付某相亲。因付某家庭条件较好，两家又系远房亲戚，周某母亲非常希望周某与付某缔结婚姻。在周某明确拒绝与付某交往后，周某母亲强行将在外地工作的周某接回家，并以死相逼，表示如周某不同意该婚事就将其赶出家门。周某害怕家庭关系破裂，又担心母亲寻短见，不得已与付某登记结婚并举办婚礼。婚后近 1 年内，双方并未建立夫妻感情，也从未有过夫妻生活。但周某母亲仍不准许周某提出离婚，母女俩多次争吵并发生肢体冲突。周某诉至人民法院，请求撤销其与付某之间的婚姻关系。法院认为，周某母亲的行为严重干涉了周某的婚姻自由，其行为构成胁迫，故判决撤销周某与付某之间的婚姻关系。

【分析】

婚姻自由是我国婚姻制度的基本原则，结婚应当男女双方完全自愿，禁止任何一方对另一方加以强迫或者任何组织、个人加以干涉。因胁迫而缔结的婚姻关系，严重违背当事人的自由意志，不符合结婚的法定要件，受胁迫的一方当事人有权请求撤销违背其真实意思的婚姻。根据《民法典婚姻家庭编解释（一）》第 18 条的规定，胁迫是指行为人以给另一方当事人或者其近亲属的生命、身体健康、名誉、财产等方面造成损害为要挟，迫使另一方当事人违背真实意愿结婚的行为。实施胁迫行为的人并不局限于婚姻的一方当事人，还包括第三人，实践中常见的为受胁迫方或者婚姻另一方当事人的父母、近亲属等。胁迫的内容包括以对婚姻当事人及其近亲属的生命、身体健康、名誉、财产等方面造成损害为要挟，不论是身体上的强制抑或精神上的控制，只要对受胁迫者的自由意志产生影响，使其违背自由意志而结婚的，都构成胁迫。

特别说明：可撤销婚姻以当事人申请撤销为前提，人民法院在审理案件过程中应当严格遵循“不告不理”原则，尊重当事人的婚姻自由，如发现一方当事人是因胁迫而结婚的，在当事人未提出撤销婚姻的诉讼请求时，不得

---

① 参见最高人民法院 2023 年 3 月 1 日发布的第三批人民法院大力弘扬社会主义核心价值观典型民事案例四。

依职权撤销婚姻。

【规范指引】

《民法典》第1052条;《民法典婚姻家庭编解释(一)》第18条。

争点9:基于完成父母心愿或报恩等动机缔结的婚姻关系不违背婚姻自由

【案例】林某与马某撤销婚姻纠纷案

林某的父亲与马某的父亲是生意伙伴,两家关系较好。林某与马某毕业参加工作后,双方家人一直想撮合两人。双方谈了一段时间恋爱后,因性格上的差异分手。后来林某的父亲被查出胃癌晚期,老人想到自己时日无多,提出希望儿子与马某结婚。孝顺的林某不忍让父亲失望,与马某重新走到了一起,并于2019年登记结婚。婚后双方因性格不合,爆发了各种矛盾,夫妻关系不断恶化。2021年,林某以为完成父亲心愿缔结的婚姻违背婚姻自由为由,要求撤销双方的婚姻关系。法院经审理认为,林某为完成父亲心愿而结婚系其自由之选择,不存在法律规定的可撤销情形,故驳回林某的诉讼请求。

【分析】

人民法院在审理具体案件中,应当正确认定足以影响当事人结婚意思表示的因素。在当事人能够通过自己的行为排除这种因素对其婚姻决定的影响时,则不属于干涉婚姻自由的情形。实践中,有的婚姻当事人以其结婚时是为了完成已患重病的父母或者长辈的心愿或者是为了报答婚姻另一方当事人或其家人的恩情,并非出于其自由意志为由,主张该婚姻违背了婚姻自由,不应具有法律效力,但婚姻自由原则所强调的是他人对拟缔结婚姻关系的当事人施加物质上或精神上的控制行为,致使当事人无法按照自己真实意图进行选择,则所缔结的婚姻关系无效,因此,他人的行为能否构成干涉婚姻自由,应当结合具体的行为进行分析。在婚姻的一方当事人为完成自己或者另一方当事人的父母抑或亲属的心愿或者遗愿而结婚的场合,婚姻一方当事人作出结婚的决定是其自愿的,他人的心愿或者遗愿或许对其决定是否结婚有一定的影响,但通常是一方当事人自己考虑和斟酌的因素,在他人并未以强制其身体或者控制其精神等方式强迫当事人结婚的情形下,该婚姻关系并未违背当事人的自由意志。同理,在基于报恩而结婚的情况下,是否结婚是当事人能够自由决定的事项，当事人可通过各种方式表达自己的感恩之情，若其决定以结婚的方式报恩，则是当事人的自由选择，不存在他人对其婚姻的干预，亦不成立干涉婚姻自由。

【规范指引】

《民法典》第 1046 条、第 1052 条。

争点 10：可撤销婚姻中“重大疾病”的认定

【案例】许某与杨某撤销婚姻纠纷案[①]

2018 年 5 月 1 日，许某与杨某经媒人介绍相识并确定恋爱关系，6 月 1 日两人举行订婚仪式。10 月 22 日，杨某进入医院治疗，并确诊患有系统性红斑狼疮、狼疮性肾炎。11 月 23 日，杨某再次到医院住院治疗，病情好转后办理出院手续。12 月 28 日，双方登记结婚。后许某起诉至法院，主张因杨某婚前患有系统性红斑狼疮重大疾病，且隐瞒病情，请求法院判决撤销婚姻。一审法院经审理认为，系统性红斑狼疮不属于《民法典》规定的重大疾病，故判决驳回许某的诉讼请求。许某不服一审判决，提出上诉。二审法院经审理认为，系统性红斑狼疮疾病已经由过去的急性、高致死性疾病转为慢性、可控性疾病，该疾病为非遗传性疾病，病情稳定的狼疮患者亦可正常孕育，因此不应认定为重大疾病，判决驳回上诉，维持原判。

【分析】

关于重大疾病的范围，《民法典》并未明确规定，但《母婴保健法》第 8 条第 1 款规定，婚前医学检查的主要疾病有：（1）严重遗传性疾病：由于遗传因素先天形成，患者全部或部分丧失自主生活能力，子代再现风险高，医学上认为不宜生育的疾病；（2）指定传染病：艾滋病、淋病、梅毒以及医学上认为影响结婚和生育的其他传染病；（3）有关精神病：精神分裂症、躁狂抑郁型精神病以及其他重型精神病。患有上述疾病的公民暂时不适宜结婚。可见上述三类疾病应属于重大疾病范围。人民法院在审查认定婚姻可撤销事由中“重大疾病”这个要件时，一方面应结合相关法律规定，判断患有疾病一方患有的疾病客观上是否达到需要限制结婚的重大疾病范畴；另一方面应

---

① 参见山东省德州市中级人民法院（2021）鲁 14 民终 3562 号民事判决书。

按照该“重大疾病”能否对缔结婚姻男女双方婚后生活造成重大实质影响的严格标准进行把握。若一方所患疾病不足以对另一方当事人缔结婚姻的真实意思表示产生影响，或不足以对双方婚后生活产生实质性重大影响的，不应认定为重大疾病。

【规范指引】

《民法典》第 1053 条；《母婴保健法》第 8 条第 1 款。

争点 11：协议离婚后不得再行使婚姻撤销权

【案例】佘某与吴某撤销婚姻纠纷案[①]

2011 年 12 月，佘某与吴某登记结婚。2021 年 1 月吴某于妇幼保健院体检中心进行免费孕检，2021 年 3 月体检中心出具体检报告，体检结论显示精索静脉曲张Ⅱ度。下附说明：精索静脉曲张是指精索蔓状静脉丛异常伸长、扩张和迂曲。少数患者可影响精子的生长和精液质量，是男性不育症的病因之一。佘某得知吴某患有精索静脉曲张Ⅱ度后于 2021 年 4 月与其协议离婚。2021 年 10 月佘某诉至法院，称吴某婚前患有重大疾病且未如实告知，并最终导致婚姻破裂，故要求撤销双方于 2011 年 12 月至 2021 年 4 月存续的婚姻关系。法院经审理认为，佘某在得知吴某存在精索静脉曲张Ⅱ度后，即已选择了与吴某协议离婚，行使了解除权，便视为对撤销权的放弃。故虽然吴某存在重大疾病，但在双方婚姻关系已经解除的情形下，再要求撤销婚姻无事实和法律依据，不予支持。

【分析】

《民法典》第 1053 条赋予被隐瞒一方请求人民法院撤销婚姻的权利，但是对于该权利的行使，当事人具有自主选择权。被隐瞒一方可以基于个人幸福、后代健康等因素考虑，选择于知道撤销事由后 1 年内行使撤销权，使已经成立的婚姻关系归于撤销，自始不发生效力；也可以基于已经建立的夫妻感情等因素考虑，认可婚姻关系效力，继续婚姻生活或者解除婚姻。上述选择均建立在当事人意思自治基础之上。但当事人于知晓撤销事由后，选择解除婚姻关系的，不得再以此事由主张撤销婚姻关系。因撤销权与解除权均属

---

① 参见北京市丰台区人民法院（2021）京 0106 民初 33322 号民事判决书。

于形成权，均会引起民事法律关系的变动，但其法律关系后果却截然不同。解除婚姻以认可婚姻效力为前提，而撤销婚姻，则婚姻自始不发生法律效力。《民法典》第152条第1款第3项规定，当事人知道撤销事由后明确表示或者以自己的行为表明放弃撤销权的，撤销权消灭。当事人选择解除婚姻关系，等于认可了婚姻效力，视为其以自己的行为表明放弃了撤销权，其不得再以相同事由向法院主张撤销婚姻关系。

【规范指引】

《民法典》第152条第1款第3项、第1053条。

争点12：婚姻被撤销后，无过错方有权请求损害赔偿

【案例】唐某与郭某撤销婚姻纠纷案[①]

唐某与郭某于2020年底经人介绍相识，2021年10月登记结婚，婚后双方未生育子女。2022年11月，双方发生口角后分居至今。2023年2月，郭某入住某脑科医院治疗，唐某查看郭某病例得知其患有精神分裂症。遂诉至法院，要求撤销婚姻并赔偿损失。一审法院经审理认为，郭某于2019年9月被诊断为疑似患有精神分裂症，2020年10月被诊断为患有分裂型障碍，其在结婚登记前并未如实将该重大疾病情况告知唐某，其行为侵害了唐某的知情权，故对唐某要求撤销婚姻的诉请予以支持。关于损害赔偿问题，唐某为缔结婚姻所受到的财产损失为442 368元，考虑到双方同居生活近1年，以及郭某陪嫁嫁妆的花费，酌定郭某按照上述财产损失的60%予以赔偿。郭某不服，提起上诉。二审法院经审理认为，鉴于唐某婚后亦存在医治性功能障碍的相关事实，酌定郭某按照50%的比例赔偿损失。

【分析】

婚姻虽然具有无效和被撤销的事由，但对于无过错的一方当事人而言，在婚姻未被人民法院确认无效或撤销之前，其已为该婚姻投入了精力和金钱，该婚姻因另一方当事人的过错而无效或者被撤销的，无过错一方无论在精神上还是经济上都会遭受损害，依据公平原则，当然应赋予无过错一方当事人向过错一方当事人请求损害赔偿的权利。一方当事人主张无过错方损害赔偿

① 参见江苏省扬州市中级人民法院（2023）苏10民终4372号民事判决书。

请求权，应当举证证明其因该无效婚姻或可撤销婚姻受有损害，且自己对婚姻无效或被撤销以及该损害的发生并无过错。在被撤销婚姻的情形下，胁迫或患有重大疾病婚前未告知对方的一方当事人明显存在过错，被胁迫或未被告知真实情况的另一方当事人不存在过错，可依法行使损害赔偿请求权。损害赔偿责任范围，既包括物质损害赔偿，亦包括精神损害赔偿。涉及精神损害赔偿的，适用《最高人民法院关于确定民事侵权精神损害赔偿责任若干问题的解释》的有关规定。

特别说明：无过错方损害赔偿请求权的提出时间，应当是在讼争婚姻已经被人民法院确认无效或被撤销之后，或者请求确认婚姻无效或者撤销婚姻的同时请求损害赔偿。婚姻虽然具备无效事由或者可撤销事由，但是无过错方并未请求人民法院确认婚姻无效或者撤销婚姻，而是单独提请损害赔偿的，人民法院不予受理。

【规范指引】

《民法典》第 1054 条。

争点 13：人民法院不能就撤销婚姻案件的婚姻效力进行调解

【案例】胡某与朱某撤销婚姻纠纷案①

胡某与朱某经人介绍相识，于 2021 年 1 月 11 日登记结婚。共同生活期间，胡某发现朱某行为举止异常，总是说有人在控制她，并把结婚时买的金银首饰都卖了，于是胡某陪同朱某去医院做检查，经诊断朱某患有精神分裂症并有自残行为，后胡某得知朱某曾于 8 年前在上海某医院接受过精神疾病治疗。现胡某诉至法院要求撤销婚姻并退还结婚礼金。法院经审理认为，朱某婚前患有重大疾病且未如实告知胡某，造成胡某在择偶时作出错误判断，影响胡某的婚姻自主选择权，故判决撤销双方婚姻关系。双方就彩礼返还事宜已达成调解协议，法院另行制作调解书。

【分析】

《民法典婚姻家庭编解释（一）》第 11 条规定婚姻无效时，对婚姻效力的审理不适用调解，应当依法作出判决。那么可撤销婚姻案件审理过程中，

---

① 参见江苏省宝应县人民法院（2021）苏 1023 民初 4386 号民事判决书。

对婚姻效力部分能否适用调解？根据《民法典》的规定，有权撤销婚姻关系的机关为人民法院，而不是民政部门。这是因为，因受胁迫或隐瞒重大疾病撤销婚姻的问题非常复杂，是否存在胁迫、隐瞒重大疾病情形，撤销婚姻后如何处理双方的财产关系和可能出现的子女抚养问题，都需要经过审理才能查清楚和作出合理的裁判。宣告婚姻无效或者撤销婚姻，事关婚姻关系当事人的民事权利义务以及子女和其他近亲属的权益，只能由行使国家审判权的法院对当事人的婚姻关系进行认定，并对相关法律后果进行裁判。被撤销的婚姻自始没有法律约束力，当事人不具有夫妻的权利和义务，如果允许当事人对可撤销婚姻的婚姻效力进行调解，可能会引发一定的法律风险，即通过撤销婚姻规避法律责任或者侵害对方当事人的合法利益。因此，婚姻是否被撤销应当由人民法院作出认定，婚姻当事人没有自由处分的权利，不能进行调解。

【规范指引】

《民法典婚姻家庭编解释（一）》第 11 条。

争点 14：胁迫当事人的近亲属可以成为过错赔偿义务主体

《民法典》第 1054 条第 2 款规定，婚姻无效或者被撤销的，无过错方有权请求损害赔偿。一般来讲，承担本条规定的损害赔偿责任主体为无过错方的配偶，并无疑义。但是，因受胁迫而请求撤销婚姻的情形下，实施胁迫行为的并不仅限于婚姻当事人，如也可能是婚姻当事人的近亲属。此时，损害赔偿责任的责任主体不应仅仅限于另一方当事人。比如，男方的父母和男方一起胁迫女方结婚并限制女方的人身自由，女方因此遭受极大的身体上和精神上的痛苦，女方恢复人身自由后请求撤销该婚姻并主张损害赔偿，但男方没有经济收入，为了及时全面得到赔偿，女方将男方及其父母同时列为被告，这种情况下支持女方的赔偿请求，对保护无过错方显然是有利的，法律也没有规定承担损害赔偿的主体只能是婚姻当事人中的过错方。

【规范指引】

《民法典》第 150 条、第 1052 条、第 1054 条。

三、同居关系纠纷

原告诉请要求处理同居期间的财产分割或者子女抚养问题，影响原告诉请要件事实成立与否的争点内容为双方是否存在事实婚姻、同居期间所得财产是否为双方共有、高额抚养费协议是否有效等，因此上述争点内容即为同居关系纠纷争点主要涵摄范围。

争点 15：非婚生子女高额抚养费协议的法律效力

【案例】符某乙、符某丙与符某甲同居关系子女抚养纠纷案[①]

李某与符某甲在双方均为单身的情况下，于 2011 年 9 月恋爱后同居，2012 年 12 月生育一子符某乙，2014 年 12 月生育一女符某丙，双方至今未领结婚证。2018 年 6 月，符某甲与李某签署协议书一份，其中关于符某乙、符某丙抚养的问题约定为符某甲每月支付符某乙、符某丙生活费 3 万元整，直到 18 周岁。双方于 2019 年 5 月分居，自此符某甲再未给付李某子女抚养费，故李某以两子女名义起诉要求符某甲给付抚养费。一审法院依据协议约定，判决符某甲按每名子女 15 000 元 / 月的标准给付抚养费。符某甲认为一审判决认定的抚养费数额过高，超出其负担能力，遂提起上诉。二审法院经审理认为，符某甲要求调整每月抚养费金额，其提交的个人所得税记录，仅能证明其每月收入保底是 2 万元，不能证明其不具备经济能力，且符某甲在诉讼中陈述其为两家公司的大股东，每年在没分红的情况下可支配收入在 100 万元左右。结合 2019 年 6 月前符某甲给付的抚养费用情况，约定金额系双方的真实意思表示，与符某甲的负担能力和当地的实际生活水平相符。故对符某乙、符某丙要求符某甲按照协议约定每月给付抚养费 3 万元的诉讼请求，依法予以支持。

【分析】

本案系同居分手协议中对非婚生子女抚养费约定过高而引发的纷争。处理该类协议纠纷时，在不违反法律法规强制性规定的前提下，既要坚持公序良俗原则，更要保护好妇女儿童和当事人的合法权益。关于抚养费约定较高时是否应予调整，法院应综合考量抚养人的收入状况、负担能力，被抚养人

---

① 参见江苏省无锡市中级人民法院（2021）苏 02 民终 2141 号民事判决书。

的实际需求以及当地生活消费水平和案件具体情况，在兼顾公平原则的前提下确认抚养费数额。如果双方当事人约定高额抚养费系其真实意思表示，且支付抚养费一方的收入状况足以负担，应按照双方的约定进行处理。但如果双方当事人约定的抚养费已远超支付抚养费一方的负担能力，且支付方可能会因承担高额抚养费而陷入生活困难时，裁判时应综合考量支付方提出的异议，结合具体案情进行合理调整。抚养费的支付既要保障被抚养人的合法权益，亦不能损害抚养人的合法权益。

【规范指引】

《民法典》第 1071 条；《民法典婚姻家庭编解释（一）》第 49 条。

争点 16：事实婚姻经调解不能和好的，应判决准予离婚

【案例】彭某与糜某离婚纠纷案①

彭某与糜某于 1990 年举行结婚仪式后即以夫妻名义共同生活，一直未办理结婚登记。婚后初期双方感情尚好，近几年因生活琐事产生矛盾并逐渐激化，双方开始分居生活，后彭某向法院起诉离婚。审理中，经法院调解，糜某不同意离婚，彭某亦不同意调解和好。法院认为，彭某与糜某虽未进行结婚登记，但两人以夫妻名义开始共同生活的时间在 1994 年 2 月 1 日前，且两人已符合结婚的实质要件，应按事实婚姻处理。经法院调解无果，故判决准予双方离婚。

【分析】

未办理结婚登记而以夫妻名义共同生活者，是否被认定为事实婚姻，是以 1994 年 2 月 1 日为界，在该日之前，男女双方已经符合结婚实质要件的，按照事实婚姻处理，之后的一概认定为同居关系。对事实婚姻在一定条件下予以保护，并不意味着其效力完全等同于登记结婚，在具体处理上要与登记婚姻有所区别。合法登记结婚的当事人提出离婚时，人民法院经调解不能和好的，如果认为夫妻感情没有彻底破裂，可以判决不准离婚。事实婚姻不是登记婚姻，双方没有依法进行结婚登记，在一方坚决要求解除这种事实婚姻关系时，不能强行要求双方仍然以夫妻名义继续同居。

---

① 参见江苏省仪征市人民法院（2020）苏 1081 民初 3179 号民事判决书。

【规范指引】

《民法典婚姻家庭编解释（一）》第7条。

争点17：同居期间形成的共有财产须有共同出资及购买的合意

【案例】史某与朱某同居关系析产纠纷案[①]

朱某与史某（离异）恋爱后同居生活。2009年6月，朱某以个人名义购买坐落于某市某小区房屋一套。朱某持有落款日期为2009年6月的交房结算单、购房发票、契税纳税申报表及契税完税证等材料。该房屋自2009年6月16日起登记在朱某名下，共有情况为单独所有。同年11月16日，朱某提前还贷30万元，该笔款项由史某提供，史某主张该笔款项系其支付给朱某的共同购房款，朱某主张该笔款项发生在其购房后，不属于购房款，而是史某在追求其时自愿给其用于还贷的赠与。后双方因房产归属产生纠纷，史某诉至法院。一审法院以证据不足为由，驳回史某的诉讼请求。史某不服，提起上诉。二审法院经审理认为，史某既未举证证明双方同居的时间，也未举证证明双方有共同购房的合意，且双方在同居期间并未就所有权登记进行过变更。史某称案涉房屋属双方共同购置的主张依据不足，故不予支持。

【分析】

同居关系与婚姻关系不同，同居关系不受法律保护，没有稳定的家庭关系作为基础，因此不适用婚姻关系中关于共同财产直接推定共同共有，除非双方另有约定的规定。同居期间财产分割应遵循以下原则：对同居期间所得的财产，有约定的，按照约定处理；没有约定且协商不成的，按照以下情形分别处理：（1）各自所得的工资、奖金、劳务报酬、知识产权收益，各自继承或者受赠的财产以及单独生产、经营、投资的收益等，归各自所有；（2）共同出资购置的财产或者共同生产、经营、投资的收益以及其他无法区分的财产，以各自出资比例为基础，综合考虑共同生活情况、有无共同子女、对财产的贡献大小等因素进行分割。人民法院处理同居财产分割案件时，最大的难点是如何认定争议财产是否由双方共同购置，此时应着眼于双方是否有共同购买的合意及共同出资的行为。本案中，史某与前妻离婚时，案涉房屋已登记

① 参见江苏省无锡市中级人民法院（2020）苏02民终3811号民事判决书。

在朱某一人名下，史某既无证据证明案涉房屋系在双方同居期间购买，也无证据证明其与朱某之间存在共同购买房屋的合意及共同出资的事实。购买房屋的合意理应在购买房屋时就已发生，而在最能够体现购买合意的签订合同、支付首付款等重要的时间节点，史某并无任何证据证明自己曾参与其中。因此，史某主张案涉房屋属双方共同购置的事实依据不足，不应支持。

【规范指引】

《民法典婚姻家庭编解释（一）》第3条。

争点18：同居期间因共同生产、经营形成的债务为共同债务

【案例】刘某与朱某、贠某买卖合同纠纷案[①]

朱某出资设立拉面馆，在与女友贠某未婚同居后共同经营，刘某长期向拉面馆供应牛羊肉。因经营状况恶化，拉面馆拖欠刘某货款14万元，后朱某就所欠货款向刘某出具欠条一份。2022年10月，刘某将朱某和贠某诉至法院。贠某辩称，拉面馆系朱某出资开设，同居后作为朱某的女友，只是在店中帮忙，用其微信账户和支付宝账户收款码代收餐费，其与朱某分手后，未再参与拉面馆的任何经营。法院经审理认为，朱某与贠某未婚同居，尽管不是合法的夫妻关系，但拉面馆收款码系贠某名下账户，贠某虽辩称仅代收餐费而未参与经营，但未进一步提交相关证据予以证明，故认定案涉欠款系朱某与贠某共同经营期间产生的，应视为共同债务，二人均负有偿还的责任。

【分析】

同居关系中，一方是否需要承担另一方债务？我们认为，解除同居关系时，同居期间为共同生产、经营而形成的债权、债务，可按共同债权、债务处理。也就是说，在同居期间产生的债务，只要是为了同居双方的共同利益或同居生活需要，并用于生活、生产经营，均应视为同居期间产生的共同债务。同居期间形成的共同债务由双方共同承担。需要注意的是，在同居关系期间，同居男女一方以个人名义对外所负债务，债权人主张是同居男女共同债务的，债权人应负举证责任；无法举证或举证不足的，认定为同居一方个人债务。

---

① 参见河南省开封市鼓楼区人民法院（2022）豫0204民初2272号民事判决书。

【规范指引】

《民法典》第 579 条。

争点 19：同居期间的转账不能当然认定为借款

【案例】李某与鞠某民间借贷纠纷案

2018 年，李某与鞠某确立恋爱关系并同居生活。同居期间，李某多次向鞠某银行账户转账，转账金额合计 283 万元。2020 年，两人发生矛盾后分手。李某向法院起诉要求鞠某归还同居期间的借款 283 万元。鞠某认为转账确实存在，但不认可是借款，且其也陆续给付李某 260 万元，用于李某个人及其公司经营所需。一审法院经审理认为，李某与鞠某在同居期间存在多次大额银行转账往来，超出了日常生活必需，李某关于因恋爱关系未要求鞠某立据的解释存在事实基础，借贷关系应予确认。双方确认的银行转账交易差额 23 万元，应为借款，遂判决鞠某归还李某 23 万元。两人均不服，分别提起上诉。二审法院经审理认为，李某未提供借据、收据、欠条等债权凭证，亦未提供其他证据证明其与鞠某之间存在借贷法律关系。李某虽主张因身份关系特殊，所以在借款时未出具书面债权凭证，但即便如此，事后亦应有微信、短信、邮件、录音、证人证言等其他证据证明借款关系的存在，而本案中李某未提供任何此类证据，故对于李某主张其与鞠某之间存在民间借贷法律关系，法院难以采信，遂改判驳回李某一审全部诉请。

【分析】

本案系男女恋爱同居期间因转账行为引发的纠纷，这一类转账行为并不当然会被认定为民间借贷。民间借贷应重点审查两个方面：一是借贷是否存在合意，即钱款往来时一方表达的是“借钱”意思表示，另一方同意“出借”而非其他意思表示，或者事后双方就“借款”的意思表示达成一致；二是款项是否完成交付，即借款人是否确实收到了钱款。因此，民间借贷法律关系的成立需要双方存在借贷合意，并有款项交付的事实。出借人向人民法院提起民间借贷诉讼时，应当提供借据、收据、欠条等债权凭证以及其他能够证明借贷法律关系存在的证据。恋爱同居关系的双方基于信任未签署借款协议或书面借据等理由均不能作为双方之间的往来款就是借款的证据，更不能替代借据、收据、欠条等债权凭证起到证明存在民间借贷法律关系的作用。

【规范指引】

《民事诉讼法》第 67 条；《最高人民法院关于审理民间借贷案件适用法律若干问题的解释》第 2 条。

争点 20：同居期间财产的分割应以财产取得方式确定份额

【案例】吕某与孙某同居关系析产纠纷案[①]

吕某与孙某于 2010 年 5 月以夫妻名义同居生活，双方未办理结婚登记手续。同居生活期间，双方以共同的退休养老金为生活来源，两人的退休金均由吕某管理，用于支配日常生活开销。2013 年 10 月，孙某购买彩票中得奖金 526 万元，税后所得 421 万元。后孙某将奖金中的 218 万元转至其与前妻所生之女孙某甲银行账户。吕某得知上述情况后，遂诉至法院要求分割 421 万元福彩奖金。一审法院经审理认为，吕某与孙某同居期间的退休金作为双方的唯一收入来源，均由吕某保管并用于共同生活消费，二人收支混同。因此，同居期间孙某用退休金购买的彩票所中奖金应按一般共有财产处理。故判决吕某和孙某各分得 210.5 万元。后孙某提起上诉。二审法院经审理认为，综合双方对中奖彩票所得奖金贡献大小、同居时间长短及退休金收入等因素，酌情判决吕某分得奖金的 20% 即 842 000 元，孙某分得奖金的 80% 即 3 368 000 元。

【分析】

同居期间的财产分割原则：一是意思自治原则。双方按照自己的意愿达成财产分割协议。二是区分个人所有和按份共有原则。凡是能区分为个人所有的财产，都应当归各自所有；对于共同出资购置的财产或者共同生产、经营、投资的收益以及其他无法区分的财产，以各自出资比例为基础，综合考虑共同生活情况、有无共同子女、对财产的贡献大小等因素进行分割。三是照顾妇女、儿童权益原则。在财产分割过程中，适当照顾女方和抚养儿童一方的权益。本案中，一审法院依据一般共有原则将奖金予以均分，但未考虑对中奖彩票所得奖金贡献大小、同居时间长短及退休金收入等因素，没有起到通过调节利益分配来提升社会道德水平的引导性作用，因此二审判决对奖

① 参见黑龙江省高级人民法院（2015）黑高民申三字第 95 号民事裁定书。

金分配进行了调整。

【规范指引】

《民法典婚姻家庭编解释（二）》第4条。

争点21：有配偶者与他人同居约定的财产性补偿的裁判规则

【案例】刘某与周某合同纠纷案[①]

刘某与周某于1999年相识并同居生活。周某于2001年5月17日与前妻离婚。刘某于2002年2月为周某生育一子刘某甲。2008年3月，刘某与周某签订一份《协议书》，约定："因刘某多次流产影响了正常生活、生育、健康等诸多问题，周某愿意承担一切医疗费用，并愿意自2008年7月起每月支付刘某营养费3000元，为期20年，若履行承诺期间，刘某与他人结婚，刘某将自愿放弃周某在此后支付的营养费。"因周某未履行协议约定的给付义务，刘某诉至法院。法院经审理认为，刘某与周某相识交往期间，周某仍处于与其前妻婚姻关系存续期间。根据《民法典》第1042条第2款"禁止有配偶者与他人同居"的法律规定，属违法行为，故刘某与周某签署的《协议书》应属无效合同。对于同居关系造成的身体受损害的后果，因为不具备合法婚姻，法院亦不予支持。

【分析】

有配偶者与他人同居，可以分为一方有配偶而另一方无配偶以及双方均有配偶两种情况。现实生活中，这种同居关系在不断形成的同时也在不断解除。有些同居关系在解除时，一方会向另一方主张一定数额的补偿金。补偿金通常以借款、欠款、协议等形式表现出来。这种补偿金是否应受法律保护？如不应保护，一方已经支付的部分是否可主张返还？倾向性观点认为，其属于不可强制执行的自然债务，履行与否全凭债务人的意愿，法律不加干涉。但是一旦履行，将不得请求"债权人"返还，"债权人"接受的履行将不是不当得利，法律承认其保持受领给付之权利。根据传统的民法理论，自然债务通常分为履行道德义务之给付、不法原因之给付、超过法定利率之给付、婚姻居间之报酬等类型。解除上述同居关系的补偿金应当属于不法原因之给

① 参见湖南省株洲市中级人民法院（2020）湘02民终608号民事判决书。

付的自然债务，因为其违反了法律的禁止性规定，同时也侵犯了配偶的财产权益。基于赠与人给付原因的不合法与受赠人接受赠与的不合法，原则上应确认已经给付的不得请求返还，尚未给付的不得请求支付的尺度。即有配偶者与他人同居，为解除同居关系，双方以借款或者其他形式确定补偿金，一方起诉要求支付该补偿金的，人民法院不予支持；一方履行后反悔，主张返还已经支付的补偿金的，人民法院亦不予支持。但如果有配偶者是以夫妻共同财产给付，合法配偶以侵害夫妻共同财产权为由起诉主张返还的除外。

特别说明：同居关系解除后，其间一方有终止妊娠、分娩或遭受暴力伤害等情形，要求另一方负担实际支出或确定将要支出的费用的，可予以支持。另一方已自愿给付超过实际支出的相关财产，事后给付方反悔要求返还的，一般不予支持。一方以双方解除同居关系为由，请求对方支付精神损害赔偿的，一般不予支持。

【规范指引】

《民法典》第 153 条、第 1042 条。

第三节　法律适用中的疑难问题

本节主要阐述分析婚姻无效纠纷、撤销婚姻纠纷、同居关系纠纷案件法律适用中的疑难问题。婚姻无效纠纷案件中，以伪造、变造、冒用证件等方式骗取结婚登记后下落不明引发的纠纷案件不在少数，此类案件应作为民事案件还是行政案件予以受理，实务中存在较大争议。《民法典婚姻家庭编解释（一）》虽然确定无效婚姻存在阻却事由，但没有区分无效婚姻情形消失的具体情况，因重婚而形成的无效婚姻是否存在阻却事由最具争议。撤销婚姻应当满足所患疾病为“重大疾病”的要件，但关于何为“重大疾病”，目前法律并无明确的规定。同居关系纠纷案件中，婚外同居的男女之间相互赠送财物，一旦同居关系终止，很容易因赠与物归属产生纠纷，如何处理尚存争议。本节结合上述疑难问题归纳如下法律争点，通过案例分析解答，利于法律适用的理解和统一。

问题 1：瑕疵婚姻登记的婚姻效力问题

【案例】李某某与黄某某离婚纠纷案[①]

2008 年 9 月 17 日，李某某经朋友介绍认识自称家住广西田东县的黄某某。次日，李某某、黄某某到广西壮族自治区藤县民政局办理了结婚登记手续。后双方共同生活了 7 天左右，黄某某声称要去广东打工，于 2008 年 9 月 26 日独自外出打工至今未归。之后，李某某多方找寻黄某某无果，遂向法院提起离婚诉讼。案件审理过程中，黄某某坚称自己不认识李某某，也从未离开过广西田东县，不可能与李某某登记结婚。经双方确认，李某某表示其不认识本案中的黄某某。法院又通过全国民政局婚姻登记系统查询到黄某某 2004 年至 2009 年先后与王某、李某某等 15 个人办理过结婚登记，其身份信息可能被借用或冒用。法院经审理认为，本案存在他人借用或冒用黄某某的居民身份证与李某某进行婚姻登记的事实，李某某、黄某某的婚姻登记行政行为存在瑕疵，依法应当由当事人向婚姻登记部门申请撤销或直接提起行政诉讼，故裁定驳回李某某的起诉。

【分析】

众所周知，缔结婚姻既需具备结婚的实质要件，也需按法定程序进行登记。如欠缺结婚的实质要件，法律规定了无效婚姻制度和可撤销婚姻制度。而如欠缺结婚的形式要件，即不符合法定程序，则其婚姻效力如何认定，实体上如何处理，存在争议。欠缺结婚的形式要件，通常指的就是婚姻登记程序存在瑕疵，一般来说有以下情形：非当事人本人亲自到婚姻登记机关进行登记、借用他人身份证进行登记、使用虚假姓名登记或姓名登记错误等。司法实践中，当事人常以婚姻登记存在瑕疵为由诉至法院请求确认婚姻无效，此类案件如何处理，实务中存在不同观点：

第一种观点认为，双方在办理结婚登记手续时弄虚作假、骗取婚姻登记，应认定婚姻无效，按无效婚姻处理。《民法典》及《民法典婚姻家庭编解释（一）》虽未将此类情况列入无效婚姻的情形，但由于办理结婚登记手续的双方违反结婚的实质要件，故应扩大无效婚姻的适用范围。如驳回当事人起诉，不利于其权益的维护，也违反司法最终裁决的原则。

---

① 参见广西壮族自治区田东县人民法院（2021）桂 1022 民初第 2907 号民事裁定书。

第二种观点认为，《民法典》第1051条规定了婚姻无效的三种情形，该规定属于封闭式列举，以伪造、变造、冒用证件等方式骗取结婚登记的行为不在此列，法院不能直接适用这条规定认定婚姻无效。结婚登记是一种行政确认行为，如果当事人认为结婚登记程序存在瑕疵，可以请求婚姻登记机关予以更正或撤销婚姻登记。当婚姻登记机关不予更正或不予撤销时，当事人可以提起行政复议，或者直接提起行政诉讼。

我们倾向第二种观点，婚姻登记程序瑕疵与婚姻无效是两个完全不同的概念，《民法典》第1051条规定了婚姻无效的三种情形，在该三种情形之外，法律上并没有兜底规定，故以婚姻登记程序存在瑕疵为由请求确认婚姻无效，缺乏法律依据。但对实际生活中确实存在的登记程序存在瑕疵的婚姻如何处理，《民法典婚姻家庭编解释（一）》第17条作了明确，即当事人以《民法典》第1051条规定的三种无效婚姻以外的情形请求确认婚姻无效的，人民法院应当判决驳回当事人的诉讼请求。当事人以结婚登记程序存在瑕疵为由提起民事诉讼，主张撤销结婚登记的，告知其可以依法申请行政复议或者提起行政诉讼。

特别说明：《民法典》关于婚姻无效的规定为完全列举，当事人不得以其他情形主张婚姻无效。

【规范指引】

《民法典》第1051条；《民法典婚姻家庭编解释（一）》第17条。

问题2：在先缔结的合法婚姻的解除，能否成为无效婚姻的阻却事由

【案例】胡某与徐某婚姻无效纠纷案[①]

1996年5月，徐某与李某办理结婚登记。2010年7月，徐某又使用虚假离婚证明与胡某办理结婚登记，并分别生育徐某甲、徐某乙。2015年4月，李某与徐某办理离婚登记。2015年12月3日，徐某因犯重婚罪而获刑。同年12月18日，胡某向法院提起诉讼，请求确认其与徐某的婚姻无效。一审法院认为胡某起诉时，徐某与其前妻李某婚姻关系已解除，胡某与徐某之间法

① 参见重庆市第一中级人民法院（2016）渝01民再字第44号民事判决书。

定的无效婚姻情形已经消失，故判决驳回胡某的诉讼请求。后胡某申请再审，再审认为，重婚行为不因前婚姻关系的合法终止而有效化，故撤销一审判决，确认胡某与徐某的婚姻无效。

【分析】

重婚行为违反了一夫一妻制，有悖于社会的公序良俗，是严重的婚姻违法行为。《民法典》第1051条规定重婚是构成婚姻无效的情形之一。《民法典婚姻家庭编解释（一）》第10条规定了请求确认婚姻无效的阻却事由，如果重婚情形已经消失，即合法婚姻关系当事人双方已经解除婚姻关系或者合法配偶死亡，此时重婚是否由无效转为有效婚姻？

第一种观点认为，婚姻无效是以婚姻的违法性为条件，如果违法性已不复存在，即婚姻无效的原因已消失，不应再宣告婚姻无效。《民法典婚姻家庭编解释（一）》第10条规定，当事人依据《民法典》第1051条规定向人民法院请求确认婚姻无效，法定的无效婚姻情形在提起诉讼时已经消失的，人民法院不予支持。该条并没有规定重婚情形除外，故法定的无效婚姻情形已经消失应包含重婚情形。重婚的法定情形已经消失应理解为有效婚姻关系的当事人办理了离婚手续或者配偶一方已经死亡。

第二种观点认为，重婚行为严重违反一夫一妻制，有悖于社会公序良俗，是我国法律明令禁止的严重的婚姻违法行为，甚至设置了重婚罪予以刑法上的责难。即使前次婚姻关系合法解除，仍然不能消除当事人的重婚行为及其社会危害性。因此，重婚的法律性质决定了无论申请确认婚姻无效时，重婚的当事人在先婚姻关系是否终止，都应确认重婚为无效婚姻，不能实现合法化的转变。

我们倾向第二种观点，理论界将存在阻却事由的无效婚姻称为相对无效，将不存在阻却事由的婚姻称为绝对无效。《民法典》第1051条规定的无效婚姻的三种情形，未达法定婚龄属于相对无效，近亲婚姻和重婚属于绝对无效。也就是说，有些无效婚姻在经过一定时间后，因婚姻无效情形已经消除等情况，可以认可当事人及利害关系人在请求确认婚姻无效时存在阻却事由。即提起诉讼时，法定的无效婚姻情形已经消失，如未达法定婚龄者已达法定婚龄，这时对提出确认婚姻无效的请求，法院不予支持。而近亲婚姻的血缘关系无法改变，重婚可能构成刑事犯罪，所以被认为属于绝对无效。《民法典婚姻家庭编解释（二）》第1条规定，当事人依据《民法典》第1051条第1项规定请求确认重婚的婚姻无效，提起诉讼时合法婚姻当事人已经离婚或者配偶已经死亡，被告以此为由抗辩后一婚姻自以上情形发生时转为有效的，人民法院不予支持。因此，因重婚导致的婚姻无效不存在阻却事由，无论当事人或利害关系人请求确认婚姻无效时，重婚者存在两个婚姻关系还是一个婚姻关系，都应当确认后一婚姻关系无效。

【规范指引】

《民法典》第1051条；《民法典婚姻家庭编解释（一）》第10条；《民法典婚姻家庭编解释（二）》第1条。

问题3：性功能障碍是否属于可撤销婚姻中的“重大疾病”

【案例】顾某与何某撤销婚姻纠纷案[①]

顾某与何某于2022年3月18日登记结婚，2022年10月15日办理婚宴后正式同居。同居生活中顾某发现何某存在严重的男性功能障碍，于是陪同何某前往多家医疗机构诊治，四川某医院出具的《门诊病历》载明：姓名何某，临床诊断男性勃起障碍、早泄；四川某第二医院出具的《心理健康报告》载明：受试者何某表现出重度勃起功能障碍症状、早泄症状。后何某向顾某出具情况说明，认可其因惧怕顾某拒绝与其结婚，隐瞒了自身存在严重男性功能障碍的事实，直至同居生活后对方才知晓实情。2023年8月，顾某以何某婚前隐瞒重大疾病为由，诉至法院要求撤销双方之间的婚姻关系。法院经审理认为，性生活是人类正常的生理需求，是男女结合的婚姻生活中的重要部分，是生育后代的基本条件，因此是否具备正常的性能力往往是当事人考虑是否缔结婚姻的重要判断标准之一，该因素足以影响另一方当事人缔结婚姻关系的真实意思表示，故有生理缺陷不能发生性行为应当属于婚前应当告知对方的重大疾病。基于此，法院依法撤销了顾某与何某的婚姻关系。

【分析】

《民法典》第1053条将重大疾病作为可撤销婚姻的事由之一，患有医学上认为不应当结婚的疾病不再是婚姻无效的事由，这一修订充分尊重了男女双方的意思自治，顺应了婚姻自由的社会发展理念，是婚姻立法的重大进步，具有重要的社会意义。然而《民法典》对重大疾病的范围未作规定，司法实

---

① 参见四川省成都市青羊区人民法院（2023）川0105民初18473号民事判决书。

践中，对于有严重传染病、指定传染病、有关精神病为重大疾病已经达成共识，但对于性功能障碍能否纳入可撤销婚姻中的重大疾病范畴，实务中存在不同观点：

第一种观点认为，《母婴保健法》第 8 条并未将性功能障碍列为婚前医学检查疾病。《婚前保健工作规范（修订）》将与婚育有关的疾病纳入婚前医学检查疾病范畴，但并未被列入注明"建议不宜结婚"的范围。重大疾病需要考虑对后代的影响，但是生育并非婚姻的目的，相关疾病对非患病方的影响难以量化。随着医学发展，关于与性、生殖有关的疾病并非不可治愈，存在多种途径实现性生活或生育目的。因此，性功能障碍不属于婚前应当如实告知的"重大疾病"。

第二种观点认为，从婚姻的本质及人伦常情来看，性生活是人类正常的生理需求，是婚姻生活的重要组成部分，亦是配偶权中核心权利之一。婚姻当事人期待并追求夫妻之间正常的性生活，是完全正常和合情合理的行为，双方不能进行正常的性生活，无疑是婚姻的重大缺陷。因此，一方隐瞒自己性功能障碍的疾病，对另一方来说显然属于"重大疾病"。

我们倾向第二种观点。一方面，虽然随着科学技术的进步和现代医疗技术的发展，不宜结婚的疾病范围逐渐缩小，许多疾病都能够通过有效的手段预防甚至治愈，但是性无能作为客观生理缺陷性疾病，在当代社会仍然存在。作为婚姻家庭立法层面历来重视的重要因素，一方存在功能缺陷，不能发生性行为且婚前未告知对方者，对方应有权申请撤销婚姻。另一方面，从是否足以影响另一方当事人缔结婚姻关系的真实意思表示考量，性生活是男女结合的婚姻中的重要组成部分，和谐稳定的性生活对婚姻的幸福稳定有着重要影响。此外，虽然现代社会婚姻生活方式呈现多元化现象，婚姻不一定与生育挂钩，夫妻双方选择共同组建家庭相互扶持，并同意不生育的现象已属平常，但生育子女毕竟是婚姻的目的和婚姻承载的功能之一，是否生育子女应由婚姻双方自主决定。而有生理缺陷不能发生性行为直接关系到婚姻双方夫妻关系幸福指数以及生育权的自主行使。因此，一方是否于婚前明确告知另一方患有该疾病，足以影响另一方决定是否结婚的自由意志，并势必对双方婚后生活造成重大影响。故有生理缺陷不能发生性行为应属于《民法典》规定的重大疾病，一方婚前未告知的，另一方有权请求人民法院撤销婚姻。

【规范指引】

《民法典》第 1053 条；《母婴保健法》第 8 条。

问题4：婚外同居当事人的赠与行为是否有效

【案例】赵某与李某、马某赠与合同纠纷案[①]

2007年10月30日，赵某与马某登记结婚。马某在婚姻关系存续期间给第三者李某转款466 200元，且马某与李某承认双方存在同居关系。随后，赵某诉至法院，请求确认马某赠与李某466 200元的行为无效，并要求李某返还466 200元及利息。一审法院经审理认为，赵某所主张的该笔转账存在于夫妻关系存续期间，应视为夫妻共同财产，马某作为丈夫对其中的一半拥有支配权，但对属于赵某的一半份额无支配权，李某应当对该部分的赠与予以返还。赵某不服，提起上诉。二审法院经审理认为，夫妻对全部共同财产不分份额地共同享受所有权，对共同财产享有平等的处置权，只有在共同共有关系终止时，才可以就共同财产进行分割，确定各自份额。因此一审法院判令李某返还一半款项不当，对此予以纠正。

【分析】

婚外同居的男女之间相互赠送财物，一旦同居关系终止，很容易因赠与物归属发生纠纷。目前，对这种特殊关系之间的赠与合同效力，学界争议较大。

第一种观点认为，当事人双方自愿达成的财产赠与合同，当事人只要处分的是其个人财产，应当认为有效。这种观点强调婚外同居行为违法，但不必然导致同居当事人处分财产的行为无效。婚外同居与财产赠与是两个不同的民事行为，各具独立性。

第二种观点认为，婚外同居者的赠与，其目的在于建立、维护或者加强双方之间的不法性关系，因此有损公共秩序或者善良风俗。任何人都不应当通过非法行为获益。根据民事法律行为的价值和法律保护的价值取向，这类赠与应当归于无效，赠与财物应当全部返还。

第三种观点认为，有必要对婚外同居者的赠与区别对待。婚外同居行为违法，并不必然导致对婚外同居者的赠与当然无效，而应当根据当事人动机不同区别认定赠与行为的效力。具有性交易性质的赠与，赠与的动机是继续保持婚外同居关系，甚至将此作为赠与的条件，这种赠与应为无效赠与，但

---

① 参见河南省洛阳市中级人民法院（2020）豫03民终2567号民事判决书。

基于彼此之间感情或共同生活的需要而为的赠与，不能因为具有婚外同居的烙印而被全盘否定。

对此，我们倾向认为，有配偶者擅自将夫妻共同财产赠与婚外同居者，显然超出了日常生活需要的范围，侵犯了另一方的财产权利，该赠与行为无效，且赠与行为全部无效，而非部分无效，夫妻中的另一方有权以侵犯共有财产权为由请求婚外同居者予以返还。理由如下：第一，《民法典》第 1042 条规定："禁止有配偶者与他人同居。"有配偶者与他人同居是法律禁止的行为，这种同居关系属于违法关系。第二，夫妻共同财产是基于法律的规定，因夫妻关系的存在而产生的。在夫妻双方未选择其他财产制的情形下，夫妻对共同财产形成共同共有，而非按份共有。根据共同共有的一般原理，在婚姻关系存续期间，夫妻共同财产应作为一个不可分割的整体，夫妻对全部共同财产不分份额地共同享有所有权，夫妻双方无法对共同财产划分个人份额，在没有重大理由时也无权于共有期间请求分割共同财产。夫妻对共同财产享有平等的处理权，并不意味着夫妻各自对共同财产享有一半的处分权。只有在共同共有关系终止时，才可以对共同财产进行分割，确定各自份额。第三，超出日常生活需要对夫妻共同财产进行处分，双方应当协商一致，夫妻一方单独将大额夫妻共同财产赠与他人，属于无权处分行为。《民法典》第 311 条第 1 款规定："无处分权人将不动产或者动产转让给受让人的，所有权人有权追回……"当财产被他人无合法依据占有时，所有权人有权根据物权的追及效力要求非法占有人返还财产，夫妻中的受害方可以行使物上请求权，请求法院判令其返还财产。第四，涉及具体处理问题，如果赠与人给受赠人钱款让其购房、购车等且登记在受赠人名下，赠与行为被确认无效后，受赠人应返还相应的钱款；如果赠与人是把原来登记在自己名下的房屋、车辆等变更登记给受赠人，受赠人应返还原房屋或车辆等。

【规范指引】

《民法典》第 311 条、第 1042 条、第 1062 条。

第四章　婚姻关系解除纠纷

第一节　婚姻关系解除纠纷概述

一、婚姻关系解除纠纷的概念

离婚是婚姻关系终止的基本原因之一，是指夫妻双方在生存期间依照法律规定终止婚姻关系的法律行为。离婚具有强烈的人身属性，与身份关系密切相关。夫妻双方自离婚之日起，夫妻关系即告解除，双方权利义务关系终止。[①] 在我国，夫妻双方可以通过行政程序登记离婚或诉讼离婚两种方式来解除婚姻关系。目前，登记离婚仍是人们解除婚姻关系的主要方式。相比于登记离婚，诉讼离婚虽然占比不高，但矛盾往往比较激烈，适用于当事人双方对离婚有分歧的情况，包括一方要求离婚另一方不同意离婚而发生的离婚纠纷；或者双方虽然同意离婚，但在子女抚养和财产分配问题上不能达成一致意见的情况。

二、婚姻关系解除纠纷的基本特点

（一）法律关系复杂性

离婚诉讼是复合之诉，包括解除婚姻关系之诉、子女抚养之诉、财产分割之诉等，涵盖了身份、财产、人格、情感等多种因素，法律关系复杂多样。一方面，解除婚姻关系是前提和基础，共同财产分割等问题从属于前者。故在离婚诉讼中可一并对夫妻共同财产进行处理。法院应询问当事人是否请求

① 参见最高人民法院民法典贯彻实施工作领导小组主编：《中华人民共和国民法典婚姻家庭编继承编理解与适用》，人民法院出版社 2020 年版，第 237 页。

分割财产，如被告请求分割财产的，无须提起反诉，法院应予审理。[①]另一方面，离婚诉讼不仅涉及夫妻之间亲权的解除，夫妻共同财产的分割，还不可避免地在父母权利和未成年子女权益之间产生一定的矛盾和冲突，法院应当以未成年人的利益作为首要考虑，以有利于子女身心健康发展作为衡量标准，妥善处理好离婚诉讼中相互独立又相互依存的各类法律关系。

（二）诉讼证据多样性

离婚案件不同于其他类型的民事纠纷，夫妻之间缺乏证据保全的法律意识，在现实生活中很难保留相应的证据，导致离婚诉讼证据不足、证据类型独特、间接证据较多、证据相关性较差等。如在当事人主张“有配偶者与他人同居”的案件中，由于同居具有私密性，同居双方尤其是有配偶者一方为防止被发现，往往采取不少手段来掩盖同居事实，且虽然可能发现一次“婚外性行为”的事实，但很难提供多次性关系的证据。在涉及家庭暴力的案件中，过错方实施过错行为往往难有目睹者，即使有，也很难有人挺身而出为受害者作证，即使受害者提供了损害结果的证据，也很难举证证明致害行为与损害结果之间的因果关系。[②]

（三）易衍生其他诉讼

离婚诉讼易衍生其他诉讼，包括婚姻关系解除后的分家析产纠纷，子女抚养权、抚养费未妥善解决引发的抚养权、探望权、抚养费纠纷等诉讼；还存在亲友之间提起民间借贷之诉，以制造不实借贷假象减损夫妻共同财产的情况。[③]

三、婚姻关系解除纠纷的审理原则

（一）离婚自由原则

婚姻自由包括结婚自由和离婚自由两个方面，二者互相结合、缺一不

---

① 参见杜万华主编：《民事法律文件解读》（总第142辑），人民法院出版社2016年版，第70页。

② 参见广西壮族自治区高级人民法院民事审判第一庭编著：《家事审判理论与实践》，法律出版社2016年版，第55页。

③ 参见茆荣华主编：《上海法院类案办案要件指南》（第5册），人民法院出版社2022年版，第239页。

可，共同构成婚姻自由原则的完整含义。结婚自由是实现婚姻自由的先决条件，离婚自由是结婚自由的必要补充。离婚自由是指婚姻当事人有权自主地处理离婚问题。一方面，夫妻双方有共同作出离婚决定、达成离婚协议的权利；在夫妻感情确已破裂、婚姻关系无法继续维持的情况下，夫妻任何一方都有提出离婚的权利。即自愿离婚的，可以协商离婚；一方要求离婚的，可以诉至法院解决。保障离婚自由，可以使无法维持的婚姻关系得以解除，使当事人免除婚姻名存实亡的痛苦。另一方面，离婚同结婚一样，必须符合法定条件，履行法定程序，承担相应的法律后果。提出离婚，是当事人的一项自由权利，但是否允许离婚则须有国家的干预，不能由当事人任意决定。《民法典》婚姻家庭编对离婚的原则和程序、离婚时的财产分割、离婚后子女的抚养教育等问题，都作了明确规定，这些规定既是对离婚自由的保障，也是对当事人行使离婚自由权利的约束。①

（二）夫妻感情破裂原则

夫妻感情是婚姻关系的基础，离婚争议的产生归根结底是感情的变化。如果感情确已破裂，婚姻已经“名存实亡”，就应当依法予以解除。夫妻感情确已破裂是我国婚姻制度中判决离婚的法定理由，也是人民法院审理离婚纠纷案件的基本原则。夫妻感情破裂是一种法律上的推定，不能简单以一方当事人对于婚姻的意见或离婚诉讼次数作为考量感情破裂与否的标准，须从婚姻基础、婚后感情、离婚原因、夫妻关系的现状和有无和好的可能等方面综合分析，认定夫妻感情是否确已破裂。

（三）未成年子女利益最大化原则

未成年人作为社会发展的未来与希望，其法律地位和基本权利受法律确认和保护。父母离婚对子女的身心健康会产生重要影响，因此，不应将离婚只看成是父母之间的事情。对涉及未成年子女的离婚案件，应开展全面的情况调查，有效了解未成年人的实际生活状况，必要时可引入心理疏导和测评机制。根据《民法典》第 1084 条的规定，在父母离婚对未成年子女抚养问题协议不成时，应当将“最有利于未成年子女”作为人民法院的审判原则，体

---

① 参见夏吟兰等：《中国民法典释评 · 婚姻家庭编》，中国人民大学出版社 2020 年版，第 17 页。

现了追求以人为本、弘扬人文关怀的精神。该原则的贯彻实施，不仅体现了国家对未成年人保护的力度日益增强，而且表明了我国已在这一领域将未成年人保护原则与国际社会相关法律规则高度融合。①

（四）调解优先原则

调解是人民法院审理离婚纠纷案件法定的必经程序。通过调解结案，有利于妥善解决当事人双方的矛盾，减轻与弥合精神创伤，妥善、合理地处理各种纷争。调解以当事人自愿为原则，贯穿整个诉讼过程。人民法院对离婚案件进行调解时，应贯彻自愿原则与合法原则。对于离婚案件的调解应坚持自愿原则。当事人是否可以达成离婚或者不离婚的协议以及当事人达成协议的具体内容，都应是建立在双方平等自愿协商的基础之上，人民法院应充分尊重当事人双方的自愿性与平等性，不能强迫当事人达成协议或者久调不决影响诉讼程序。调解应坚持合法原则。人民法院必须严格遵守法定程序要求，接受审限的约束。对当事人经过调解所达成的离婚协议，只有在符合法律规定的情况下，人民法院才能认可与批准。人民法院在诉讼内调解，如双方和好，人民法院应将和好协议的内容记入笔录，按撤诉处理。如双方达成全面的离婚协议，人民法院应当制作调解书。离婚调解书经双方当事人签收后即具有法律效力。无民事行为能力人的法定代理人与对方达成协议并要求发给判决书的，人民法院可根据协议内容制作判决书。如调解无效，既不能达成和好的协议又不能达成离婚的协议，离婚诉讼继续进行。②

四、婚姻关系解除纠纷的审查要素

（一）立案审查

1. 地域管辖的审查

【审查要点】

婚姻关系解除纠纷案件，应区分不同情况适用一般地域管辖原则或者特殊地域管辖原则。

---

① 参见夏吟兰等：《中国民法典释评·婚姻家庭编》，中国人民大学出版社2020年版，第223页。

② 参见夏吟兰等：《中国民法典释评·婚姻家庭编》，中国人民大学出版社2020年版，第201页。

（1）一般地域管辖。婚姻关系解除纠纷由被告住所地人民法院管辖；被告住所地与经常居住地不一致的，由经常居住地人民法院管辖。

（2）特殊地域管辖。

①夫妻一方离开住所地超过1年，另一方起诉离婚的案件，可以由原告住所地人民法院管辖。夫妻双方离开住所地超过1年，一方起诉离婚的案件，由被告经常居住地人民法院管辖；没有经常居住地的，由原告起诉时被告居住地人民法院管辖。

②当事人一方为军人的婚姻家庭纠纷案件，一方当事人向军事法院提起诉讼或者提出申请的，军事法院应当受理；双方当事人均为军人或者军队单位的民事案件由军事法院管辖。

③双方当事人都被监禁或者被采取强制性教育措施的离婚纠纷案件，由被告原住所地人民法院管辖；被告被监禁或者被采取强制性教育措施1年以上的，由被告被监禁地或者被采取强制性教育措施地人民法院管辖。

④对下落不明或者宣告失踪的人，以及对被监禁的人提起的离婚诉讼，按原告住所地确定管辖；原告住所地与经常居住地不一致的，由原告经常居住地人民法院管辖。

⑤当事人的户籍迁出后尚未落户，有经常居住地的，由该地人民法院管辖；没有经常居住地的，由其原户籍所在地人民法院管辖。

⑥被告被注销户籍的，由原告住所地人民法院管辖；原告住所地与经常居住地不一致的，由原告经常居住地人民法院管辖。双方均被注销户籍的，由被告居住地人民法院管辖。

【规范指引】

《民事诉讼法》第22条、第23条；《民事诉讼法解释》第6条、第7条、第8条、第11条、第12条；《最高人民法院关于军事法院管辖民事案件若干问题的规定》第1条、第2条。

2. 级别管辖的审查

【审查要点】

婚姻关系解除纠纷案件，一般由基层人民法院管辖。

【规范指引】

《民事诉讼法》第18条。

3. 涉外、涉港澳台婚姻关系解除纠纷管辖的审查

【审查要点】

离婚案件的涉外因素，主要是指法律关系当事人主体涉外、经常居住地涉外、婚姻缔结地在国外以及标的物涉外等。

涉港澳台的离婚案件不属于涉外离婚案件，按《民事诉讼法》的有关规定确定管辖，参照涉外民事诉讼管辖及其他有关规定处理。

【规范指引】

《民事诉讼法》第 23 条；《涉外民事关系法律适用法》第 27 条；《民事诉讼法解释》第 13 条、第 14 条、第 15 条、第 16 条、第 17 条；《最高人民法院关于涉及香港、台湾的离婚案件管辖问题的批复》；《最高人民法院关于一方居住内地一方居住港澳的离婚应如何处理问题的复函》；《最高人民法院关于明确第一审涉外民商事案件级别管辖标准以及归口办理有关问题的通知》。

4. 不予受理情形的审查

（1）对男方离婚诉权的限制

【审查要点】

女方在怀孕期间、分娩后 1 年内或者终止妊娠后 6 个月内，男方不得提出离婚；但是，女方提出离婚或者人民法院认为确有必要受理男方离婚请求的除外。

【规范指引】

《民法典》第 1082 条。

（2）对再次起诉离婚时间的限制

【审查要点】

判决不准离婚和调解和好的离婚案件，没有新情况、新理由，原告在 6 个月内又起诉的，不予受理。

原告撤诉或者按撤诉处理的离婚案件，没有新情况、新理由，6 个月内又起诉的，不予受理。

【规范指引】

《民事诉讼法》第 127 条。

特别说明：6 个月的起算日期应当自判决生效之日起算。对于起诉时尚不满 6 个月而立案时未注意到，移送时或移送后不久即满 6 个月的情况，以裁定驳回起诉为宜。所谓“新情况、新理由”，通常是指当事人在判决不准离婚后，出现了足以证明双方感情确已破裂的情况、理由，或者有一方对他方

有危及生命、人身安全等重大犯罪可能的，还有一些情况如6个月内出现重婚、一方犯罪、一方公开与他人姘居等，也可以酌情考虑。

在人身安全保护裁定有效期内实施了违反禁令的行为，属于实施了新的损害夫妻感情的暴力和暴力威胁行为，考虑到家庭暴力行为易反复发生的特点，应在程序上保障受害人的及时起诉权。

（二）原告诉请的审查

1. 解除婚姻关系诉请的审查

【审查要点】

（1）双方当事人之间是否存在合法的婚姻关系。即双方是否合法办理结婚登记手续并领取结婚证，且不存在无效婚姻和可撤销婚姻的情形。

（2）是否具有解除婚姻关系的法定情形。

（3）是否具有不予受理的情形。

【规范指引】

《民法典婚姻家庭编解释（一）》第9条、第14条、第15条、第16条。

2. 履行离婚协议诉请的审查

【审查要点】

离婚协议是一种要式协议，以离婚为生效条件。若双方当事人在办理离婚登记之前即对协议内容明确反悔，致离婚登记未能办理的，则离婚协议未生效。若双方当事人在办理离婚时，仅对部分事项进行约定，在离婚后就其余事项达成的协议并非离婚协议，可依据《民法典》合同编相关规范予以评价。

【规范指引】

《民法典》第1076条；《民法典婚姻家庭编解释（一）》第70条。

3. 损害赔偿诉请的审查

（1）提出损害赔偿诉请的主体

【审查要点】

有权提出损害赔偿诉请的主体包括有效婚姻中无过错的一方当事人，以及婚姻无效或者被撤销婚姻中无过错的一方当事人。

【规范指引】

《民法典》第1054条第2款、第1091条；《民法典婚姻家庭编解释（一）》第87条、第89条、第90条。

（2）承担损害赔偿责任的主体

【审查要点】

承担损害赔偿责任的主体为协议离婚或离婚诉讼当事人中有过错的一方，以及婚姻无效或者被撤销婚姻中有过错的一方当事人。

【规范指引】

《民法典》第1054条第2款。

（3）提出损害赔偿诉请的时间

【审查要点】

当事人不起诉离婚而单独依据《民法典》第1091条的规定提起损害赔偿请求的，人民法院不予受理。诉讼离婚的，无过错方原告须在提起离婚诉讼的同时提出损害赔偿诉请，无过错方作为被告可以在一审离婚诉讼中提出损害赔偿诉请，也可以在二审离婚诉讼中提出损害赔偿诉请；被告在二审离婚诉讼中提出损害赔偿诉请，人民法院应当进行调解，调解不成的，告知当事人另行起诉。双方当事人同意由二审法院一并审理的，二审法院可以一并裁判。

【规范指引】

《民法典婚姻家庭编解释（一）》第87条、第88条。

（4）损害赔偿诉请的具体内容

【审查要点】

损害赔偿诉请的具体内容，可以是物质损害赔偿，也可以是精神损害赔偿，还可以是两者兼具。对于物质损害赔偿，人民法院应审查物质损害存在相应的依据；对于精神损害赔偿，人民法院应适用《最高人民法院关于确定民事侵权精神损害赔偿责任若干问题的解释》的有关规定。

【规范指引】

《民法典婚姻家庭编解释（一）》第86条；《最高人民法院关于确定民事侵权精神损害赔偿责任若干问题的规定》第1条、第5条。

（三）被告抗辩的审查

1. 对解除婚姻的抗辩审查

（1）夫妻感情尚未破裂的抗辩审查

【审查要点】

从婚姻基础、婚后感情、离婚原因、夫妻关系的现状和有无和好的可能等方面综合分析，认定夫妻感情是否确已破裂。

【规范指引】

《民法典》第1079条。

（2）不存在准予离婚法定情形的抗辩审查

【审查要点】

经人民法院判决不准离婚后，双方是否又分居满1年。

【规范指引】

《民法典》第1079条第4款、第5款。

2. 对履行离婚协议的抗辩审查

（1）协议或条款未生效的抗辩审查

【审查要点】

离婚协议以离婚为生效要件。若双方尚未办理离婚登记或在登记之前反悔的，则协议未生效。若登记时对协议进行修改的，则登记的协议生效，原协议未生效。

【规范指引】

《民法典婚姻家庭编解释（一）》第69条。

（2）协议存在可撤销事由的抗辩审查

【审查要点】

离婚协议所载内容效力的评价，应严格遵循相关司法解释中明确的是否存在欺诈、胁迫情形，而不包括显失公平。不能简单以夫妻财产分割不均或一方畸多为由而否定协议效力。

【规范指引】

《民法典婚姻家庭编解释（一）》第70条。

（3）"情势变更"的抗辩审查

【审查要点】

离婚后双方应按照协议内容诚实履行，无重大情势变更的情况，不得随意改变。

【规范指引】

《民法典婚姻家庭编解释（一）》第69条。

3. 对损害赔偿的抗辩审查

（1）不构成法定损害赔偿责任的抗辩审查

【审查要点】

法定损害赔偿责任的构成要件有二：仅夫妻一方存在过错；过错与解除婚姻关系具有因果关系。当事人提出不构成法定损害赔偿责任的抗辩可能涉及以下几个方面：一是其不具有过错；二是请求方有过错；三是其过错与解除婚姻关系无因果关系。人民法院应根据个案情况分重点进行审查。

【规范指引】

《民法典》第 1091 条；《民法典婚姻家庭编解释（一）》第 86 条、第 88 条。

（2）请求方有过错的抗辩审查

【审查要点】

夫妻双方均有《民法典》第 1091 条规定的过错情形，一方或者双方向对方提出离婚损害赔偿请求的，人民法院不予支持。

【规范指引】

《民法典》第 1054 条第 2 款；《民法典婚姻家庭编解释（一）》第 90 条。

第二节　争点整理与认定

在《民事案件案由规定》中，作为二级案由的“婚姻家庭纠纷”项下包括“离婚纠纷”“离婚后损害责任纠纷”等三级案由。《民法典》中“第五编婚姻家庭”的第四章“离婚”中有 17 个法条（即第 1076 条至第 1092 条）对离婚的条件和程序、离婚对当事人的效力、离婚对子女的效力、离婚救济等离婚制度作出了规定。

司法实践中，就案件数量而言，解除婚姻关系纠纷、请求履行离婚协议纠纷和请求离婚损害赔偿纠纷三类纠纷的案件数量较多。常见的争点有夫妻感情破裂标准的认定、离婚协议约定的补偿金性质的认定、离婚损害赔偿数额的确定等。解除婚姻关系不仅涉及夫妻双方的人身关系、财产关系，还在婚姻当事人与子女及其他第三人之间引起一系列的法律后果，需要妥善处理好关涉的各类法律关系。

一、请求解除婚姻关系纠纷

争点 1：无民事行为能力的精神病人离婚的，需由变更后的监护人代理起诉

【案例】轩某与吕某离婚纠纷案①

轩某系无民事行为能力人，起诉其配偶吕某，请求判令与吕某离婚。轩某患病经其利害关系人申请后，法院已判决宣告轩某为无民事行为能力人。该情况下轩某的监护人虽可作为其法定代理人代轩某提起民事诉讼，但轩某的配偶及子女均属监护人，且吕某属轩某第一顺序监护人。诉讼中吕某明确表示不同意轩某儿女代替轩某提起离婚诉讼。法院经审理认为，因轩某法定监护人之间对谁作为监护人有争议，应先确定轩某监护人的身份后，再由轩某监护人决定是否提起离婚诉讼，故裁定驳回起诉。

【分析】

本案需解决无行为能力人提起离婚诉讼的两个方面的问题：第一，无行为能力人有无离婚请求权。无民事行为能力人属于无法表达真实意思的人。在离婚案件中，无民事行为能力人无论是作为原告还是被告，其第一顺序监护人都是配偶。为了保护无民事行为能力人的权益，应由除其配偶外的其他监护人代为提起离婚诉讼。第二，程序上应当先变更监护关系，再由变更后的监护人代为提起离婚诉讼。在婚姻关系存续期间，无民事行为能力人的监护人是其配偶。其他有监护资格的人应当先申请法院撤销配偶的监护资格、变更监护人。本案中，轩某起诉离婚时尚未变更监护关系，其法定监护人仍然是其配偶吕某，故法院裁定驳回起诉。

特别说明：在无民事行为能力人主动起诉离婚的情况下，如果无民事行为能力人结婚之前就存在无民事行为能力原因的，此时应当提起无效婚姻之

---

① 参见河北省玉田县人民法院（2014）玉民初字第 646 号民事判决书、河北省唐山市中级人民法院（2014）唐民终裁字第 218 号民事判决书。

诉，提起人为无民事行为能力人结婚前的监护人。无民事行为能力人行为能力丧失的原因在婚姻关系存续期间发生的，则需要先解决程序上的问题，撤销无民事行为能力人之配偶的监护资格，由变更后的监护人代理无民事行为能力人提起离婚诉讼。

【规范指引】

《民法典婚姻家庭编解释（一）》第 62 条。

争点 2：一方不当地限制对方参与生产、工作、学习和社会活动的，可以作为“导致夫妻感情破裂”的情形

【案例】刘某与苏某离婚纠纷案[①]

2006 年苏某与刘某结婚，婚后苏某在城区打工，刘某在娘家生活，2008 年刘某到苏某家生活。苏某常因家庭琐事与刘某发生争执，并对刘某进行打骂。刘某为了增加家庭收入、改善生活质量外出打工，苏某便加以限制和干涉。2017 年刘某起诉离婚，法院判决不准离婚，后双方均没有联系和来往。2018 年刘某再次起诉要求与苏某离婚。法院经审理认为，苏某对刘某外出打工加以限制、干涉，明显违反相关法律规定，是导致夫妻感情破裂的主要原因，在第一次判决不准离婚后，双方没有来往和联系，应认定双方的夫妻感情确已完全破裂，刘某要求与苏某离婚符合法律规定，应予准许。

【分析】

夫妻之间的生产、工作权利是平等的，不存在谁优先于谁的问题。虽然现实中，大多数女性在照顾家庭、养育子女等方面比男性倾注了更多的时间和精力，但此种家庭经营的分工应以互相尊重、平等协商为前提，不能违背一方意愿进行限制、干涉。丈夫限制妻子外出工作的权利，而导致夫妻感情破裂的情形，符合《民法典》第 1079 条第 3 款第 5 项“其他导致夫妻感情破裂的情形”，应当允许解除婚姻关系。[②]

【规范指引】

《民法典》第 1057 条。

---

① 参见广西壮族自治区贵港市港南区人民法院（2018）桂 0803 民初 1134 号民事判决书。

② 参见最高人民法院民法典贯彻实施工作领导小组编著：《中国民法典适用大全 · 婚姻家庭卷》，人民法院出版社 2022 年版，第 109~110 页。

争点 3：不能仅以夫妻分居已满两年认定夫妻感情确已破裂

【案例】李某与陈某离婚纠纷案①

李某与陈某经人介绍相识，2014 年结婚登记，2016 年生育一子，婚后双方分别在郑州、深圳工作。2021 年李某以双方长期分居为由，提起离婚诉讼，陈某不同意离婚。法院经审理认为，李某与陈某经人介绍相识，依法办理结婚登记，婚姻关系合法有效。双方共同生活多年，并育有一个孩子，并非没有感情基础，双方虽因工作分居两地，但尚未达到夫妻感情确已破裂的程度，如双方能理性沟通、相互理解，正确面对家庭矛盾就仍有和好的希望。故法院判决不准离婚。

【分析】

夫妻生活的一个重要部分就是共同生活，分居是指夫妻间不再共同生活，不再相互履行夫妻义务，包括停止性生活，经济上不再合作，生活上不再相互关心、互相扶助等。对于因工作、学业等客观原因分居两地，或者一时怄气分开居住的，不构成法律规定的分居的离婚法定事由。

特别说明：一方面，要明确分居的原因，只有因感情不和分居满 2 年，经调解无效，才能判决准予离婚。如因工作、学习等原因导致两地分居，或因住房问题造成夫妻不能同室而居，是不能作为准予离婚的条件的。另一方面，夫妻分居已满 2 年，但经调解尚有和好可能的，仍不能认为已具备准予离婚的条件。

【规范指引】

《民法典》第 1079 条。

争点 4：精神障碍患者离婚纠纷的裁判规则

【案例】梁某与翟某离婚纠纷案②

梁某与翟某 2005 年经人介绍相识，2006 年登记结婚，同年生育一子。

---

① 参见河南省永城市人民法院（2021）豫 1481 民初 3709 号民事判决书。

② 参见陕西省洋县人民法院（2018）陕 0723 民初 2437 号民事判决书。

梁某长期外出打工，翟某与梁某父母亲相处期间，因生活琐事发生纠纷，翟某于 2008 年患有精神方面的疾病。2018 年，梁某起诉离婚。法院经审理认为，双方虽系自愿登记结婚并生有子女，但在婚生子出生后，翟某与梁某父母发生纠纷导致相处不和，并从 2008 年起患有精神疾病仍未治愈，现梁某起诉离婚，按照法律规定足以认定夫妻感情确已破裂，故梁某的离婚请求依法予以准许，遂判决准予离婚，梁某给付翟某今后生活帮助费及治疗疾病费用 8 万元。

【分析】

一般而言，因离婚诉讼涉及人身关系，对于感情是否破裂应从严甄别，准确把握当事人的离婚意愿。在分割共同财产时，应当充分考虑到离婚后精神障碍患者的治疗和生活问题。精神障碍患者在离婚时仍处在治疗过程之中，无论其自理程度如何，均符合一方生活困难法律规定的情形，应当由另一方支付一定的经济帮助款或者提供一定的财产。①

特别说明：在诉讼过程中，要区分精神障碍患者的不同情况，审查其自理能力和后续治疗、生活基本需求，解决无民事行为能力人在离婚后维持当地基本生活水平和居住等问题，还要充分调查另一方的基本经济状况，体现照顾子女和女方权益的法律原则。

【规范指引】

《民法典》第 1079 条。

争点 5：夫妻一方不履行扶养义务可认定夫妻感情确已破裂

【案例】郭某与闫某离婚纠纷案②

郭某与闫某于 1988 年经人介绍认识，次年登记结婚，1993 年生育一女，婚后双方感情较好。2010 年，闫某生病住院治疗至今。闫某神志清楚，日常生活无法自理。自闫某住院治疗至今为止，相关医疗费用及护理费用，由闫某及其父母承担，郭某未分担。郭某于 2012 年起多次起诉要求离婚，均被判决不准许离婚。郭某再次提起离婚诉讼，法院经审理认为，郭某与闫某虽系

---

① 参见国家法官学院、最高人民法院司法案例研究院编：《婚姻家庭与继承纠纷裁判规则理解与适用》，中国法制出版社 2023 年版，第 105 页。

② 参见湖北省武汉市武昌区人民法院（2015）鄂武昌民初字第 03624 号民事判决书。

自主婚姻，婚姻基础和婚后感情均较好。但双方缺乏沟通与交流，在闫某患病后长期分居，导致夫妻感情破裂，应准许离婚。但闫某持续住院，生活不能自理。郭某应分担相关费用，并从其个人财产中对闫某给予适当帮助，故法院判决准许双方离婚，郭某支付闫某医疗费自费部分的50%，每月支付闫某帮助费1000元。

【分析】

夫妻之间的“扶养”是指夫妻在经济上相互帮助，在生活上的相互扶持的权利和义务。有扶养义务的一方应当对需要扶养的一方提供经济上的保障或生活上的必要照顾。这不仅是道德层面上的义务，也是法律规定的强制性义务。司法实践中，如遇到需要扶养一方起诉离婚，不履行扶养义务一方不同意离婚，且不具备法定离婚条件时，不宜直接认定夫妻感情破裂，应当结合婚姻基础、婚后感情、夫妻关系的现状和有无和好的可能等方面综合分析。

特别说明：在此争点项下需要重点审查如下几方面情况：一是具有扶养义务一方，是否有扶养的意愿和条件；二是具有扶养义务一方，有无改善夫妻感情、缓和夫妻矛盾的想法；三是双方在家庭财产的使用、管理、处分、收益上是否存在矛盾；四是双方婚后长期生活情况、目前的生活现状；五是双方是否存在和好的可能等。

【规范指引】

《民法典》第1059条、第1079条、第1090条。

争点6：家庭暴力案件中，一方能够证明受侵害事实及伤害后果即完成举证责任

【案例】苏某与陈某离婚纠纷案[①]

2008年，苏某与陈某通过网络相识、相恋，2009年未婚生育一子，同年补办结婚登记手续。婚后，双方经常发生争吵，苏某称存在家庭暴力的情况，陈某否认。苏某提交了录音、录像、录音的文字记录、受伤的照片、医院病历予以证明，并称曾报警处理，但无相关案卷及笔录。陈某仅称其并不知道苏某所受伤害是谁造成的，未向法院提交证据证明苏某所受伤害与其无关联。

---

① 参见广东省珠海市斗门区人民法院（2014）珠斗法民一初字第337号民事判决书。

故法院认为存在家庭暴力具有高度盖然性。故对苏某主张陈某存在家庭暴力的事实予以认定。

【分析】

对于是否存在家庭暴力，受害人往往难以提供相应的证据。因此，对家庭暴力案件，证明标准应当有别于一般民事案件，只要受害人能够举证证明其在婚姻关系存续及与施害人共同生活期间受到侵害的事实，即可认定受害人已完成了举证责任，此时施害人应就其与受害人受侵害的事实无关承担相应的举证责任，若施害人无法提供证据证明，则应由其承担举证不能的后果，也即可认定家庭暴力事实的存在。

特别说明：我国法律明确禁止家庭暴力，规定配偶一方对另一方实施家庭暴力，经调解无效的应准予离婚。因实施家庭暴力导致离婚的，无过错方在离婚时有权请求损害赔偿。涉及家庭暴力的离婚案件有其特点和规律，一方能够证明受侵害事实及伤害后果并指认系另一方所为的，举证责任即转移至另一方。另一方否认但无反证的，人民法院可以推定其为加害人，认定家庭暴力的存在。

【规范指引】

《反家庭暴力法》第 20 条。

争点 7：精神暴力可以认定为家庭暴力行为

【案例】郑某与倪某离婚纠纷案[①]

郑某与倪某于 2009 年登记结婚，2010 年生育一子。共同生活期间，倪某经常打一个用白布包裹的篮球，上面写着“我要打死郑某”的字句。2011 年 2 月，郑某与倪某因家庭琐事发生争执，后倪某将郑某殴打致轻微伤。2011 年 3 月郑某起诉离婚，要求倪某赔偿其精神损失 3 万元。法院经审理认为倪某的行为构成精神暴力，且其在夫妻发生矛盾时，对郑某实施身体暴力致其轻微伤，最终导致了夫妻感情完全破裂，判决准予离婚，倪某赔偿郑某精神损害抚慰金 5000 元。

---

① 参见最高人民法院 2014 年 2 月 28 日公布的十起涉家庭暴力典型案例之二。

【分析】

家庭暴力的构成并不要求必须达到轻伤害及其以上级别的伤害程度，家庭暴力中的精神损害常常表现为受害人反常的精神状况，如精神上的痛苦和肉体上的疼痛。需要说明的是，并非任何情况下产生的任何程度的精神损害都予以救济，只是对达到精神暴力程度的损害才予以救济，而是否达到精神暴力程度需要法官在个案中进行考量。本案中，倪某击打篮球的行为，构成对郑某的精神威胁，属于家庭暴力，而且其在争执中将郑某打成轻微伤。倪某的两种行为，对郑某的精神、身体均造成了伤害，构成家庭暴力。夫妻感情因此而破裂，所以法院判决准予离婚，并由倪某给付郑某精神损害赔偿。

特别说明：家庭暴力表现形式具有多样性，尽管人们对于何谓家庭暴力中的“暴力”在理论和实践中均存在不同的理解，但一般认为家庭暴力的表现形式有三种，即身体暴力、精神暴力和性暴力。精神暴力是指通过暗示性的威胁、言语攻击、无端挑剔，或漠不关心对方、将语言交流降到最低限度，这种暴力可能摧毁相对人的精神防线，导致抑郁、自闭乃至精神失常。

【规范指引】

《反家庭暴力法》第 2 条。

争点 8：家庭暴力的认定不以经常性和严重性为要件

【案例】李某与耿某离婚纠纷案[①]

2014 年，李某与耿某登记结婚，婚后双方育有一女。2015 年，李某孕期第三个月左右，耿某殴打李某，导致李某下嘴唇破皮，左大腿内侧瘀青，右手前臂外侧瘀青。李某以耿某经常对其实施家暴为由，请求人民法院判决离婚，要求耿某赔偿李某物质和精神损失费 10 万元。耿某同意离婚，但认为夫妻之间普通争吵和拉扯不属于家庭暴力，偶尔一两次冲突不构成家庭暴力。一审法院经审理认为，双方夫妻感情确已破裂，准予离婚；对李某提出的以家庭暴力要求赔偿的主张，未予支持。李某提出上诉，二审法院认为耿某殴打处于孕期的李某，可以认定耿某对李某实施了家庭暴力，改判耿某向李某赔偿 5000 元。

---

① 参见重庆市第一中级人民法院（2017）渝 01 民终第 101 号民事判决书。

【分析】

《反家庭暴力法》第 2 条规定："本法所称家庭暴力，是指家庭成员之间以殴打、捆绑、残害、限制人身自由以及经常性谩骂、恐吓等方式实施的身体、精神等侵害行为。"由此可以看出，我国目前将家庭暴力的行为方式分为两种：一是以殴打、捆绑、残害、限制人身自由等直接暴力方式为表现的家庭暴力；二是以谩骂、恐吓等非直接暴力方式为表现的家庭暴力。其中只有非直接暴力方式的家庭暴力才要求以反复性、经常性为要件，而直接暴力方式，即便只有一次也可能构成家庭暴力。本案中李某主张耿某对其实施的几次家庭暴力均属于直接暴力，故本案中耿某提出的家庭暴力必须具有长期性的辩解意见不成立。

《反家庭暴力法》将轻微的家庭暴力行为也纳入"家庭暴力"范围，所以在认定是否构成家庭暴力时，不以是否造成严重后果为要件，如果造成严重后果的，则根据《刑法》《治安管理处罚法》等相关规定另外追究其相应的责任。

特别说明：不具有经常性、持续性、严重性的侵害家庭成员的行为，仍然构成家庭暴力，施暴者实施家庭暴力，导致离婚的，被害方有权依据《民法典》第 1091 条之规定请求离婚损害赔偿。根据《反家庭暴力法》第 5 条的规定，对遭受家庭暴力的孕期和哺乳期的妇女，应当给予特殊保护。家庭成员对孕妇实施殴打行为，即使殴打行为不具有反复性、严重性，但只要能证明殴打行为对孕妇造成了身体伤害，人民法院应当基于对弱势群体特殊保护的原则，依法认定施暴者构成家庭暴力。[①]

【规范指引】

《民法典》第 1091 条；《反家庭暴力法》第 5 条。

---

① 参见国家法官学院、最高人民法院司法案例研究院编：《婚姻家庭与继承纠纷裁判规则理解与适用》，中国法制出版社 2023 年版，第 145 页。

争点9：离婚时有负担能力的一方应对困难一方提供经济帮助

【案例】王某与杜某离婚纠纷案[①]

王某与杜某于2009年初经人介绍认识，2010年办理结婚证。婚后生育二女，感情一般。王某曾于2013年起诉离婚被驳回。2014年杜某提起本案离婚诉讼。杜某曾因患有甲状腺癌多次入院治疗。根据医院的出院记录记载，杜某病情好转出院，需定期复查。法院经审理认为，王某无证据证明杜某婚前有甲状腺癌症病史，现有证据可以证明杜某为看病花了较大数额的费用。考虑到杜某在婚姻关系存续期间患病而经济困难，且后续亦需要治疗并支付一定的费用，并结合王某的负担能力，法院在判决离婚的同时酌定王某给予杜某3万元经济帮助。

【分析】

离婚时的经济帮助，是指夫妻离婚时，一方在离婚后依靠个人财产和离婚时分得的财产无法维持当地基本生活水平，经双方协议或者由人民法院判决，由经济条件较好的另一方从其住房等个人财产中给予适当帮助的一项制度。本案中，杜某因患有甲状腺癌而入院治疗，花费较大费用，导致杜某经济困难。为了充分权衡离婚男女双方的实际情况，法院支持了杜某要求王某一次性给付3万元经济帮助的请求，符合离婚经济帮助制度的要求。

特别说明：离婚时，如一方生活困难，另一方应从其住房等个人财产中给予适当帮助。具体办法由双方协议；协议不成时，由人民法院判决。这里的“一方生活困难”，是指依靠个人财产和离婚时分得的财产无法维持当地基本生活水平。一方离婚后没有住处的，属于生活困难。

【规范指引】

《民法典》第1090条；《民法典婚姻家庭编解释（二）》第22条。

---

① 参见江苏省丰县人民法院（2014）丰民初字第1748号民事判决书、江苏省徐州市中级人民法院（2015）徐民终字第31号民事判决书。

争点 10：被帮助一方死亡后的经济帮助不适用继承

【案例】刘某等与夏某继承纠纷案[①]

杨某与刘某甲原系夫妻，2013 年登记离婚，未共同生育子女。刘某、夏某系刘某甲的父母。刘某甲与杨某离婚后，与孙某登记结婚，未共同生育子女。杨某与刘某甲办理离婚登记手续时，签订《离婚协议》约定：杨某一次性支付刘某甲生活费人民币 1000 万元整。2017 年 4 月刘某甲因病去世。2017 年 9 月，刘某、夏某、孙某以杨某未按《离婚协议》的约定向刘某甲支付生活费 1000 万元诉至法院。法院经审理认为，杨某与刘某甲在《离婚协议》中约定由杨某向刘某甲支付生活费，具有经济补偿的性质，享有权利的人只能是接受经济帮助一方本人。现刘某甲已死亡，杨某尚未给付的部分不能构成刘某甲的遗产，刘某甲的请求权也不能因继承转移给有继承权的继承人。刘某等无权依据《离婚协议》的约定向杨某主张支付生活费。

【分析】

设立经济帮助的目的是帮助一方当事人解决离婚后一定时期内的经济困难，因此，享有经济帮助权利的只能是受帮助人本人，他人无权申请该项权利。如果受帮助人死亡，也就意味着失去了帮助对象，在申请执行的主体已经不存在的情况下，帮助一方有权停止支付。

特别说明：经济帮助的对象具有特定性，即被帮助的人必须是离婚时经济确有困难的一方当事人。经济帮助权不同于一般的债权，不能要求继承。

【规范指引】

《民法典》第 1090 条。

---

① 参见云南省昆明市西山区人民法院（2017）云 0112 民初 8366 号民事判决书、云南省昆明市中级人民法院（2018）云 01 民终 7886 号民事判决书。

争点 11：双方同意离婚但均拒绝抚养未成年子女时，可以判决不予离婚

【案例】杨某与陈某离婚纠纷案[①]

杨某与陈某婚后育有一子杨某甲。2021 年 4 月陈某离家至今未归，杨某甲一直由杨某父母抚养。陈某此前曾有一段婚姻，并育有一女。杨某起诉至法院要求离婚，陈某同意离婚，但双方均不愿抚养子女。法院经审理认为，夫妻离婚时，应当妥善处理未成年子女的抚养、教育、探望、财产等事宜。杨某与陈某虽均表示同意离婚，但在子女抚养问题上意见不一，各自强调自身困难，以没有能力为由拒绝抚养子女，推卸社会责任及抚养义务，损害了未成年子女的合法权益，故杨某离婚的诉讼请求，法院不予支持。

【分析】

父母既是子女的自然抚养人，也是法定抚养人，具有保障子女健康成长的使命和责任，对子女的生存和发展应承担首要责任。父母对子女的抚养义务是基于亲子关系的法定义务，具有人身性、伦理性，不能约定条件或放弃，更不能以没有抚养能力或抚养条件等理由拒绝。现行法律并未规定父母履行抚养义务应以有抚养能力或抚养条件为前提。[②]

特别说明：父母的抚养能力或抚养条件均不是履行抚养义务的前提，更不能成为拒绝履行抚养义务的理由。

【规范指引】

《民法典》第 1084 条、第 1085 条。

---

① 参见辽宁省沈阳市辽中区人民法院（2023）辽 0115 民初 1637 号民事判决书。

② 参见国家法官学院、最高人民法院司法案例研究院编：《婚姻家庭与继承纠纷裁判规则理解与适用》，中国法制出版社 2023 年版，第 167 页。

争点 12：当事人怠于履行抚养责任时，法院可以签发家庭教育指导令

【案例】祁某与冯某离婚纠纷案[①]

祁某和冯某系自由恋爱，婚后育有一子。双方因感情不和于 2021 年 4 月开始分居，同年 10 月，冯某曾起诉离婚，经法院调解后撤诉，但双方仍未共同生活。后祁某起诉要求离婚，并提出孩子由父亲冯某抚养，抚养费由冯某自理。经法院主持调解，冯某同意离婚，孩子由冯某抚养，祁某每月给付抚养费 500 元，至孩子 18 周岁止。祁某享有探望权，探望的具体方式、时间由双方协商确定。本案中，双方均拒绝抚养孩子。最终经法院主持调解，虽确定了抚养权归属，但双方不仅怠于履行抚养责任，还推脱家庭教育责任，该行径与法相悖、于理不合。为督促二人正确履行教养之责，该案承办法官及家事调解员向二人讲解《家庭教育促进法》中父母依法“带娃”的相关规定，对双方的行为予以训诫，并签发家庭教育指导令，责令双方接受家庭教育指导，加强与被监护人的情感沟通。

【分析】

父母或者其他监护人应当树立家庭是第一个课堂、家长是第一任老师的责任意识，应督促未成年人的家长认真学习《家庭教育促进法》，认真履行为人父母的重大责任，加强家庭家教家风建设，努力为未成年人健康成长营造良好的家庭环境。

特别说明：离婚案件中，父母怠于履行抚养责任，推脱家庭教育责任的，法院可对双方的行为予以训诫，并签发家庭教育指导令，责令双方接受家庭教育指导，加强与被监护人的情感沟通。

【规范指引】

《家庭教育促进法》第 34 条。

---

① 参见青海省海东市两级人民法院未成年人权益司法保护十大典型案例。

二、请求履行离婚协议纠纷

争点 13：离婚协议是附生效条件的协议，离婚未成则协议未生效

【案例】莫某与李某离婚纠纷案

莫某、李某于 2002 年经人介绍相识，2003 年登记结婚，同年生育一子。婚后，夫妻双方感情较好。2007 年双方发生言语争执后，夫妻关系时好时坏。2010 年 5 月，莫某草拟离婚协议一份交给李某。李某答应如果儿子由其抚养和夫妻关系存续期间购买的宅基地归自己所有，其就愿意去办离婚手续。同年 7 月，双方到土地管理部门将原登记在莫某名下的《土地使用证》范围内的土地使用权全部变更至李某名下。但是，李某反悔，不同意离婚。同年 8 月初，莫某搬离家中在外租屋居住，并向法院提起诉讼，请求判决准许离婚，并分割共同财产。法院经审理认为，李某并没有在协议上签名导致离婚协议欠缺合同成立的要件，不能根据仅有一方签名的离婚协议判决双方离婚，判决驳回莫某的诉讼请求。

【分析】

本案离婚协议是属于婚内离婚协议，所谓婚内离婚协议，是指男女双方在婚姻关系存续期间，以解除婚姻关系为基本目的，并就财产分割及子女抚养问题达成的协议。婚内离婚协议是以双方协议离婚为前提，一方或者双方为了达到离婚的目的，可能在子女抚养、财产分割等方面作出有条件的让步。在双方未能在婚姻登记机关登记离婚的情况下，该协议没有生效，对双方当事人均不产生法律约束力，其中关于子女抚养、财产分割的约定，不能当然作为人民法院处理离婚案件的直接依据。莫某与李某在协议离婚过程中经双方协商对财产分割进行处理，是双方真实意思表示，并且已经进行了变更登记，但由于李某并未在离婚协议上签名，达不到离婚协议的成立要件。因此，该婚内离婚协议无效，即按该协议所进行的履行行为也可视为无效。

特别说明：离婚协议是附生效条件的协议，离婚未成则协议未生效。[①] 离婚协议中关于财产分割的条款或者当事人因离婚就财产分割达成的协议，对

---

① 参见赵敬贤、宣璇编著：《婚姻家庭、继承案件审判参考》，人民法院出版社 2018 年版，第 83 页。

男女双方具有法律约束力。当事人因履行离婚财产分割协议发生纠纷提起诉讼的，人民法院应当受理。另外，以协议离婚为条件的财产分割协议，如果双方协议离婚未成，一方在离婚诉讼中反悔，人民法院应当认定该财产分割协议没有生效，并根据实际情况依法对夫妻共同财产进行分割。而离婚协议中非财产分割的条款，如果涉及当事人自身利益的处分，在一方当事人反悔时，应认定该非财产分割条款没有生效。

【规范指引】

《民法典》第 490 条；《民法典婚姻家庭编解释（一）》第 69 条。

争点 14：离婚协议中自愿给付的补偿金的性质认定

【案例】祝某与程某合同纠纷案①

经审理查明，祝某与程某 1995 年登记结婚。2011 年，双方协议离婚，在《离婚协议书》中约定：鉴于男方要求离婚的原因，男方应一次性补偿女方精神损失费 100 万元，签订离婚协议时男方先行支付女方 50 万元，剩余 50 万元分两年付清，至 2013 年年底前全部付清。男方程某未按约定履行，故女方祝某诉至法院要求其支付精神损失费 50 万元及利息。法院经审理认为，案涉《离婚协议书》中约定程某一次性补偿祝某精神损失费 100 万元。该约定具备平等民事主体间合同的性质，相关约定不违反法律强制性规定，对双方当事人具有约束力。程某应当按约定全面履行义务，包括遵循诚信原则，根据合同的性质、目的履行协助义务等。对祝某请求程某支付未履行款项的主张，法院予以支持。

【分析】

精神损害赔偿以自然人的人格权受到侵害为前提。过错方因实施了《民法典》第 1091 条规定的过错行为而产生的精神损害赔偿属于法定之债。而对于离婚协议中补偿条款，则不能因为其中存在“精神损害赔偿”的字眼就直接认定为精神损害赔偿。离婚协议约定的补偿款，反映了双方的真实意思，是民法中意思自治原则的体现，且该内容与子女抚养权、共同财产分割、债权债务处理从整体上紧密联系，互为前提，是夫妻双方对离婚整体利益权衡

① 参见河南省信阳市浉河区人民法院（2023）豫 1502 民初 2192 号民事判决书。

后的合意，对双方具有约束力。如果认为只有当事人实施了《民法典》第1091条规定的过错行为才能给付补偿金，就明显违背了双方签订离婚协议的本意，亦不利于维护在婚姻中实际受到损害一方的利益。

特别说明：双方签订的《离婚协议书》系双方当事人真实意思表示，不违反法律、行政法规的强制性规定，则约定合法有效。其中补偿条款也是双方为离婚而自愿达成的协议内容之一，其实质是自愿给付的补偿，而非精神损害赔偿款。该补偿条款作为《离婚协议书》的一部分亦合法有效，当事人应按照补偿条款的约定履行给付义务。

【规范指引】

《民法典》第464条、第1091条；《民法典婚姻家庭编解释（一）》第86条、第89条。

争点15：离婚协议对变更子女姓名的约定无强制效力

【案例】冒某与骆某婚姻家庭纠纷案[①]

骆某与冒某离婚后，在未征得冒某同意的情况下，自行变更孩子姓名，并以此姓名为孩子申报户口登记。双方就变更婚生子姓名无法达成一致意见，孩子先后以书面说明和录像的方式明确表示其不愿意更改现在的姓名，且其在出具说明时已年满15周岁，在录制录像时已年满17周岁，可以认定其对姓名等与自身日常生活、学习密切相关的人身权益已形成一定认知，故人民法院应尊重其本人不变更姓名的个人意愿。对于冒某要求变更孩子现用姓名的主张，法院不予支持。

【分析】

根据《最高人民法院关于变更子女姓氏问题的复函》《公安部关于父母离婚后子女姓名变更有关问题的批复》等指导文件精神，父母对其未成年子女的择姓定名问题拥有同等权利。人民法院应遵循最有利于未成年子女原则，对父母双方是否就变更子女姓名问题协商一致进行审查，重点考虑姓名变更

① 参见北京市海淀区人民法院（2016）京0108民初25764号民事判决书、北京市第一中级人民法院（2018）京01民终4718号民事判决书。

对未成年子女健康成长产生的有利因素和不利影响。[①]

特别说明：充分考虑未成年子女的真实意愿，将8周岁以上未成年子女对其姓名变更的意见纳入裁判依据。

【规范指引】

《民法典》第1012条。

争点16：离婚协议约定将共同财产赠与子女条款的效力认定

【案例】付某与范某离婚后财产纠纷案[②]

付某与范某于2016年登记结婚，于2017年生有一子，双方于2017年协议离婚。《离婚协议》载明，付某与范某将房产赠与子女。因范某未按协议履行，付某诉至法院。法院经审理认为，付某与范某将财产赠与子女并非普通的赠与合同关系，而是双方在离婚协议中约定的赠与事项，属于双方就离婚事项所作整体约定的一部分，范某并不享有对该条款的任意撤销权，范某也未举证证明签订协议时付某存在欺诈、胁迫等法定撤销情形，故范某应当按照协议约定履行自己的义务。

【分析】

离婚协议是夫妻双方在全面权衡利益后，围绕婚姻关系解除、财产分配、子女抚养等形成的有机整体，各项内容既相互独立，又相互制约。因此，离婚后一方以赠与财产尚未转移为由申请撤销离婚协议中涉及对第三人赠与条款的，不予支持。离婚协议约定将特定财产赠与第三人，离婚后夫妻一方不履行给付义务，另一方可以起诉主张其履行。受赠的第三人非离婚协议当事人，一般不具有给付请求权；但若离婚协议中约定第三人可以直接请求协议当事人履行给付义务的，夫妻双方或一方不履行给付义务或履行不符合约定的，第三人可以起诉主张其履行。

特别说明：将离婚协议中的赠与条款与整个离婚协议视为一个整体，男女双方基于离婚事由将夫妻共同财产处分给第三人的行为，实质系夫妻共同

---

① 参见国家法官学院、最高人民法院司法案例研究院编：《中国法院2022年度案例·婚姻家庭与继承纠纷》，中国法制出版社2022年版，第17页。

② 参见北京市大兴区人民法院（2021）京0115民初13086号民事判决书、北京市第二中级人民法院（2022）京02民终3830号民事判决书。

财产处分方式，故赠与条款不能随意撤销。另外，对于第三人是否对此种赠与有独立诉权的问题，应适用《民法典》第 522 条第 2 款关于第三方受益合同的规定。

【规范指引】

《民法典》第 522 条第 2 款；《民法典婚姻家庭编解释（二）》第 20 条。

三、请求离婚损害赔偿纠纷

争点 17：婚内受欺诈抚养非亲生子女的一方有权主张离婚损害赔偿

【案例】步某甲、孔某等离婚后损害责任纠纷案[①]

2006 年孔某与步某甲结婚，婚后生育一子步某乙。2009 年，孔某与步某甲经法院调解离婚，确定步某乙由步某甲自行抚养。孔某实际支付抚养费 4400 元。2020 年 3 月，孔某现任配偶找到某公司进行亲子鉴定，鉴定结论为排除孔某与步某乙亲子关系。故孔某于 2020 年 11 月提起离婚后损害责任纠纷诉讼。2020 年 12 月，步某甲提出亲子关系司法鉴定申请，经鉴定排除孔某为步某乙的生物父亲。法院经审理认为孔某误认为步某乙系其亲生儿子并予以抚养，遭受了财产损害，法院支持孔某返还抚养费的主张，综合孔某与步某乙实际共同生活时间、孔某对步某乙的情感依赖程度、侵权所造成的损害程度、步某甲的主观过错程度及所在地的经济发展水平等因素考量，酌定精神抚慰金数额为 10 000 元。

【分析】

欺诈性抚养是指夫妻关系存续期间，一方明知所生子女为非亲生子女，而采取欺诈方式使得另一方误以为是亲生子女并履行抚养义务的。无抚养义务的一方当事人遭受了经济及精神上的损害，可以要求对方返还已经支付的抚养费及支付精神损害抚慰金。

特别说明：欺诈性抚养案件中抚养费数额原则上是以实际损失为标准，但由于被欺诈人往往不会保留其在抚养过程中所产生的单据，故其一般无法

---

① 参见山东省邹城市人民法院（2020）鲁 0883 民初 7697 号民事判决书、山东省济宁市中级人民法院（2021）鲁 08 民终 3539 号民事判决书。

提供证据证明其所支付抚养费的数额。司法实践中往往依靠法官根据日常生活经验、结合当事人的收入水平及本地生活消费水平确定。对于精神损害抚慰金，不同地区的赔付标准不一，法院可以结合受欺诈人的年龄、生育水平、抚养时间、当地生活水平和相对方的经济能力等因素酌定。[①]

【规范指引】

《民法典》第 1043 条。

争点 18：一方违反夫妻忠实义务，对方可在离婚诉讼中主张精神损害赔偿

【案例】尹某与张某离婚纠纷案[②]

张某与尹某婚后育有一女尹某甲。2016 年，张某起诉要求与尹某离婚被驳回。2018 年尹某外出务工。2019 年，张某再次起诉离婚，后张某撤诉。现张某以尹某与他人存在不正当男女关系、不履行照顾家庭的义务为由起诉离婚，并提供尹某在婚姻关系存续期间出轨的相应证据。法院经审理认为，尹某在与张某的婚姻关系存续期间出轨，应给予张某适当的损害赔偿，综合考虑尹某的过错程度、侵权行为的方式、造成的后果及尹某的经济能力，法院酌情支持张某的损害赔偿金数额为 10 000 元。

【分析】

对于因配偶一方违背忠实义务侵害另一方利益，给另一方造成精神损害，造成严重后果的，人民法院除判令侵权人承担停止侵害、恢复名誉、消除影响、赔礼道歉等民事责任外，还可以根据受害人一方的请求判令侵权人赔偿相应的精神损害抚慰金。[③]

特别说明：对于精神损害赔偿数额的认定，不仅要有效安抚受害方的痛苦情绪，也应综合考虑过错方的过错程度、损害后果以及过错方的经济能力。

---

① 参见国家法官学院、最高人民法院司法案例研究院编：《中国法院 2022 年度案例 · 婚姻家庭与继承纠纷》，中国法制出版社 2022 年版，第 78 页。

② 参见辽宁省岫岩满族自治县人民法院（2022）辽 0323 民初 4902 号民事判决书、辽宁省鞍山市中级人民法院（2023）辽 03 民终 1063 号民事判决书。

③ 参见最高人民法院民事审判第一庭编：《婚姻家庭案件审判指导》，法律出版社 2018 年版，第 79 页。

【规范指引】

《民法典》第 1043 条、第 1091 条。

争点 19：离婚时精神损害赔偿金数额的认定要素

【案例】徐某甲与邵某、徐某乙离婚后财产纠纷案[①]

徐某甲与邵某经人介绍相识，1992 年举办结婚仪式，婚后生育一子徐某乙，2014 年协议离婚。徐某甲与邵某、徐某乙发生矛盾，经公安机关处理后，徐某甲与徐某乙进行亲子鉴定，鉴定意见为排除徐某甲是徐某乙的生物学父亲。徐某甲起诉要求邵某返还其支付的抚养费，并支付精神损害赔偿金。法院经审理认为，邵某故意隐瞒徐某乙与徐某甲无亲子关系的事实，使徐某甲实际履行了抚养义务，构成欺诈性抚养侵权行为，徐某甲可以要求返还抚养费和赔偿精神损害赔偿金。结合侵权人过错程度以及上年度农村居民人均消费水平等因素，法院酌定本案精神损害赔偿金数额为 40 000 元。

【分析】

在离婚损害赔偿案件当中，有过错的配偶因其违法行为致使无过错配偶遭受的损害不仅有财产损害和人身伤害，而且会造成精神损害。而精神损害给受害人带来的伤害往往更加深重，难以用金钱衡量。在认定赔偿数额时，应当考虑过错方的经济能力、过错配偶的主观过错程度、违法行为手段、情节及后果、当地经济发展的水平等因素。

特别说明：法院在确定离婚精神损害赔偿数额时，应考虑以下方面的因素：过错方实施行为时间的长短，手段的恶劣程度、公开度，对无过错方的精神控制程度，对受害人肉体造成伤害的程度，受害人受害的后果。除此以外，还需要考虑当地的平均生活水平。

【规范指引】

《民法典》第 1091 条；《民法典婚姻家庭编解释（一）》第 86 条。

---

① 参见江苏省宿迁市宿城区人民法院（2018）苏 1302 民初 7817 号民事判决书、江苏省宿迁市中级人民法院（2019）苏 13 民终 2024 号民事判决书。

争点 20：当事人仅以人身安全保护裁定为据请求离婚损害赔偿的，人民法院不予支持

【案例】方某与楚某请求离婚损失赔偿纠纷案

2012 年，方某以楚某实施家庭暴力为由诉请离婚，楚某不同意离婚。方某在起诉的同时向法院申请人身安全保护裁定，并由其同事朱某的妹妹作证证明楚某到朱某家中对方某进行殴打。楚某辩称朱某即是与方某长期保持不正当关系的人，否认其殴打方某。鉴于诉讼中楚某情绪激动，曾威胁如果方某坚持离婚，将对其和朱某实施暴力，法院作出了人身安全保护裁定，但驳回了方某的离婚请求。现方某再次起诉离婚，并以人民法院发出的人身安全保护裁定作为楚某实施家庭暴力的证据，请求判令楚某向其赔偿 5 万元。法院经审理认为，法院向楚某发出人身安全保护裁定的主要原因是楚某在诉讼中情绪激动，曾扬言要对方某实施家庭暴力，而并非法院在查实楚某施暴后采取的措施。方某以该人身安全保护裁定作为楚某实施家庭暴力的证据，并提出离婚损害赔偿请求，法院不予支持。[①]

【分析】

根据《民法典》第 1091 条的规定，无过错方请求离婚损害赔偿的条件之一是对方实施家庭暴力导致离婚。人身安全保护裁定的根本目的是制止可能发生的家庭暴力，而不限于制止再次发生的家庭暴力。其目的决定了人民法院作出人身安全保护裁定的条件并非查实已经发生过家庭暴力，而是存在发生或者再次发生家庭暴力的可能。因此，人身安全保护裁定本身并不能证明被申请人确实曾经对申请人或者其他家庭成员实施过家庭暴力。

特别说明：当事人仅以人民法院发出的人身安全保护裁定为据，主张其配偶实施家庭暴力并请求离婚损害赔偿的，人民法院不予支持。[②]

【规范指引】

《民法典》第 1042 条、第 1091 条。

---

① 参见最高人民法院民事审判第一庭编：《民事审判指导与参考》，人民法院出版社 2018 年版，第 134 页。

② 参见最高人民法院民事审判第一庭编：《最高人民法院民事审判第一庭裁判观点 · 婚姻家庭卷》，人民法院出版社 2023 年版，第 130~134 页。

第三节　法律适用中的疑难问题

离婚不仅解除了夫妻之间的人身关系，而且终止了夫妻之间的财产关系。离婚在夫妻人身关系方面的效力，表现为当事人之间的夫妻身份终止、姻亲关系终止等。离婚在夫妻财产关系方面的效力，包括夫妻相互扶养的权利义务终止、夫妻的遗产继承权丧失、夫妻财产关系终止，包括夫妻共同财产分割、夫妻债务清偿和对生活困难一方的经济帮助等内容。离婚时的救济措施包括经济补偿请求权、经济帮助请求权、离婚损害赔偿等。

司法实践中，婚姻关系解除纠纷问题涉及争议较大的新型疑难复杂问题包括如何认定与他人同居事实、如何认定夫妻忠诚协议的效力、家庭暴力的证据如何认定、如何认定离婚时有负担能力方对生活困难方进行适当帮助的具体标准、如何认定离婚经济补偿标准、重大疾病患者离婚纠纷如何认定等。本节围绕该六大类疑难问题，以案例作为支撑，从理论上阐明法理基础，从实践上进行分析，从根本上明确具体解决思路。

问题 1：如何认定与他人同居的事实

【案例 1】王某与安某离婚纠纷案①

王某、安某于 2015 年自由恋爱相识，2018 年生育一子，婚前及婚初感情尚好，后双方因家庭生活琐事产生矛盾，影响了夫妻感情。2018 年 8 月 22 日，安某出具保证书一份，内容包括“本人安某保证，不会再做对不起你的事”“我保证以后对孩子、老婆好，多多挣钱养家，钱什么东西都交家里”。王某曾于 2021 年起诉离婚，后撤诉，双方于 2021 年 8 月分居至今。现王某再次诉至法院请求与安某离婚，安某不同意离婚。法院经审理认为，王某提供的保证书及相关证据能够证明安某与婚外异性存在不正当关系，应当认定夫妻感情确已破裂，故对王某离婚的诉讼请求，法院予以支持。

---

① 参见辽宁省朝阳市双塔区人民法院（2022）辽 1302 民初 1542 号民事判决书、辽宁省朝阳市中级人民法院（2023）辽 13 民终 42 号民事判决书。

【案例 2】侯某与高某离婚后损害责任纠纷案[①]

侯某与高某于 2002 年登记结婚。2013 年，高某诉至法院要求与侯某离婚，法院判决双方离婚。侯某提起上诉，二审期间，侯某发现高某租房与一女子共同居住。侯某在二审期间要求高某给付 100 000 元精神损害抚慰金，二审法院调解无效后告知其另行起诉。侯某撤回离婚诉讼的上诉，法院裁定予以准许，离婚判决生效。此后，侯某以高某长期与他人通奸，致使夫妻感情破裂，导致离婚，并给自己造成巨大精神损害为由起诉到法院，要求高某给付精神损害赔偿金 100 000 元。一审法院经审理认为，高某与他人存在不正当男女关系，违反了夫妻之间的忠实义务，侯某作为无过错方，要求高某赔偿其精神损害抚慰金，理由正当、证据充分，法院予以支持，判决高某赔偿侯某精神损害抚慰金人民币 50 000 元。高某提起上诉。二审法院经审理认为，结合侯某提交的照片等证据取得的时间来看，该组证据取得于双方婚姻关系解除之前，此时，双方已经经历多次离婚诉讼，感情也趋于破裂边缘。部分照片中记载的高某的行为明显超越了其所称的与照片中的女子系保姆雇佣关系，也难以被常人接受和容忍，可以认定高某与该女子存在不正当男女关系。高某自 2012 年与该女子相识，双方一直保持联系，符合"有配偶者与他人同居"的情形，法院有理由相信高某的行为对双方婚姻感情的破裂起到了加剧作用，故判决驳回上诉，维持原判。

【分析】

"有配偶者与他人同居"，即有配偶者与婚外异性不以夫妻名义，持续、稳定地共同居住，这种行为违背了夫妻间的忠实义务，破坏了家庭生活的安宁，是对一夫一妻制的破坏，因此法律明文加以禁止。

有配偶者与他人同居既是离婚事由，又是离婚损害赔偿事由，但婚姻关系中的受害人或无过错方要证明配偶和他人婚外形成同居关系，在实践中特别困难。司法实践中，只要无过错的夫妻一方举出一定数量的间接证据，且这些证据能形成完整的证据链，证明配偶另一方与他人有同居的事实，人民法院就可以认定同居事实存在；如果当事人提供的证据不足，但能够提供证据线索，法官应当在当事人提出证据调查申请后积极调查案件事实；在认定同居事实时，法官应将双方同居时间的长短、双方同居前存有的不正当关系的稳定程度、双方的主观追求等诸多因素综合起来考虑，并与偶然的、无固

---

① 参见安凤德主编：《婚姻家庭案件疑难问题裁判精要》，法律出版社 2021 年版，第 89 页。

定场所的通奸、一夜情进行区分。[①]

【规范指引】

《民法典》第 1079 条。

问题 2：如何认定夫妻忠诚协议的效力

【案例】王某与陈某等分家析产纠纷案[②]

王某与申某甲于 2017 年 2 月登记结婚，于 2020 年 5 月经法院调解离婚。双方在婚姻存续期间签订《房产协议》一份，约定夫妻关系存续期间任一方感情背叛则净身出户。现王某基于《房产协议》起诉主张分割案涉房产。法院经审理认为，案涉《房产协议》约定系以夫妻身份为前提。夫妻忠诚协议实质属于情感道德范畴，应由当事人本着诚信原则自觉履行，不具有合同法上的法律约束力。

【分析】

夫妻忠诚协议指夫妻双方在婚前或婚后达成的，要求在婚姻关系存续期间双方应恪守忠诚义务，违反忠诚义务的一方须实施一定行为的约定。该"一定行为"即违背忠诚义务的法律后果，包括财产条款（金钱给付义务、财产权利放弃承诺）和非财产条款（行为限制承诺、人身权利放弃承诺）。结合法院实务，其内容分为两部分：第一，忠诚义务的承诺及不忠行为的类型化；第二，忠诚义务违反者应承担的法律后果。[③]

近年来，以违反夫妻忠诚协议为由诉请支付违约金或者损害赔偿的案例并不鲜见，也引起了较大的争论。主要存在以下四种观点：第一种观点认为，夫妻双方签订"忠诚协议"并不违法，因为夫妻忠实本来就是法律规定的内容，属于法律的明确要求，协议双方等于把法定义务变成了明确具体的约定义务，法院应当予以认可。忠诚协议的约定与婚姻法的基本精神相吻合，约定的赔偿金属于违约赔偿性质，这种协议应当受到法律保护。第二种观点认为，婚姻本身即契约，一方在背叛对方之前，必须考虑违约要付出的成本。只是在没有具体协议约束的情况下，双方承担的是道德义务，而对个人来说，

① 参见秦德平总主编：《常见民商事纠纷裁判规范指引》，法律出版社 2020 年版，第 78 页。

② 参见北京市顺义区人民法院（2020）京 0113 民初 9414 号民事判决书。

③ 参见王忠：《婚姻家事案件讲义》，人民邮电出版社 2023 年版，第 98 页。

道德成本是隐性的，是不确定的。一旦签订了协议，就将隐性的道德成本显性化了，当事人很可能会三思而后行。从这个意义上讲，忠诚协议对于维系婚姻稳定将起到积极作用。第三种观点认为，法律允许夫妻对财产关系进行约定，但不允许通过协议设定人身关系。人身权是法定的，不能通过合同调整。第四种观点认为，夫妻之间签订的忠诚协议虽不违法、无效，但这种协议应由当事人本着诚信原则自觉履行，法院不能赋予忠诚协议强制执行力，不宜以忠诚协议作为分割夫妻共同财产或确定子女抚养权归属的依据。需要注意的是，忠诚协议实质上属于情感、道德范畴，依靠当事人自觉自愿履行，如果一方不愿履行，不应强迫其履行忠诚协议。[①]

【规范指引】

《民法典》第 1043 条。

问题 3：家庭暴力的证据如何认定

【案例】聂某与金某离婚纠纷案[②]

金某与聂某婚后育有一女一子。聂某曾离婚，与前妻育有一女，离婚时双方协议女儿由前妻抚养。金某与聂某婚后初期感情尚可，后因生活琐事产生矛盾，聂某多次因家庭琐事殴打金某。金某起诉离婚，并要求聂某向其支付精神损害抚慰金 50 万元。法院经审理认为，金某与聂某婚后因琐事发生矛盾，聂某多次对金某实施家庭暴力，法院判决准予离婚。考虑到聂某在夫妻关系存续期间多次对金某实施家庭暴力，在金某多次报警之后仍然未能改正。结合本案中聂某出具的保证书及公安部门出具的行政处罚决定书，认定聂某在婚姻中存在过错，金某在婚姻中无过错。对于金某主张聂某支付损害赔偿 50 万元的诉讼请求，法院予以支持。

【分析】

《民法典》第 1042 条第 3 款规定："禁止家庭暴力。"《反家庭暴力法》第 2 条规定："本法所称家庭暴力，是指家庭成员之间以殴打、捆绑、残害、限

---

① 参见马世忠主编、最高人民法院政治部编：《人民法院大讲堂——民法典重点问题解读》，人民法院出版社 2021 年版，第 739 页。

② 参见辽宁省沈阳市沈河区人民法院（2020）辽 0103 民初 1031 号民事判决书、辽宁省沈阳市中级人民法院（2021）辽 01 民终 5773 号民事判决书。

制人身自由以及经常性谩骂、恐吓等方式实施的身体、精神等侵害行为。”持续性、经常性的家庭暴力，构成虐待；并且家庭暴力必须是发生在家庭成员之间的，而家庭成员主要是指具有亲属关系的人，包括夫妻、父母、子女、兄弟姐妹、祖孙、儿媳与公婆、女婿与岳父母等。通常意义而言，家庭暴力行为分为两类：对身体的暴力行为和对精神的暴力行为。家庭暴力不同于日常生活中偶尔的打闹、争吵，其程度要轻于虐待行为，只有持续性、经常性的家庭暴力，才构成虐待。[①]

家庭暴力具有隐蔽性，导致在实践中认定存在困难。关于家庭暴力的证据采信与认定问题。《反家庭暴力法》第 20 条规定：“人民法院审理涉及家庭暴力的案件，可以根据公安机关出警记录、告诫书、伤情鉴定意见等证据，认定家庭暴力事实。”

【规范指引】

《民法典》第 1091 条；《民法典婚姻家庭编解释（二）》第 12 条、第 14 条；《最高人民法院关于办理人身安全保护令案件适用法律若干问题的规定》第 1 条；《反家庭暴力法》第 20 条。

问题 4：如何认定离婚时有负担能力一方对生活困难一方进行适当帮助的具体标准

【案例】柯某与王某离婚纠纷案[②]

柯某婚前患有精神类疾病。2010 年 8 月，柯某与王某经人介绍认识并建立恋爱关系，王某同时知晓柯某患病之事。2011 年 3 月，双方登记结婚并共同生活。2011 年 8 月，王某以柯某有病为由将柯某送回娘家，后经劝说又将柯某接回家。2015 年 1 月，王某再次将柯某送回娘家生活至今。2019 年 7 月，柯某以夫妻感情破裂为由向法院起诉要求与王某离婚，并主张王某支付其回娘家居住五年的生活费 55 792 元。法院经审理认为，柯某以夫妻感情破裂为由起诉要求与王某离婚，王某表示同意，故法院判决准予离婚。夫妻之间有相互扶助的义务，柯某身患疾病回娘家居住，王某作为丈夫应给付一定

① 参见法律出版社法律应用中心编：《民法典婚姻家庭编：实用问题版》，法律出版社 2021 年版，第 56 页。

② 参见湖北省大冶市人民法院（2019）鄂 0281 民初 4122 号民事判决书。

生活费帮助。故法院酌情判决王某给付柯某生活费 20 000 元。

【分析】

经济帮助是指在夫妻离婚时，一方生活困难，经双方协议或人民法院判决，有条件的一方对于困难的另一方从其住房等个人财产中予以适当经济资助的行为。由于男女两性在婚姻家庭分工中角色的不同，婚姻关系中经常会出现一方的经济地位弱于另一方的情况，处于较弱经济地位的一方更多为女性，为了避免离婚后的女性及其所抚养子女因离婚而陷入贫困，离婚时的夫妻经济扶助制度，无疑是我国婚姻立法保护妇女、儿童合法权益原则的重要体现。同时，也有利于打消婚姻当事人的离婚顾虑，进而有利于婚姻自由的实现。[①]

【规范指引】

《民法典》第 1090 条；《民法典婚姻家庭编解释（二）》第 22 条。

问题 5：如何认定离婚经济补偿标准

【案例】高某与董某离婚纠纷案[②]

董某与高某于 2012 年 4 月登记结婚，婚后育有两个孩子。结婚时，董某在部队服役，2020 年 7 月转业。高某起诉离婚，并主张家务补偿金 200 000 元，董某同意离婚。法院经审理认为，夫妻一方因抚育子女、照料老年人、协助另一方工作等负担较多义务的，离婚时有权向另一方请求补偿，另一方应当给予补偿。双方婚后董某在部队服役 8 年，高某生育抚养两个孩子，协助董某工作，故判决董某支付给高某家务补偿款 70 000 元。

【分析】

离婚经济补偿，是指在婚姻关系解除时一方因对家事劳动付出较多而有权向另一方要求补偿的法律制度。主要功能在于在夫妻共同财产分割的基础

---

① 参见法律出版社法律应用中心编：《民法典婚姻家庭编：实用问题版》，法律出版社 2021 年版，第 136 页。

② 参见库尔勒铁路运输法院（2022）新 7102 民初 108 号民事判决书、新疆维吾尔自治区巴音郭楞蒙古自治州中级人民法院（2023）新 28 民终 607 号民事判决书。

上，对承担家庭义务较多的一方的权利给予救济和平衡。[①]

离婚经济补偿制度的适用需要符合一定条件。一是不区分所有制类型一律适用，无论夫妻关系存续期间采取的是法定共同财产制还是约定了分别财产制，如果一方在婚姻中相比另一方对家庭负担了更多的义务，均有权利在离婚时请求补偿。二是经济补偿以负担了较多家庭义务为前提，《民法典》中列举了抚养子女、照料老年人、协助另一方工作等负担较多义务的一方可提出经济补偿的情形。三是经济补偿需一方主动提出，法院不得主动适用。四是仅限于在离婚时提出相应请求，在离婚后一方提出经济补偿请求的，法院不予受理。此外，需要说明的是，离婚经济补偿的具体执行，以夫妻共同财产分割的确定为基础，补偿金应当从承担支付义务一方的个人财产或分得的共同财产中支取。不能采取在夫妻共同财产分割前先行扣除经济补偿，再对剩余共同财产进行分割的做法，否则，离婚经济补偿的救济功能将失去意义。[②]

【规范指引】

《民法典》第 1088 条；《民法典婚姻家庭编解释（二）》第 21 条。

问题 6：重大疾病患者离婚纠纷如何认定

（一）婚前隐瞒重大疾病的情形

【案例】郭某甲与郭某乙撤销婚姻纠纷案[③]

2021 年 9 月，郭某甲、郭某乙经人介绍相识，2022 年 1 月办理结婚登记。郭某乙于 2022 年 1 月到郭某甲家生活，郭某甲于 2022 年 2 月发现郭某乙举止行为异常并服用精神疾病类药物，并于正月初六陪同郭某乙至医院检查，之后双方分居至今。郭某乙于 2011 年 10 月至 2011 年 12 月住院治疗，被诊断为精神分裂症，后于 2013 年、2015 年因该病住院治疗，现一直在服用精神类疾病药物。郭某甲起诉要求解除婚姻关系。法院经审理认为，郭某乙

---

① 参见国家法官学院、最高人民法院司法案例研究院编：《中国法院 2022 年度案例 · 婚姻家庭与继承纠纷》，中国法制出版社 2022 年版，第 38 页。

② 参见国家法官学院、最高人民法院司法案例研究院编：《中国法院 2023 年度案例 · 婚姻家庭与继承纠纷》，中国法制出版社 2023 年版，第 179 页。

③ 参见湖南省益阳市资阳区人民法院（2022）湘 0902 民初 234 号民事判决书。

婚前并未将该重大疾病情况如实告知郭某甲，影响了郭某甲缔结婚姻关系的真实意思表示，也将对双方婚后的家庭生活造成重大影响，故对郭某甲要求撤销婚姻关系的诉讼请求，法院予以支持。

【分析】

《民法典》第1053条的立法目的在于通过保障婚姻双方的知情权而最终维护婚姻自由自愿原则。因此，婚姻一方当事人办理结婚登记前已患有的疾病是否构成《民法典》规定的“重大疾病”范畴，人民法院在审查被隐瞒一方提请的撤销婚姻请求是否应予支持时，应按照该“重大疾病”是否足以影响另一方当事人决定结婚的自由意志或者是否对双方婚后生活造成重大影响的标准严格把握。审理相关案件时不仅要审查未如实告知该“重大疾病”是否会给未患病的婚姻当事人的家庭生活造成损害以致影响未患病一方当事人结婚的真实意思表示，还要审查双方当事人缔结婚姻关系后的家庭生活实际情况、是否生育小孩、婚后生活紧密度等。在一些特殊案件中，比如老年人提请的撤销婚姻，更要慎重甄别“重大疾病”的范围。实践中，由于老年人身体健康情况无法预计，不少老年人或多或少都患有一些该年龄阶段常见的疾病，因此，对于一方当事人依据《民法典》第1053条请求撤销婚姻的，人民法院要结合案件的具体情况，重点审查一方患有的“重大疾病”是否足以影响另一方当事人缔结婚姻关系的真实意思表示。①

【规范指引】

《民法典》第1053条。

（二）婚前未隐瞒重大疾病、婚后复发的情形

【案例】赵某与李某离婚纠纷案②

2012年12月，赵某与李某经人介绍相识，2013年2月登记结婚。婚后感情一般，赵某系二级肢体残疾人，李某婚前患有精神疾病，状况时好时坏。婚后有时在婆家居住，有时回娘家居住。2014年12月李某生一女，2014至2017年，李某因患偏执型精神分裂症几度住院，医疗费均由李某父母支付。出院之后李某一直在父母家居住。赵某曾于2018年提起离婚诉讼被驳回，此后李某仍在娘家居住。现赵某再次起诉离婚。法院经审理认为，李某婚前曾

① 参见最高人民法院民法典贯彻实施工作领导小组主编：《中华人民共和国民法典婚姻家庭编继承编理解与适用》，人民法院出版社2020年版，第102页。

② 参见山东省聊城市东昌府区人民法院（2022）鲁1502民初10299号民事判决书。

患有精神分裂症，赵某已有所了解，仍自愿与之登记结婚；婚后不久李某的精神疾病复发，赵某没有积极为其治疗，未尽到夫妻间相互扶助的义务，现李某的病情仍在治疗过程中，离婚对其康复不利。赵某作为李某的丈夫，应尽夫妻扶养之义务，积极为患病的妻子进行治疗，使李某尽快康复，不应轻率离婚，对其离婚请求，法院未予支持。

【分析】

夫妻双方应互相关爱、互相帮助，并负有法律上相互扶养的义务。患病方婚前并未隐瞒疾病情况，婚后复发，未患病方提起离婚诉讼不利于患病方的治疗与康复，不应支持。

【规范指引】

《民法典》第 1059 条。

第五章　夫妻财产分割纠纷

第一节　夫妻财产分割纠纷概述

一、夫妻财产分割纠纷的概念

夫妻财产关系是公民财产关系中最为特殊和复杂的一种，也是婚姻家庭关系中非常重要的问题，是涉及范围较广的法律关系。夫妻共同财产是夫妻财产分割的对象，而男女双方存在合法的婚姻关系是这一法律概念的必要条件。未形成婚姻关系的男女双方，如未婚同居、婚外同居等，以及无效或被撤销婚姻的男女双方，均不能成为夫妻财产法律关系的主体。男女双方之间如果不存在合法的夫妻身份，即使存在共居同财的事实，相互间的财产关系也只是一般的财产关系，在进行财产分割时不能直接适用夫妻财产制的相关法律规定。

《民法典》在夫妻财产制上采取了法定和约定并行的立法模式。夫妻财产约定所有制，主要分为约定部分分别所有和约定全部分别所有两类，约定所有制因其灵活性强，能适应复杂多样的社会生活，更能体现当事人的个性化需要，具有优先于法定财产制适用的效力。夫妻财产共有制是我国的法定夫妻财产制，夫妻双方如无特别约定，在婚姻关系存续期间所得的财产，归夫妻共同所有，双方享有平等的处理权。因此，夫妻财产分割时，有约定的应当依照双方约定进行分割，约定无效或双方未作约定的，依照法律具体规定进行分割。按照财产分割时男女双方所处婚姻状态的不同，夫妻财产分割可以分为婚姻关系存续期间的分割、离婚时一并进行的分割和离婚后对离婚时未处理的夫妻共同财产的分割，继而夫妻财产分割纠纷也可分为婚内夫妻财产分割纠纷、作为离婚纠纷有机组成部分的夫妻财产分割纠纷，以及离婚后财产分割纠纷三类。

夫妻财产分割纠纷涉及夫妻婚前财产和婚后所得财产及其收益是否属于夫妻共同财产的厘清及具体权利归属的确定，婚姻关系存续期间双方对夫妻共同财产管理、使用、处分行为的正当合理性审查，双方或一方在婚姻关系存续期间所负债务性质的认定及夫妻共有债务的分担，以及夫妻共同财产具体分割方式、分割比例的确定等问题，利益牵涉面广，当事双方往往立场对立、情绪极易激化，纠纷化解难度大，如何达到政治效果、法律效果和社会效果的良好统一，是婚姻家庭纠纷审理的焦点和难点所在。

二、夫妻财产分割纠纷的基本特点

（一）与人身关系关联紧密

我国夫妻法定财产制为婚后所得共同制，夫妻财产分割除涉及双方切身利益，还可能影响夫妻抚养、赡养等法定义务的履行能力，最能体现家庭中情感和经济的复杂关系。为保障家庭和谐、社会稳定，根据我国法律规定，在夫妻这一共同共有关系消灭之前，也即婚姻关系解除前对夫妻共有的财产原则上不能进行分割。只有出现法律明确规定的夫妻一方严重损害夫妻共同财产利益或一方不同意支付另一方法定被扶养人因治疗重大疾病所需医疗费这两种特殊情形时，夫或妻一方才可以向人民法院请求分割夫妻共同财产。

（二）财产分割内容繁杂

当前我国经济社会繁荣发展，财产类型日益多样，不仅包括房产、车辆、银行存款、有价证券等传统有形财产，还包括债权、知识产权等无形财产，以及股权、企业出资等新型财产形式，夫妻共同负债亦系正常。不动产尤其是房产，作为以往家庭生活的一个基本方面，近年来已成为家庭投资的常见选择，在大部分普通家庭中，房产占据了共有资产极高比例。我国法律对夫妻共同财产的具体形式和内容未作任何限制性规定，也即夫妻共同财产的范围实际囊括了现实生活中存在的所有财产类型，如何兼顾不同夫妻的实际和各类财产的特性，给予妥善分割，做到利益平衡，物尽其用，是一个需要不断探索、常思常新的永恒课题。

（三）实质正义价值凸显

根据共同共有的一般原理，夫妻关系存续期间，夫妻共同财产应当作为一个不可分割的整体，夫妻对全部共同财产不分份额地共同享有所有权。但在现实生活中，对夫妻共同财产的管理、使用，一般是以夫或妻一方为主，夫妻一方因家庭日常生活需要而实施的民事法律行为，对夫妻双方均发生法律效力。但家庭日常生活需要没有量化标准，由于家庭成员关系的复杂性、家庭生活的隐蔽性、夫妻某一方处于弱势地位等因素，夫妻财产分割时，非直接占有、管理、使用财产的一方常常陷入取证困境，审理时应更多依职权调取证据，灵活适用基本原则，充分考虑当事人的人格利益、安全利益和情感利益，更加注重追求实质公平正义和对弱势群体的差异性保护。

（四）分割效果影响深远

夫妻财产分割涉及夫妻婚前财产、婚后各自收入的归属、管理、使用、处分、收益及债务清偿等，直接划分夫妻双方的个人财产权范围，明确对相关财产行使权利的边界，不仅影响个案中夫妻双方及其子女、家庭未来的生活，分配规则的制定和具体适用，还会涉及夫妻经济基础性地位的平等保护，影响一般公众在婚姻存续期间财产累积的动机，故应当强化社会主义核心价值观的导向作用，体现婚姻家庭关系德法共治的特殊属性。

三、夫妻财产分割纠纷的审理原则

夫妻离婚或夫妻关系存续期间出现法定情形时，可以请求分割夫妻共同财产。夫妻共同财产应当依法分割，遵循以下原则。

（一）意思自治原则

与其他民事权利行使规则相同，夫妻分割共同财产时同样以双方协商确定分割方案为先，最大限度尊重当事人对私权事务的意思自治。夫妻双方对共同财产所作约定对双方具有法律约束力，一旦作出，双方一定程度上就在协议项下形成了具有给付内容的、类似合同的法律关系，夫妻财产分割应当依约进行。如系协议离婚，双方登记离婚后，如在协议履行中发生纠纷，虽然双方均依法享有向人民法院起诉的权利，但除非发现协议订立过程中存在欺诈、胁迫等情形，人民法院对当事人变更或撤销财产分割协议的诉讼请求，一般均不予支持。

（二）男女平等原则

夫妻共同财产基于夫妻这一特别身份关系产生，虽然财产形成含有共同投资、共同劳动等内容，但更强调身份法律关系。夫妻共同财产制度是以婚姻是分享或合伙关系这一理论为基础，推定所有的配偶双方对家庭财富的贡献是相等的，只是在方式上有直接和间接之分，比如家庭主妇，其对维持婚姻所作的无形贡献就是积累家庭财富的间接方式。在审判实践中，人民法院在分割夫妻共同财产时要防止过分强调财产来源以及贡献大小的倾向。

（三）照顾子女、女方及无过错方原则

夫妻离婚后，对子女仍有抚养、教育、保护的权利和义务。夫妻共同财产分割时应将子女利益最大化作为首要原则，通过司法手段，为保护、促进子女健康成长提供良好条件，可根据子女生活和学习需要，对直接抚养子女的一方适当予以多分。由于两性在工作、家庭方面的投入和付出目前远未达到平衡，婚姻中妻子因其自然属性，一般处于弱势地位，大多数情况下女性对家庭投入更多的精力，财产分割时给予适当倾斜和照顾，符合公平原则，也有利于家庭和谐稳定。忠诚是婚姻的灵魂所在，对夫妻双方同等适用。《民法典》新增照顾无过错方原则，当夫妻一方存在重婚、虐待、遗弃等情形，对离婚具有过错时，应给予无过错方适当照顾。

（四）侵害共同财产的惩罚原则

夫妻双方对共同财产有平等的处理权，可以在合理范围内支配，用于夫妻共同生活，这是对家庭的保护，也是对家庭的负责。但现实生活中，因夫妻一方或双方对共同财产的不合理支配或隐匿、转移等导致的纠纷也屡见不鲜。夫妻一方隐藏、转移、变卖、毁损、挥霍夫妻共同财产，或者伪造夫妻共同债务企图侵占另一方财产的，在离婚分割夫妻共同财产时，对该方可以少分或者不分。离婚后，另一方发现有上述行为的，可以向人民法院提起诉讼，请求再次分割夫妻共同财产。

（五）有利生产、方便生活原则

夫妻财产分割不是对双方共有财产进行简单粗暴的划分，而应综合考虑财产的性质、种类、价值、各种财产的相互关系等因素进行妥善分配，要有

利于财产权的有效实现及共有物效能的充分发挥。分割生产资料时，应尽量不损害财产的效用和经济价值，注意保证生产活动、经营的正常进行，无论当事人是否存在过错，原则上应分割给有经营能力的一方所有。对生活资料，则应根据双方各自的实际需要进行分割，物尽其用、方便生活。

（六）不得损害国家、集体利益或他人合法权益原则

个人利益是作为国家和集体中一个成员的利益，当前的局部利益应当服从长远的整体利益，同时民事权利的行使还以不损害他人合法权益为限。夫妻共同财产分割不得损害国家、集体或他人的合法权益，不得将国家、集体或第三人的合法财产作为夫妻共同财产加以分割，不得借分割夫妻共同财产为名行逃避夫妻共同债务之实，更不得借此逃避依法应当承担的扶养、抚养、赡养等义务。

四、夫妻财产分割纠纷的审查要素

（一）立案审查

【审查要点】

（1）地域管辖。能够查明并可以分割的夫妻共同财产和共同债务，应当在离婚案件中一并处理，由被告住所地人民法院管辖；被告住所地与经常居住地不一致的，由经常居住地人民法院管辖。夫妻一方离开住所地超过一年，另一方起诉离婚的案件，可以由原告住所地人民法院管辖。夫妻双方离开住所地超过一年，一方起诉离婚的案件，由被告经常居住地人民法院管辖；没有经常居住地的，由原告起诉时被告居住地人民法院管辖。

夫妻财产约定纠纷、婚内夫妻财产分割纠纷及离婚后财产纠纷等，均系由婚姻关系这一人身关系事项而引发的财产分割纠纷，属于婚姻家庭纠纷，按照一般地域管辖原则确定管辖法院，不适用不动产专属管辖，但法律、行政法规、司法解释另有规定的除外。

（2）级别管辖。第一审婚姻、继承等家事纠纷案件（包括涉外、涉港澳台家事纠纷案件），一般由基层人民法院管辖。对重大疑难、新类型和在适用法律上有普遍意义的案件，可以依照《民事诉讼法》第 38 条的规定，由上级人民法院自行决定由其审理或者根据下级人民法院报请决定由其审理。

【规范指引】

《民事诉讼法》第 22 条、第 23 条、第 38 条;《民事诉讼法解释》第 12 条。

（二）原告诉请的审查

1. 夫妻财产约定纠纷中原告诉请的审查

【审查要点】

（1）双方是否存在合法有效的夫妻关系。双方必须具有合法的婚姻关系。未婚同居、婚外同居者对财产关系的约定，不属于夫妻财产约定。进行夫妻财产约定，还必须由夫妻双方亲自签订。

（2）双方财产约定是否以书面形式固定。口头约定或其他形式的约定不适用，财产权属需要办理登记的，应当办理登记。

（3）双方是否具有完全民事行为能力。双方对财产进行约定时必须具有完全民事行为能力。

（4）协议内容是否明确。约定的内容必须明确，应当是夫妻双方或一方有权管理或者处分的财产，不得超出夫妻财产的范围，约定如要变更或撤销，必须经双方同意。

（5）约定是否是双方真实意思表示。以欺诈、胁迫手段或乘人之危使对方在违背真实意思的情况下作出的约定，或者利用对方处于危困状态、缺乏判断能力作出显失公平损害对方权益的约定，对方均有权请求撤销。

（6）内容是否合法。约定不得违反法律、行政法规的强制性规定，不得利用约定规避法律、行政法规以损害国家、集体或他人的利益，不得利用约定逃避对第三人的债务以及其他法定义务，不得违背公序良俗。

【规范指引】

《民法典》第 1065 条。

2. 婚内夫妻财产分割纠纷中原告诉请的审查要素

【审查要点】

（1）双方有无合法有效的婚姻关系。

（2）双方有无夫妻财产约定。

（3）有无初步证据证实，被告在婚姻关系存续期间存在下列情形之一：被告隐藏、转移、变卖、毁损、挥霍夫妻共同财产，或伪造夫妻共同债务等，严重损害夫妻共同财产利益；原告负有法定扶养义务的人患重大疾病需要医治，被告不同意支付相关医疗费用。

【规范指引】

《民法典》第 1066 条。

3. 离婚纠纷中原告有关夫妻共同财产分割诉请的审查

【审查要点】

（1）双方有无财产约定。

（2）待分割财产内容。审查财产范围、类型及具体价值，应当区分不动产、动产、财产性权益等；财产取得时间、权属登记及现状；财产是否涉及国家、集体利益或第三人合法权益。

（3）待分担债务内容。审查债务是否基于夫妻共同意思表示；是否为家庭日常生活所需；是否为履行法定义务所负；债权人是否能够证明该债务用于夫妻共同生活、共同生产经营或基于夫妻共同意思表示。

（4）是否均等分割。原告是妇女一方；原告主张直接抚养未成年或其他限制、无行为能力子女；被告对离婚存在过错；被告隐藏、转移、变卖、毁损、挥霍夫妻共同财产；被告伪造夫妻共同债务企图侵占原告的财产。

（5）共有物分割方式。是否主张取得共有物；是否同意竞价。

【规范指引】

《民法典》第 1062 条、第 1064 条、第 1089 条；《民法典婚姻家庭编解释（一）》第 33 条至第 36 条。

4. 离婚后财产纠纷中原告诉请的审查

【审查要点】

（1）双方是否曾经存在合法有效的夫妻关系。

（2）双方婚姻关系是否已经解除。

（3）双方有无夫妻财产约定。

（4）初步证据证实诉争财产属于夫妻共同财产。

（5）是否属于下列情形之一：双方系协议离婚，夫妻一方或双方对离婚协议中财产分割条款反悔，或就该条款的履行发生争议；双方离婚时，有夫妻共同财产未处理；离婚后发现被告隐藏、转移、变卖、毁损、挥霍夫妻共同财产，或者伪造夫妻共同债务企图侵占原告财产。

【规范指引】

《民法典》第 1076 条、第 1092 条；《民法典婚姻家庭编解释（一）》第 70 条、第 83 条。

（三）被告抗辩的审查

1. 夫妻财产约定纠纷中被告抗辩的审查

【审查要点】

（1）双方之间未达成夫妻财产协议。

（2）双方未以书面形式约定。

（3）夫妻财产协议的约定不明。

（4）夫妻财产协议订立时存在欺诈、胁迫等情形。

（5）双方约定损害国家、集体利益或他人合法权益，违背公序良俗。

【规范指引】

《民法典》第 1065 条；《民法典婚姻家庭编解释（一）》第 82 条。

2. 婚内财产分割纠纷中被告抗辩的审查

【审查要点】

（1）双方是否存在合法有效的夫妻关系。

（2）双方有无夫妻财产约定。

（3）在婚姻关系存续期间，被告不存在或相关行为不构成婚内分割夫妻财产的法定情形。

3. 离婚纠纷中被告有关夫妻共同财产分割抗辩的审查

【审查要点】

（1）双方有夫妻财产约定。

（2）待分割财产属于被告的个人财产，或尚未实际取得、尚未明确可以取得。

（3）待分担债务不属于夫妻共同债务。

（4）财产涉及案外人合法权益，不宜在本案中分割。

（5）财产权属不明或尚未取得完全所有权，不应分割。

（6）被告应当多分财产。

（7）共有物的分割方式。

【规范指引】

《民法典》第 1063 条、第 1065 条、第 1089 条；《民法典婚姻家庭编解释（一）》第 24 条至第 38 条、第 82 条。

4. 离婚后财产纠纷中被告抗辩的审查

【审查要点】

（1）双方从未缔结婚姻关系。

（2）双方婚姻关系尚未解除。

（3）离婚协议是双方真实意思表示，不存在欺诈、胁迫等情形。

（4）离婚时，双方就原告诉请所涉财产已进行处理。

（5）待分割财产为被告个人财产。

（6）待分割财产权属不明或仍未取得物权，不应分割。

（7）待分割夫妻共同财产已自然消耗或合理转化，被告没有隐藏、转移、变卖、毁损、挥霍；夫妻共同债务真实，被告没有伪造。

（8）原告的诉请已超过起诉的时间限制。

【规范指引】

《民法典》第152条、第464条；《民法典婚姻家庭编解释（一）》第84条。

第二节　争点整理与认定

一、夫妻财产约定纠纷

夫妻财产约定纠纷是《民事案件案由规定》中的三级案由。依据《民法典》婚姻家庭编第1065条的规定，夫妻在婚前或婚后可以约定双方的财产归各自所有、共同所有或部分共同所有，履行这些约定时产生的纠纷就是夫妻财产约定纠纷。实务中这一案由更多是与离婚纠纷交叉在一起，很少单独起诉，一般会在离婚纠纷诉讼中一并处理涉及夫妻财产约定效力的争议。夫妻财产约定的效力审查分为形式审查和实质审查。形式审查主要确认夫妻双方对财产约定时必须具有完全民事行为能力，约定系双方亲自以书面形式进行，所涉财产属于双方或一方可以处分的财产，而不是第三人的财产。实质审查要确认夫妻财产约定是双方真实意思表示，不存在违反法律、行政法规的强制性规定，违背公序良俗等法定无效情形，还要考虑夫妻财产约定的对内效力和对外效力。

争点 1：夫妻财产约定应以书面形式订立

【案例】刘某与季某离婚纠纷案

刘某（女）、季某于 2010 年登记结婚。2020 年 1 月，刘某诉请离婚，主张自 2013 年 6 月起，双方已约定夫妻财产分别所有，之后各自的收入均应归各自所有。季某辩称，双方只是口头说好各过各的，没有对离婚时如何分割财产作出约定，也没有订立书面协议，2013 年 6 月之后刘某所得收入超出其 160 万元，该部分是双方共同财产，应当依法分割。一审法院认为，从尊重夫妻意思自治的角度出发，本案可比照约定财产制处理，自 2013 年 6 月起双方各自收入归各自所有和支配，不再作为夫妻共同财产予以分割，未支持季某要求分割 2013 年 6 月之后女方超出其收入部分的主张。季某不服，以法律适用错误为由提出上诉。二审法院认为，一审法院比照约定财产制进行处理无事实及法律依据，双方在 2013 年 6 月后的收入差额应当予以再分配，综合双方其他财产情况，最终改判由刘某补偿季某 60 万元。

【分析】

我国法律允许婚姻关系双方当事人自行选择婚后财产的归属方式，旨在保护婚姻关系双方当事人的契约自由，但同时规定，约定应当采用书面形式。这是基于婚姻关系的特殊性，因为如果不采用书面方式进行固定，主张一方举证证实双方采用约定财产制较为困难，按照“谁主张，谁举证”原则，也很难得到支持。人民法院审理此类纠纷时应当严格适用法律，一方主张双方之间存在夫妻财产约定，另一方不予认可时，不得比照约定财产制进行分割。本案中，夫妻双方虽口头约定各自收入归各自所有和支配，但未签订书面协议，审理中，一方对财产约定亦不认可，故不能适用夫妻财产约定的相关法律规定，双方在婚姻存续期间取得的财产仍为共同共有，应当依法分割。

【规范指引】

《民法典》第 1065 条第 1 款。

争点 2：依法订立的夫妻财产约定具有法律约束力

【案例】唐某丙诉李某某、唐某乙法定继承纠纷案

唐某甲与李某某系夫妻关系，二人育有一子唐某乙。唐某甲与前妻曾生育一女唐某丙。2010 年 10 月 2 日，唐某甲与李某某曾签订《分居协议书》，约定：双方分居，财产作如下切割：某中心和某园的房子归李某某拥有，某中街和某地的房产归唐某甲所有。唐某甲于 2011 年 9 月 16 日突发疾病死亡，未留下遗嘱。某中心房屋系唐某甲于 2002 年 12 月 16 日作为买受人与北京某房地产开发有限公司签订购房合同购得。庭审中，唐某丙、唐某乙、李某某均认可截至唐某甲去世时间点，该房屋仍登记在唐某甲名下，尚欠银行贷款 877 125.88 元未予偿还。人民法院审理后，认定唐某甲与李某某的分居协议具有法律效力，某中心房屋应当归李某某所有。

【分析】

夫妻间达成的财产约定，通常是基于夫妻这一特殊身份关系，综合考虑各种因素最终达成一致意见的结果，带有很强的感情色彩和伦理色彩。夫妻之间达成的婚内财产分割协议是双方通过订立契约的方式对夫妻财产的归属所作的约定，是双方协商一致后对夫妻财产进行内部分配的结果，在不涉及婚姻家庭以外第三人利益的情况下，应当尊重夫妻之间的真实意思表示，按照双方达成的婚内财产分割协议履行，优先保护事实物权人，不宜以产权登记作为确认不动产权属的唯一依据。本案中，某中心房屋在唐某甲去世时虽登记在唐某甲名下，但唐某甲与李某某在分居协议中已约定归李某某所有，此约定是夫妻双方对共有财产的处分，应充分尊重两人的真实意思表示，该房产应为李某某个人所有，不应纳入唐某甲的遗产考量范围。

【规范指引】

《民法典》第 1065 条第 2 款。

争点 3：夫妻财产约定未经公示不得对抗善意相对人

【案例】黄某与曾某、苏某民间借贷纠纷案

曾某与苏某于 2014 年 12 月 2 日登记结婚，婚前书面约定双方婚后各自所得财产归各自所有。2015 年 11 月 1 日，曾某向黄某借款 6 万元，用于子女教育及日常家庭消费。后因曾某未如期归还借款，黄某向人民法院提起诉讼，要求曾某、苏某共同清偿债务。人民法院审理后认为，无证据证明黄某出借款项时知晓曾某与苏某有夫妻财产各自所有的约定，故该约定对黄某不具有法律效力。因前述借款主要用于曾某与苏某的家庭生活，苏某对曾某所借款项负有共同偿还的义务，判令两人共同清偿。

【分析】

夫妻财产约定可能涉及财产的分割、归属等内容，夫妻约定分别财产制后，夫或妻一方对外所负的债务，应以其自身财产清偿，但夫妻一方个人承担的前提是债权人知道夫妻双方关于财产的安排。夫妻双方约定婚姻关系存续期间所得财产归各自所有，该约定属于夫妻双方的内部约定，未经公示，不得对抗善意相对人，即夫妻在婚姻关系存续期间约定分别财产制，相对人（债权人）知道该约定的，该约定对其具有约束力；相对人不知道该约定的，该约定对其不具有约束力。上述规定可以避免夫妻双方以此为由逃避债务，损害债权人的合法权益。关于分别财产制公示形式的问题，《民法典》及相关法律规定中均未有具体规定，《民法典》仅规定相对人知道该约定的，以夫或妻一方所有的财产清偿，此处的“相对人知道该约定的”并非分别财产制的公示形式，而应为夫妻分别财产制债务纠纷中的一项待证明事项，需在个案中结合证据情况作出认定。本案中，曾某所负债务在性质上属于夫妻共同债务，即使双方存在夫妻财产分别所有的约定，但因债权人黄某在出借时并不知晓，故对其不具有法律效力，曾某、苏某仍应向黄某连带清偿。

【规范指引】

《民法典》第 1065 条第 3 款。

争点 4：夫妻婚后进行财产约定时应披露财产状况

【案例】孔某与华某离婚纠纷案

孔某、华某于 2015 年登记结婚。婚后初期夫妻感情尚可，后因性格不合，渐生嫌隙。2016 年 3 月，华某发现孔某出轨，婚姻陷入危机。孔某先行提出离婚，但华某此时已怀有身孕，不想离婚。双方沟通后，孔某同意不离婚，但提出进行夫妻财产约定，要求婚前、婚后双方各自取得的财产均归各自所有，不再作为夫妻共同财产。华某考虑再三后无奈签字，双方又继续生活多年。2021 年的一天，华某发现孔某婚外育有一子，年近六岁，孔某名下还有多处房产，且均系双方登记结婚后至夫妻财产约定协议签订前这一期间取得。孔某再次提起诉讼，要求离婚，并以双方签订有夫妻财产分别所有的协议为由，拒绝分割房产。华某同意离婚，但提出双方在签订协议时，孔某未告知其名下财产的情况，双方登记结婚至签订协议期间的双方所得均应作为夫妻共同财产依法分割。人民法院审理后认为，孔某在登记结婚后至双方订立夫妻财产各自所有的约定期间，取得了数套房屋产权，而华某名下并无任何房产，双方进行夫妻财产约定时仅以笼统概括的方式将订立约定前已形成的夫妻共有财产纳入夫妻财产分别制的范畴，孔某没有进行财产披露，通过隐瞒财产致使女方产生错误认识，并且女方基于错误认识作出对己不利的意思表示，符合欺诈的法律特征，所涉“双方婚后至签订约定期间所取得的财产归个人所有，不作为婚后夫妻共同财产”的约定，应予撤销，在此期间双方取得的财产为夫妻共同财产，应依法分割，约定签订后取得的财产，因已书面约定实行夫妻财产分别制，双方均应恪守履行。

【分析】

夫妻财产约定属于民事法律行为，应当符合民事法律行为的生效要件。夫妻财产约定应当区分婚前签订还是婚后签订。婚前约定婚后财产分别所有，因婚前一方的财产属一方个人财产，双方均无披露义务，婚后各自取得的财产因已有明确约定，亦无披露义务。但婚后订立的夫妻财产约定，基于夫妻财产法定共有制及诚信原则，双方应当就婚后已经取得的财产履行披露义务；如一方故意隐瞒名下财产状况，不主动履行披露义务，采取笼统的叙述方式约定婚后取得的财产归各自所有，造成夫妻共同财产分割明显失衡的，应当认定该约定存在可撤销的情形。我国法律虽然没有明确规定婚后夫妻一方对对方所得财产享有知情权，但该知情权实际上是法定夫妻财产共有制的应有之义。夫妻财产制度的选择是夫妻婚姻生活中重大事项，夫妻双方在婚姻关系存续期间，书面约定采取财产分别制，实质是将法定的共有财产转化为个人财产，是一次重大的利益调整。如果允许当事人直接约定财产制类型，又无须明确具体财产内容，就会给予当事人隐瞒财产的空间，而这种隐瞒，实质就是对配偶法定夫妻财产权的侵害。因此，如本案情形中，强调夫妻财产约定中的财产披露义务，既保护了法定夫妻财产共有制度的基础，也维护了夫妻间互相信任、互相忠诚的善良风俗，更体现了家庭应当树立优良家风，弘扬家庭美德，重视家庭文明建设的婚姻家庭道德规范。

【规范指引】

《民法典》第1065条。

二、夫妻财产范围的认定

争点5：夫妻一方婚前房产的增值是一方个人财产

【案例】王某与张某离婚纠纷案

王某与张某于2016年3月6日登记结婚。王某父母于2012年2月2日即王某与张某婚前全款购买房屋一套，登记在王某名下。王某与张某婚后因琐事争吵不断，矛盾难以调和，2018年4月5日，张某诉至法院，要求与王某离婚，同时要求分割王某名下房屋增值部分的一半。人民法院审理后认为，案涉房屋在双方结婚前已登记于王某名下，系王某婚前个人财产，案涉房产未用于经营，房产增值属于自然增值，张某对该房屋增值无任何贡献，无权要求分割，故驳回其诉讼请求。

【分析】

婚前个人财产在婚姻关系存续期间的增值部分是个人财产还是夫妻共同财产需要具体分析。一方婚前财产在婚后的孳息和自然增值部分仍是个人财产。孳息，是指原物所产生的收益，有法定孳息和自然孳息之分，在婚姻关系中一般包括存款利息、有价证券收益、股权分红和房屋租金等收入。但夫妻一方个人财产的孳息是否为夫妻一方个人财产应区分不同情形处理。夫妻一方个人财产在婚姻存续期间的自然增值，则是指财产的价值随着社会经济条件的变化而增加的情况，如不动产价格的上涨等，与夫妻双方的经营、管理无关，无须双方投入精力。如果二人婚后将房屋售出并用获得的款项进行投资并最终获利，那么，该获利部分则属于夫妻共同财产。如房屋婚后出租收取租金，因房屋租金不同于存款利息，租金高低由市场供求规律决定，与房屋本身的地理位置及管理状况等密切相连，而房屋及配套设施的正常使用、承租人发现的问题得到及时解决等因素对房屋租金的顺利获得具有决定性作用，这往往需要投入较多的管理和劳务，且出租房屋需要承担合同解除、租金拖欠、房屋附属设施被破坏等与经营行为类似的风险，故所得租金应当等同于经营取得的收益，属于夫妻共同财产。因此，婚前个人财产在婚后增值部分的性质判断主要看双方婚后是否针对该财产投入精力，是否进行管理、经营等。若是夫妻双方都对房屋进行了创造收益的管理与经营，即房屋的增值与个人的付出与投入之间存在实质的因果联系，增值部分就应认定为夫妻共同财产，否则如同案例中的情形，仍是一方个人财产。

【规范指引】

《民法典》第1062条、第1063条第1项；《民法典婚姻家庭编解释（一）》第25条、第26条、第31条。

争点6：夫妻一方因伤所得赔偿是一方个人财产

【案例】陈某与汪某离婚纠纷案

陈某与汪某是夫妻。2017年7月，陈某发生交通事故，造成面部大面积损伤、左腿截肢，事后收到肇事方赔偿金总计27万元。陈某治疗出院后，发现丈夫及婆婆对自己极为冷漠。2017年12月，汪某诉至法院，要求与陈某离婚，同时提出陈某获得的27万元赔偿款是双方婚姻存续期间所得的财产，要求如同其他夫妻共同财产进行平均分割。陈某同意离婚，但拒绝王某分割其所得赔偿款的要求。人民法院审理后，判决准许双方离婚，但认为27万元赔偿金是陈某因人身受到损害而获得的赔偿，应当归陈某个人所有，对双方其他夫妻共同财产依法进行分割。

【分析】

人身损害赔偿，是侵权人因其实施的侵权行为，按其过错程度向受害人支付的款项，目的是填补受害方的损失，保障受害方以后的医疗、生活等各方面的支出，有很强的针对性和人身专属性。一方因身体受到伤害获得的医疗费、残疾人生活补助费等费用，即使是在婚姻关系存续期间获得，仍属于夫妻一方的个人财产，不得作为夫妻共同财产进行分割。本案中，陈某所得赔偿款是因交通事故导致身体权、健康权受损而获得的经济填补，因身体具有专属性，该款项亦应由其专有，汪某无权主张分割。

【规范指引】

《民法典》第1062条、第1063条第2项。

争点 7：明确赠与夫妻一方的财产是一方个人财产

【案例】孙某与吴某某离婚纠纷案

孙某与吴某某于 1994 年 1 月 18 日登记结婚。2002 年 6 月 12 日，吴某某购买房屋两套，产权人均登记为吴某某。关于诉争房屋房款的出资，孙某主张两套房屋中一套系吴某某兄长吴某甲出资购买，另一套房屋系其父亲孙某甲出资 8 万元、吴某某父母出资 20 万元、向朋友借款 12 万元及夫妻双方出资 5 万元购买。吴某某主张购房款全部系其哥哥吴某甲出资购买并以赡养父母为条件赠与其个人，并提供了房产赠与协议、银行汇票申请书（存根）、汇款单位证明、证人证言等证据。经吴某某申请，人民法院调取到银行出入账记录和两套房产房款支付手续等。孙某虽对该赠与协议的形成时间持有异议，但在人民法院释明后，未提出鉴定申请。人民法院审理后认为，诉争房产所有权取得于夫妻关系存续期间，因登记手续系由吴某某办理，且其主张系其个人财产，吴某某应当对上述房产的取得原因以及不属于夫妻共同财产负有举证责任，孙某则对其反驳主张承担举证责任。根据在案证据情况，应当认定案涉赠与协议真实有效，而协议内容表示，诉争房产两套均赠与吴某某个人，且协议附带条件显示，在吴某某父母在世时，如出现吴某某丧失行为能力或去世的情形，吴某某的法定代理人或继承人不得有妨害吴某某父母居住的行为，据此可以看出，该赠与系具有人身专属性质的赠与，应当认定为赠与吴某某一人，判归吴某某个人所有。

【分析】

在夫妻共同财产中，房产价值和分割利益巨大，对于房屋的共有性质认定及分割问题处理，一直是司法实践中离婚纠纷案件审理中的突出难题。审理中处理争议房屋时，应首先确定争议房屋的性质，判断是否属于夫妻共同共有，非婚状态下购买的房屋一般为个人财产，婚内购买的房屋为夫妻共同财产。但由于购房时间、资金来源、还贷情况、产权登记等情形不一，与夫妻共同财产制交织，我国因历史原因又形成了多种房屋类型，使得离婚案件中夫妻共有房屋的认定及分割极为复杂。仅有的对于夫妻共同财产认定的概括性规定和处理方法，不足以应对复杂的现实生活，离婚案件中对于夫妻共有房屋的认定及分割仍存在诸多争议。夫妻关系存续期间因继承或赠与取得的房屋，一般应认定为夫妻共同财产，如夫妻一方主张是其个人财产的，应当根据“谁主张，谁举证”的原则，由其承担举证责任，人民法院根据举证责任的完成情况作出认定。本案中，吴某某主张婚内取得的两套房产来源于兄长的赠与，为其个人财产，有赠与协议、银行流水、房产支付记录及证人证言为证，赠与协议中有明确赠与吴某某一人的意思表示，结合协议附带条件的约定，可以判断该房屋系赠与夫妻一方，故即使是在婚姻关系存续期间取得，在离婚时亦不应作为夫妻共同财产进行分割。

【规范指引】

《民法典》第 1062 条、第 1063 条第 3 项。

争点 8：一方婚后购买并使用的贵重首饰不是专用生活用品

【案例】陶某与李某离婚纠纷案

陶某与李某于 2018 年登记结婚。婚后，李某热衷购买高档衣物和化妆品等，夫妻双方经常为此发生矛盾。2020 年 3 月，李某看到金价上涨迅速，在未事先告知陶某的情况下，从双方用以购房的储蓄中花费 6.5 万元为自己购置黄金饰品一套。陶某得知后，双方发生激烈争吵。2020 年 11 月，李某以与陶某感情不和为由，提起诉讼，要求离婚。陶某同意离婚，提出李某以两人婚后共同积蓄购买的黄金首饰、高档衣物等，应当作为夫妻共同财产进行分割。李某认为，上述物品均属于自己专用的生活用品，是个人财产，不同意分割。人民法院审理后认为，双方婚后经济条件一般，黄金饰品价值较高，虽由李某实际使用，但购买时陶某并不知情，事后亦未同意归李某个人所有，应当作为夫妻共同财产分割，判归李某所有，并由李某对陶某进行适当折价补偿。

【分析】

夫妻个人财产中一方专用的生活用品，应当符合一般人的普遍认知，除需考虑个人专用性外，还要考虑生活专用性。身份专用性，是指仅供男方或女方一人使用；生活专用性，即为日常生活、工作所需购买，如个人使用的书籍、衣服等。符合上述属性的，原则上应当认定为个人财产。用夫妻共同财产购买的价值较大的金银首饰，虽可能由夫妻一方专门使用，如耳环、女性用戒指、项链等，但即使是夫妻共同商议购买，因其具备投资价值，应遵循公平原则，根据婚内双方经济条件和家庭收入水平，结合购买时间与感情破裂时间，具体案件具体分析，一般应当认定为夫妻共同财产，如案例中判归实际使用的一方所有，由该方向另一方进行折价补偿，从而达到物尽其用、两全其美的目的。

【规范指引】

《民法典》第1062条、第1063条第4项。

争点9：离婚财产分割如涉及他人合法权益应另行处理

【案例】柳某与王某离婚纠纷案

1985年，柳某之父张某取得一块宅基地的使用权，建造房屋六间。2011年，王某与柳某登记结婚，双方均系再婚。王某与前夫未生育小孩，柳某与前妻生育一子，由柳某直接抚养，现已成年。2014年7月，王某与柳某生育一子。婚后王某与柳某商量将柳某父母的老房子六间拆除并新建六间，用于农家乐经营。二人于2015年9月25日订立《协议》一份，其中明确房屋新建全部由王某出资，柳某婚前所负债务15万元由双方共同偿还，柳某自愿放弃对新建房屋的所有权，新建房屋所有权、土地使用权等均归王某所有，与柳某的家人无关。后因农家乐经营状况不佳，双方发生矛盾以致感情破裂，王某起诉离婚，主张取得新建房屋。人民法院审理后认为，因新建房屋是在柳某父母的宅基地上拆旧新建，虽然系夫妻婚后出资，但重建后的房屋所占有的宅基地仍登记在柳某父亲的名下，宅基地使用权没有发生变化，双方协议中不能反映柳某父母是否同意该协议或作出过放弃相关权利的明确意思表示，协议约定“土地使用权都由乙方所有，与甲方家人无关”，侵害了柳某父母的宅基地使用权，诉争房屋还可能涉及柳某父母的份额，不宜在本案中解决，应当另行析产分割，在离婚纠纷中暂不处理。

【分析】

离婚纠纷原则上仅处理夫妻双方个人及共同所有的财产，对双方协议中约定的涉及与他人（不包括双方未成年子女）共有的房产，应在有他人参与的另案中处理，诉讼时房产登记权利人已不涉及他人的应当除外。如果约定范围仅限于该夫妻（或其中一方）所享有的份额，不影响他人利益或为他人所认可的，不应以夫妻无权处分他人财产为由认定约定无效。案涉离婚纠纷涉及农村房屋分割问题，因农村房屋建造在宅基地上，而宅基地使用权证及审核表登记内容是确定农村宅基地房屋所有权的重要依据，根据《土地管理法》的规定，只有经过行政确定程序，才发生宅基地使用权确立的效力。因此，离婚纠纷涉及农村房屋分割时应特别注意审查房屋所有权及宅基地使用权的具体登记情况，如发现类似案例中涉及他人合法权益的情形时，应当及时进行法律释明，告知应当在他人参与的情况下进行处理，因第三人无法参与夫妻双方的离婚诉讼，故应当另行处理。

特别说明：夫妻双方或一方与未成年子女共有的房屋，可在离婚案件中一并处理，应结合夫妻双方居住情况、抚养子女情况等确定房屋归属，由取得房屋产权的一方向另一方支付折价款。若夫妻双方对未成年子女应得的份额无法协商一致的，因房屋购买及还贷过程中未成年子女均未出资，可以考虑在均等分割的基础上酌情适当降低未成年子女的份额。

【规范指引】

《民法典》第 1062 条、第 1063 条。

三、夫妻共同财产分割比例

争点 10：分割夫妻共同财产应当照顾无过错方

【案例】张某与王某离婚纠纷案

张某、王某于 2013 年 11 月 18 日登记结婚。婚后不久，张某即怀孕。张某怀孕期间，发现王某与其他女性关系暧昧，多次劝解，但王某我行我素。2015 年 2 月 6 日，张某生育一子，为照顾家庭和孩子，张某辞职在家，再无经济收入，家庭日常消费开支均由王某负担。王某认为张某不擅持家，为经济问题，对张某多次实施家庭暴力。为维系家庭完整，张某一直忍让。2020 年 3 月 1 日，张某在家中发现王某出轨事实，难以接受，以夫妻感情确已破裂为由诉至法院，要求与王某离婚，婚生子随其共同生活，并要求对共同房屋进行分割。庭审中，双方确认房屋市场价格为 80 万元。人民法院审理后认为，王某对婚姻不忠，且存在家庭暴力，导致双方离婚，是过错方，判决支持张某提出的离婚诉求，确定婚生子归张某直接抚养，由王某支付抚养费，夫妻共有房屋按八二比例分割，归张某所有，王某应得的房屋折价款 16 万元因与其应负担的小孩 18 周岁前的抚养费相当，用以一次性支付小孩抚养费。

【分析】

夫妻感情是维系夫妻婚姻和家庭生活的纽带，夫妻间应当相互尊重和帮助，维护平等、和睦、文明的婚姻家庭关系。对违背夫妻忠实义务、实施家庭暴力导致离婚的，分割夫妻共同财产时对过错方可以少分或不分。可能致使夫妻一方构成过错方的重大过错行为，主要包括重婚、与他人同居、实施家庭暴力、虐待或遗弃家庭成员等情形。离婚案件中比较常见的是一方主张另一方存在与他人同居和实施家庭暴力行为两类。与他人同居是指有配偶者与婚外异性持续、稳定地共同居住，较为常见的证据包括照片、视频或者一方承认存在婚外情的录音、承诺书等；而家庭暴力是指行为人以殴打、捆绑、残害、强制限制人身自由或者其他手段给其他家庭成员的身体、精神等方面造成一定的伤害后果的行为，较为常见的证据有接报警记录、验伤单、就诊记录、伤残鉴定书等。实践中用于证明一方存在过错的证据各式各样，审理中应结合案件事实、证据的证明力等进行综合判断。如经审理认定一方构成过错，分割夫妻共同财产时人民法院对过错方可以少分或不分，但如双方对离婚均具有过错，则不适用该法律规定。

【规范指引】

《民法典》第 1087 条。

争点 11：一方转移、隐匿、变卖、损毁夫妻共同财产的，可以不分财产

【案例】雷某某与宋某某离婚纠纷案

雷某某和宋某某婚后因琐事导致感情失和，于 2016 年 2 月开始分居。雷某某曾于 2017 年 8 月诉请离婚，但因宋某某不同意离婚且态度坚决而未果，但双方感情未见好转。2020 年 3 月，雷某某再次诉至法院，要求离婚并依法分割夫妻共同财产。庭审中，雷某某称宋某某名下邮储银行账户内有共同存款 37 万元，并提交存取款凭单、转账凭单作为证据。宋某某称该 37 万元来源于婚前房屋拆迁补偿款及养老金，现尚剩余 20 万元左右，并提交账户记录、判决书、案款收据等证据，同时提出雷某某名下有共同存款 25 万元，要求依法分割。雷某某对此不予认可，提交存款账户的交易明细，显示至 2019 年 12 月 21 日该账户余额为 262.37 元。应宋某某申请，人民法院调取了雷某

某的银行账户交易记录，发现雷某某于2019年10月30日通过ATM转账及卡取的方式将账户内19.5万元转至案外人名下。宋某某认为该存款为双方共同所有，雷某某在离婚之前转移夫妻共同存款。雷某某提出该笔存款是其经营饭店所得收益，已用于夫妻共同开销，后又称系用于偿还借款，但未提供证据证明。人民法院审理后认为，雷某某在离婚诉讼前将夫妻共同存款进行大额转账，且无合理理由，可认定其存在转移行为，将该笔存款判归宋某某所有。

【分析】

一方在离婚诉讼期间或离婚诉讼前，隐藏、转移、变卖、毁损夫妻共同财产，或伪造债务企图侵占另一方财产的，侵害了夫妻对共同财产的平等处理权，离婚分割夫妻共同财产时，应当依法少分或不分财产。司法实践中，赠与是其中比较常见的方式，一方将夫妻共同财产赠与他人，以避免该财产在离婚时被作为夫妻共同财产分割。还有一种是通过伪造债务的方式实现减损夫妻共同财产的目的，通常发生在婚姻关系存续期间，通过伪造书面债务凭证的形式出现。夫妻一方此类严重损害夫妻共同财产行为一般具有两个构成要件：一是具有隐藏、转移等行为的故意；二是具有隐藏、转移、变卖、毁损夫妻共同财产或伪造债务企图侵占另一方财产的行为。其中，隐匿财产以配偶不知悉为必要条件；转移财产不以配偶不知悉为必要条件，行为人具有不使该财产作为夫妻共同财产进行分割的故意。案例中雷某某无合理理由在离婚诉讼前将夫妻共同存款进行大额转账，属于转移夫妻共同财产的行为，人民法院将该笔款项全部分割给宋某某契合法律精神。

【规范指引】

《民法典》第1087条、第1092条。

争点12：夫妻一方在离婚诉讼中无正当理由未如实申报夫妻共同财产的，可认定为存在隐藏夫妻共同财产的行为

【案例】李某与王某离婚纠纷案

李某与王某系夫妻。2022年3月，李某以双方性格不合、夫妻感情确已破裂为由诉请离婚并分割夫妻共同财产。人民法院审理中，责令双方如实申报各自名下的财产并当庭释明不如实申报的法律后果。申报完成后，李某在

王某提供的银行交易明细中发现线索，经查，王某未申报其名下一笔理财产品。审理中，王某辩称自己“记忆力太差，忘记了”，但根据法院后续调取的交易明细显示，该理财产品在诉讼期间仍存在交易，据此人民法院认定，王某遗漏申报的理由不符合常理、不能成立，其行为构成隐藏夫妻共同财产，遂依法就该项财产对王某予以少分，最终判定该理财产品 70% 归李某所有，30% 归王某所有。

【分析】

在以往的离婚案件审理中，当事人隐匿夫妻共同财产的情况屡见不鲜，如若在离婚时，女方对对方的收入、财产情况不甚了解，导致法院的财产调查工作难以顺利开展，当事人合法权益便无法得到有效保障，尤其容易导致以家庭为主业的女性合法权益受到侵害。《妇女权益保障法》中的夫妻共同财产报告申报制度明确了离婚诉讼期间申报夫妻共同财产属于当事人的法定义务，可有效解决离婚诉讼司法实践中长期存在的逃避、隐匿共同财产的难题，不仅为离婚诉讼当事人提供明确指引，切实维护妇女合法权益，还有助于人民法院最大限度地查明当事人的财产状况，确保依法公正地处理离婚案件中夫妻共同财产分割问题。新修订的《妇女权益保障法》2023 年 1 月 1 日正式施行，其中新增第 67 条，明确了离婚诉讼期间夫妻共同财产申报义务：离婚诉讼期间，夫妻一方申请查询登记在对方名下财产状况且确因客观原因不能自行收集的，人民法院应当进行调查取证，有关部门和单位应当予以协助。离婚诉讼期间，夫妻双方均有向人民法院申报全部夫妻共同财产的义务。离婚诉讼中当事人未如实申报包括逾期申报或未申报，无正当理由逾期申报或未申报，将视为未如实申报，如发生未如实申报的情形，人民法院可依据《民法典》《妇女权益保障法》《民事诉讼法》等相关法律规定追究当事人的法律责任。

特别说明：离婚后一方以另一方在婚姻关系存续期间有严重损害夫妻共同财产利益行为为由，请求再次分割的权利受诉讼时效限制，从当事人发现之日起计算 3 年。

【规范指引】

《妇女权益保障法》第 67 条。

四、婚内夫妻财产分割的裁判规则

我国实行以法定财产制为主、约定财产制为辅的夫妻财产制度。夫妻财产原则上属于共同共有，应依据共同共有制度的特殊性质来处理夫妻财产。婚内夫妻共同财产例外是约定按份共有，这种按份共有需要登记公示或第三人明知，否则不得对抗第三人。婚内财产分割纠纷是夫妻双方在不解除婚姻关系的情况下对夫妻共同财产基本上是共同共有的财产进行分割，实质上是将共同共有变更为按份共有，并且对于分割出来给一方的份额，另一方没有平等处分权，因此，对于婚内分割夫妻财产有着严格的适用条件，只有共有财产的共有基础消失，当事人才能具有分割共有财产的请求权。对于婚内夫妻共同财产分割，以不允许分割为原则，允许分割为例外。除《民法典》规定的两种法定情形外，夫妻一方提出婚内财产分割请求的，人民法院不予支持。

争点 13：一方进行不合理个人高消费，可认定为严重损害夫妻共同财产

【案例】吴某与张某离婚纠纷案

吴某和张某系夫妻，因为家庭矛盾，于 2018 年起分居。2020 年 3 月，张某发现，在不到两年的分居时间内，吴某在网络游戏中充值 50 多万元购买游戏币。吴某认为，张某的行为属于转移或者挥霍夫妻共同财产。张某辩称两人经济收入可观，家庭年收入接近百万，自己购买游戏币属于正常消费支出。人民法院审理后认为，即使张某主张的家庭收入状况真实，但平均每月花费 18 000 余元用于购买网络游戏币，亦占家庭月均收入的 22% 左右，相较其他支出，该项支出并非家庭生活必需，张某的行为应视为挥霍夫妻共同财产，判决张某就其挥霍所涉金额的 60% 向吴某支付 30 余万元。

【分析】

挥霍，是指将夫妻共同财产用于不必要的消费，比如不合理的高消费、赌博等消费或投资行为。是否属于“挥霍夫妻共同财产”应综合考虑行为的性质、夫妻财富状况与消费是否匹配、花费是否是生活必需、相关花费总体数额在对应的时间长度内是否合理、另一方是否同意等因素。婚内生活消费所涉诸多细碎且繁琐事项，难以苛求当事人留存全部凭据，故在对婚内财产分割标准判断时，还应结合家庭正常消费支出、双方消费生活习惯等情形进行综合判断。案例中，张某在网络游戏中大量充值消费，即使按其所述家庭

经济收入情况，所涉金额亦占比较大，已超出个人合理娱乐消费的范围，应认定为挥霍夫妻共同财产，应将所涉款项认定为夫妻共同财产，并予以少分或不分，由其向另一方承担款项支付义务。

【规范指引】

《民法典》第1060条、第1066条。

争点14：一方不顾配偶反对炒股以致巨额亏损的，可认定为严重损害夫妻共同财产

【案例】李某与王某离婚纠纷案

2004年，李某与王某登记结婚。婚后，由李某支付首付购买某小区房屋一套用于家庭自住。后李某痴迷炒股，不顾王某及家人的反对，不断加大资金投入，但屡投屡亏。多次投资失败后，家庭积蓄告罄，在王某不知情的情况下，李某又借高利贷50万元继续炒股。亏本后因无力偿还，李某祈求王某大房换小房，出卖婚后所购房屋偿债，同时保证以后绝不炒股。王某无奈同意，将房屋以228万元价格售出。但李某未能兑现承诺，不顾王某某反对，继续炒股，以购房为由取得剩余售房款170余万元后，全部用以购买股票继续炒股。王某居无定所，诉请婚内分割夫妻共同财产。经人民法院调查，至王某诉请离婚时，李某股票账户余额为120万元左右，亏损已达50余万元。人民法院经审理认为，李某不顾王某某多次反对进行大额炒股且亏损巨大，其行为严重损害夫妻共同财产，其股票账户余额相应款项均归王某所有。

【分析】

夫妻双方对共同财产有平等处分权，但一方非因生活需要在处分重大夫妻共同财产时，应当与另一方协商一致。婚姻关系存续期间，一方有隐藏、转移、变卖、毁损、挥霍夫妻共同财产或者伪造夫妻共同债务等严重损害夫妻共同财产利益的行为，夫妻一方可以向人民法院请求分割共同财产。本案中，双方在婚姻关系存续期间出售房屋所取得的228万元属夫妻共同财产，鉴于王某同意将其中50万元用以清偿李某因炒股所欠债务，系其对自身权利的处分，应予尊重，但对于剩余款项，双方事前已商定用于购买自住房屋，李某未经王某同意擅自处分，将房款用于股票投资并亏损50余

万元，侵害了王某对夫妻共同财产的平等支配权，属于严重损害夫妻共同财产利益的行为，王某请求婚内分割夫妻共同财产，符合法律规定，人民法院将剩余夫妻共同财产均判归王某所有有利于社会稳定及家庭和谐，契合立法精神。

【规范指引】

《民法典》第 1066 条第 1 项。

争点 15：一方主张婚内分割财产，应对重大疾病及医疗费支出的必要性承担举证责任

【案例】张某与王某离婚纠纷案

张某与王某于 2013 年登记结婚，婚后生育一子，双方购置房屋两处。2020 年 3 月，张某父亲被检查出患有急性白血病，急需巨资治病，张某欲出售一套房屋供其父亲治疗所需，王某不同意，张某诉至法院要求婚内分割夫妻共同财产，提交新闻截屏，证明针对其父亲的疾病目前已研发出新的治疗药物，价格为 120 万元一针。人民法院审理后认为，张某父亲所患急性髓系白血病应属重大疾病，但治疗该疾病所需的医疗费用应结合实际病情及医院出具的诊断证明等进行综合判断。目前张某父亲的疾病在治疗过程中，王某已筹集现金 40 万元，交给张某，用以支付张某父亲的医疗费，张某所称预期产生的医疗费无正规医院制定的医疗方案等支持，暂无出售夫妻共有房屋支付医疗费用的必要，未支持张某要求分割财产的诉讼请求。

【分析】

《民法典》第 1066 条第 2 项规定的扶养采用的是广义的扶养概念，包括抚养，父母对未成年子女，祖父母、外祖父母对孙子女、外孙子女的供养；赡养，子女对父母，孙子女、外孙子女对祖父母、外祖父母的供养；还包括狭义的扶养，同辈之间如夫妻、兄弟姐妹之间的扶养。对于法定扶养义务，《民法典》婚姻家庭编有着明确的范围与各种情形的具体规定。对于“重大疾病”的范围，立法未明确“重大疾病”的定义和具体范围，可以参照中国保险行业协会与中国医师协会共同制订的《重大疾病保险的疾病定义使用规范》中所列举的重大疾病范围确定。夫妻一方因其负有法定扶养义务的人患有重大疾病需要其支付医疗费用，所需治疗费用有正规医院的治疗方案支撑，明

确向另一方作出需要支付的意思表示后，另一方明确作出拒绝意思表示的，即可认定为存在可以请求婚内分割夫妻共同财产的情形，不宜对治疗效果等作过多审查。

特别说明：在婚内分割夫妻共同财产的法定情形中判断所患疾病是否属于“重大疾病”时，应对“重大疾病”进行符合规范意旨的解释，与《民法典》第 1053 条规定可撤销婚姻中的“重大疾病”加以区别。

【规范指引】

《民法典》第 1066 条第 2 项。

五、夫妻共同房产分割的裁判规则

在夫妻共同财产中，房产价值和分割利益巨大，对于房屋的共有性质认定及分割问题处理，一直是离婚纠纷案件审理中的突出难题。由于购房时间、资金来源、还贷情况、产权登记等情形不一，又与夫妻共同财产制交织在一起，同时我国因历史原因形成了多种房屋类型，使得离婚案件中夫妻共有房屋的认定及分割极为复杂。分割争议房屋时应首先确定争议房屋的性质，判断是否属于夫妻共同共有。认定的一般原则是，非婚状态下购买的房屋一般为个人财产，婚内购买的房屋为夫妻共同财产。现实生活复杂多样，仅有对夫妻共同财产认定的概括性规定和处理方法，不足以应对审判实践中多种夫妻共有房屋情形的认定及分割，在确定房产为夫妻共同共有后，还要再结合房屋买卖合同的签订时间、房款的出资、房屋所有权证的登记及取得时间等因素，确定夫妻共有房屋的分割方式和具体分割比例。审理中应始终贯彻家事审判理念，坚持照顾妇女、未成年子女和无过错方原则，充分考虑当事人的人格利益、安全利益和情感利益，注重实质公平正义和对弱势群体的差异性保护。

争点 16：一方婚前房产结婚后登记在双方名下，可认定为夫妻共同财产

【案例】魏某与孙某某离婚纠纷案

魏某原系某村村民，2002 年 6 月因自有住房拆迁，被安置到某社区。2004 年，孙某某与魏某经人介绍认识并结婚。婚后，安置房建设完工，双方

领取钥匙后，对该房简单装修并入住，后以魏某、孙某某二人的名义办理房屋所有权证。2012 年 6 月 11 日，孙某某向法院提起离婚诉讼，要求平均分割房屋。魏某以该安置房系其婚前财产为由，不同意分割。人民法院审理后认为，上述房屋登记在双方名下，应为夫妻共同财产，考虑到双方进行房屋登记时未明确各自份额，结合双方婚姻关系存续时长及离婚原因等，判决房屋归魏某所有，由魏某按房产现值的 40% 向孙某某支付折价款。

【分析】

房屋产权证明是证明房产所有人的依据。魏某作为完全民事行为能力人，在其以夫妻双方名义办理房产证时，对该民事行为产生的法律后果应当是明知的，此系魏某对自己婚前取得的房产基于其与孙某某的婚姻关系而作出的处分，是其真实意思表示，应将该房产认定为夫妻共同财产。因双方未对共同所有的房产各自所占份额进行约定，应认定房产为夫妻共同共有，依据夫妻共有财产分割的相关法律规定进行分割。

【规范指引】

《民法典》第 1062 条、第 1063 条；《民法典婚姻家庭编解释（二）》第 5 条。

争点 17：一方婚前全款所购且登记在己方名下的房屋即使登记于婚后，仍是一方个人财产

【案例】王某与张某离婚纠纷案

2018 年，王某以自己名义全款购买房屋一处。2019 年 3 月经人介绍认识张某并结婚。2019 年 5 月，王某办理房屋产权证书，房屋登记在王某一人名下。婚后因双方性格不合，张某于 2019 年底诉请离婚，提出该房系婚后取得，是双方共同所有，主张分割。人民法院审理后认为，诉争房屋系王某婚前购买并支付全部款项，张某并无任何出资，登记时间虽在婚后，但不影响该房屋是个人财产的属性，判归王某一人所有。

【分析】

我国实行不动产登记制度，依法登记的房屋所有权受法律保护。依据《民法典》的规定，在向房地产管理部门申请并办理完毕房屋权属登记手续之后，才能取得房屋所有权。案例中，由于购买房产的全部款项都是王某一方

在婚前以个人财产支付，房屋所有权法律关系比较清晰，只是在婚后完善了权属登记手续，以该个人财产的对价存在的房屋所有权理应归王某个人所有。如夫妻一方婚前全款买房、房屋登记在另一方名下，双方对房屋归属有争议的，应结合购房时间和结婚时间、房屋的价值、婚姻存续时间、全款出资购买房屋一方的经济能力等案件事实判断购买房屋是否有赠与的意思表示。如在案证据能够证明全款出资购买房屋一方有赠与另一方的意思表示，则为登记方的夫妻一方个人财产；如出资方无赠与的意思表示，则应认定为夫妻共同财产。

【规范指引】

《民法典》第1062条、第1063条。

争点18：一方婚前按揭购买婚后共同还款的房屋由一方折价取得

【案例】白某与谢某离婚纠纷案

白某与谢某于2008年经人介绍相识，并于2009年登记结婚，婚后育有一子。后因性格不合，双方自2012年9月起分居。谢某曾于2007年3月7日以49万元的价格购买房屋一套，支付首付款约15万元，办理商业贷款9万元及公积金贷款25万元，其中商业贷款在婚前已还清，公积金贷款从2009年11月开始还贷，截至2013年10月，共还公积金利息3万元，婚后共同还贷12.8万元，首付款中有11万系借款，该借款是双方婚后共同偿还。2013年10月，白某起诉离婚，请求分割房产。人民法院审理后认为，该房系谢某婚前按揭购买所得，婚后双方共同还贷，应归谢某所有，谢某则应向白某支付折价款。

【分析】

婚前一方用个人财产付首付款并办理按揭银行贷款购置房屋，婚后用夫妻共同财产还贷，在现实生活中很常见。确定此类房屋所有权的性质时不能一刀切地将其认定为夫妻共同财产，抑或认定为签订购房合同一方的婚前个人财产，应当认定为购房一方婚前个人财产与双方婚后夫妻共同财产的混合体。人民法院不应单纯、片面地判断夫妻一方出资的款项为借款，更多地要考虑夫妻双方出资购房的目的性和出资的客观性，处理方案应符合民法权利和义务一致性，符合民法的平等和公平原则。只要夫妻一方举证证明结婚前双方均认可所购房屋为共同所有，且与另一方共同出资，购买房屋以结婚为目的，即使在房屋产权证上只登记了夫妻一方的名字，双方共同出资购买的按揭房屋，均应为夫妻共同财产。由于银行按揭贷款部分还存在银行垫付购房款后对借款方的债权，在分割时，既要保护个人婚前财产权益，又要公平地分割婚后双方共同还贷形成的夫妻共有财产权益，同时还不能损害作为债权人的银行的合法利益。分割时，应先听取双方意见，当事人协商不成时才由人民法院判决。司法实践中，只要还贷的时间在双方婚姻关系存续期间，即可认定为“用夫妻共同财产还贷”，不必审查还贷资金来源于夫妻哪一方的收入。分割此类房屋时，共同还贷期间房屋的增值应予补偿，具体方法是通过评估或者由当事人议价确定此类房屋的现值，然后结合房屋购买时的价格、首付款及其在购房全款中的比例、按揭贷款本息数额、共同还贷本息数额及其占全部房款本息的比例，计算出共同还贷部分对应的增值数额及补偿款的数额，可以夫妻共同还贷部分乘以不动产升值率后由双方平均分配。不动产升值率可通过离婚时不动产价格除以不动产成本获得，不动产成本可考虑购置时不动产价格、共同已还贷款利息以及其他合理必要费用，比如印花税、契税、营业税、评估费等，但不应包括公共维修基金、物业费。如果夫妻一方购置不动产后经过一段时间才结婚的，计算不动产成本时，应当以结婚时不动产价格作为计算依据。若在个案中计算所得补偿数额明显低于婚后还贷本息总额的一半时，还应当判令取得所有权的夫妻一方给予夫妻另一方合理的补偿。

特别说明：特殊情况下，可将此类房屋判归非产权登记一方所有，但将此类房屋判归另一方所有时，必须查明贷款偿还情况，将剩余还贷义务与房屋所有权判归同一方当事人。此类房屋如出现婚后贬值的情况时，人民法院可根据还贷金额、利息支付，结合贬值情况，对参与还贷一方予以适当补偿。

【规范指引】

《民法典婚姻家庭编解释（一）》第 78 条。

争点 19：他人“代持”的房产不应认定为夫妻共同财产

【案例】杨某与吴某确权纠纷案

杨某（女）与吴某（男）原是夫妻，名下共有案涉 08 号房产。2012 年 7

月 7 日，杨某与吴某为置换房产将该房出售，同月 15 日，吴某向案外人骆某购买 02 号房，并将讼争房屋登记至洪某（吴某母亲）名下，双方装修后居住使用。后夫妻感情日渐淡漠，双方离婚。2020 年 9 月，杨某诉至法院，主张 2012 年期间 08 号房置换 02 号房时委托吴某处理购房事宜，02 号房的购房款系 08 号房屋的售房款，银行按揭贷款也是以其夫妻共同财产支付，因吴某说因第二套房按揭额度比较少，为了获得更多按揭额度，才将 02 号房登记在吴某母亲即洪某名下挂名，02 号房屋实际权利人和控制人是夫妻双方，该房是夫妻共同财产，要求确认 02 号房属于杨某和吴某共同共有，并判令洪某协助将 02 号房过户登记至杨某和吴某名下。吴某、洪某均否认双方存在借名代持关系，并否认 02 号房的购房款来源于 08 号房屋出售的款项。人民法院经审理认为，02 号房现登记在洪某名下，该房属于洪某所有。杨某主张其与吴某是借用洪某的名义购买 02 号房，应对借名买房的事实承担举证证明责任。即使洪某与杨某、吴某之间确实存在借名买房的约定，该约定也仅仅具有债权的效力而不具有物权法上的效力，杨某要求确认讼争房屋属于其与吴某共同共有，缺乏法律依据。在杨某未能提供借名买房的书面协议或其他明确证据证实其主张的情况下，法院对杨某主张的借名买房的事实不予确认，判决驳回杨某的全部诉讼请求。

【分析】

现实生活中存在一些房产“代持”的现象，意图通过钻法律空子来规避房产调控监管政策，父母子女之间相互借用对方名义购房的现象较为常见，一旦婚姻出现危机，会成为争议的焦点。最高人民法院在（2020）最高法民再 328 号案件中，认定借名人与出名人为规避国家限购政策签订的《房产代持协议》因违背公序良俗而无效。同时指出，国务院出台限购政策的目的在于遏制房价的上涨趋势，打击炒房和投机性购房的行为。考虑到借名买房的现象层出不穷，违反该政策会导致居民住房问题得不到解决，金融泡沫风险增加，社会危害性强，最高人民法院认为国家限购政策涉及公序良俗具有相当的合理性。这种情形下，即使确实存在借名买房的约定，相关约定也仅仅具有债权的效力而不具有物权法上的效力，夫妻双方或一方均可主张依法享有债权。

特别说明：父母为子女购置不动产出资，事后以借贷为由主张返还，子女主张出资为赠与的，应当遵循“谁主张，谁举证”的原则，由父母承担出资为借贷的举证责任。父母不能就出资为借贷提供充分证据证明导致出资性质处于真伪不明状态时，应当由父母承担举证不能的责任。

【规范指引】

《民法典》第 1062 条、第 1063 条。

争点 20：夫妻对登记在一方父母名下的房改房进行的出资应作债权处理

【案例】张某与王某、王某甲分家析产纠纷案

张某、王某于 1992 年 12 月 26 日登记结婚，婚后生育两女，与王某父母共同居住。1999 年，王某父亲王某甲作为机械厂职工，通过房改房的形式取得该居住房屋的私有权，张某、王某为此出资 5 万元。1999 年 10 月 8 日，王某父亲与机械厂签订《房地产买卖契约》，并于同年 10 月 9 日办理房屋所有权证，房屋所有权人登记为王某父亲。2014 年 1 月 23 日，张某、王某登记离婚，离婚时未对该房屋进行处理。现张某诉请对该房产进行析产。人民法院审理后认为，诉争房屋登记在王某父亲王某甲名下，双方在该房改房过程中进行的出资是夫妻双方的共同债权，未支持张某分割房屋的诉请，经法律释明，双方达成一致，由王某甲向张某支付 20 万元。

【分析】

房改房是单位根据职工职务、年龄、工资等多种因素综合考虑后在房屋价值计算上给予职工的政策性优惠福利。夫妻双方共同出资购买以一方父母名义参加房改的房屋，在双方离婚时，对房屋如何处理，要准确把握两个适用条件：一是以一方父母名义参加房改。以一方父母名义参加房改，仅指以一方父或母、或者父母名义参加房改，而不包括离婚纠纷的夫妻。我国房改政策对于享有福利性质房改房资格的职工条件作了严格规定，房改房的出售对象为单位职工个人（单身）和家庭（以家庭成员同意购房为前提），且每个职工个人（单身）或家庭只能享受一次，且在考虑购买者（享受房改政策者）的职务、工龄、年龄等因素后以并不等于市场价格的价格出售给购房者。二是产权登记在一方父母名下。这是指一方父母已经取得房屋所有权证书。对于以一方父母名义参加房改，权属登记在夫妻双方名下的，可视为一方父母放弃对于房改房中因自己参加房改以职级、年龄、工龄等抵扣所享受的福利，对于夫妻双方的赠与，可作为夫妻共同财产进行分割。如果登记于夫或妻一

方名下，应视为对子女一方的赠与，该房改房应认定为夫妻一方的个人财产，而非夫妻共同财产。关于购房出资，可作为夫妻离婚时的债权处理。夫妻对于共同所有的财产有平等的处理权。夫妻在婚姻关系存续期间，为一方父母参加房改的出资，如没有特别约定，也不符合赠与的情形，应作为夫妻共同财产处理，在双方离婚时可作为债权处理。本案中的房屋登记在王某父亲名下，对王某与张某在房屋购买时的出资应按债权处理，应当按照房屋现有价值以补偿的形式给付张某现金，以实现社会效果和法律效果的统一。

特别说明:《民法典婚姻家庭编解释（一）》第 79 条规定的房改房处理原则，仅限于已取得房屋所有权的房屋。对于尚未取得产权证书的房改房，属于尚未取得所有权或者尚未取得完全所有权的房屋，离婚时双方有争议且协商不成的，人民法院不宜判决房屋所有权的归属，一方主张将出资的房改房作为夫妻共同财产进行分割的，人民法院应不予支持。

【规范指引】

《民法典婚姻家庭编解释（一）》第 79 条。

争点 21：夫妻一方婚前承租、婚后用共同财产购买的公租房，即使登记在一方名下，仍为夫妻共同财产

【案例】崔某某与姚某某离婚纠纷案

1985 年崔某某分得单位的一套公产房居住。1989 年 12 月 14 日，姚某某与崔某某依法登记结婚。双方均系再婚，婚后在上述房屋居住。1994 年、1998 年崔某某与所在单位签订协议，单位将该房屋按购房时的成本价出售给崔某某。后因夫妻关系恶化，双方均同意解除婚姻关系。崔某某称根据 1994 年 4 月 27 日优惠房屋合同书、1998 年 8 月 15 日公有房屋出售补充合同报告可以看出，房屋价款计算方式中只计算了崔某某个人的工龄，未计算姚某某的工龄。姚某某称，优惠房屋合同虽系崔某某个人与其单位签订，但购房款 11 260.51 元系用双方共同财产支付，且因崔某某已享受公有住房出售的政策，姚某某在工作期间未能参加单位的房屋改革。人民法院审理后认为，诉争公租房屋虽系崔某某婚前承租，但系双方婚后以共同财产购买，虽登记在崔某某名下，但应认定为夫妻共同财产。

【分析】

公有租赁房屋当事人只享有使用权或者承租权而没有所有权，该类房屋是特定历史条件下的产物。夫妻一方婚前承租或其父母承租、婚后用夫妻共同财产购买为产权，房屋登记在该方名下的，应认定为夫妻共同共有。在离婚分割该房屋时，应考虑房屋的来源因素，认定双方的贡献大小予以酌情分割。对夫妻一方婚前承租的房屋，尽管该房屋是所在单位出租给其个人居住，个人享有相应的福利性待遇，但终究尚未取得房屋所有权，且所谓“劳动所得收入”于本单位职工而言，除了日常工资外还应包括各类奖金、补贴、单位分发的实物等福利，故职工以优惠价购买的房改房，其单位补贴的差额部分，应视为共同财产的范畴。“按成本价或标准价购买公有住房，每个家庭只能享受一次”，故夫妻双方都有参加房改的权利，但却只能在一方单位购买房改房，另一方参加房改的权利体现在购房款的优惠上。因此，享有住房福利待遇的对象应是夫妻双方，而不是售房单位的职工一方，相应地，这种住房的产权也应属于夫妻共有。因此，只要该承租房屋是婚后用夫妻共同财产购买，就应属夫妻共同所有。夫妻一方以房屋权属登记证书记载的权利主体为其个人为由，主张该房屋为个人财产的，需举证证明该房屋是婚前个人财产，或者是以其个人财产购买，或者双方有明确约定属于其个人所有。本案中，未加入姚某某的工龄是由崔某某所在单位的内部政策造成的，且姚某某因崔某某参加了单位房改而未能参加本单位房改，因此诉争房屋应当作为双方婚姻存续期间的共同财产依法分割。

【规范指引】

《民法典婚姻家庭编解释（一）》第 27 条。

争点 22：一方对申请政策性住房有贡献的，有权向离婚后购买房屋的一方主张适当补偿

【案例】周某某与陈某某离婚纠纷案

周某某与陈某某于 2001 年 2 月 19 日登记结婚，于 2008 年 7 月 15 日协议离婚。2008 年 6 月 20 日，陈某某与周某某以家庭名义由陈某某作为申请人申请了北京市家庭购买限价商品住房。双方离婚后继续共同以夫妻名义办理相关申请手续。审核通过后，陈某某于 2009 年 12 月购买了某号限价商品

房屋，房屋登记在陈某某名下，陈某某交纳了房屋首付款并办理了贷款手续。周某某在办理房屋的相关手续时交纳了税费。陈某某表示该笔钱是向周某某的借款，现在尚未偿还。现该房屋由陈某某占有使用。周某某认为自己已不能再申请任何形式的保障性住房，且尽管离婚协议未写明该房屋，却是可以预见的申请的必然所得，故请求法院确认案涉房屋为夫妻共同财产，并判令被告陈某某予以现金补偿。陈某某认为案涉房屋是离婚后自己个人出资购买的房产，不属于夫妻共同财产，不同意补偿。人民法院审理后认为，根据当地政策规定，经审核符合条件的申请家庭只能购买 1 套限价商品住房，已购买限价商品住房家庭的成员不得再次享受其他形式的保障性住房。陈某某与周某某在夫妻关系存续期间以家庭为单位推举陈某某作为申请人申请限价商品房屋，故该房屋的取得与周某某有着不可分割的关系。在双方离婚后，陈某某交纳了房屋的首付款并自行偿还该房屋的贷款，且该房屋登记在陈某某的名下，周某某作为家庭成员对房屋的取得有贡献，且根据相关的政策规定，周某某不得再次享受其他形式的保障性住房，对周某某的利益产生一定的影响，且周某某亦支付了相关的税费。因此，陈某某应给付周某某相应的补偿。

【分析】

限价商品房在离婚分割时应当注意审查购房资格的取得时间与房屋购买时间来进行综合考量。具体情形有：一方婚前取得购房资格，并在婚前购置房屋的，应认定为一方婚前个人财产，离婚时不能作为夫妻共同财产进行分割。一方婚前取得购房资格，但在婚后购买房屋的，认定为一方的个人财产，若另一方确有出资，并主张返还出资及资金占有期间的利息，可予支持。双方婚后取得购房资格，并共同出资购置的，即使房屋登记在一方名下，仍属于夫妻共同财产。案例中，双方在夫妻关系存续期间以家庭为单位申请限价商品房屋，房屋的日后取得与双方存在必然的关系。虽然该房屋不能认定为夫妻共同财产，但一方作为曾经的家庭成员，对房屋的取得具有贡献。况且根据相关的政策规定，显然会对一方利益产生一定影响，应根据公平原则予以补偿。

【规范指引】

《民法典》第 1062 条、第 1063 条。

争点 23：未取得房屋产权证的自建房在夫妻离婚时不宜直接作为共同财产分割并确定归属

【案例】扈某某与贾某某离婚纠纷案

扈某某与贾某某于 1993 年登记结婚，双方婚后居住于扈某某享有宅基地使用权的自建房屋内。2010 年 5 月，双方未履行相关审批手续，拆除原有老房后，自建一处 340 平方米的二层楼房，该建筑物未能取得房屋产权证书。2011 年 11 月 17 日扈某某诉至法院，要求离婚并分割该二层楼房。人民法院审理后认为，该房未取得房屋产权证书，不宜直接分割，根据双方及房屋的实际情况，进行实物分割，由扈某某、贾某某分别使用。

【分析】

小产权房问题一直以来都广受关注，国家相关部门多次明令禁止该类房屋的建设、销售，但对之前所建小产权房的相关权利问题没有作出明确系统的规范。实践中主要存在以下两种不同的处理方式：一是一概不予处理，理由是该类房屋没有经过相关部门的审批，也没有在房屋管理机关备案，欠缺合法建造的手续，不能依法进行不动产物权登记，不符合相关规定，法院不宜直接进行处理；二是只处理使用权，理由是虽然该类房屋不能按照相关规定进行不动产物权登记并取得房屋产权证书，但这类房屋作为一种客观存在的财产形态，能够为权利人占有、使用、收益，在国家未明确取缔该类房屋的情况下，可以先就该类房屋的使用权进行处理。作为客观存在的财产形态，离婚财产分割时如果一概不予处理，不利于保护当事人权益，因此可如本案例中，对房屋的使用权在夫妻之间进行分割处理。离婚案件中如涉及违法建筑的，不宜在民事裁判中认定建筑物是否违法。在违法建筑合法化、当事人取得所有权之前，无论是分割违法建筑还是确认所有权或者使用权等，均没有法律依据，要防止通过民事裁判将违法建筑合法化，此类纠纷一般不予处理。当事人主张对违法建筑的建筑材料进行分割的，亦不予支持。违法建筑的既得利益，如租赁收入，属于婚姻关系存续期间的财产性收益，应当作为夫妻共同财产分割，但尚未取得的收益因不具有确定性，不应进行处理。

特别说明：夫妻一方在婚前以其个人名义购买的按揭房屋（支付首付款），婚后双方共同支付按揭款，到离婚诉讼时因没有缴清全部购房款尚未取得所有权证，对按揭房屋的权属有争议但能协商好的，可按双方的协议处理房屋权属；若协商不成的，法院可按照照顾子女及女方利益的原则，判决按揭房屋归一方使用。待房屋产权证发放后，再行处理。

【规范指引】

《民法典婚姻家庭编解释（一）》第 77 条。

争点 24：夫妻双方均主张房屋产权的，可竞价确定归属

【案例】吴某与王某离婚纠纷案

吴某、王某系夫妻，于 2013 年购买争议房屋，登记为共同共有。2020 年 7 月，吴某向法院起诉请求判令双方当事人离婚并依法分割争议房屋。一审中，双方均主张房屋所有权，同意竞价。一审法院未组织竞价，根据吴某提供的评估报告，径行判令双方在一定的期限内变卖或者拍卖系争房屋，变卖、拍卖后取得的价款由吴某、王某对半分配。二审法院认为，一审法院在未征求双方当事人意愿的情况下，即判令将房屋拍卖、变卖，再分割价款，实属不妥。鉴于二审审理中，双方当事人均表示同意共同出售房屋后对半分割售房款，对此合意依法予以确认后，二审法院对该案予以改判。

【分析】

离婚案件中夫妻双方对共有房屋的价值及归属无法达成协议时，应按照以下情形分别处理：（1）夫妻双方均主张房屋所有权的，可采取竞价取得的方式，由出价高者取得房屋所有权，支付另一方房屋折价款。该种分割方式应以双方同意且不存在一方有应当照顾的其他情形为前提。在不存在特殊情形、由法院判决房屋产权归属时，一般应将房屋产权判归所占产权份额较大的一方所有为宜。（2）夫妻双方均不主张房屋所有权的，可采取变价分割的方式，将房屋处分变现，双方再对变现取得的价款进行分割。变现可由当事人协商自行出售变现，也可申请由法院判定拍卖变现，但均应当征得双方当事人同意。一审法院在未征求双方当事人意愿的情况下，即判令将房屋拍卖、变卖，再分割价款，违反了法律规定。二审法院在审理中征求了双方当事人的意见，在双方均同意共同出售房屋后对半分割售房款的情况下，对分割方式予以改判。（3）夫妻一方主张房屋所有权、另一方表示放弃的，则由该主张一方取得房屋所有权，对另一方进行作价补偿。房屋价值的确定，可由共有人协商确定，也可由评估机构作出估价，或参考相似房屋的市场价格。

特别说明：分割是指对共有财产的区分，也就是将共有的财产通过分割变为各自所有，确认份额属于共有性质的变化，变化后仍是共有房产，不属于分割，通常难以实现当事人的诉讼目的，双方的实质纠纷仍未解决。即使夫妻双方只有一套性质为夫妻共同财产的房屋居住，又均无能力补偿对方的情况下，仍不宜判决当事人离婚后对夫妻共有的房屋产权按份共有，仍应进行实物分割。

【规范指引】

《民法典婚姻家庭编解释（一）》第76条。

六、夫妻共同财产性权益分割的裁判规则

随着经济社会的快速发展和所有制形式的多元化，各类新型财产形式不断出现。公民个人财产或夫妻共同财产不再局限于传统类型的工资、奖金、劳务报酬、生产、经营收益等财物，股权、保单、店铺经营权、知识产权等兼具人身权及财产权属性的权益也在共同财产分割的范围内。因此类财产同时涉及婚姻家庭关系及公司治理等多种因素，故在处理时较为复杂。审理此类纠纷要着重审查夫妻之间关于夫妻共同财产有无特别约定、财产性权益的取得时间，以及是否具有人身专属性或依附性。

争点25：离婚案件中涉及的知识产权利益的分割处理

【案例】邱某诉程某商标权权属纠纷案[①]

邱某与程某于2008年登记结婚，2016年11月28日经法院判决解除婚姻关系。法院生效判决确认邱某为“某某米线”注册商标共有人。程某自2015年3月10日起许可多家加盟商使用“某某米线”商标进行经营。现邱某起诉要求程某赔偿未经邱某许可使用该商标进行经营活动的侵权收益。法院经审理认为，已生效的民事判决确认邱某为“某某米线”注册商标共有人。在商标权共有的情况下，其权利的行使应由共有人协商一致，不能协商一致，又无正当理由的，任何一方共有人不得阻止其他共有人以普通许可的方式许可他人使用该商标。因程某与邱某之间并未约定商标权的行使规则，故程某单

---

① 参见河南省高级人民法院（2020）豫知民终243号民事判决书。

独以普通许可方式许可他人使用“某某米线”商标不构成侵权，邱某请求程某进行赔偿于法无据。虽然程某单独以普通许可方式许可他人使用“某某米线”商标并未对邱某构成侵权，但对于邱某与程某婚姻关系存续期间，基于该商标取得的收益，（2018）豫民终 383 号民事判决中，已酌定程某补偿邱某 30 000 元，这其中就包括程某许可他人加盟经营某某米线店取得的收益。邱某与程某离婚之后，未再参与“某某米线”商标相关的经营活动，程某许可他人使用“某某米线”商标对邱某的利益并未产生实质性影响，故邱某无权主张离婚后因“某某米线”商标产生的收益。

【分析】

知识产权是一种智力成果，具有很强的人身依附性，与人身密不可分。智力成果只有转化为具体的有形财产即财产性收益后才能作为夫妻共同财产予以分割。判断一方享有的知识产权收益是否属于夫妻共同财产，应以知识产权的财产性收益实际取得或确定取得的时间是否在婚姻关系存续区间为判断标准，而不应以知识产权权利本身取得的时间为判断依据。如果在婚姻关系存续期间，一方所取得的知识产权已经明确能够产生财产性收益，那么无论收益的实际取得是在婚姻关系存续期间还是在离婚后，该收益均为夫妻共同财产。如果离婚时知识产权尚未取得或确定取得经济利益，则仅属于创作知识产权夫妻一方的精神财富，离婚时应归一方所有，而不宜作为夫妻共同财产进行分割。但是考虑到创作过程发生在婚姻关系存续期间，而一方从事创作，另一方会承担更多的家庭事务或家庭开支，其知识产权的获得离不开配偶一方的支持和帮助，故根据公平原则，兼顾双方利益，知识产权权利人应当对夫妻另一方进行合理补偿。

【规范指引】

《民法典》第 123 条；《著作权法》第 14 条。

争点 26：夫妻关系存续期间购买的保单在离婚时的分割处理

【案例】徐某诉张某离婚后财产纠纷案[①]

徐某与张某于 2008 年 7 月 8 日登记结婚。2014 年 5 月 8 日，张某在保险

---

① 参见北京市西城区人民法院（2022）京 0102 民初 8492 号民事判决书。

公司投保了一份人身保险，主险为“某两全保险（分红型）”，附加险为“重疾豁免 × ×”。诉争保险合同现金价值表中载明第 1 至 4 年保单年度末的现金价值分别为 12 600 元、32 445 元、52 990 元、77 210 元。2017 年 1 月 19 日，徐某与张某协议离婚，双方在离婚协议中未明确约定如何处理诉争保险合同的相关权益。2019 年 3 月 14 日，张某将上述保险退保，领取退保金共计 103 690.37 元。后徐某诉至法院，要求将张某退保后获得的款项作为夫妻共同财产进行分割。法院经审理认为，离婚后一方以尚有夫妻共同财产未处理为由向人民法院起诉请求分割的，经审查该财产确属离婚时未涉及的夫妻共同财产，人民法院应予分割。诉争保险共交纳了 4 年保费，前 2 年的保费交纳于双方夫妻关系存续期间，系使用双方夫妻共同财产交纳，后 2 年的保费离婚后由张某自行交纳，因此保单前 2 年的现金价值 32 445 元属于夫妻共同财产，应当由二人平均予以分割，保单后 2 年的现金价值不属于夫妻共同财产，徐某无权要求分割。据此，法院判决张某支付徐某退保金 16 222.50 元。

【分析】

随着经济社会的发展，许多家庭越来越重视家庭保险的保障与传承功能，保单资产日益成为家庭资产的重要组成部分。作为新型资产，保单所涉及的现金价值与保险金作为财产性权益，也可以成为夫妻共同财产予以分割。如果婚姻关系存续期间，夫妻一方以夫妻共同财产为自己投保具有储蓄性的人身保险，所交保险费属于夫妻共同财产，离婚时如果该保险合同尚未届满，其保险单现金价值作为夫妻共同财产应在离婚时予以分割，但双方另有约定除外。具体分割方式根据投保人是否愿意继续投保而有所不同。如果投保的夫妻一方不愿意继续投保的，可以根据《保险法》相关规定，向保险公司主张解除保险合同，退还保险单的现金价值，退还的保险单现金价值部分应按照夫妻共同财产予以分割。如果投保的夫妻一方愿意继续投保，由于保险合同尚未解除，不能现实得到保险公司退回的保险单现金价值，但该保险单现金价值作为夫妻共同财产在离婚时是可以确定的，故应由投保人支付保险单现金价值的一半给另一方。

对于意外伤害保险合同和健康保险合同，因所获赔偿金具有人身属性，应认定为夫妻一方的个人财产。但对于赔偿项目中的误工津贴保险金，因系针对夫妻一方因受伤害耽误工作导致收入减少进行的补偿，一般不具有人身性，应参照工资、奖金等作为夫妻共同财产处理。

对于人寿保险合同，夫妻一方在婚姻关系存续期间作为受益人依据以死亡为给付条件的人寿保险合同，因受益人大多与被保险人存在血缘、亲缘等某种特殊情感联系，受益人因此获得的死亡保险金也是基于其与被保险人或投保人的某种人身关系，具有特定给付的性质，应认定为夫妻一方的个人财产。

特别说明：婚姻关系存续期间，夫妻一方或双方为未成年子女购买的人身保险，应视为双方对未成年子女的赠与，保险的最终利益归属于未成年子女，不再作为双方夫妻共同财产分割。

【规范指引】

《第八次全国法院民商事审判工作会议（民事部分）纪要》第4条、第5条。

争点27：婚姻关系存续期间以一方名义在有限责任公司出资持有的股权在离婚时的分割处理

【案例】张某诉王某离婚后财产纠纷案①

王某与张某于1986年12月23日登记结婚。1996年1月18日，某公司登记设立，企业类型为有限责任公司，注册资本50万元，股东为杨某、王某，出资额分别为1万元、49万元。1996年6月19日，杨某的股份1万元及王某的部分股份9万元转让给张某，张某作为股东并加入股东会。1998年8月3日，王某与张某协议离婚，离婚协议书中未载明某公司股权分割情况。此后该公司股权及注册资本又经过数次变更。现张某要求王某给付某公司股权补偿款200万元。法院经审理认为，某公司系在王某、张某婚姻关系存续期间设立，离婚前公司股东为王某、张某，公司经营所产生的股东收益均属于夫妻共同财产。王某、张某在离婚时明知双方均享有某公司股权但未对股权进行分割，视为其二人一致同意共同持有公司股权。张某在离婚后未参与公司经营，由王某实际经营，考虑到经营公司活动具有风险性，故张某的行为意味着其愿意承担相应经营风险。张某要求分割某公司股权，应结合股权在共有期间的价值变化来确定。某公司在两人离婚后的注册资本、股东、各股东持有股权比例发生数次变化，根据现有证据，王某、张某共同持有的股

---

① 参见北京市第三中级人民法院（2019）京03民终15473号民事判决书。

权未有收益，张某亦未提交充分证据证明离婚时某公司股权价值 400 万元，故法院参考股权变动情况，确定王某给付张某股权补偿款 25 万元。

【分析】

婚姻关系存续期间，夫妻一方或双方以夫妻共同财产出资或通过其他方式取得的以一方名义在有限责任公司持有的股权，如夫妻之间无特殊约定，对应的公司股权应属于夫妻共同财产，在离婚时可以依法对出资所取得的股权通过适当的形式予以分割。

因股权兼具人身权及财产权的属性，对股权进行分割，不仅涉及夫妻双方的利益，还可能导致公司股权变化，进而影响公司的人合性基础，故法院对股权分割应持谨慎态度。如果夫妻一方放弃成为公司股东，仅要求对股权价值进行分割，则法院的审查重点在于如何确定股权价值，双方可以通过协商一致或竞价等方式确定，如协商不成但均同意进行价值评估，则可委托有资质的评估鉴定机构进行鉴定以确定股权价值；如夫妻双方无法就股权价值形成一致意见，亦不具备鉴定条件导致无法对股权价值进行评估，法院亦可综合考虑非持股方主张的股权价值或出资金额、公司经营状况、财务信息等因素予以认定。

如果夫妻一方即非股东一方直接要求分割股权份额，登记成为公司股东，需要以双方协商一致为前提，且本质上是公司股权对外转让，根据《公司法》相关规定，应区分以下情形。当夫或妻一方享有公司 100% 股权，由于一人公司缺乏人合性，一人有限公司股权分割无须经其他股东同意，可以由夫或妻中的一方或者双方持有股权，如一方持有股权的，须由持股一方支付非股东一方财产折价款。当夫或妻一方为公司股东且有夫妻以外的其他股东存在，非股东一方要求取得股权，需将股权转让的数量、价格、支付方式和期限等事项书面通知其他股东，如果其他股东明确放弃优先购买权的，则可以转让公司股权至另一方名下；如果其他股东虽未明确放弃优先购买权，但自接到书面通知之日起 30 日内未答复的，则视为放弃优先购买权，另一方亦可获得公司股权。

如果非股东一方要求取得公司股权，但另一方不同意，即夫妻双方无法就股权分割达成一致意见，为了保证公司的人合性，实践中倾向于优先寻求折价补偿的方式予以解决。

特别说明：（1）由于夫妻共同财产出资后，出资额转化为公司独立的资产，故不能直接要求分割公司注册资金或者约定由公司代替取得股权的一方向转让股权或未取得股权一方支付对价。

（2）对于仅有夫妻双方作为股东设立的有限责任公司，公司的工商登记中载明的夫妻投资比例并不能绝对等同于夫妻之间的财产约定，如果有证据证明工商登记所载明的事项只是设立公司时形式上的需要，则应按夫妻双方真实的意思表示去处理。

【规范指引】

《民法典婚姻家庭编解释（一）》第72条、第73条；《公司法》第84条。

争点28：夫妻共同经营的淘宝店铺在离婚时的分割处理

【案例】王某诉徐某离婚纠纷案[①]

王某与徐某于2008年8月28日登记结婚，后因产生矛盾，自2014年10月分居生活。王某与徐某于2009年9月注册登记“某某屋”淘宝店铺，该店铺登记于徐某名下，主要经营儿童食品及用品，货源主要由王某的姐姐在日本采购后寄回国内。2010年3月，王某辞去原工作，之后网店的经营主要由王某负责，用于经营的农行借记卡亦存放在王某处。2014年10月，徐某关闭网店。另注册在王某母亲名下的“某某袋”网店，主营为化妆品，由王某帮忙经营。庭审中，双方认可淘宝店铺的无形价值为2万元，但均要求取得店铺经营权。法院经审理认为，对于“某某屋”淘宝网店，双方都要求由自己继续经营，因网店登记在徐某名下，考虑到经营的连贯性、稳定性，发挥网店的最大效能并结合王某参与经营他人网店等情况，法院确定王某与徐某离婚后该店铺由徐某继续经营，现在王某处的婴幼儿用品归徐某所有，同时判决徐某支付王某财产折价款10 000元。

【分析】

根据网站运营商和网站实际使用人的不同关系，网络店铺可分为独立网店和非独立网店。独立网店本身就是完全独立的网站，商家对网络店铺拥有自主权。非独立网店的网络交易平台和网络店铺的实际经营者相分离。因淘宝店铺属于C2C模式下自然人于第三方网络交易平台中以非独立域名的形式存在并经营的网络店铺，故属于非独立网店，经营者对网店不具有完全的所

① 参见上海市闵行区人民法院（2014）闵民一（民）初字第18439号民事判决书。

有权。

关于淘宝网店的财产性质问题，虽然淘宝网店是存在于网络空间的虚拟经营场所，但淘宝网店在设立及经营环节均凝结着经营者的大量劳动，且淘宝店铺存在大量银行交易流水，有较为稳定的客户源及收入，具有一定价值，其价值亦可以用金钱衡量和表示，故淘宝网店本质上属于财产的范畴。但由于淘宝网店依附于网络环境而存在，由数字化的程序生成，以电磁记录的形式存在于特定网络服务器上，具有虚拟性特征，因此淘宝网店属于虚拟财产。

淘宝网店的财产主要包含网店支付宝账户中的资金以及网店的客户资源和信用评价。根据《民法典》第 1062 条的规定，夫妻在婚姻关系存续期间所得的生产、经营、投资收益为夫妻共同财产。故对于夫妻关系存续期间，由夫妻双方共同设立、经营的淘宝店铺及其收益均属于夫妻共同财产，在离婚时可以予以分割。虽然淘宝网为确保网店信誉度和好评率始终和网店的经营联系在一起，规定淘宝网店必须实名经营，不可进行买卖、出租、赠与等行为。但对于由夫妻共同开办经营的淘宝网店进行分割处理实质是属于夫妻共有财产的分割，并不属于淘宝网店的转让，因此要与普通淘宝网店的转让区别开来。

因淘宝网店系通过与网络服务商签订服务协议而获得的二级域名，自其创设到后续经营均受到网络运营商的监督管理，故在离婚分割该夫妻共同财产时，亦不得违反平台交易规则。在此前提下，双方可协商确定其价值及分配方法；协商不成的，法院应在实现最大经营利益、吸收所在平台规则基础上，综合考虑店铺登记主体、经营连贯性、稳定性，发挥网店的最大效能、参与经营情况等因素，对淘宝店铺予以科学分割，以确定夫妻双方离婚后淘宝店铺继续经营的主体，对于未获得经营权的一方应进行折价补偿。

【规范指引】

《民法典》第 127 条、第 1062 条。

争点29：离婚时如夫妻一方或双方尚未退休，不符合领取养老保险金的条件，但可以分割以夫妻共同财产缴付的养老保险费用

【案例】季某诉陈某离婚纠纷案[①]

季某与陈某于1998年4月2日登记结婚，婚后生育一子一女。截至2017年9月，季某名下城镇职工养老保险金账户中个人缴纳金额为101 736.4元，单位缴纳金额为251 768.43元，陈某名下的企业职工基本养老保险账户缴费总额为53 143.68元。婚后双方因家庭琐事产生矛盾，致夫妻感情不睦，故季某诉至法院，要求与陈某离婚，并要求分割夫妻共同财产。法院经审理认为，根据相关法律规定，离婚时夫妻一方尚未退休、不符合领取养老保险金条件，另一方请求按照夫妻共同财产分割养老保险金的，人民法院不予支持；婚后以夫妻共同财产缴付养老保险费，离婚时一方主张将养老金账户中婚姻关系存续期间个人实际缴付部分作为夫妻共同财产分割的，人民法院应予支持。因原、被告双方均未能提供证据证明自己并非以夫妻共同财产缴付养老保险费，故依法应当认定季某养老保险金账户中个人缴付部分101 736.4元、陈某的养老保险金账户总额53 143.68元均属夫妻共同财产。因离婚并非提取养老保险金的法定理由，无法对各自账户中的养老保险金进行实物分割，故双方均应按各自账户金额补偿对方50%。

【分析】

关于养老保险金的分割处理，《民法典婚姻家庭编解释（一）》第25条规定，男女双方实际取得或者应当取得的基本养老金、破产安置补偿费属于《民法典》第1062条第1款规定的“其他应当归共同所有的财产”。同时，该解释第80条规定，离婚时夫妻一方尚未退休、不符合领取基本养老金条件，另一方请求按照夫妻共同财产分割基本养老金的，人民法院不予支持；婚后以夫妻共同财产缴纳基本养老保险费，离婚时一方主张将养老金账户中婚姻关系存续期间个人实际缴纳部分及利息作为夫妻共同财产分割的，人民法院应予支持。因此，可以作为夫妻共同财产的基本养老金只有两种情况，一是已经实际取得的养老保险金，相当于已经获得的收入；二是应当取得的基本养老金，主要是指当事人已经退休，具有享受养老保险金的基本条件，但由

---

① 参见江苏省扬州市江都区人民法院（2017）苏1012民初1947号民事判决书。

于某种原因尚未将养老保险金领取到手的情形，如已经退休并办理相关手续，养老保险金处于待发放状态，此种情形下与实际取得养老保险金并无太大区别，领取只是时间问题，具体数额已经明确无争议，因此完全可以作为夫妻共同财产予以分割。但对于夫妻一方或双方尚未退休，保险费的逐月累加尚处于变化之中，将来实际能领取的基本养老金数额具有不可预测性和不确定性，无法进行实物分割操作，故此种情形下个人账户中的基本养老金不属于“应当取得”的情形。

但通常情形下，职工个人账户缴纳的养老保险费系从其个人工资中扣除，因此，养老保险费具有工资属性，也是夫妻离婚时应当取得的基本养老金既存、现有利益，应当纳入夫妻共同财产范围。且养老保险金是由社会保险机构进行统筹和统一管理，个人养老保险金账户下的养老保险费数额在特定时间段是确定的，这为法院处理养老保险金提供了可行性。因此，离婚时可以对养老保险金个人账户中现有的已缴纳费用及利息进行分割和处理。

离婚时，对养老保险金的处理主要存在以下两种情形：一是双方已经领取养老保险金的，可按平等原则进行处理，由领取养老金多的一方按月给付领取养老金少的一方差额，考虑到执行成本问题，亦可协商双方一次性结清。二是夫妻一方或双方尚未达到退休年龄，不符合领取养老保险金条件的，可以就婚姻关系存续期间各自养老保险账户中个人缴纳部分金额及利息进行分割，由数额多的一方补贴较少的一方。

特别说明：在养老保险理解中要注意区分“养老保险费”和“基本养老金”的概念。养老保险费通常是职工在退休前由单位从职工工资中扣缴或者统筹，这种扣缴和统筹的资金就构成了职工个人账户下的养老保险费，是职工在退休前的产物；基本养老金是职工在退休后领取的工资。同时，职工在退休前缴纳养老保险费是其在退休后获得基本养老金的直接依据。

【规范指引】

《民法典》第1062条第1款；《民法典婚姻家庭编解释（一）》第25条、第80条。

争点 30：一方婚前购买的股票，如在婚后进行过操作或管理，其增值部分应属于夫妻共同财产，另一方有权请求予以分割

【案例】王某与詹某离婚后财产纠纷案①

王某与詹某原系夫妻关系，后于 2019 年 11 月 20 日经法院判决离婚。审理中查明，詹某开设在中国银河证券的股票账户所持股票折价款为 86 694.9 元，詹某主张该账户的股票系替父母代持。法院经审理认为，詹某提交的银行流水及股票账户明细对账单仅能证明其婚前所持股票的购买款项来源于其父母账户，即严某于 2010 年 5 月 10 日交付给詹某的 190 000 元，但现有证据尚不足以证明该款项的性质，结合詹某对股票账户款项的支配程度及支配时间，其关于替父母理财的说法缺乏有力支撑。另外，在詹某与王某婚姻关系存续期间，该股票账户资金一直在变动，亦存在较大数额的款项进出，故认定结婚时该股票账户中的款项系詹某婚前个人财产，该股票账户在婚后取得的收益为夫妻共同财产。基于货币资金的流动性及种类物特性，詹某婚前投入股票账户的款项已与婚后取得的收益混同，故按照詹某婚前投入与婚后收益的相应比例，酌情按詹某 80%、王某 20% 的比例进行分配。

【分析】

《民法典婚姻家庭编解释（一）》第 26 条明确规定，夫妻一方个人财产在婚后产生的收益，除孳息和自然增值外，应认定为夫妻共同财产。自然增值是指该增值的发生是因通货膨胀或市场行情变化导致，与夫妻一方或双方是否为该财产投入物质、劳动、投资、管理等无关，如夫妻一方婚前所有的房屋、古董、字画等，在婚姻关系存续期间因市场价格上涨而产生的增值。具体到股票而言，对于夫妻一方在婚前购买的股票，如果该股票账户未进行过任何操作，股票的增值完全属于市场行情变化导致，则为一方的婚前个人财产，另一方无权主张分割。如果该股票账户在婚后进行过操作与管理，比如进行过多次买进与卖出，则该股票账户的增值应视为一种投资行为。因该增值收益的产生往往需要夫妻一方投入大量的时间与精力，其收益取决于炒股人的管理，这也需要夫妻另一方在家务劳动、子女抚养等方面承担更多的负担。如果将该收益简单理解为自然增值明显有失公允，且损害了夫妻另一方的权益，故

① 参见浙江省青田县人民法院（2020）浙 1121 民初 869 号民事判决书。

对于此种情形，应将股票的收益理解为投资经营的收益，对于该增值部分应认定为夫妻共同财产，另一方有权请求分割该股票增值部分。

特别说明：如果夫妻一方婚前购买股票，婚后又向该股票账户注入资金，无法查明个人财产与共同财产的投资比例，则推定混同投资的所有增值均为夫妻共同财产。

【规范指引】

《民法典》第1063条;《民法典婚姻家庭编解释（一）》第26条、第31条。

七、夫妻共同债务清偿的裁判规则

《民法典》第1064条明确规定了夫妻共同债务的认定标准和裁判规则，确定了夫妻共同债务“共债共签”的基本原则，同时明确为家庭日常生活需要所负债务为夫妻共同债务。此外，对于夫妻一方在婚姻关系存续期间以个人名义所负的其他债务，除非债权人能够证明用于夫妻共同生活、共同生产经营或者基于双方共同意思表示，否则不属于夫妻共同债务。在司法实践中，夫妻共同债务的认定和清偿一直是难点问题，要确认婚姻关系存续期间的债务属于夫妻共同债务还是夫妻个人债务，主要从夫妻有无共同举债的合意、是否分享了该债务所带来的利益两方面综合考虑。

争点31：夫妻共同债务的认定标准

【案例】王某与杨某、姜某民间借贷纠纷案①

杨某、姜某系夫妻关系。2021年10月3日，杨某因资金周转需要向王某借款3万元，王某按照杨某的要求将3万元汇入姜某银行卡账户。2021年10月17日，姜某以银行转账方式偿还王某借款1万元，余款2万元至今未还。后王某起诉至法院，要求杨某、姜某偿还借款2万元。法院经审理认为，双方当事人之间虽未签订书面借款凭证，但出借人王某提供微信聊天记录、银行转账交易清单等证据，证明杨某因生意需要作出了向其借款的意思表示，在借款资金流转过程中的收款和偿还借款时均使用姜某的银行卡，杨某与姜

① 参见辽宁省鞍山市中级人民法院（2023）辽03民终1354号民事判决书。

某系夫妻关系，但姜某称其对此并不知情，只是代为收取款项。根据《民法典》第1064条的规定，本案借款数额不大，杨某借款时的用途为生意周转，而姜某也自认其与丈夫杨某共同经营大棚。可见，案涉借款用于夫妻共同生活、共同生产经营需要，故案涉借款应属于夫妻共同债务。

【分析】

夫妻共同债务是指夫妻关系存续期间，夫妻双方为家庭共同生产生活或者为履行法定义务所负的债务，夫妻双方作为债务主体，由夫妻共同财产进行清偿。

夫妻共同债务的认定是夫妻债务制度的核心内容，事关夫妻双方及债权人合法权益的保护，也影响婚姻家庭关系的稳定及市场交易的安全，故对夫妻共同债务的认定应当持以谨慎态度。根据《民法典》第1064条的规定，夫妻双方共同签名或者夫妻一方事后追认等共同意思表示所负的债务，以及夫妻一方在婚姻关系存续期间以个人名义为家庭日常生活需要所负的债务，属于夫妻共同债务。夫妻一方在婚姻关系存续期间以个人名义超出家庭日常生活需要所负的债务，不属于夫妻共同债务；但是，债权人能够证明该债务用于夫妻共同生活、共同生产经营或者基于夫妻双方共同意思表示的除外。根据该条法律规定，可以确认夫妻共同债务的认定标准，主要分为三个层次：（1）是否基于夫妻共同意思表示；（2）是否为家庭日常生活所需；（3）超出家庭日常生活需要，但债权人能够证明该债务用于夫妻共同生活、共同生产经营或基于夫妻共同意思表示。

（1）是否基于夫妻共同意思表示。根据该条规定，基于夫妻共同意思表示所负的债务属于夫妻共同债务，其表现形式主要为夫妻双方事前共同签名或者夫妻一方事后追认，即所谓的“共债共签”“共签共债”，除此之外，共同作出口头承诺、共同作出某种行为等也是夫妻共同意思表示的表现形式。对于夫妻双方共同意思表示所负的债务，无论是否用于夫妻共同生活，均应认定为夫妻共同债务，这也符合民法意思自治原则和合同相对性原理。同时该规定意在引导债权人在债务形成时加强风险防范，尽可能要求债务人夫妻共同签名，以避免事后因无法举证证明债务属于夫妻共同债务而遭受不必要的财产损失。另外，可以有效保障夫妻一方在重大财产利益处分时的知情权和同意权，从源头上杜绝夫妻一方“被负债”现象发生，最大限度减少矛盾纠纷。当然，对于事后追认的形式可以灵活多样，并不限于书面合同，实践中电话录音、微信、短信、电子邮件等能够承载相关内容的通信方式都可以作为事后追认的具体形式予以参考。

（2）是否为家庭日常生活所需。根据该条规定，夫妻一方在婚姻关系存续期间以个人名义为家庭日常生活需要所负的债务，属于夫妻共同债务。该规定的理论基础是夫妻相互具有的家事代理权，也是认定夫妻因日常家庭生活所负债务性质的依据。夫妻日常家事代理权，是指夫妻一方因家庭日常生活所需而与第三方为一定民事法律行为时互为代理的权利。在家事代理范围内，夫妻一方与第三人实施的民事法律行为视为依夫妻双方意思表示所为的行为，对另一方产生法律效力，由双方共同承担法律后果。从内容上看，此类债务是指因维持家庭日常生活需要所产生的债务，包括日常生活性开支、履行法定义务而负债，具体而言包括正常的衣食住行消费、购买生活用品、抚养子女、赡养老人、人情往来、医疗开支、文化消费等，均为与家庭生活息息相关的事务。对于此类债务，无论夫妻双方是共同财产制还是分别财产制，夫妻双方均应对外承担共同偿还责任。

（3）超出家庭日常生活需要，但债权人能够证明该债务用于夫妻共同生活、共同生产经营或基于夫妻共同意思表示。根据《民法典》第 1064 条第 2 款的规定，即使夫妻一方以个人名义所负债务超出家庭日常生活所需，但只要债权人能够证明债务用于夫妻共同生活、共同生产经营或基于夫妻双方共同意思表示，则可以认定该债务属于夫妻共同债务。此种情形下，将举证责任科以债权人，可以促使债权人在债权债务成立时即持以谨慎的态度，加强审查义务，完善借贷手续，通过事前防范减少事后矛盾纠纷，切实保障自身合法权益。需要注意的是，要认定此类债务是否用于夫妻共同生活，实质是看该债务是否惠及另一方，如支出系夫妻双方共同消费支配，或用于形成夫妻共同财产，性质上均应属于夫妻共同生活的范围；要判断经营活动是否属于夫妻共同生产经营，则要根据经营活动的性质以及夫妻双方在其中的地位、作用等综合认定。

【规范指引】

《民法典》第 1064 条。

争点 32：夫妻一方婚前所负债务，但用于婚后夫妻共同生活的，应认定为夫妻共同债务

【案例】张某甲、徐某诉张某乙、李某民间借贷纠纷案[①]

张某甲、徐某系夫妻关系，系张某乙的父母。张某乙、李某于 2004 年 11 月 14 日登记结婚，2016 年 7 月 4 日登记离婚。张某乙于婚前向张某甲、徐某借款 16 万元，用于购买位于西安市的房屋，并向张某甲出具借条。2005 年 11 月 20 日，张某乙向张某甲、徐某出具借条，载明“今借到装修费（父母钱）人民币叁万伍仟元整，将从即日起 10 年内还清”。2016 年 6 月 20 日，张某乙、李某签订离婚协议书，确认夫妻共同所有的位于西安市的房屋归李某所有。后张某甲、徐某诉至法院，要求张某乙、李某共同偿还借款 195 000 元及利息。法院经审理认为，张某乙于婚前向张某甲、徐某借款 160 000 元，实际用于购买西安市的房屋。该笔借款虽为张某乙的婚前个人债务，但借款用途为购置房屋，而张某乙、李某婚后长期在该房屋中共同居住，且张某乙、李某离婚时协议将该房屋归李某所有，可以认定该 160 000 元借款用于张某乙、李某婚后家庭共同生活，故张某乙、李某对该笔借款应依法共同偿还。

【分析】

夫妻共同债务原则上是夫妻关系存续期间产生的债务，而婚姻关系成立以婚姻登记为准。一般情形下，一方婚前所负债务应为个人债务，但在特定情形下，婚前个人债务可以转化为夫妻共同债务。根据《民法典婚姻家庭编解释（一）》第 33 条的规定，债权人就一方婚前所负个人债务向债务人的配偶主张权利的，人民法院不予支持。但债权人能够证明所负债务用于婚后家庭共同生活的除外。因此，债权人能够证明一方婚前所负个人债务用于婚后家庭共同生活的，用于共同生活的部分可以认定为夫妻共同债务，由夫妻双方共同偿还。但判断一方婚前债务是否用于婚后共同生活，应当综合考虑债务人举债目的、所借款项实际用途以及婚后共同生活的需要等多种因素予以认定。同时应注意，不能将一方的全部债务转移给债务人的配偶，加重夫妻双方中另一方的责任。只要一方婚前债务与夫妻婚后共同生活无关，就不能

---

① 参见陕西省高级人民法院（2019）陕民申 221 号民事判决书。

要求债务人的配偶对该债务承担清偿责任。司法实践中，婚前个人债务转化为婚后共同债务的情形主要有三类：一是一方婚前借款买房，婚后由夫妻双方共同居住或共同使用；二是一方婚前为筹备结婚事宜举债购置大宗财物，婚后为夫妻双方共同生活使用；三是婚前借款装修房屋，该房屋由夫妻双方婚后共同居住或共同使用。但对于夫妻一方婚前个人债务用于共同生活的事实，应由债权人承担举证证明责任。

特别说明：在夫妻登记结婚前为筹备婚礼所负债务，不同于家庭生活开支，一般不应认定为用于婚后家庭共同生活，除非双方共同协商确认且愿意共同负担，否则不宜作为共同债务处理。

【规范指引】

《民法典》第1049条、第1064条；《民法典婚姻家庭编解释（一）》第33条。

争点33：夫妻一方在婚姻关系存续期间以个人名义借款，但用于家庭投资经营的，应认定为夫妻共同债务

【案例】杨某诉丁某、李某民间借贷纠纷案①

丁某与刘某甲原系夫妻关系，于2016年7月4日经法院调解离婚。李某与刘某乙原系夫妻关系，于2016年6月8日协议离婚。2015年，杨某曾以民间借贷纠纷为由将刘某甲、刘某乙、周某诉至法院，后法院判决刘某甲、刘某乙、周某连带偿还杨某借款本金120万元及利息。该案判决书载明：2014年8月20日，杨某与周某、刘某甲、刘某乙3人订立借条，约定周某、刘某甲、刘某乙因经营北京某酒店公司加盟的A酒店需要资金，向杨某借款40万元。周某于2014年8月25日向杨某出具授权委托书，授权杨某作为北京某酒店公司代理人，负责处理A酒店日常管理事务。2014年9月18日，北京某酒店公司将其账户变更为杨某名下银行账号。该银行账户明细显示，2014年9月21日曾向李某账户转账支出7032元。2014年9月至2015年2月，该酒店公司为丁某缴纳社会保险费，缴纳的数额与周某等人相同。法院经审理认为，根据杨某提交的证据，该酒店公司在2014年9月至2015年2月为丁

① 参见北京市第二中级人民法院（2018）京02民终2431号民事判决书。

某缴纳社会保险费，且缴纳数额与该酒店公司的法定代表人周某的相同，丁某对此应当知晓；用于该酒店公司经营的账户曾向李某银行账户转账 7032 元，李某称对此不知情，与常理不符；李某与刘某乙曾以自有房屋抵押向银行贷款，杨某主张该贷款中的 100 万元系用于酒店经营，7032 元的转账系用于偿还该笔贷款的利息，李某否认贷款系用于酒店经营，但其未说明贷款的具体用途，对 7032 元转账亦未作出合理解释，故可以认定杨某的主张成立。根据证据，可以认定丁某、李某参与了酒店经营，刘某甲、刘某乙的案涉债务应认定为夫妻共同债务，丁某、李某应当承担连带清偿责任。

【分析】

根据《民法典》第 1064 条第 2 款的规定，夫妻一方在婚姻关系存续期间以个人名义超出家庭日常生活需要所负的债务，不属于夫妻共同债务；但是，债权人能够证明该债务用于夫妻共同生活、共同生产经营或者基于夫妻双方共同意思表示的除外。据此，婚姻关系存续期间，夫妻一方以个人名义负债，虽然该债务明显超出家庭日常生活需要，但是债权人能够证明该债务用于夫妻共同生产经营的，仍应认定为夫妻共同债务，由夫妻共同清偿。

夫妻共同生产经营情况较为复杂，主要是指由夫妻双方共同决定生产经营事项，或者虽由一方决定但另一方进行授权的情形。判断生产经营活动是否属于夫妻共同生产经营，要结合经营活动的性质、夫妻双方参与经营的情况、所负金额大小、当地经济发展水平等因素综合认定。如未举债配偶一方对经营活动出资并享有份额，一般应认定其参与共同经营；如未举债配偶一方在公司、企业或其他经营性活动中从事一定工作或担任一定职务，也可以认定其参与共同生产经营。如果夫妻一方虽未参与共同经营，但夫妻双方将经营活动纳入其家庭意志范围，经营收益作为家庭收入来源的，根据共享利益、共担风险原则，此种情形也属于共同生产经营，所负债务仍应认定为夫妻共同债务。

特别说明：对于所涉债务用于夫妻共同生产经营的举证责任在于债权人，如果债权人不能证明夫妻一方超出家庭日常生活需要所负债务是用于共同生产经营，则不能认定为夫妻共同债务。

【规范指引】

《民法典》第 1064 条；《民事诉讼法》第 67 条。

争点 34：夫妻一方对外所负担保之债，若担保之债的发生与家庭生活有关或相应对价用于家庭生活，应认定为夫妻共同债务

【案例】某农村商业银行股份有限公司诉姬某等人金融借款合同纠纷案[①]

2013 年 4 月 23 日，某农村商业银行股份有限公司（以下简称某农行）与某实业有限公司（以下简称某公司）签订流动资金借款合同（姬某作为某公司的法定代表人签字），约定某农行向某公司提供 2000 万元贷款。同日，姬某向某农行出具担保书，约定如某公司到期不能按时归还，自愿承担连带清偿担保责任。同日，某农行向某公司支付借款 2000 万元。姬某与赵某系夫妻关系，姬某为案涉贷款提供担保发生在其与赵某婚姻关系存续期间。后双方离婚，并对夫妻共同财产作出约定：某公司的相关权益由姬某所有，与赵某无关，案涉贷款亦与赵某无关。两人名下在青岛市的房产，均系离婚前的夫妻共同财产，后变更登记至赵某一人名下，该房产被依法查封。法院经审理认为，案涉贷款发生于姬某和赵某婚姻关系存续期间，虽然姬某系以其个人名义为该笔贷款提供担保，但该笔贷款系用于某公司，而姬某时任该公司法定代表人，且持有该公司 50% 的股权，据此认定姬某为某公司提供担保不仅为了公司经营，也为个人收益。某公司系赵某与姬某婚后设立的公司，所得收益已形成夫妻共同财产，某公司的经营状况同时与赵某、姬某的夫妻共同财产有直接关系。且根据离婚协议书的约定，某农行申请法院查封的赵某名下三套房产，均系赵某与姬某离婚前的夫妻共同财产，只是在离婚时约定归赵某所有。在赵某未提供证据证明某公司的收益未形成夫妻共同财产的情况下，本案债务应以赵某与姬某的夫妻共同财产以及姬某的个人财产清偿。

【分析】

担保之债具有较强的人身属性和单务性，夫妻一方在婚姻关系存续期间以个人名义为他人提供担保，超出了家事代理权的范畴，客观上亦不能为家庭生活带来利益，原则上不属于夫妻共同债务。但对于夫妻一方对外所负担保之债是否属于夫妻共同债务不能一概而论，否则不利于债权人利益的保护。司法实践中，要认定担保之债是否属于夫妻共同债务，要结合担保之债的发生是否直接或间接与家庭利益相关，相应对价有无用于家庭生活等

---

① 参见最高人民法院（2019）最高法民申 2302 号民事裁定书。

因素综合认定。具体考虑以下两种情形：一是担保行为是否为夫妻双方共同的意思表示，即另一方配偶是否事先同意或者事后予以追认；二是担保行为是否带来经济利益，并为另一方配偶所共享，即是否因担保获益并用于家庭生活。对于夫妻一方以个人名义为他人提供的有偿担保，其担保收益用于家庭共同生活的，应认定为夫妻共同债务，由夫妻共同清偿；夫妻一方以个人名义为他人提供的无偿担保，因保证人既没有从债权人也没有从债务人处获得对价给付，无法给保证人带来任何利益，对于夫妻共同生活目的的实现没有任何帮助，此类债务应认定为个人债务。但是如果该债务直接或间接有益于夫妻共同生活，可能转化为家庭直接利益的，则可以考虑认定为夫妻共同债务。

特别说明：虽然夫妻一方通过为他人提供担保的方式进行牟利，但如果有证据证明其担保收益并未用于夫妻共同生活的，此种情形明显不符合成立夫妻共同债务的前提，仍属于夫妻一方的个人之债。

【规范指引】

《民法典》第 688 条、第 1064 条、第 1089 条。

争点 35：夫妻一方对外所负侵权之债，若侵权行为客观上有益于夫妻共同体，或配偶一方从中获益，应认定为夫妻共同债务

【案例】蔡某诉史某离婚后财产纠纷案[①]

蔡某与史某于 2017 年 9 月 27 日登记结婚，2019 年 3 月 28 日经法院判决离婚。蔡某曾于 2017 年 11 月 30 日上班途中驾驶车辆发生交通事故给案外人刘某造成损害，后刘某诉至法院，法院经审理判令蔡某给付刘某修车费 52 000 元。2019 年，蔡某将史某诉至法院，要求史某承担其因交通事故需要赔偿案外人 52 000 元债务的一半。法院经审理认为，夫妻一方因侵权行为致人损害产生的债务，一般认定为一方个人债务。但该侵权行为系因家庭劳动、经营等家事活动产生或其收益归家庭使用的，应认定为夫妻共同债务。蔡某在婚姻关系存续期间因交通事故形成的侵权之债，虽不是蔡某与史某的共同意思表示，双方也没有实际分享该债务带来的利益，但从该债务的产生基础

① 参见北京市第一中级人民法院（2020）京 01 民终 3001 号民事判决书。

和目的来看，该侵权行为系发生在蔡某上班途中，蔡某的上班行为属于家庭劳动及生产生活的一部分，其上班所得的工资收益亦属于夫妻共同财产的组成部分，归家庭使用，蔡某因侵权行为产生债务的基础是为了夫妻共同生活谋取利益，应属于夫妻共同债务的范畴，故蔡某在上班途中因交通事故对案外人的赔偿应属于双方的夫妻共同债务，由双方共同负担。

【分析】

夫妻一方所负债务是否为夫妻共同债务，主要有两个判断标准：一是夫妻有无共同举债的合意，二是夫妻是否分享了债务所带来的利益。夫妻一方实施的侵权行为本身具有不法性，无论是故意还是过失都难以认定另一方存在合意，且侵权之债往往造成他人人身、财产损失而应承担损害赔偿责任，对于夫妻利益而言明显没有增益，属于消极债务，故侵权之债原则上不属于夫妻共同债务。但若侵权行为客观上有益于夫妻共同体，即侵权人所为行为之目的系为家庭共同生活或共同生产经营，产生的相关收益为家庭所有，或配偶一方因此行为获益，按照利益共享、责任共担的原则，应当认定为夫妻共同债务。司法实践中，较为常见的侵权之债被认定为夫妻共同债务的情形主要为机动车交通事故责任纠纷和雇主责任纠纷，如果夫妻一方驾驶车辆系为营运谋利或用于上下班途中，则相应交通事故产生的侵权之债通常情况下被认定为夫妻共同债务；如果夫妻一方作为雇主因其实施的经营行为造成雇员或第三人损害，因相关经营收益属于夫妻共同所有，故相应经营行为所致侵权之债亦应属于夫妻共同债务。

特别说明：（1）即使夫妻一方的侵权之债被认定为夫妻共同债务，非侵权配偶一方仅以夫妻共同财产为限承担责任，不涉及其个人财产，侵权人则需以夫妻共同财产和个人财产承担责任。在清偿顺序上，应先由夫妻共同财产承担赔偿责任，不足部分再以侵权人的个人财产承担。（2）夫妻一方因犯罪行为所产生的债务应当认定为实施犯罪行为一方的个人债务。

【规范指引】

《民法典》第1060条、第1062条、第1064条、第1065条、第1089条；《民法典婚姻家庭编解释（一）》第33条、第34条。

争点 36：婚姻关系存续期间一方为履行抚养、赡养义务所负债务，应认定为夫妻共同债务

【案例】华某诉高某、叶某甲民间借贷纠纷案[①]

华某与高某系亲戚关系。高某与叶某甲原系夫妻关系，双方于 2012 年 5 月登记结婚，2013 年 3 月生育一女叶某乙。2016 年初，高某与叶某甲发生矛盾，高某携女回娘家居住。2016 年 11 月 13 日，高某向华某借款 30 000 元，并出具借条一份。2017 年 7 月，高某、叶某甲因离婚纠纷诉至法院，审理中高某主张案涉借款系夫妻共同债务，但该案中对此笔债务未作处理。后华某就该笔债务起诉至法院。一审法院经审理认为，高某向华某借款发生在高某与叶某甲夫妻关系存续期间，两人虽无借款之合意，但根据两被告当庭陈述的借款发生时间及过程，并结合高某提供的证据，可认定高某与叶某甲分居期间，因履行抚养义务向亲友举债的事实，该债务依法应认定为共同债务，由高某、叶某甲共同偿还。二审法院经审理亦认定该笔借款属于夫妻共同债务，但鉴于高某已于 2019 年 4 月将案涉债务清偿完毕，故华某再要求高某、叶某甲共同偿还案涉债务无事实根据。

【分析】

养老育幼是家庭生活的题中之义。《民法典》第 26 条规定："父母对未成年子女负有抚养、教育和保护的义务。成年子女对父母负有赡养、扶助和保护的义务。"另外，亲属之间亦有互帮互助的扶养义务，既包括夫妻之间的扶养义务，还包括有负担能力的兄姐对于父母死亡或父母无力抚养的未成年弟妹以及由兄姐扶养长大的有负担能力的弟妹对缺乏劳动能力又缺乏生活来源的兄姐的扶养义务。亲属之间的赡养、抚养、扶养义务系法定义务，夫妻一方为履行法定的赡养、抚养、扶养义务而所负债务，原则上也属于家庭日常生活的范畴，故应认定为夫妻共同债务，由夫妻双方共同承担。但对于履行法定赡养、抚养、扶助义务费用的范围，一般限于日常生活开销或者为负有法定义务的人治病、接受教育支出的医疗费、教育费等，而不应包括买房买车、奢侈品消费或投资经营费用。

如果夫妻一方未经对方同意，擅自资助与其没有法定抚养、赡养义务的

---

① 参见安徽省滁州市中级人民法院（2019）皖 11 民终 1234 号民事判决书。

亲朋好友，该所负债务因与夫妻共同生活无关，不应由另一方承受其负担和风险，故该债务不应认定为夫妻共同债务，而应由举债方个人承担。

【规范指引】

《民法典》第26条、第1043条、第1058条至第1060条、第1064条、第1067条、第1068条、第1071条、第1074条、第1075条；《民法典婚姻家庭编解释（一）》第40条至第43条。

争点37：离婚案件中涉及案外债权人利益且有争议的夫妻共同债务，不宜在离婚诉讼中一并处理

【案例】罗某诉陶某离婚纠纷案[①]

罗某与陶某系夫妻关系，婚后育有一女。后因双方性格不合、感情日益冷淡，致婚后长期分居，故罗某诉至法院，要求与陶某离婚，并要求依法分割夫妻共同财产及共同债务。审理中，罗某主张双方于2006年向罗某父母借款18万元用于买房，陶某主张双方曾向陶某父母借款18万元。法院经审理认为，对于罗某主张的18万元债务问题，因陶某认可该债务，并同意承担一半，故判决双方各负担9万元。对于陶某主张的18万元债务问题，陶某认为是夫妻共同债务，而罗某认为系赠与，并非借款。因双方对该债务是否属于夫妻共同债务存在争议，无法达成一致意见，在此情况下，对该债务的具体认定，涉及案外债权人的利益，法院不宜在离婚纠纷中一并作出处理，故债权人可凭借款凭证等证据，另案主张权利。

【分析】

夫妻共同债务认定是一个异常复杂的问题，一方面保护债权人利益与保护夫妻中非直接举债人一方利益的法律价值时有冲突；另一方面，婚内举债往往发生在亲友之间，熟人社会中复杂的亲疏关系使得当事人和证人进行虚假陈述或者伪造证据更为便利，给法庭调查和事实认定带来极大挑战。同时，根据《民法典》第1064条的规定，对于夫妻一方在婚姻关系存续期间以个人名义超出家庭日常生活需要所负的债务，如果债权人能够证明该债务用于夫

---

① 参见《法官说法（7）期｜离婚案件中涉案外债权人利益且有争议的夫妻共同债务，宜另案处理》，载微信公众号“重庆市九龙坡区人民法院”，2020年4月13日。

妻共同生活、共同生产经营或者基于夫妻双方共同意思表示，亦可认定为夫妻共同债务。可见，债权人主张和举证是认定夫妻共同债务是否成立的重要一环。但是在离婚纠纷或者离婚后财产纠纷案件中，债权人作为案外人，无法享有与案件当事人同等的诉讼权利和地位，此种情况下，如果对夫妻共同债务直接作出认定就忽视了债权人的诉讼权利和利益保护，尤其是剥夺了债权人的举证权，有悖公平原则。因此，在离婚诉讼案件中，对涉及案外债权人利益且有争议的共同债务，不宜进行一并处理。

【规范指引】

《民法典》第 1064 条、第 1065 条。

争点 38：离婚后，夫妻一方承担共同债务后，可以向另一方进行追偿

【案例】黄某诉邹某追偿权纠纷案[①]

黄某与邹某于 1997 年 12 月 2 日登记结婚，2017 年 11 月 15 日登记离婚。双方在《离婚协议》中约定：原男方向农村信用社贷款 13 万元由女方承担，如女方未在 2019 年 3 月 1 日前还清，则女方所有的豪沃货车归男方所有。2019 年 2 月 13 日，邹某在贷款到期后未偿还贷款和利息，黄某向农村信用社偿还贷款 13 万元、利息 1482 元。现黄某诉至法院，要求邹某支付 131 482 元。法院经审理认为，离婚协议中关于财产分割的条款或者当事人因离婚就财产分割达成的协议，对男女双方具有法律约束力。当事人的离婚协议或者人民法院的判决书、裁定书、调解书已经对夫妻财产分割问题作出处理的，债权人仍有权就夫妻共同债务向男女双方主张权利。一方就共同债务承担连带清偿责任后，基于离婚协议或者人民法院的法律文书向另一方主张追偿的，人民法院应当支持。黄某与邹某在婚姻登记机关签订的《离婚协议》是有效的协议，双方在《离婚协议》中明确约定了原男方向农村信用社贷款 13 万元由女方承担，该意思表示真实有效，对双方具有法律约束力。现黄某已代邹某履行了上述双方当事人离婚协议中约定的应由邹某承担的原夫妻共同债务，黄某依法享有追偿权。

---

① 参见云南省曲靖市中级人民法院（2019）云 03 民终 2080 号民事判决书。

【分析】

基于对交易安全的考虑及第三人利益的保护，法律规定了夫妻对共同债务承担连带清偿责任的制度。该制度赋予债权人自由选择权，债权人既可以选择向债务人中的任何一人单独主张债权，也可以同时向夫妻二人共同主张债权，即夫妻双方对债权人各负全部给付之责任。但这并不意味着夫妻内部之间不存在分担债务的原则，夫妻一方承担共同债务是外部表现，但就夫妻内部而言，应是按份承担债务，故夫妻一方承担了超过依据其内部关系应承担的责任份额后，就其超出责任范围而承担的债务对另一方享有追偿权。

《民法典婚姻家庭编解释（一）》第 35 条第 2 款也规定："一方就夫妻共同债务承担清偿责任后，主张由另一方按照离婚协议或者人民法院的法律文书承担相应债务的，人民法院应予支持。"据此，行使追偿权的前提条件是夫妻一方就共同债务已经承担了清偿责任，与债权人之间的债权债务关系消灭；而追偿的依据在于双方对债务分担达成的协议或者法院生效裁判认定的债务分担比例。离婚后，夫妻一方因清偿超过自己应分担部分的债务，致另一方免除对债权人的清偿责任，从而在夫妻内部形成了新的债权债务关系，超额清偿的一方基于该新的债权债务关系有权请求另一方偿还其应负担的部分。内部追偿关系是夫妻共同债务规则体系的重要组成部分，有利于夫妻内部的利益平衡与公平，其实质就是夫妻一方对另一方的追偿权行使。

特别说明：夫妻一方承担共同债务，既可以是先承担共同债务再离婚，也可以是离婚后再承担婚姻关系存续期间产生的共同债务，二者的发生顺序对追偿权的行使不产生影响，夫妻共同债务并不因婚姻关系的解除而消灭。

【规范指引】

《民法典》第 1089 条；《民法典婚姻家庭编解释（一）》第 35 条、第 69 条。

八、离婚后财产分割纠纷

离婚后财产纠纷是指已通过判决或协议离婚的夫妻双方在离婚后因财产分割、补偿、离婚协议的履行等问题产生的纠纷。现代婚姻家庭财产状况愈发复杂，加之恶意隐藏、转移财产或对离婚协议反悔等情况，离婚后一方要求进一步分割或重新分割夫妻共同财产的纠纷日益多发。离婚后财产纠纷主要包括以下几种情形：一是当事人双方离婚时，未对婚姻关系存续期间的夫妻财产进行分割，离婚后对于财产的分配问题产生的纠纷；二是当事人协议离婚时达成了财产分割协议，离婚后因履行上述财产分割协议而发生纠纷，由此提起诉讼的，人民法院应当受理；三是男女双方协议离婚后1年内就财产分割问题反悔而引发的纠纷，一方请求变更或者撤销财产分割协议的，人民法院应当受理；四是婚姻关系结束后，一方发现对方在婚姻关系存续期间存在的在离婚时未分割的其他财产而引发的纠纷。

争点39：一方诉请分割离婚时未涉及夫妻共同财产的，应依法予以支持

【案例】王某某与张某某离婚后财产纠纷案

王某某与张某某于2000年登记结婚，生育一女，2008年10月10日双方购买房屋一套，于2009年7月30日办理产权登记，房屋产权人为张某某。2015年10月28日，双方协议离婚，因离婚时房产市场繁荣，双方决定暂不分割，由直接抚养子女的王某某实际使用。2019年，婚生女成年，张某某起诉要求分割。人民法院经审理认为，上述房产系双方婚后取得，为夫妻共同财产，且在离婚时未予处理，应当依法分割。

【分析】

人民法院经审查当事人请求分割的财产确属离婚时未涉及的夫妻共同财产的，应当依法分割。在处理此类案件时，应当注意以下要点：第一，此类纠纷不适用诉讼时效。由于对夫妻共同财产分割的请求，属于共有物分割请求权，夫妻对其共同财产的共同所有权是绝对权利，只要没有因出现共有基础丧失或者重大事由的情形而分割过就一直拥有共同的物权，故请求分割尚未分割的夫妻共同财产不应适用诉讼时效。第二，原告要承担相应的举证责任。关于讼争财产是否属双方当事人婚姻关系存续期间的夫妻共同财产，以及离婚时未予涉及，原告应当举证证明，既要证明该财产属夫妻共同财产，又要证明离婚时未涉及对该财产的处分。第三，要区分诉讼标的是物权的分割还是协议的变更与撤销。“离婚后”，既包括诉讼离婚后，也包括协议离婚后，只要是双方当事人离婚时未涉及的夫妻共同财产，当事人即可请求分割。第四，要引导当事人正确行使诉讼权利。对于当事人请求分割的夫妻共同财产，如是判决中已经分割的财产，告知当事人可以就财产分割问题申请

再审。

【规范指引】

《民法典婚姻家庭编解释（一）》第 83 条。

争点 40：离婚协议约定有兜底条款，一方主张再次分割的，一般不予支持

【案例】张某与王某离婚后财产纠纷案

张某与王某于 2018 年 9 月 15 日协议离婚，离婚财产分割协议中注明“其他各自名下的财产归各自所有”，协议附注有财产清单。2019 年 1 月，张某以有财产清单外的夫妻共同财产未分割为由，诉请再次分割王某名下公积金 3 万余元。人民法院经审理认为，双方离婚协议虽附有财产清单，但同时已约定其他各自名下的财产归各自所有，其现诉请分割的王某名下的公积金系其在离婚时已知晓的夫妻共同财产，且所涉金额不大，应按协议约定由王某所有。

【分析】

夫妻离婚时分割财产以“一并分割”为原则更符合婚姻家庭法的精神。原则上，兜底条款的约定表明了夫妻双方就共同财产“一并分割”以终结双方离婚纠纷的意愿，除存在《民法典》第 1092 条规定的情形外，夫妻一方起诉要求再次分割夫妻共同财产的，不予支持。如双方在协议中特别附注财产清单以限定上述协议处分之财产范围的情形除外。实际生活中，夫妻无论是登记离婚时达成离婚协议还是诉讼离婚中就财产分割事项达成一致意见，即便欠缺兜底条款的约定，也极少完全列明所有财产。此时，夫妻一方在登记离婚后再行主张分割离婚协议未明确列明的财产，应从严把握：首先，应审查该方离婚时是否已经知晓或应当知晓争议财产存在；其次，若该方不知晓争议财产，不宜当然认定属于《民法典》第 1092 条规定的情形，此时，即便欠缺兜底条款也须考虑双方离婚时是否已具有概括性分割的意思，从而将部分财产包含在离婚协议的概括性用语或关联性财产权益当中予以了处理；最后，若该方知晓或应当知晓争议财产，则须进一步同时审查是否存在阻碍一并分割的客观因素以及争议财产是否实质影响离婚协议的订立等，以综合判断双方订立离婚协议时就争议财产是否确有另行分割的必要进而默认许可另

行分割。对双方已知晓或应当知晓且不存在阻碍分割之客观因素的财产，通常以推定双方无另行分割之意思为妥。

【规范指引】

《民法典婚姻家庭编解释（一）》第 83 条。

争点 41：一方协议离婚后发现子女非亲生，起诉要求重新分割夫妻共同财产的，应具体分析

【案例】王某与张某离婚后财产纠纷案

王某与张某系夫妻，婚姻存续期间王某生育一子，2020 年双方协议离婚，双方约定小孩由王某抚养，夫妻共同财产均归王某所有。离婚 1 年后，张某意外发现小孩并非自己亲生，起诉要求撤销离婚协议重新分割夫妻共同财产。人民法院经审查认为，双方离婚时，约定小孩由王某抚养，张某放弃分割夫妻共同财产，同意由王某全部取得，包含对婚生子的感情因素，张某离婚时如知晓该子并非其亲生，一般不会作出此种财产处分行为，现其诉请重新分割，应予支持。

【分析】

离婚协议本身除包含财产分割的内容外还包括婚姻关系的解除、子女抚养的安排等多项涉及人身性权利义务的内容，离婚协议各部分内容之间并非完全割裂而是相互牵连。夫妻离婚时订立财产分割协议时，除了纯粹经济利益考虑外，常常难以避免包含一些感情、伦理、道德等因素，因此，不能轻易将夫妻一方放弃主要或大部分财产或支付一定金额补偿款等约定认定为显失公平。目前司法实践仅在欺诈和胁迫两种情形下判定离婚协议可变更或可撤销，并由主张变更或撤销协议的一方承担举证责任。对于协议离婚后发现子女非亲生从而要求撤销离婚协议的，仍应遵循上述一般规则，即判断离婚后发现子女非亲生这一事实是否进一步足以认定协议订立时存在欺诈、胁迫，或者子女是否亲生这一事实能否显著影响财产分割利益格局，以致足以认定离婚时的财产分割显失公平或系重大误解之结果。

特别说明：与身份有关的协议如无特别规定可参照适用《民法典》合同编的有关规定，离婚财产分割协议虽与当事人身份关系解除具有关联，但主要内容具有财产性，对该协议的撤销，在无特别规定时，应参照适用《民法

典》总则编第152条有关撤销权行使除斥期间的规定。

【规范指引】

《民法典婚姻家庭编解释（一）》第70条；《民法典婚姻家庭编解释（二）》第20条。

第三节　法律适用中的疑难问题

问题1：严重损害夫妻共同财产行为应如何认定

【案例】吴某与高某离婚纠纷案

高某在与吴某离婚诉讼期间，与案外人李某签订房地产买卖合同，并办理过户手续。离婚诉讼中双方未对上述房产作出处理，离婚后吴某提起诉讼，请求确认高某和李某签订的房地产买卖合同无效，得到支持。后吴某又提起离婚后财产纠纷诉讼，主张高某恶意转移夫妻共同财产，应少分或者不分案涉房产。一审法院结合诉争房产的购房款来源等因素，将房产判归高某所有，酌定高某按40%向吴某支付折价款。二审法院查明，高某在离婚诉讼期间，低价出售夫妻共同房产，具有恶意转移夫妻共同财产的故意及行为，改判减少高某享有的份额。

【分析】

一方存在隐藏、转移、变卖、毁损、挥霍夫妻共同财产，或伪造夫妻共同债务企图侵占另一方财产行为的，财产分割时可予以少分或不分。该类行为构成要件主要有：

（1）具有隐藏、转移夫妻共同财产的故意。实施隐藏、转移夫妻共同财产行为须具有相应的主观故意。例如，行为人只因不具备购房条件而以他人名义购房，不具备隐藏或转移财产的故意，则不属于可少分或不分的情形。对于隐藏财产，行为人一开始可能并不具有使该财产不作为夫妻共同财产进行分割的故意；对于转移财产，行为人一开始就具有不使该财产作为夫妻共同财产进行分割的故意。对于行为人是否具有故意，可以根据其具体行为来判断，比如夫妻双方已存在不可调和的矛盾或离婚已属必然时，一方将财产转至案外人名下时该行为构成故意。需要说明的是，根据行为推断行为人具有隐藏、转移财产的故意时，行为人否认该故意的，行为人负有举证责任证明其不存在故意。

（2）具有隐藏、转移夫妻共同财产的行为。认定一方隐藏财产的首要前提是其行为不为配偶所知悉，且自认为其行为具有隐蔽性。对于隐藏财产可以根据财产的类型进行具体分析：

关于动产，主张对方隐藏动产的一方应当承担举证责任证明另一方实施了隐藏动产的行为，另一方提供足够证据予以反驳的，主张对方隐藏动产的一方仍须就对方反驳的证据再行举证。如果另一方在离婚诉讼中否认该财产的存在，离婚后发现该财产由其控制或在其知晓的地方，则可以直接认定其实施了隐藏夫妻共同财产的行为。

关于不动产，主要有以下三种情形：第一，一方以自己名义在他处购房，配偶对此不知情。第二，在配偶不知情的情况下将不动产过户至他人名下。第三，在婚姻关系存续期间，一方以隐藏财产为目的，在配偶不知情的情况下以他人名义购置不动产。审查和认定证据的原则为：首先，对于不动产权利登记凭证、银行转账记录、不动产买卖合同等不动产交易的相关文件，应当审查其合法性和真实性，如是否存在违反法律法规的不动产交易行为、是否存在虚假交易、提供的证据材料是否存在伪造的可能等，对于不具有合法性和真实性的证据应当予以排除。其次，涉及不动产交易的证人证言应结合下列证据对关联性进行审查：一是婚姻关系存续期间一方是否存在大额钱款支出，该笔钱款是否支付给房产公司或不动产的卖家。同时应注意审查被隐瞒不动产的实际居住情况，查明房产是否由亲属、“第三者”等居住，从而确认房产的产权登记及出资情况。二是对于一方擅自处分不动产的情况，应注意审查不动产的交易时间、金额和对象，查明不动产交易是否存在无权处分和善意取得等情况。三是对于婚前购房，应审查购房款的来源及组成，结合银行汇款记录或信用卡刷卡记录等，判断对方是否共同出资购房。

关于银行存款，审查要求分割的钱款在离婚时是否包含在已分割的夫妻共同财产中，以及该笔钱款是否可供分割。对于隐瞒银行存款的情况，一方面法院可以基于当事人的申请，采取职权调查的方式查明事实真相。当事人如果申请法院调查对方的银行流水，原则上应提供相应存款的开户行和存款账号。另一方面，应注意结合当事人对钱款的用途考察钱款支出的合理性：一是支取现金的持续时间是否合理；二是取款金额与用途之间是否匹配；三是与取款方正常开支情况是否一致。转移财产的认定并不以配偶不知悉作为必要条件。赠与可以成为转移财产的一种方式。夫妻一方将夫妻共同财产赠与他人，会使得该财产在离婚时无法作为夫妻共同财产进行分割。另一方起诉要求撤销赠与并得到法院支持的，在财产返还后即会产生夫妻共同财产分割的问题。实践中，若在夫妻关系存续期间夫妻一方将夫妻共同财产赠与第三者，该行为因侵害夫妻另一方的财产权益应被认定为无效，相关款项亦应予以返还，财产返还后应在夫妻之间再进行分割。

除隐藏、转移夫妻共同财产的行为，伪造夫妻共同债务企图侵占另一方财产也是分割夫妻共同财产时需要审查的内容。对于伪造债务的认定，可以通过以下两个方面进行判断：一是伪造债务的行为发生在婚姻关系存续期间。如果在离婚前某一特定时间段内（司法实践中多为离婚前 1 年）一方债务突然大量增加，而此时婚姻关系已经处于不可避免的破裂状态，则可以认定其具有伪造债务的嫌疑。二是伪造债务的行为通常通过伪造书面债务凭证的形式，如借条、借款合同、债权债务公证书等实现。该类案件的证据通常包括书面债务凭证、债权人或其他证人的证言，法院可以通过审查资金往来情况、合同的真实性等判断是否存在伪造债务的事实。

【规范指引】

《民法典》第 217 条、第 1062 条；《民法典婚姻家庭编解释（二）》第 6 条、第 7 条。

问题 2：本人患重大疾病需要医治，能否要求婚内财产分割

【案例】张某某与徐某某离婚纠纷案

张某某、徐某某于 1984 年 9 月 15 日登记结婚。婚后生育一子徐小某。2018 年 6 月底起，双方因故开始分居生活。当年 7 月，张某某起诉离婚，因徐某某不同意离婚，法院判决驳回张某某要求离婚的诉请。张某某身患癌症，享有大病医保，在治疗中。诉争房屋系张某某、徐某某婚姻关系存续期间于 1997 年取得，承租人为张某某，后变更为徐某某。徐某某在该处设立五金经营部，该房屋于 2017 年被征收。2017 年 9 月 3 日，徐某某签订国有土地上房

屋征收补偿协议，约定徐某某可获得动迁补偿款60.1万元。2018年，徐某某两次领取房屋被征收补偿款共计19万元。2019年春节前，徐某某给予张某某1万元，告知剩余款项已使用殆尽。张某某认为，徐某某有赌博恶习，领取补偿款后，不积极为其治疗，挥霍、隐藏夫妻共同财产，严重侵害其财产利益，其未来尚需巨额的治疗费用，请求依法分割系争房屋拆迁补偿款60.1万元。

【分析】

一种观点认为，根据举轻以明重的法理，配偶本人患病属于《民法典》第1066条规定的分割事由。主要理由为夫妻双方互有扶养照顾的义务。夫妻一方在另一方生病时，理应积极照料为其支付必要的医疗费用。因夫妻一方未履行法定义务，致使另一方迟迟无法得到合理治疗，患病一方要求分割家庭财产治疗疾病于情理、法理不悖。况且，举轻以明重，一方负有法定扶养义务的人患重大疾病另一方不同意支付医疗费尚且可以分割夫妻共同财产，夫妻一方作为夫妻共同财产的一方权利人，为治疗自身疾病主张分割夫妻财产，更理所应当。（1）亲属关系较远的被扶养人患病尚有权要求分割共同财产，配偶本人患病反而不能要求分割共同财产，明显有悖法理、情理。（2）虽然患病配偶可以要求对方履行扶养义务，但通常仅能主张已经发生的费用，且不针对特定财产。若双方仅有房产等情形下，如不支持婚内财产分割将可能导致患病配偶难以及时、有效地通过处理财产获得治疗款项。（3）是否需要婚内财产分割取决于当事人的选择与判断，实践中绝大多数纠纷均为配偶本人患病而非其他被扶养人患病。

另一种观点认为：配偶本人患重大疾病需要医治而另一方不同意支付相关医疗费用的情形，不适用婚内财产分割的规定。主要理由为：（1）夫妻之间具有法定的扶养义务，即便夫妻双方实行分别财产制，当一方患病需要医治时，另一方也有扶养扶助的义务。也就是说，当配偶一方患重大疾病需要医治而另一方不同意支付相关医疗费用时，涉及的不是分割夫妻共同财产问题，一方患病所需支付的医疗费用属于“日常生活需要”，而“日常生活需要”当然是用夫妻共同财产进行支出。当夫妻共同财产不足以支付医疗费用，另一方还应当支付自己的个人财产来履行夫妻扶养义务。如果另一方拒不履行法定的夫妻扶养义务，情节严重时可能构成遗弃罪。（2）夫妻有相互扶养的义务，其中扶养义务既包括生活上的扶助，更包括一方患病时的扶持，因此在一方患病时，另一方应当以支付医疗费用等方式保障患病方得到医治。另一方不履行该义务的，患病方有权要求其支付医疗费、履行法定扶养义务，另一方不自动履行已生效判决书的，可通过强制执行程序实现对其个人财产和夫妻共同财产的处置，不需通过婚内财产分割的方式来实现救济。

我们倾向第二种观点。

【规范指引】

《民法典婚姻家庭编解释（一）》第38条;《民法典婚姻家庭编解释（二）》第6条、第7条。

问题3：婚姻关系存续期间夫妻一方以婚前财产出资购置的不动产以及增值收益的性质如何认定

【案例】王某与徐某某离婚纠纷案

王某与徐某某于2008年8月28日登记结婚。王某有婚前房屋一套，婚后为改善居住条件，于2014年将婚前房屋以80万元的价格出售，取得的售房款加上双方婚后积蓄40万元，全款购置房产一套。后双方因琐事产生矛盾，自2017年10月起分居生活，因房产分割事宜，双方矛盾激化，2019年1月，王某提起离婚诉讼。人民法院审理后认为，上述房屋的购房资金由王某婚前个人房屋的售房款及王某与徐某某婚后共同存款两部分构成，前者属于王某的个人财产，双方间无财产约定，王某个人财产在待分割夫妻共同房产中的贡献度应当在分割时予以考虑。

【分析】

婚姻关系存续期间夫妻一方以婚前财产出全资购置的不动产，所有权登记在出资方名下，该不动产为夫妻一方婚前财产在婚后发生的形态上的转化，不影响财产的性质，除当事人另有约定外，应当认定为夫妻一方的个人财产。基于该不动产所产生的增值收益，应当根据具体情况作出认定。如果购置该不动产是为了投资，则产生的增值收益应当认定为夫妻共同财产。

婚姻关系存续期间夫妻一方以婚前财产出全资或者夫妻一方以婚前财产以及夫妻共同财产混合出资购置的不动产，所有权登记在夫妻双方名下或者夫妻另一方名下，除当事人另有约定外，应当认定为夫妻共同财产。离婚时在具体分割不动产时，可以结合出资比例等因素对婚前财产出资方予以多分。

夫妻一方婚前财产的婚后孳息及自然增值，根据物权法原理，应归物的所有人或其他合法权利人，属于个人财产，但用婚前个人财产在婚后进行生产、经营活动所增值的部分，则属于“从事生产、经营的收益”，为夫妻共同财产。在判断孳息是否为夫妻个人财产时应从协力理论出发，考察夫妻一方对财产的取得是否作出贡献。婚姻关系存续期间夫妻一方以婚前财产出全资购置的不动产，所有权登记在出资方名下，该不动产为夫妻一方婚前财产在婚后发生的形态上的转化，不影响财产的性质，除当事人另有约定外，应当认定为夫妻一方的个人财产。基于该不动产所产生的增值收益，应当根据具体情况作出认定。如果购置该不动产是为了投资，则产生的增值收益应当认定为夫妻共同财产。

（1）卖旧买新。一方婚后用个人财产购买房屋，离婚时该房屋属于“个人财产的替代物”，应认定为个人财产，其自然增值也属于个人财产。一方婚前个人房产婚后变卖，双方又添加若干夫妻共同财产购买新的房产，离婚分割时应考虑婚前房产变卖价款在新购房产价款中所占的比例，公平合理地予以分割。

（2）拆迁收益。个人婚前房产被拆迁的，房屋拆迁的所有补偿，均属于对被拆迁人个人的补偿。临迁补助费及延期补助费均是对被拆迁人基于房屋拆迁和延期安置而产生的费用补偿，属于个人财产。夫妻共同居住，即使有用共同财产支付临迁房租金，也属于双方共同生活费用的支出，他方并不因此而对房屋临迁补助费及延期补助费享有份额和权益。一方以居住为目的用上述款项购买房产并登记在其个人名下，实质上仍属于个人婚前的房屋产权置换。

（3）经营收益。一方用个人所有的房产作为家庭共同生活的居住用房，婚姻关系存续期间，将该房屋出售后另购住房，仍然用于家庭自住，如没有夫妻共同资金或另一方个人资金的再投入，离婚时对于出售房屋所带来的增值收益，应当认定为一方的个人财产。一方个人所有的房屋婚后用于出租的，其租金收入属于经营性收入，应认定为夫妻共同财产。

【规范指引】

《民法典》第1062条、第1063条。

问题 4：夫妻离婚后居住权如何设立

【案例】马某甲与李某离婚纠纷案

马某甲与李某系夫妻，于 2005 年 11 月 4 日登记结婚，婚后生育一女马某乙。2016 年前后两人之间出现分歧，马某甲于其后数年内多次起诉要求与李某离婚。后两人分居。两人在婚姻关系存续期间购买长安牌小型轿车一辆、本田小型轿车一辆。其间，马某因其所在工作单位建房，于 2015 年年底取得位于北京市延庆区某小区某室之居住、使用权利。另，两人对于 10 万元款项归谁所有存有争议，对于是否存在 6 万元夫妻共同债务存有争议。故马某甲诉至法院请求离婚并对夫妻共同财产作出分割。对于两人婚姻关系存续期间购置的房屋（使用权），即位于北京市延庆区某小区某室之居住、使用权利问题，马某甲辩称该房是其父亲出资，无论该辩称是否属实，因该房屋属于马某甲工作单位建设，具有一定的人身属性或福利性质，亦应视为马某甲取得该房屋之居住、使用权利，其配偶、子女等可以共同居住。其父若真实出资，相应资金可作为债权另行处理。该房屋之居住、使用权利具有财产利益属性，可以分割或分配。综合分析本案案情，人民法院认为，自判决生效之日起至 2024 年 6 月 3 日止由李某居住更为合适。其一，现有证据显示，马某甲、李某结婚后没有购置其他房屋。离婚后需解决居住问题，李某对此存在困难。其二，马某甲将房屋加锁，李某被迫离开，造成其不念旧情之印象。其三，当事人陈述，房屋加锁后，已近 9 个月无人居住，房屋不必要的空置导致浪费。其四，判决生效之日至 2024 年 6 月 3 日期间，该房屋由李某居住，一方面帮助其渡过离婚时精神和经济上之难关，另一方面为李某探望或辅助照顾马某乙提供一个熟悉的环境，对母女皆为有利。且对马某甲没有造成明显不公，因为该处房屋对其而言并非必不可少之居所。否则，马某甲不会加锁并半年以上时间不在此居住。2024 年 6 月 4 日及其后，案涉房屋的居住、使用方案，当事人可另行协商，亦可在具备实物分割或作价补偿条件的情况下进行相应的分割。人民法院判决该房屋于判决生效之日起至 2024 年 6 月 3 日止由李某居住。

【分析】

居住权属于用益物权，我国目前没有关于法定居住权的相关法律规定，当事人基于婚姻家庭关系居住于房屋之内，并不等同于对房屋享有民法典意义上的居住权，基于夫妻关系的身份才享有的房屋居住权，离婚后即丧失。受传统观念的影响，夫妻住房通常由男方家庭购置。在离婚纠纷中，有些夫妻感情确已破裂，但因住房困难或收入较低而不愿意解除婚姻关系，造成妇女陷入选择离婚便失去住所，维持婚姻却又饱受精神痛苦的两难境地。因此，在保障离婚自由的同时，需要注重实现保护弱者利益的社会正义，在夫妻共同财产的分割、住房的处理、离婚时的经济帮助、离婚后的子女抚养等方面对生活困难的妇女给予适当倾斜照顾。夫妻双方设立居住权应当签订居住权合同或就共有房屋的居住权问题在诉讼中协商一致。通过裁判方式设立居住权时应结合案情重点考虑以下五个方面：第一，是否保护弱势一方居住利益；第二，该弱势一方是否具有获得居住权的法定原因；第三，为一方设立居住权是否为必需；第四，是否对所有权人造成明显不公或损害；第五，谨慎确定居住权期限。在具体案件中裁判者需要综合考虑弱势一方的年龄、身体状况，是否需要抚养未成年子女，未成年子女年龄、就学等问题，合理确定，对于需要抚养未成年子女的居住权人，为了能够让子女有更好的生活环境，并确保其身心健康发展，可裁判居住权期限至子女所接受的教育结束为止或者子女成年之后。

特别说明：如双方未签订居住权合同或未协商一致的，考虑到离婚后双方生活的方便性以及以后各自生活的和谐性、稳定性等因素，在离婚诉讼中不宜直接判决房屋归属的相对方拥有房屋的居住权。

【规范指引】

《民法典》第366条、第369条；《民法典婚姻家庭编解释（一）》第27条。

问题5：夫妻之间的借款问题如何处理

【案例】孙某诉应某民间借贷纠纷案[①]

孙某与应某原系夫妻关系，后于2021年9月23日办理离婚登记手续。婚姻关系存续期间的2019年12月8日，孙某因其个人原因需要向应某借款15万元，并向应某出具借条一份，确认借到应某现金15万元，主要用于个人

① 参见湖北省随州市中级人民法院（2023）鄂13民终2813号民事判决书。

还款。后因孙某未向应某偿还上述借款，故应某起诉至法院。法院经审理认为，孙某已于2021年9月23日与应某离婚，双方达成的《自愿离婚协议书》中约定“双方确认婚姻关系存续期间各自名下的债权和债务由各自享有和偿还”，该约定说明2019年12月8日孙某在与应某婚姻关系存续期间，因其个人原因需要向应某借款15万元，该笔15万元的债权由应某享有，孙某作为债务人负有偿还义务。孙某提供的工资收入、家庭生活开支明细等证据，只能证实其与应某婚姻关系存续期间的家庭共同收入和家庭共同生活开支情况，是其作为家庭成员应尽的抚养、扶养等义务，这些支出并没有在孙某向应某的15万元借款中予以相应扣减，不足以证实其已偿还此笔借款，故孙某应向应某偿还借款15万元。

【分析】

夫妻之间的借款问题主要分为两种情形：一是婚前一方向另一方借款；二是婚姻关系存续期间夫妻之间的借款。对于婚前一方向另一方的借款，虽然双方在借款后缔结了婚姻关系，但并不导致婚前债权债务关系的消灭，故离婚时出借方有权要求对方偿还借款。对于婚姻关系存续期间的借款，根据《民法典婚姻家庭编解释（一）》第82条的规定，夫妻之间可以成立借贷法律关系，如果夫妻双方订立借款协议约定以夫妻共同财产出借给另一方用于个人事务，应视为双方约定处分夫妻共同财产的行为，该协议有效，双方应按借款协议履行。同时，为了兼顾民事主体个人权利的保护与婚姻关系的维护，对于此类以夫妻共同财产出借引发的纠纷，应在离婚诉讼中一并处理。但因出借的标的物属于夫妻共同财产，未解除婚姻关系时无法明确区分彼此的具体数额，故此类借款问题涉及的诉讼时效应从离婚时开始起算。但如果一方是以个人财产出借，则仍应按诉讼时效的规定处理，如出借方主张还款时已超过诉讼时效，法院一般不予支持。

【规范指引】

《民法典婚姻家庭编解释（一）》第82条。

第六章　家庭关系纠纷

第一节　家庭关系纠纷概述

一、家庭关系纠纷的概念

家庭关系纠纷是指基于婚姻、血缘或法律拟制的家庭成员之间的权利和义务关系争议所产生的纠纷。以家庭成员为主体标准，家庭关系纠纷可以划分为夫妻关系纠纷、亲子关系纠纷和其他家庭成员之间的关系纠纷。[①]家庭关系纠纷涉及的是夫妻之间、父母子女之间以及其他家庭成员之间的人身关系和财产关系。其中，人身关系是根本，财产关系是附属，对涉及财产关系纠纷的处理要围绕人身关系本身进行。

二、家庭关系纠纷的基本特点

（一）性质上具有人身属性和伦理性

人身属性是指家庭关系纠纷主要产生在特定的人之间，存在于具有“特定身份”的人之间。人身属性是家庭关系纠纷的基础之一，当事人之间往往存在某种血缘或情感关系，权利义务的对等性要求很低。伦理属性主要是基于家庭是伦理生活的范型，是人类伦理关系的实体角度的考量。依此，在家庭场域内产生的家庭关系纠纷也不以利益为本质，具有极强的伦理性。因此，伦理性是家庭关系纠纷最本质的特点。家庭关系纠纷处理所依据的规范基础为血缘和情感，背后往往是情感和心理的纠葛，导致当事人对法院处理纠纷的评价往往也是偏向于从伦理道德、自身道德等非纯粹理性的角度进行，因

---

① 参见刘冠华:《家事审判研究》，人民法院出版社 2019 年版，第 8 页。

此，家庭关系纠纷的处理只有合乎法律又合乎伦理时，才能获得正当且被接受的裁判结果。

（二）内容上具有私密性和社会性

纠纷内容的私密性，一方面是指家庭关系纠纷产生的过程不易察觉，具有突然爆发的特征，待形成时往往已经难以化解；另一方面是指家庭关系纠纷的主体均系民事私主体。“家事纠纷尽管表面上纯属私人间的问题，但实质上与国家与社会的根本利益息息相关。因为家庭是社会的基本构成要素，家庭关系的稳定是社会安定的基础，家事纠纷如果得不到合理的解决，往往会酿成个人、家庭甚至社会悲剧，转化为暴力的私力救济甚至复仇，对社会造成威胁”。① 因此，家庭关系纠纷中的身份关系，不仅涉及当事人私益，同时还具有鲜明的社会性。身份关系是建立在男女间的婚姻及亲属间的血缘关系这一自然事实基础上，身份关系与婚姻家庭紧密相连，而婚姻家庭则是一国社会秩序的重要组成部分，与婚姻家庭相关的身份关系不是可以任意成立和变更的，否则容易引发社会秩序的混乱。

（三）诉请内容范围上多具有关涉未来的属性

人民法院处理的家庭关系纠纷所涉法律事实一般是既往的、过去的，但纠纷的处理却具有面向未来性。人民法院在处理此类纠纷时，既要依据过去的事实着手当前冲突解决，也要着眼未来家庭关系的长期性、持续性，这也就要求纠纷处理过程中需要适度干预，考量当事人今后的关系，而非单一地遵循辩论主义、处分权主义。如在赡养纠纷中，对于被赡养人身后事的处置，等等。此外，实体法对家事案件多缺乏严格法律要件和法律效果的规范，法院审理家事案件时不能以三段论的逻辑方式被动适用法律，法院的审判不是对过去的法律关系以及事实的确定，而是对未来身份关系的安排，不能仅考量眼下纠纷的“孰是孰非”。

---

① 张乃根：《西方法哲学史纲》，中国政法大学出版社 1997 年版，第 302 页。

三、家庭关系纠纷的审理原则

（一）遵循职权探知主义原则

要切实转变机械地遵循当事人辩论主义和处分原则的财产纠纷审理思路，依据家庭关系纠纷处理对法院职权干预的特殊需要，强化法官的职权探知，强化举证释明、降低证明标准、合理分配举证责任，等等。需要说明的是，加强职权探知主义的适用，在一定程度上限制了当事人主义，但并不意味着绝对地排除当事人的积极能动性，毕竟家庭关系纠纷本质上仍然属于民事纠纷案件的范畴，要遵循私法自治原则，公权力的介入要适度，留有边界。质言之，职权探知主义并不与正当程序或程序正义原则相对立，亦非排斥当事人程序参与权、质证权和辩论权。

（二）贯彻诉讼集中审理原则

人民法院处理普通的民事案件时，特别是针对当事人的请求事项，不能就当事人未提出的请求作出裁判。当事人作出的放弃请求和撤回诉讼等决定会直接体现在裁判结果中，影响事实上的应然结果。但涉及家庭关系纠纷的家事案件并非普通的民事案件，如果只需对当事人请求的事项进行裁判，或因当事人放弃权利而对此不作审理，不免会给日后家庭关系留有后患，衍生或增加其他家事纠纷。因此，人民法院在处理此类纠纷时要以审判目的为出发点，依职权对案件进行全面审查，对当事人的权利处分或请求内容予以适当的限制或必要的释明。

（三）落实保护弱势群体原则

家庭关系中的当事人的家庭地位不平等的现实因素要求人民法院审理家庭关系纠纷时要给予家庭关系中的弱势群体以特殊保护，弘扬孝老爱亲、夫妻相扶的中华民族传统美德。一般来说，妇女、未成年人以及老年人属于前述的弱势群体范围。以上主体在进入诉讼程序后诉讼能力弱，维护自身权益难。特别是家庭关系中的未成年人，在家庭关系纠纷的不同类型中均会被关联或直接成为当事人，人民法院在处理涉及未成年人的家庭关系纠纷时要切实贯彻未成年人利益最大化理念，做深做实未成年人群体的权益保护。

（四）恪守柔性修复理念原则

家庭关系具有自然性、普遍性以及稳定性的特点，使得家庭中的每个人都处于一种亲权关系之中，但随着家庭成员之间纠纷的产生，当事人之间以及当事人与家庭其他成员之间的关系会逐步陷入失衡状态。基于家庭作为社会的细胞，是社会稳定的基石，大量家庭关系纠纷的产生势必会影响家庭秩序，甚至社会秩序的考量，人民法院处理此类纠纷时要更加关注家庭关系的修复，依法履职，凸显人民法院在处理家庭关系纠纷中除刚性裁判之外的柔性社会救治功能。

四、家庭关系纠纷的审查要素

（一）扶养纠纷的审查要素

1. 夫妻间扶养纠纷的立案审查

（1）当事人主体资格的审查

【审查要点】

请求给付扶养费的诉讼主体系夫或妻一方；无民事行为能力或限制民事行为能力人的配偶未依法履行扶助义务的，其他有监护资格的人可以依照特别程序要求变更监护关系，并由变更后的监护人代理无民事行为能力或限制民事行为能力一方提起扶养费给付之诉，避免诉讼地位的冲突或矛盾。

【规范指引】

《民法典》第23条、第28条、第1059条；《民事诉讼法》第60条。

（2）地域管辖和级别管辖的审查

【审查要点】

扶养费给付纠纷一般由扶养义务人所在地基层人民法院管辖。对重大疑难、新类型和在法律适用上有普遍意义的，可以按照《民事诉讼法》第39条的规定，由上级人民法院自行决定由其审理或根据下级人民法院报请决定由其审理。

【规范指引】

《民事诉讼法》第18条、第22条、第39条。

2. 夫妻间给付扶养费诉请的审查

【审查要点】

（1）男女双方处于婚姻关系存续期间。

（2）受扶养权利人存在被扶养的必要。

（3）扶养义务人未履行扶养义务。

（4）扶养义务人具备扶养条件及能力。

【规范指引】

《民法典》第 1059 条。

3. 夫或妻对扶养费给付抗辩的审查

【审查要点】

（1）男女双方的婚姻关系不存在或婚姻关系已解除。

（2）男女双方的婚姻关系无效或应当被撤销。

（3）受扶养权利人无接受扶养的必要或扶养义务人不具有扶养条件及能力。

【规范指引】

《民法典》第 1059 条。

4. 兄弟姐妹间扶养纠纷的立案审查

（1）当事人主体资格的审查

【审查要点】

①提起兄弟姐妹间扶养纠纷之诉的主体间须是同胞兄弟姐妹、同父异母或同母异父兄弟姐妹、养兄弟姐妹和继兄弟姐妹。

②原告为弟、妹时，须为未成年人，即不满 18 周岁。

【规范指引】

《民法典》第 1075 条。

（2）地域管辖和级别管辖的审查

【审查要点】

兄弟姐妹间扶养纠纷一般由被告住所地基层人民法院管辖，被告住所地与经常居住地不一致的，由经常居住地基层人民法院管辖。对重大疑难、新类型和在法律适用上具有普遍意义的，可以按照《民事诉讼法》第 39 条的规定，由上级人民法院自行决定由其审理或根据下级人民法院报请决定由其审理。

【规范指引】

《民事诉讼法》第18条、第22条、第39条。

5. 兄弟姐妹间给付扶养费诉请的审查

【审查要点】

（1）原告为弟、妹时，须是未满18周岁，且父母已经死亡或者父母无力抚养，兄、姐具有负担能力。

（2）原告为兄、姐时，须缺乏劳动能力又缺少经济来源，且兄、姐没有第一顺序的扶养义务人，或者第一顺序的扶养义务人没有扶养能力，弟、妹由兄、姐扶养长大并具有负担能力。

6. 兄弟姐妹间对给付扶养费抗辩的审查

【审查要点】

（1）被扶养人业已成年或具备独立生活能力。

（2）扶养义务人不具有扶养能力或条件。

（3）被扶养人存在其他扶养义务人。

【规范指引】

《民法典》第1075条。

（二）亲子关系纠纷的审查要素

1. 立案审查

（1）当事人主体资格的审查

【审查要点】

提起亲子关系确认纠纷之诉的主体须是父、母和成年子女，除此之外，其他人均不能作为原告提起亲子关系确认之诉；请求否认亲子关系的原告主体范围仅限定为父母，成年子女及其他主体均不具有原告资格。

【规范指引】

《民法典》第1073条。

（2）地域管辖和级别管辖的审查

【审查要点】

亲子关系纠纷一般由被告住所地基层人民法院管辖，被告住所地与经常居住地不一致的，由经常居住地基层人民法院管辖。对重大疑难、新类型和在法律适用上具有普遍意义的，可以按照《民事诉讼法》第39条的规定，由上级人民法院自行决定由其审理或根据下级人民法院报请决定由其审理。

【规范指引】

《民事诉讼法》第18条、第22条、第39条。

2. 亲子关系异议诉请的审查

（1）亲子关系确认诉请的审查

【审查要点】

原告对其确认亲子关系存在主张提供了相应证据材料，所提交的证据材料符合“必要证据”的具体表现形式。对“必要证据”的判断，要依照法律规定，遵守法官职业道德，运用逻辑和日常生活经验进行综合判断。①

【规范指引】

《民法典婚姻家庭编解释（一）》第39条。

（2）对亲子关系存在抗辩的审查

【审查要点】

①子女并非婚姻关系存续期间受孕或出生。

②男方患有无法或难以生育的疾病。

③子女之母受孕时期，与被告之外的男性存在性接触。

④被诉亲子身份关系已经法院生效裁判文书或亲子鉴定报告否认。

【规范指引】

《民法典》第1073条；《民法典婚姻家庭编解释（一）》第39条。

（3）亲子关系否认诉请的审查

【审查要点】

原告对其否认亲子关系存在主张提供了相应证据材料，所提交的证据材料符合“必要证据”的具体表现形式。对“必要证据”的判断，要依照法律规定，遵守法官职业道德，运用逻辑和日常生活经验进行综合判断。②

【规范指引】

《民法典婚姻家庭编解释（一）》第39条。

（4）对亲子关系否认抗辩的审查

【审查要点】

①子女系婚姻关系存续期间或同居期间受孕。

---

① 参见最高人民法院民事审判第一庭编著：《最高人民法院婚姻法司法解释（三）理解与适用》，人民法院出版社2015年版，第58页。

② 参见最高人民法院民事审判第一庭编著：《最高人民法院婚姻法司法解释（三）理解与适用》，人民法院出版社2015年版，第58页。

②母亲受孕期间与被告之外的男性无性接触。

③被诉亲子身份关系已经法院生效裁判文书或亲子鉴定报告确认。

【规范指引】

《民法典》第1073条；《民法典婚姻家庭编解释（一）》第39条。

（三）抚养关系纠纷的审查要素

1. 立案审查

（1）当事人主体资格的审查

【审查要点】

抚养关系纠纷主要包括抚养费纠纷、抚养权（变更）纠纷。其中抚养费纠纷的原告主体范围为未成年子女或不能独立生活的成年子女；抚养权纠纷中的原告主体范围为未成年子女或不能独立生活的成年子女的父或母；抚养关系变更纠纷的原告主体范围包括非直接抚养未成年子女或不能独立生活的成年子女的父或母。

【规范指引】

《民法典》第1071条、第1085条；《民法典婚姻家庭编解释（一）》第43条、第55条、第56条。

（2）地域管辖和级别管辖的审查

【审查要点】

抚养关系纠纷一般由被告住所地基层人民法院管辖，被告住所地与经常居住地不一致的，由经常居住地基层人民法院管辖。对重大疑难、新类型和在法律适用上具有普遍意义的，可以按照《民事诉讼法》第39条的规定，由上级人民法院自行决定由其审理或根据下级人民法院报请决定由其审理。

【规范指引】

《民事诉讼法》第18条、第22条、第39条。

2. 原告诉请的审查

（1）离婚时确认抚养权归属诉请的审查

【审查要点】

①子女未成年或子女虽已成年但不能独立生活。

②父母未就子女抚养权归属问题达成协议或达成的协议无效。

③主张抚养权的一方具备优先直接抚养的条件和能力。

④子女随主张抚养权一方共同生活有利于其身心健康发展。

⑤年满 8 周岁或具备同等程度的辨识能力的子女愿意随主张抚养权一方共同生活。

【规范指引】

《民法典》第 1071 条、第 1084 条。

（2）离婚后抚养权变更诉请的审查

【审查要点】

①子女未成年或子女虽已成年但不能独立生活。

②被告系生效裁判文书或生效协议明确的直接抚养人。

③主张变更子女抚养权一方具有抚养资格和能力。

④直接抚养一方抚养子女不利于子女的身心健康。

【规范指引】

《民法典婚姻家庭编解释（一）》第 56 条、第 57 条。

（3）对抚养权归属抗辩的审查

【审查要点】

①原告未尽抚养义务或抚养能力欠缺，存在不当行为或不法行为等不利于子女身心健康的情形。

②子女有选择直接抚养权人的意愿，且子女已满 8 周岁或具有同等程度的辨识能力。

【规范指引】

《民法典》第 1071 条、第 1084 条。

（4）支付抚养费诉请的审查

【审查要点】

①存在未成年子女或不能独立生活的成年子女需要抚养。

②被告存在拒不履行或延迟支付抚养费的情形。

③子女父母就抚养费支付事宜未达成协议或达成的协议无效。

【规范指引】

《民法典》第 1085 条；《民法典婚姻家庭编解释（一）》第 42 条、第 43 条、第 55 条、第 58 条。

（5）抚养费支付抗辩的审查

【审查要点】

①父母双方明确约定由直接抚养一方负担子女的全部抚养费。

②被告对子女不具有法定的抚养义务。

【规范指引】

《民法典》第 1084 条、第 1085 条；《民法典婚姻家庭编解释（一）》第 49 条、第 52 条。

（6）变更抚养费诉请的审查

【审查要点】

①存在未成年子女或不能独立生活的成年子女需要抚养。

②生效协议或裁判文书已经明确过抚养费支付标准。

③现有抚养费支付标准无法或难以满足子女的实际需要。

【规范指引】

《民法典婚姻家庭编解释（一）》第 55 条、第 58 条。

（7）对抚养费变更抗辩的审查

【审查要点】

负担能力大幅下降或劳动能力部分（完全）丧失；子女的实际需要明显减少或无明显增加。

【规范指引】

《民法典婚姻家庭编解释（一）》第 49 条。

（四）探望权纠纷的审查要素

1. 立案审查

（1）当事人主体资格的审查

【审查要点】

离婚后，不直接抚养子女的父或母享有探望子女的权利；分居状态下，未与子女共同生活的父或母享有探望子女的权利；离婚后，曾对继子女尽了抚养教育义务的继父或继母享有探望子女的权利；祖父母、外祖父母对父母已经死亡或者父母无力抚养的未成年孙子女、外孙子女尽了抚养义务的，依法享有探望权。

【规范指引】

《民法典》第 1074 条、第 1086 条。

（2）地域管辖和级别管辖的审查

【审查要点】

探望权纠纷一般由被告住所地基层人民法院管辖，被告住所地与经常居住地不一致的，由经常居住地基层人民法院管辖。对重大疑难、新类型和在法律适用上具有普遍意义的，可以按照《民事诉讼法》第 39 条的规定，由上级人民法院自行决定由其审理或根据下级人民法院报请决定由其审理。

【规范指引】

《民事诉讼法》第 18 条、第 22 条、第 39 条。

2. 行使探望权诉请的审查

【审查要点】

（1）原告系非直接抚养子女的父或母一方。

（2）父母双方对子女探视的时间、地点、方式存在争议或生效裁判文书中未处理子女探望事宜。

（3）原告不存在被中止行使探望权的事由，或存在但已恢复。

【规范指引】

《民法典》第 1086 条。

3. 对探望权行使的抗辩审查

【审查要点】

（1）原告非行使探望权的适格主体。

（2）原告行使探望权的时间、地点及方式不符合已达成的协议约定或生效的裁判文书。

（3）原告存在中止探望的情形，且未恢复。

（4）原告探望子女对子女的身心健康成长造成了不利影响。

【规范指引】

《民法典》第 1086 条；《民法典婚姻家庭编解释（一）》第 66 条。

（五）赡养关系纠纷的审查要素

1. 立案审查

（1）当事人主体资格的审查

【审查要点】

①缺乏劳动能力或生活困难的父母有权要求成年子女履行赡养义务。

②子女已经死亡或子女无力赡养的祖父母、外祖父母有权要求有负担能力的孙子女、外孙子女履行赡养义务。

③继父母与继子女之间有抚养关系的，继子女应当对继父母承担赡养义务。

【规范指引】

《民法典》第1067条、第1072条、第1074条。

（2）地域管辖和级别管辖的审查

【审查要点】

赡养关系纠纷一般由被告住所地基层人民法院管辖，被告住所地与经常居住地不一致的，由经常居住地基层人民法院管辖。对于追索赡养费案件中的被告在不同辖区的，可以由原告所在地基层人民法院管辖。对重大疑难、新类型和在法律适用上具有普遍意义的，可以按照《民事诉讼法》第39条的规定，由上级人民法院自行决定由其审理或根据下级人民法院报请决定由其审理。

【规范指引】

《民事诉讼法》第18条、第22条、第39条;《民事诉讼法解释》第9条。

2. 要求支付赡养费诉请的审查

【审查要点】

（1）原告缺乏劳动能力或者生活困难。

（2）成年子女不履行赡养义务。

【规范指引】

《民法典》第1067条。

3. 对要求支付赡养费抗辩的审查

【审查要点】

（1）赡养义务人经济条件困难或丧失（部分）劳动能力。

（2）主张被赡养人的权利已经得到其他赡养义务人的充分保障。

（3）父母子女的身份关系不成立。

【规范指引】

《民法典》第1067条、第1072条、第1111条。

（六）监护权纠纷的审查要素

1. 立案审查

（1）当事人主体资格的审查

【审查要点】

有权向人民法院要求指定监护人的主体范围是被监护人住所地的居民委

员会、村民委员会或者民政部门。有权向人民法院要求撤销监护人资格的主体范围是除被诉监护人之外的其他依法具有监护资格的人，以及居民委员会、村民委员会、学校、医疗机构、妇女联合会、残疾人联合会、未成年人保护组织、依法设立的老年人组织、民政部门等。

【规范指引】

《民法典》第31条、第37条。

（2）地域管辖和级别管辖的审查

【审查要点】

指定监护人抑或变更监护权纠纷，原则上由被告所在地基层人民法院管辖，但此类纠纷也可以按照特殊地域管辖，由被监护人所在地基层人民法院管辖。

【规范指引】

《民事诉讼法》第18条、第22条、第39条；《民事诉讼法解释》第10条。

2. 原告诉请的审查

（1）指定监护人诉请的审查

【审查要素】

①被监护人系无民事行为能力人或者限制民事行为能力的成年人。

②父母及近亲属中无适格监护人或被监护人住所地的居民委员会、村民委员会或者民政部门曾指定监护人，但原告对此持有异议。

③监护人间未就被监护人监护事宜达成协议或被监护人父母生前未明确监护人选。

④尊重被监护人的真实意愿。

【规范指引】

《民法典》第29条、第30条、第31条。

（2）撤销监护权诉请的审查

【审查要点】

①被监护人系无民事行为能力人或者限制民事行为能力的成年人。

②监护人怠于履行、无法履行监护职责或存在其他严重侵害被监护人合法权益的行为。

③听取被监护人及其亲属、居（村）民委员会和民政部门的意见以及被监护人的真实意愿，审查并确认新的监护人有利于被监护人的身心健康。

【规范指引】

《民法典》第35条、第36条。

3. 被告抗辩的审查

（1）对指定监护人抗辩的审查

【审查要点】

①被监护人的父母通过合法有效遗嘱的形式已经指定了监护人。

②具有监护资格的监护人之间，具有完全民事行为能力的成年人与其他愿意担任监护人的个人或组织间已就监护人事宜达成了合法有效的协议。

③拟指定的监护人不具有监护资格或监护资格仍未恢复。

④拟指定的监护人违背被监护人的真实意愿，不利于被监护人的身心健康。

【规范指引】

《民法典》第29条、第30条、第31条、第33条。

（2）对撤销监护权抗辩的审查

【审查要素】

涉诉监护人具有监护资格和能力，也不存在严重侵害被监护人合法权益的行为。

【规范指引】

《民法典》第36条。

（七）分家析产纠纷的审查要素

1. 立案审查

（1）当事人主体资格的审查

【审查要点】

分家析产纠纷的当事人（原、被告）之间须存在家庭成员关系，且所涉当事人对诉讼标的物存在共有基础，否则无权主张分家析产。

【规范指引】

《民法典》第308条。

（2）地域管辖和级别管辖的审查

【审查要点】

因分家析产纠纷提起的诉讼，一般由被告住所地基层人民法院管辖，被告住所地与经常居住地不一致的，由经常居住地基层人民法院管辖。被告经常居住地不在同一辖区的，可以由原告选择任意被告经常居住地基层人民法院管辖，如涉及不动产的，还可以由讼争不动产所在地基层人民法院管辖。对重大疑难、新类型和在法律适用上具有普遍意义的，可以按照《民事诉讼法》第 39 条的规定，由上级人民法院自行决定由其审理或根据下级人民法院报请决定由其审理。

【规范指引】

《民事诉讼法》第 18 条、第 22 条、第 34 条、第 39 条。

2. 原告诉请的审查

【审查要点】

（1）存在合法有效的分家析产书面协议或约定（包括但不限于分家析产协议、分书、分家单、分单），且与当地风俗习惯不冲突，抑或家庭成员之间因财产权属或财产分配方式难以达成一致。

（2）家庭成员间的共有关系或基础丧失，抑或具备法定重大理由需要分割。

（3）处分或分割的标的物是家庭（全部或部分家庭成员之间）的共有财产。

（4）处分或分割家庭共有财产的当事人须是对家庭共有财产形成有过贡献的家庭成员，或存在共同继承、共同接受遗赠或赠与等事实。

【规范指引】

《民法典》第 10 条、第 119 条、第 230 条、第 240 条、第 301 条、第 303 条、第 304 条、第 657 条、第 1123 条。

3. 被告抗辩的审查

【审查要点】

（1）家庭成员间已就家庭财产的分割或处分达成了约定或所涉分家析产协议效力有效要件缺失。

（2）分家析产协议所处分的家庭共有财产与当地风俗习惯冲突。

（3）分家析产协议存在欺诈、胁迫或重大误解等情形。

（4）家庭成员间的共有关系或基础仍然存在，原告要求分家析产不具备法定的重大理由。

（5）在场家庭成员处分的部分财产系无权处分或属于被告在与其他家庭成员共同生活期间的个人财产，损害被告利益。

（6）被告取得的财产权益系基于父母或其他家庭成员之间的财产赠与，

或系基于遗赠或遗嘱。

（7）分家析产时未保障或照顾没有房屋且没有经济生活来源的家庭成员。

【规范指引】

《民法典》第 147 条、第 148 条、第 149 条、第 150 条、第 151 条、第 153 条、第 301 条、第 1123 条。

第二节　争点整理与认定

一、扶养纠纷

原告诉请主张一方给付扶养费的，影响原告诉请要件事实成立与否的争议事实是夫妻关系是否有效存续、原告是否需要扶养、被告是否存在消极或不履行扶养义务等情形，因此上述事实争点内容即为扶养纠纷争点主要涵摄范围。

争点 1：需要扶养的夫或妻一方有权要求不履行扶养义务的一方履行扶助义务

【案例】蔡某诉赵某扶养费纠纷案[①]

蔡某与赵某 2007 年登记结婚。2023 年 1 月，蔡某因新冠病毒检测阳性，被子女接回家生活至今。因蔡某身体患病生活困难，需要赵某支付其日常生活费用，故起诉至法院要求赵某支付 2023 年 1 月到 2023 年 7 月的扶养费。审理中查明，赵某为退休职工，有月基本养老金。法院经审理认为，赵某系退休职工，每月有固定的养老金收入，而蔡某在患病后被子女接回家中生活，其每月的养老保险金和高龄补贴显然不足以满足日常生活和就医的需求，客观上尚需要赵某扶养，蔡某的子女对其的法定赡养义务不能当然免除赵某对蔡某法定的扶养义务，遂判决赵某支付蔡某 2023 年 1 月至 2023 年 7

① 参见陕西省商洛市中级人民法院（2023）陕 10 民终 789 号民事判决书。

的扶养费。

【分析】

扶养是指家庭关系中夫妻双方或同辈间在物质上、生活上的相互帮助，是因亲属关系而产生的权利义务关系。因此，夫妻有互相扶养的义务。一方不履行扶养义务时，需要扶养的一方，有要求对方给付扶养费的权利。婚内扶养义务不仅仅是一个道德问题，更是夫妻之间的法定义务，有扶养能力的一方必须自觉履行这一义务，特别是在对方患病、丧失劳动能力、生活不能自理、双方收入悬殊以及无固定收入并缺乏生活来源的情况下更应该做到这一点。如果一方不履行这一法定义务，另一方可通过法律途径实现自己的合法权益。扶养责任的承担，既是婚姻关系得以维持和存续的前提，也是夫妻共同生活的保障。对于扶养费的标准，应以满足生活困难一方的基本生活需要和其他必要开支为基础，并充分考量扶养人一方的经济能力以及当地居民的平均生活水平等因素，合理确定夫妻间的扶养费给付标准。

特别说明：（1）夫妻间的互相扶助义务随着婚姻关系的缔结而产生，随着婚姻关系的结束而终结。婚姻关系存续期间夫妻虽分居但仍应互相承担扶养义务，因此，夫妻间的互相扶助义务系法定义务，非因法定事由不能免除。夫妻之间的扶养义务在性质上属于生活保持义务，生活保持义务本身即意味着相当程度的牺牲，即使自身陷入不能维持基本生活之境地，仍应作出牺牲。[①]

（2）夫妻之间的扶养包括经济上的供养（扶养费）、精神上的慰藉以及生活上的照顾。既有物质的内容，又有非物质的内容。对于夫妻一方已经通过生活照料方式履行扶养义务的，则其不能主张扶养费给付，或者至少应当减少扶养费给付。

（3）夫妻间约定实行分别财产制的，并不影响夫妻之间扶养义务的履行。夫妻财产制仅是夫妻之间对于婚后财产归属的约定，不能因为夫妻双方约定实行分别财产制，便认定双方不负担基于特定身份关系所产生的扶养义务。

（4）作为一方监护人的夫或妻，被撤销监护人资格后仍应继续履行扶养义务。

---

① 最高人民法院民法典贯彻实施工作领导小组编著：《中国民法典适用大全·婚姻家庭卷》，人民法院出版社 2022 年版，第 132 页。

（5）子女对于夫或妻一方的赡养义务，不能成为应履行扶养义务一方拒绝支付扶养费的抗辩理由。

【规范指引】

《民法典》第37条、第1059条。

二、亲子关系纠纷

原告诉请要求确认或否认亲子关系的，影响原告诉请要件事实成立与否的争点内容是原告提出的主张是否存在正当理由支撑的事实争点，以及提交的证据是否足以达到高度盖然性证明标准的法律适用争点，因此上述争点内容即为亲子关系纠纷争点主要涵摄范围。

争点2：亲子关系异议纠纷中的“必要证据”之标准

【案例】蔡某甲诉蔡某乙同居关系子女抚养费纠纷案[①]

蔡某甲生育女儿后，起诉要求确认女儿归其抚养，并要求蔡某乙支付抚养费。对此，蔡某乙不确认女儿系其亲生。蔡某甲申请对女儿与蔡某乙之间是否存在血缘关系进行鉴定，蔡某乙拒绝配合。庭审中，蔡某甲提供了其与微信号“C某某”的人的微信（绑定手机号尾号为66）聊天记录，内容包括“C某某”与其约定备孕、其怀孕后“C某某”对其腹中胎儿表示关爱等，其中2017年2月12日，“C某某”对蔡某甲称对于胎儿要不要生下来由其决定，若蔡某甲决定生则孩子的抚养由其负责到底。手机号尾号为66的用户于2017年向蔡某甲发送短信称，其一直让蔡某甲终止妊娠，但蔡某甲执意不听，其不想跟这个事情有任何瓜葛。蔡某乙承认前述手机号为其本人号码。法院经审理认为，蔡某甲提供的聊天记录，均可以至蔡某甲的手机中查看原始记录，足以证明聊天记录的真实性。且蔡某甲提供的聊天记录，亦足以证明其与蔡某乙存在共同孕育子女的愿望，并证明了蔡某乙认可蔡某甲腹中的女儿系自己子女的意思表示，遂判决支持蔡某甲主张蔡某乙系其女儿父亲的主张。

---

① 参见广东省广州市海珠区人民法院（2017）粤0105民初第8053号民事判决书。

【分析】

亲子关系异议纠纷中，虽然可以适用推定规则认定亲子关系的成立与否，但推定的适用仅仅是降低了原告的举证难度，并未免除其证明责任。因此，原告仍需提供证据支持其提出的事实主张，并在对方当事人无相反证据或提供的证据不足以推翻，且无正当理由拒绝做亲子鉴定的基础上适用推定。对于“必要证据”的范围或类型，只要能够让法官内心怀疑血缘关系事实存在与否即可。实践中，“必要证据”可从子女的受孕是否在婚姻期间，受孕期间生母是否与其他男性有同居、性交事实，生父母一方提供的书面证据，以及子女外貌与家族特征存在明显差异等予以确认该种亲子关系等方面来进行初步认定。

从证明对象看，原告提供的“必要证据”拟证明的是“足以怀疑血缘关系存在与否”之基础事实，而非“亲子关系是否存在”之推定事实。如果证据能够直接证明“亲子关系是否存在”的事实，则该证据不属于“必要证据”范畴。从证明标准看，原告提供的证据须达到“必要”程度，但“必要”程度为何，依原告否认或确认亲子关系诉请而不同。[①]否定亲子关系的推定中，证明基础事实的证据要形成证据链，达到“高度盖然性”的程度，即法官对于子女非亲生产生较高程度的怀疑。确认亲子关系的推定中，只需达到“盖然性占优势”即可。这一点与前述否定亲子关系推定的证明标准不同。无论是在否认亲子关系的推定中，抑或确认亲子关系的推定中，另一方没有相反的证据又坚决不同意做亲子鉴定的事实，均补强了基础事实的“高度盖然性”或让“盖然性占优势”的证明标准升格为“高度盖然性”，人民法院可以据此推定亲子关系的成立或不成立。

特别说明：（1）亲子关系的推定切忌绝对化，不能忽略当事人在常年共同生活中形成的亲情，损害当事人现存的家庭模式和现实生活利益。虽然血缘联系是发生父母子女关系的直接依据，但亲子关系的安定、婚姻家庭的和谐，以及未成年人的健康都是应当予以考量的因素，特别是在8周岁以上的未成年人了解情况后明确拒绝配合亲子鉴定的情况下，不能简单认为是父或者母一方在拒绝鉴定，从而机械地推定亲子关系的存在或者不存在。

---

① 参见栗明：《亲子关系推定规则的理解与适用——基于“北大法宝”251份民事判决书的分析》，载《证据科学》2021年第2期。

（2）身份关系不适用自认，无论是确认还是否认亲子关系，均须有相关的证据材料予以佐证。

（3）单方私下的亲子鉴定意见虽具备与案件争议问题的关联性，但因为其在合法性与客观真实性上存在缺陷，应作为非法证据予以排除。

（4）审查当事人提交的“必要证据”时要贯彻未成年人利益最大化理念。

（5）婚姻关系存续期间，夫妻双方一致同意进行人工授精，所生子女应视为婚生子女，父母子女间的权利义务关系适用《民法典》的有关规定。

【规范指引】

《民法典》第 1073 条;《民法典婚姻家庭编解释（一）》第 39 条。

争点 3: 当事人仅凭怀疑或者猜测申请亲子鉴定的，人民法院不予准许

【案例】苑某诉赵某乙离婚纠纷案[①]

苑某与赵某乙通过交友网站相识相恋，并于 2014 年 1 月 25 日登记结婚。同年 8 月 12 日，苑某产下一子，取名赵某丙。苑某怀孕后，赵某乙一直对孩子与自己是否有血缘关系存在疑问。2014 年中秋后，双方为此事发生争执，苑某诉至法院要求解除婚姻关系。法院经审理认为，双方产生不睦主要系因为赵某乙对孩子血缘关系产生怀疑，但其对此并无依据，仅系猜测，加之苑某又不同意进行亲子鉴定，故对赵某乙的猜测不予支持。

【分析】

申请亲子鉴定的一方应当完成相当的举证证明义务。亲子鉴定关系到夫妻双方、子女和他人的人身关系和财产关系，因此，在一方拒绝做亲子鉴定的案件中，提出亲子鉴定主张的一方应当承担与其主张相适应的证明责任，足以使形成法官内心确信的基础上，才能够启动亲子鉴定，不能仅凭当事人的怀疑或者猜测便轻易地启动亲子鉴定。

特别说明:（1）当事人要求与同父异母或同母异父的兄弟姐妹或祖父母外祖父母进行血缘关系鉴定确认亲子关系，并主张适用《民法典婚姻家庭编解释（一）》第 39 条的亲子关系推定原则的，不予支持。

---

① 参见上海市黄浦区人民法院（2015）黄浦民一（民）初字第 130 号民事判决书。

（2）婚姻关系存续期间，父或母为争取孩子的抚养权，以单方亲子关系报告提请否认对方与孩子的亲子关系之诉，对方不认可单方亲子鉴定报告，拒绝做亲子鉴定的，原告主张适用《民法典婚姻家庭编解释（一）》第39条的亲子关系推定原则的，不予支持。

【规范指引】

《民法典婚姻家庭编解释（一）》第39条。

三、抚养纠纷

抚养纠纷主要涉及抚养权纠纷、抚养费纠纷。首先，关于抚养权纠纷。原告诉请要求确定直接抚养权归属或变更抚养权的，影响原告诉请要件事实成立与否的事实争点是子女的意愿是否必须遵循、子女是否随一方长期稳定生活，以及是否有利于子女身心健康成长等。因此，上述内容即为抚养权纠纷争点主要的涵摄范围。其次，关于抚养费纠纷。原告诉请要求给付（追索）抚养费的，影响原告诉请要件事实成立与否的法律争点是子女是否具有起诉资格、抚养费功能是否已经丧失、抚养费范围等；影响原告诉请要件事实成立与否的事实争点是抚养能力（条件）是否发生重大变化、是否实际直接抚养子女、是否存在抚养费的约定等。因此，以上内容即为抚养纠纷争点主要的涵摄范围。

争点4：年满8周岁子女的个人意愿并非确定未成年子女直接抚养归属时的唯一决定因素

【案例】陈某诉陆某抚养纠纷案[①]

园园（化名）的父母陈某与陆某协议离婚，约定婚生女园园由其母亲陆某抚养。后其父亲陈某向法院提起诉讼，要求变更抚养关系。一审法院在庭审中征求园园的意见，其表示愿意随父亲陈某共同生活。一审法院遂判决园园由陈某抚养。陆某不服，提出上诉。二审时，陆某与陈某各执一词，均认为自己抚养园园更有利，但未能提供与案件处理结果相关联的证据。二审审

---

① 参见周瑞平、邢轶慧：《诉讼中，孩子表达随父或母生活意愿出现反复怎么办？》，载《人民法院报》2023年8月29日，第3版。

理中，园园又表达了愿意随母亲共同生活的意愿。二审法院经审理认为，园园刚满 10 周岁，她所作出的反复表达，反映了这个年龄的孩子存在认知情绪化、片面化及不稳定的心理。二审法院在结合实地查看园园父母的住所，走访双方所在的居委会，联系园园就读的学校以及与班主任老师就园园的学习、接送、家长联络等多方面进行深度沟通后，结合了园园二审中表达的想与母亲共同生活的意愿，作出了变更判决，将园园的直接抚养人变更为母亲。

【分析】

未成年人利益最大化原则是解决子女抚养权归属纠纷的基本价值取向，需要通过诸多具体情况来衡量，而非简单地由其中一两个因素决定。虽然最高人民法院《民法典婚姻家庭编解释（一）》第 56 条第 1 款第 3 项规定，已满 8 周岁的子女，愿随另一方生活，该方又有抚养能力的，可由该方抚养，但按照未成年人利益最大化原则的处理理念，司法实践中，法院判决时一般还需要考量父母双方的个人素质、对子女的责任感、家庭环境、父母与子女的感情、父母的经济能力等因素，并合理考量不能生育和再婚有困难的父或母的合理要求。因此，8 周岁以上的子女的意愿仅是判决子女抚养权归属的一个因素，而非充分条件。此外，年满 8 周岁的未成年子女，本质上仍系限制民事权利能力人，心智尚未完全成熟，不能合理地理解自己行为的性质和后果，容易受到父母态度或外界环境的影响，体现在诉讼中，便是未成年子女的意愿容易出现反复或态度波动。因此，对于年满 8 周岁子女的意愿要辩证看待，不能简单或绝对地将抚养权归属的确定决定于未成年子女的不成熟看法。[①] 人民法院要查明客观事实，充分倾听未成年子女的想法，尊重其真实意愿，尽可能过滤掉影响未成年子女作出表达及判断的因素，以最有利于未成年子女的原则作出判决，切实保障未成年人权益。

特别说明：（1）未成年子女参加诉讼所表达的随父或随母一起生活的意愿属于当事人陈述，而非证人证言。要实现尊重未成年子女真实意愿的实体法目的，人民法院在诉讼程序中须听取并询问未成年子女意愿，或引入家事调查员制度代为询问，以确保未成年子女在离婚抚养权纠纷中有充分表达真实意愿和陈述意见的机会。在涉及年龄 8 周岁以上未成年人抚养案件中，因

---

① 参见国家法官学院、最高人民法院司法案例研究院编：《婚姻家庭与继承纠纷裁判规则理解与适用》，中国法制出版社 2023 年版，第 555~556 页。

其心智发育尚不完整，在作出愿意跟谁生活的选择时，很容易受到父母态度或周围环境的影响。法官应查明客观事实，充分倾听孩子的想法，尊重其真实意愿，尽可能过滤掉影响孩子作出表达及判断的因素，以最有利于未成年子女的原则作出判决，切实保障未成年人权益。

（2）当离婚案件中孩子选择跟随生活的一方条件相对较差时，需要注意的是，对于未成年子女来说，物质条件只是确定一方抚养条件优劣的因素之一，并非全部。未成年子女受哪一方生活上照顾较多，哪一方更能提供情感需求、陪伴需求，更尊重其人格尊严，更有利于其身心健康成长等，均应当作为“条件”予以考量。何况，物质条件可以通过另一方支付抚养费的方式予以解决。

【规范指引】

《民法典》第1084条；《民法典婚姻家庭编解释（一）》第56条。

争点5：父母抚养能力相当时，应以保障未成年子女的成长利益最大化为原则确定抚养权归属

【案例】田某甲诉戴某乙离婚纠纷案①

戴某乙与田某甲于2007年登记结婚，2008年1月生一子田某丙，2017年12月生一女戴某丁。田某丙与戴某丁兄妹感情较深。诉讼过程中，双方对于婚生女的抚养权归属各执一词，但对于婚生子的抚养权并无争议。法院经审理认为，双方当事人均有强烈的抚养女儿意愿，但鉴于双方抚养能力、抚养条件相当，故要以坚持未成年人利益最大化为原则，侧重考量未成年子女的身心健康和成长需要，照顾未成年子女个人的切实感受，并以此来确定婚生女在父母离婚后的直接抚养权归属问题。本案中，婚生女出生后，绝大多数时间系随母亲、外祖父母共同生活，并已在幼儿园就读，已经形成了较为稳定的生活、成长、学习环境。此外，目前婚生女尚不满四周岁，在情感上对母亲比较依赖。因此，婚生女由其母亲直接抚养更符合婚生女目前的心理、生理特征。且考虑到婚生女目前所处环境的突然改变对其身心可能造成的不利影响，故目前之生活、学习现状有继续维持之必

---

① 参见江苏省扬州市中级人民法院（2021）苏10民终3637号民事判决书。

要，也更符合未成年人利益最大化理念之要求，遂判决支持婚生女仍由其母亲直接抚养。

【分析】

父母抚养能力相当，且均有强烈意愿抚养未成年子女的，应坚持子女本位，贯彻落实未成年人利益最大化原则。在审查确认父母双方均能提供足够抚养未成年子女的物质条件基础上，侧重审查抚养人能否提供让子女心理得以健康成长的安全环境和关爱，特别是金钱给付之外的陪伴、教育等责任。父母双方争取未成年子女的直接抚养权的行为虽值得肯定，但对未成年子女而言，无论与谁共同生活，都无法避免父爱或母爱的缺位以及直接的亲情陪伴的缺失。因此，在此情况下，人民法院要从未成年子女的根本利益、长远利益出发分析和处理抚养权直接归属问题，侧重考量子女的身体、情感、教育之现实需求，而非父母的情绪感受。与此同时，要动态考察好诉讼过程中父母双方对子女抚养、探望等事宜的态度及行为，并深入贯彻好家事审判中的职权探知理念，强化家事调查，查明并了解真实的父母及其亲子关系状况，确保未成年人利益最大化的价值判断具备一定客观事实基础。

特别说明：当前两个子女以上的家庭越来越多，对于涉及多子女抚养权归属的问题上，法律并未作明确规定。人民法院在处理时，要摒除“父母本位”的思想，不能简单以平均主义进行裁判，避免出现单纯为了平息双方之间争夺子女抚养权的纠纷，平衡双方利益等因素，判决父母双方各抚养一个或多个子女。要注重将多子女的抚养权作为整体予以考虑，尽可能使多子女在父母离婚后仍能共同生活、共同成长，以维系稳定的兄弟姐妹关系，尽量避免“多孩分离、分开抚养”的裁判规则给子女成长带来的不利影响，代之以“共同抚养”的规则。

【规范指引】

《民法典》第 1084 条。

争点6：未成年子女随父或母自然、长期并稳定居住生活的，系法律上的“共同生活时间较长”

【案例】徐某甲诉王某乙变更抚养关系纠纷案[①]

徐某甲与王某乙于2017年12月26日经法院依法判决离婚，判决婚生女王某丙由王某乙抚养，徐某甲每月支付抚养费至孩子18周岁止。后王某丙一直跟随父亲王某乙居住生活。自2020年6月26日至案件审理期间，徐某甲将孩子藏匿，不让王某乙见面，并失去联系至今。法院经审理认为，父母均有探望子女的权利，自2020年6月26日至今，徐某甲将孩子藏匿不让王某乙见面并失去联系至今，不利于孩子王某丙的健康成长。综合多方因素，婚生女王某丙跟随王某乙共同生活比较有利于其生活、学业稳定，遂判决不支持徐某甲要求婚生女王某丙由其抚养的主张。

【分析】

未成年子女随父或母生活时间较长，原则上应是长期、稳定的共同居住生活状态，具体可从以下几个方面进行审查认定：一是未成年子女与父或母须在空间上处于一个相对确定的、能够满足基本日常生活需要的场所。二是未成年子女与父或母共同生活的事实状态须在一定时间内处于稳定的持续状态，不能时断时续。三是共同生活期间，父或母对未成年子女尽到了必要照料，包括衣食住行等物质方面，也包括情感、精神层面的慰藉。本案中，虽然自2020年6月26日至今，孩子与徐某甲“共同生活”，但系徐某甲将孩子藏匿不让王某乙见面并失去联系所致，极大地侵害了王某丙及王某乙的合法权利，故对于徐某甲要求婚生女王某丙由其抚养的主张，人民法院不予支持。

特别说明：父母分居期间，或离婚后的探望期间，一方采取恶意抢夺、隐匿等手段拒不将未成年子女交给对方，通过己方长期接触子女的优势影响和改变未成年子女的想法，并造成未成年子女长期随己方共同生活的事实状况，随后又以尊重未成年子女的意愿及与未成年子女长期共同生活为由主张变更子女抚养权的，人民法院不予支持。此外，以抢夺、藏匿未成年子女等方式抢夺抚养权，也人为地阻断了未成年子女与父母一方的血肉亲情，会导致未成年子女在成长过程中缺乏父爱或者母爱，造成情感缺失的精神伤害。

---

① 参见山东省利津县人民法院（2020）鲁0522民初1107号民事判决书。

为了躲避父亲或者母亲的寻找，另一方会让未成年子女始终处于隐秘、动荡的生活环境中，严重影响未成年子女的健康成长。另外，婚姻关系存续期间，一方抢夺、藏匿未成年子女，致使尚在哺乳期的未成年子女无法与母亲相见，不仅阻碍了另一方行使相关权利，也严重损害了未成年子女的利益。该权利系基于身份关系产生，对于以抢夺、藏匿等方式争夺抚养权的一方，另一方有权以监护权遭受侵害为由参照《民法典》第995条对人格权保护的有关规定提起诉讼，请求行为人承担停止侵害、排除妨碍等民事责任。

【规范指引】

《民法典》第995条；《民法典婚姻家庭编解释（一）》第46条。

争点7：离婚时，未成年子女由一方直接抚养，不直接抚养子女的一方不久后又单独起诉要求变更抚养关系的，一般不予支持

【案例】马某甲诉邓某变更抚养关系纠纷案[①]

马某甲与邓某于2009年9月登记结婚，2010年10月生育女儿马某乙。2015年7月，马某乙由马某甲接至马某甲的原户籍所在地居住生活。同年7月27日马某甲与邓某协议离婚，离婚协议中，双方约定马某乙抚养权归邓某，马某甲每月给付抚养费。后马某甲不同意将马某乙交由邓某负责抚养，并诉至法院要求变更马某乙的抚养关系。庭审中，马某甲主张离婚协议中关于马某乙抚养的约定非其真实意思表示，但未提供证据加以证明。法院经审理认为，马某甲与邓某协议离婚时约定马某乙抚养权归邓某，马某甲给付抚养费，马某甲在该约定不足两个月，双方情况并未发生重大变化，马某乙由邓某抚养并无不当的情况下，即要求变更马某乙的抚养关系，无正当理由，其要求变更抚养关系的诉请应不予支持。

【分析】

离婚时，父母双方在离婚协议或调解协议中的约定，除包含财产分割的内容外，还包括婚姻关系的解除、子女抚养的安排等多项涉及人身性权利义务的内容，各部分内容之间并非完全割裂的，而是紧密牵连的，在无充分证据证明协议本身存在欺诈、胁迫的情况下，应尊重并维持协议的效力。因此，

---

① 参见江苏省南京市江宁区人民法院（2015）江宁江民初字第812号民事判决书。

不直接抚养子女的一方在协议生效后转而起诉要求变更既定的抚养关系，一般不予支持。除非，不直接抚养子女的一方举证证明未成年子女随直接抚养人共同生活对子女的身心健康成长明显不利。

特别说明：（1）此类纠纷审查时，要特别关注非直接抚养人提起诉讼距离协议生效的时间及起诉频次，时间较短、起诉次数频繁的应审慎审查，并贯彻好未成年子女利益最大化原则。

（2）对于离婚协议效力的评价应注重整体性，不能等同于一般的民商事合同，故对其效力的评价不包括民事法律行为评价标准之一的显失公平，不能简单地以财产分割不均、抚养费承担过多等否定协议的效力。[①]

（3）直接抚养子女的一方若存在未经另一方同意，擅自将未成年子女单独交由无亲属关系的他人代为抚养，实际上是使未成年子女脱离了父母的监护，应当认定该方未完全履行抚养义务，不利于未成年子女的健康成长，另一方有权请求变更抚养关系。

【规范指引】

《民法典》第464条、第1084条。

争点8：离婚后，一方未按约定或法院生效文书直接抚养子女，实际抚养的一方能以子女名义起诉要求对方给付其实际抚养期间的抚养费

【案例】符某甲、郑某丁诉郑某乙抚养费纠纷案[②]

符某甲与郑某乙于2006年6月登记结婚，同年9月生育大女儿郑某丙，2011年2月生育二女儿郑某丁。2019年2月，符某甲与郑某乙办理离婚登记，并签订离婚协议，约定：大女儿由郑某乙抚养，女方无须支付抚养费，二女儿由女方符某甲抚养，但因女方个人原因，暂时由郑某乙抚养，符某甲每月支付二女儿生活费……离婚后，二女儿郑某丁实际由郑某乙抚养，符某甲未向郑某乙每月支付抚养费，亦未支付过其他费用。法院经审理认为，虽然符某甲与郑某乙在离婚协议中约定郑某丁的抚养权归符某甲，但是符某甲

---

① 参见茆荣华主编：《上海法院类案办案要件指南》（第5册），人民法院出版社2022年版，第340页。

② 参见海南省文昌市人民法院（2022）琼9005民初4797号民事判决书。

并未实际抚养，亦未按照协议约定每月支付抚养费，而是由郑某乙实际抚养郑某丁，其双方系通过事实行为变更了对郑某丁的抚养权，符某甲作为未实际抚养方，主张实际抚养方郑某乙支付抚养费，无事实和法律根据。

【分析】

父母双方本应按照约定或法院生效法律文书确定的子女抚养方式履行抚养义务，但一方不按约定或法院生效法律文书确定的义务履行的消极行为与另一方主动抚养子女的积极行为共同导致了实际抚养人与协议或法院生效法律文书确定的不一致，因此，在实际抚养人与协议约定或法院生效法律文书不一致的情况下，子女可依据已实际发生的抚养费用向未按约定或法院生效法律文书抚养其的一方主张支付此期间的抚养费。

特别说明：离婚后，父母对于子女仍有抚养、教育、保护的权利和义务。对已有约定或法院生效法律文书未履行的行为虽应予以否定，但非直接抚养一方在探视未成年子女期间实际抚养了子女，并以子女和自己名义共同起诉要求另一方支付在此期间的抚养费，在未举证证明已经足额履行支付抚养费义务且另一方拒不履行直接抚养义务的情况下，应不予支持。

【规范指引】

《民法典》第 1084 条。

争点 9：直接抚养子女一方以子女名义主张另一方支付抚养费逾期利息的请求，一般不予支持

【案例】魏某甲诉魏某乙抚养费纠纷案[①]

何某与魏某乙于 2008 年 4 月登记结婚，婚后生育一子魏某甲。2013 年 5 月，双方登记离婚，并达成《离婚协议书》，约定婚生子魏某甲由何某抚养，随其生活，魏某乙每月支付生活费。离婚后至 2016 年 12 月，魏某乙按照协议每月向魏某甲支付生活费，自 2017 年 1 月起未支付生活费。现魏某甲起诉要求魏某乙支付逾期给付的生活费及利息并按期给付后续生活费。法院经审理认为，魏某乙与何某在离婚协议中并未明确约定逾期支付子女生活费的责任承担方式，考虑抚养费的人身属性，不宜将商品经济的财产法规直接适用

① 参见四川省成都市中级人民法院（2019）川 01 民终 15758 号民事判决书。

于婚姻家庭领域，因此，对要求魏某乙支付生活费逾期利息的主张不予支持。

【分析】

支持抚养费逾期利息无法律明确规定，逾期利息属于经济行为的范畴。抚养费支付是一种特殊的债权债务关系，基于具体特定的亲属关系而存在，本质是属于人身权利范畴而非经济行为范畴，一般不能参照《民法典》合同编的规定。此外，追讨抚养费不能成为一种获利手段，从公平公正原则出发，不支持抚养费逾期利息，从而敦促直接抚养未成年子女一方及时主张权利。

特别说明：主张支付抚养费逾期利息的请求虽无法得到支持，但双方若直接约定了不按时支付抚养费的违约金或者逾期利息的，未按协议支付抚养费的一方应按照协议约定承担违约金。此处约定的违约金或逾期利息条款旨在更好地保护未成年人的健康成长。

【规范指引】

《民法典》第464条。

争点10：父母离婚后又同居的，享有直接抚养权的一方一般不能以子女的名义起诉要求另一方给付该阶段抚养费

【案例】金某甲诉孟某抚养费纠纷案①

金某甲的父亲金某乙与孟某系协议离婚，双方约定金某甲随金某乙生活，由孟某每月给付生活教育费，自2015年3月起至孟某经济独立时止。双方离婚后，孟某与金某甲、金某乙一直共同生活至2018年10月，孟某与金某乙共同支付金某甲费用。现金某甲请求孟某给付自2015年3月26日起至子女18周岁止的抚养费。法院经审理认为，金某甲主张孟某自2015年3月起至其18周岁止按每月1000元给付抚养费一节，因孟某与金某甲父亲离婚后共同生活至2018年10月，孟某照顾金某甲生活，并支付相应的生活、教育费用，客观上已履行了此期间教育、抚养的义务，故对金某甲主张2015年3月至2018年10月抚养费一节不予支持。

【分析】

父母离婚后又同居的，享有直接抚养权的一方能否以子女的名义起诉要

① 参见辽宁省海城市人民法院（2019）辽0381民初7315号民事判决书。

求另一方给付同居期间的抚养费，要审查父母离婚后继续同居是否具有共同抚养子女的主观目的，客观上是否对子女形成了共同抚养事实，在具有共同抚养目的且存在共同抚养事实的情况下，享有直接抚养权的一方再以子女名义起诉要求另一方给付此间抚养费的，人民法院不予支持。

特别说明：未成年子女抚养费的给付，不以父母的婚姻关系是否解除，解除后是否继续共同生活为充分条件，关键在于父母是否共同履行了抚养子女的义务。一般而言，离婚后继续共同生活并共同抚养未成年子女的，能够使子女得到相对完整的父爱和母爱，可以最大限度地减轻父母离异对子女造成的心理创伤，有利于孩子的健康成长，在父母已经实际共同抚养子女的情况下，再行以子女的名义起诉要求另一方给付此间抚养费，不仅于法无据，也会对未成年子女的身心健康产生一定不利影响。

【规范指引】

《民法典》第 1067 条、第 1084 条。

争点 11：初中毕业后进入职业高中就读，就读期间业已成年的子女仍有权主张抚养费

【案例】朱某甲诉李某抚养费纠纷案[①]

朱某甲、朱某乙系朱某丙与李某之婚生子、婚生女。2017 年 5 月，法院作出的离婚判决，判决婚生女朱某乙、婚生子朱某甲均随朱某丙生活，李某自 2017 年 6 月起于每月月底前给付朱某甲抚养费 700 元，直至朱某甲年满 18 周岁止。朱某甲初中毕业后，于 2021 年 9 月在某高等职业技术学校就读，学费每学期 800 元左右。法院经审理认为，被抚养人朱某甲现就读于某高等职业技术学校，培养层次为专科，其入学时已满 15 周岁，但现尚未完成该职业院校学业。朱某甲在初中毕业后直接就读于该校，就读期间，可比照未完成高中学业的情形，将其视为不能独立生活的子女。现其要求李某给付在此期间的抚养费有事实和法律依据，应予支持。

【分析】

未成年子女在初中毕业后直接进入一贯制专科学校就读，就读期间，该

---

① 参见江苏省扬州市中级人民法院（2022）苏 10 民终 4014 号民事判决书。

子女即使成年，亦可比照未完成高中学业的情形，将其视为不能独立生活的成年子女，其有权要求未直接抚养一方给付抚养费。

特别说明：（1）《民法典》第1067条及《民法典婚姻家庭编解释（一）》第41条对不能独立生活的子女承担抚养义务属于法定义务作出了规定，但法律并不禁止父母对不属于尚在接受高中及其以下学历教育，或者丧失、部分丧失劳动能力等非因主观原因而无法维持正常生活的成年子女通过约定方式承担抚养义务。对于已就读大学的成年子女，不宜认定为《民法典》第1067条规定的"不能独立生活的成年子女"。对其要求支付抚养费的诉讼请求，人民法院一般不予支持。

（2）父母为成年子女支付大学期间的学费和生活费只是基于亲情和道义，并非法定义务。但无可厚非的是，要求就读大学期间的成年子女完全独立地生活又缺乏现实基础，且成年在读子女生存、发展客观上面临着费用不足的实际问题，现有法律规范又未将其纳入父母法定抚养义务，人民法院在处理此类案件时，要立足矛盾纠纷实质性化解，充分运用社会主义核心价值观，做好双方对此争议问题的调解工作，促成双方达成协议。

（3）抚养费的给付期限，一般至子女18周岁为止。16周岁以上不满18周岁，以其劳动收入为生活来源的，并能维持当地一般生活水平的，父母可以停止给付抚养费。从便于执行的角度出发，抚养的给付期限宜表述为"直到18周岁时止"。

【规范指引】

《民法典婚姻家庭编解释（一）》第41条。

争点12：支付抚养费一方有权以自己的名义起诉要求降低抚养费标准

【案例】顾某甲诉顾某乙抚养费纠纷案[①]

顾某甲与许某原系夫妻关系，双方婚后育有一子顾某乙。后两人协议离婚，《离婚协议书》约定：顾某乙的抚养权归许某，随许某生活，顾某甲每

① 参见山东省高级人民法院：《父亲起诉儿子要求降低抚养费，法院支持吗？》，载微信公众号"山东高法"，2022年10月31日。

月5日向许某支付当月抚养费4500元至儿子大学毕业时止。离婚后，顾某甲按照协议履行了14个月的抚养费支付义务，后其以生意亏损严重、财务状况恶化等理由，多次找许某沟通要求降低抚养费数额，许某未同意。法院经审理认为，《离婚协议书》中约定的抚养费金额系双方根据两人具体情况、孩子的实际需要以及顾某甲的负担能力等多方面因素综合考量后协商一致的结果，在不存在支付方经济状况明显恶化、劳动能力明显降低等特定情形时，双方离婚时约定的抚养费数额不应降低。

【分析】

《民法典》及相关司法解释明确了支付抚养费系父母的法定义务，抚养费的确定规则以父母双方的协议为主，判决为辅。为保障未成年人权益，根据《民法典》第1085条的规定，未成年子女在必要时可以请求父母增加抚养费数额以保障其合理的生活、学习需求。但《民法典》及司法解释并没有规定父母在特定情况下享有减少抚养费的请求权。因此，减少抚养费的诉请缺乏法律依据，人民法院一般不予支持。如果确有证据证明存在不直接抚养一方整体经济状况明显恶化、劳动能力明显下降、再行支付无法保障其基本生活等特定情形的，才应考量其降低抚养费诉请的合理性。

特别说明：（1）对于父或母的此类诉请，虽一般不予支持，但参照《民法典》第533条的规定，如给付义务人确因客观原因，导致其经济收入长期性、明显性降低，并致使其难以维持当地正常生活水平的，例如给付方领取失业金、生活困难，长期患病或丧失劳动能力又无经济来源等且持续至诉讼中，并有充分证据证明的，则法院根据实际情况适当减少抚养费也具有合理性。需要说明的是，抚养费设置的目的是保障未成年人的成长，抚养费数额的多少直接关涉未成年人的切身利益，无论减少抚养费的诉请是否存在合理性，法院审判此类案件首先要遵循的就是未成年人利益最大化原则。

（2）对于父或母中非直接抚养一方的负担能力确实因工作变动、身体健康等客观原因暂时性严重降低的，可综合考量原抚养费标准、子女实际生活所需以及父母另一方的负担能力等因素，酌情给予支付抚养费的父母一方一定时间的过渡期，仅在过渡期内降低抚养费数额。

【规范指引】

《民法典》第533条、第1085条。

争点 13：父母协议免除一方负担抚养费给付义务的约定具有法律效力，但不妨碍子女必要时向其主张权利

【案例】赵某甲、赵某乙诉赵某丙抚养费纠纷案[①]

2020 年 8 月，赵某甲、赵某乙的父母赵某丙与杜某在民政局协议离婚，双方约定赵某甲、赵某乙由杜某直接抚养，赵某丙无须支付抚养费。后因杜某精神情绪不稳定加之疫情原因导致失业，其没有稳定的收入来源，后其以子女名义起诉至法院，请求判令赵某丙按月支付抚养费至子女年满 18 周岁时止。法院经审理认为，随着孩子年龄的增长，当地生活水平的提高，生活开支必然会增加，从最有利于保护未成年人利益的原则出发，判决赵某丙按月支付抚养费适当，应予支持。

【分析】

婚姻家庭关系中，人身关系具有主导地位。我国法律充分尊重和维护婚姻家庭关系的本质，对婚姻家庭关系适用不同于普通民事法律关系的具体规则，在父母对子女的亲子关系中，明确规定了父母对子女具有法定抚养义务，父母一方不履行法定义务的，不能独立生活的子女有权请求父母支付抚养费。但是，在有关财产方面，婚姻家庭关系具有民事法律关系的一般属性，可以适度体现当事人间的意思自治。无论是在父母的婚姻关系存续期间，还是双方决定离婚时，父母双方均可以通过协商一致，免除不直接抚养子女一方给付抚养费的义务。因此，对于此类约定，人民法院一般应当承认其法律效力。

特别说明：如前所述，当事人间的意思自治的体现具有适度性。父母双方协议免除一方给付抚养费的义务，往往是在离婚案件中，父母双方争夺子女抚养权的场合。一方主张要抚养子女，另一方则主张以对方抚养子女则不给付抚养费为条件，主张抚养者为达目的，只好同意免除对方的给付义务。因此，对于父母双方协议免除一方给付抚养费的，人民法院要审慎作出认定与处理。从某种程度上看，父母一方为争夺抚养权而作出的免除一方给付抚养费义务的意思表示，很难说是出于其真实意思表示。并且，从有利于保障子女权益的角度出发，如果直接抚养方的抚养能力明显不能保障子女所需费

---

① 参见河南省淮滨县人民法院：《离婚约定不付抚养费，之后还能追要吗？》，载微信公众号“淮滨法院”，2023 年 5 月 9 日。

用，可能影响子女健康成长的，人民法院应不予准许。

【规范指引】

《民法典婚姻家庭编解释（一）》第52条；《民法典婚姻家庭编解释（二）》第16条、第17条。

争点14：父母对未成年子女教育费范围未明确约定或未达成合意的，应以必然应当支付的费用或义务教育阶段支出的必要费用为限

【案例】于某甲诉于某乙抚养费纠纷案[①]

于某乙系于某甲之父。于某甲之母聂某与于某乙于2019年3月经法院判决离婚，判决书载明："婚生女于某甲由聂某抚养，于某乙每月给付抚养费1000元至于某甲年满18周岁时止。"2022年，聂某以于某甲名义诉至法院，要求于某乙分担新概念培训费及绘画兴趣班费用。法院经审理认为，于某甲主张的案涉费用属于超出基本教育范围的额外费用，并非一般家庭普遍必需，且事先未与于某乙协商并征得其同意，应视为于某甲母亲聂某自愿承担的部分，不宜纳入教育费范围。

【分析】

离婚协议中，父母对未成年子女的教育费用范畴约定不明的，首先应明确父母双方是否能够就教育费用的范畴予以协商确定，达成补充协议或约定。其次，依据体系解释方法进行判断，结合离婚协议的全文进行整体理解和解释。最后，在双方无法达成一致以及借助体系解释无法形成结论的情况下，人民法院应按照法律的直接规定，即将教育费的范畴限定在子女在义务教育阶段的学杂费支出。

特别说明：父母双方在离婚协议中对子女的教育费用约定不明，但对于未成年子女已经参加的教育培训，从保障未成年人接受教育的连贯性角度考量，原则上也应当予以支持。

【规范指引】

《民法典》第1085条；《民法典婚姻家庭编解释（一）》第42条。

---

① 参见中共泰州市委政法委员会：《离婚后，未成年子女的大额培训费用如何负担？》，载微信公众号"泰州政法"，2023年3月24日。

争点 15：离婚协议或生效法律文书中明确抚养费一次性支付的，不妨碍子女在必要时主张增加抚养费

【案例】周某甲诉周某乙抚养费纠纷案[①]

刘某与周某乙于 2000 年 1 月登记结婚，婚后于 2005 年 3 月生育一子周某甲。2007 年 7 月周某乙与刘某在民政局签订离婚协议，协议第 1 条约定："婚生子周某甲由女方抚养，男方不负担小孩的任何费用。"同时还约定男方一次性给付女方现金 22 000 元，其中现金 20 000 元作为婚生子周某甲的抚养费交给女方。从 2014 年 9 月 1 日起，周某乙没有再支付抚养费。现由于周某甲的母亲刘某常年多病，无固定收入，难以独自承担对原告周某甲的抚养责任。故周某甲要求周某乙每月支付抚养费 1000 元至周某甲独立生活时止。周某乙则认为，其已经一次性给付周某甲抚养费，无须再行给付。法院经审理认为，周某甲已满 11 岁，周某乙近 10 年前支付的 20 000 元已经不够花费，且周某甲的母亲刘某无固定工作，无力单独抚养周某甲，故周某甲要求周某乙支付抚养费的请求于法有据，应予支持。

【分析】

基于儿童利益最大化和依法保护未成年人合法权益原则，离婚协议或生效法律文书虽明确子女随一方生活，另一方一次性给付抚养费，但协议或判决的原定数额已明显偏低，无法满足现在生活需要的，子女仍可以要求未直接抚养方每月另行支付抚养费。

特别说明：人民法院对于《民法典》第 1085 条第 2 款中"必要时"的审查可以依据情势变更原则。子女要求增加抚养费主要包括以下几类情形：一是原定抚养费数额不足以维持当地实际生活水平；二是因子女患病、上学，实际需要已超过原定数额；三是有其他正当理由的。

【规范指引】

《民法典》第 1084 条、第 1085 条；《民法典婚姻家庭编解释（一）》第 58 条。

---

① 参见北京市第三中级人民法院（2019）京 03 民终 6890 号民事判决书。

争点 16：构成欺诈性抚养的情形下，男方有权主张返还抚养费并要求赔偿精神损害抚慰金

【案例】熊某诉张某乙离婚纠纷案①

2012 年 4 月，熊某（男方）与张某乙（女方）登记结婚，2012 年 12 月生育一子张某甲。2023 年 1 月，张某乙诉至法院要求与熊某离婚，并在庭审中提交了一份 DNA 检测意见书，证实张某甲系其与案外人所生，并据此主张夫妻感情确已破裂。熊某则辩称，多年来其为抚养张某甲付出了感情和金钱，张某乙应向其返还抚养费 10 万元，并给付精神损害赔偿金 5 万元。法院经审理认为，张某乙提供的 DNA 检测意见证明张某甲与熊某并不存在亲子关系，熊某也表示认可，因此，熊某并无抚养张某甲的义务，遂判决参照当地消费水平和抚养费标准，酌定由张某乙返还熊某抚养费 6 万元。同时，鉴于其行为给熊某造成了严重的精神伤害，还同步判决由其赔偿熊某精神损害抚慰金 2 万元。

【分析】

女方隐瞒子女与男方无亲子关系的事实，使男方实际履行了抚养义务，构成欺诈性抚养的侵权行为。欺诈性抚养不仅侵害了无抚养义务人的人格权，尤其是名誉权，也实际造成了无抚养义务人的经济利益受损。离婚时或者离婚后男方主张返还给付的抚养费并赔偿精神损害抚慰金的，可以支持。在确定抚养费返还数额时，男方应当对抚养费给付情况承担举证责任。确实无法举证证明的，可以依据子女的实际需要、男女双方的负担能力、婚姻关系存续期间双方的经济收入、离婚时共同财产的分割情况、当地的实际生活水平等酌情判定。精神损害抚慰金的赔偿数额可以依照《最高人民法院关于确定民事侵权精神损害赔偿责任若干问题的解释》第 5 条的规定确定。欺诈性抚养赔偿的义务主体应当是欺诈行为的实施主体。男方起诉子女承担欺诈性抚养赔偿责任的，不予支持。子女的生父与女方通谋欺骗男方的，应当承担连带赔偿责任。男方仅起诉女方承担赔偿责任的，可以不追加子女的生父为共同被告。

---

① 参见陕西省商洛市中级人民法院：《你知道什么是“欺诈性抚养吗”？》，载微信公众号“商洛市中院”，2024 年 1 月 12 日。

特别说明：（1）欺诈性抚养案件中，如系在亲子鉴定结果正式作出后才确切知道侵权事实的，诉讼时效应当从鉴定作出时起算。

（2）男方若明知婚生子女非亲生仍抚养的，不属于欺诈性抚养，离婚时不能依此追索抚养费。

【规范指引】

《民法典》第1043条；《最高人民法院关于确定民事侵权精神损害赔偿责任若干问题的解释》第5条。

争点17：离婚后，一方擅自更改子女的姓氏，另一方不得以此为由拒付抚养费

【案例】刘某诉梁某乙抚养费纠纷案①

梁某乙与刘某婚后生育一子梁某甲。梁某乙与刘某后因夫妻感情破裂协议离婚。离婚协议中约定：梁某甲由刘某直接抚养，梁某乙每月支付抚养费（包括生活费、教育费、医疗费等）1500元，梁某甲10周岁后按每月1000元给付，在不影响孩子学习、生活的情况下梁某乙可以随时探望。离婚后，双方为减少离婚对孩子的影响，同意轮流抚养梁某甲。但刘某在抚养梁某甲期间，将孩子的户籍迁入自己父亲的户下，并将小孩的姓氏更改为“刘”。法院经审理认为，本案中，梁某甲母亲刘某将孩子的姓氏由“梁”改为“刘”的行为虽有不妥，但梁某乙不得以此为由拒付抚养费。

【分析】

子女的姓名实质上是一个社会代号，无论是随父姓还是随母姓都是可以的，无论如何均不会改变系自己孩子的亲缘和血缘属性，承担抚养义务是责无旁贷的。离婚后一方给子女更改姓名需要征得另一方的同意，但父母不得因子女变更姓氏而拒付子女抚养费用。

【规范指引】

《民法典》第1084条；《民法典婚姻家庭编解释（一）》第59条。

---

① 参见江西省全南县人民法院：《前妻将孩子姓氏改了，男子拒绝支付抚养费。法院判了……》，载微信公众号“全南县人民法院”，2022年12月15日。

四、探望权纠纷

原告诉请要求行使探望权的，影响原告诉请要件事实成立与否的法律争点是未成年子女、成年子女以及（外）祖父母是否是探望权的权利主体、探望权行使是否受到一事不再理的约束等；而抚养费是否给付等则会成为影响探望权要件成立与否的事实争点。因此，上述法律争点以及事实争点即为探望权纠纷争点主要涵摄范围。

争点 18：离婚后，子女能够主张不直接抚养的父母一方进行探望

【案例】刘某甲诉刘某乙抚养纠纷案[①]

刘某乙与周某系夫妻关系，婚后生育一子刘某甲。2014 年，夫妻二人协议离婚，约定刘某甲由刘某乙直接抚养。2015 年，周某诉至法院要求变更抚养关系，生效民事调解书明确，刘某甲由周某直接抚养，刘某乙自 2015 年 10 月起每月支付刘某甲抚养费 500 元至其独立生活时止。但此后，刘某乙仅支付了部分抚养费，且从未探望过刘某甲。法院经审理认为，探望不仅是父或母关怀子女的重要方式，更是子女健康成长的需要，因此，刘某甲有权要求刘某乙对其进行探望。

【分析】

父母离婚，往往给未成年人带来心理障碍，从而影响其生活、学习，影响身心健康发展。探望子女符合子女的感情需要，可以减轻子女的家庭破碎感，使其享受到家庭的温暖，促进子女健康成长，而且探望权的立法意旨，也是在于探望子女是基于亲子关系所衍生之自然权利，不仅是父母之权利，更是未成年子女的权利。在此，权利义务是对等的，对父或母来说是有探望的权利，对子女来说有被探望的权利时，探望权即为义务。因此，离婚后父母对子女仍有抚养和教育的权利和义务。离婚后子女主张不直接抚养自己的父母一方对其进行探望的，人民法院应予以支持。

特别说明：（1）身份权的客体是身份利益，不是身份关系中对方当事人，身份利益具有多元性，各个不同的具体身份权客体，表现为不同的具体身份

---

① 参见重庆市潼南区人民法院：《父母疏于探望，子女有权请求探望》，载微信公众号“重庆潼南法院”，2023 年 9 月 19 日。

利益，探望权的身份利益是夫妻离婚后不直接抚养子女的父或母一方对未成年子女的管理、教育、抚养、照顾的亲情和责任。身份权在客体上的特点还体现在“不独为权利人之利益，同时为受其行使之相对人之利益而存在”，[①] 且不直接抚养子女的一方不对未成年子女探望亦不符合未成年人利益最大化原则精神，不利于未成年人合法权益的保护。

（2）严格意义来说，父母分居状态下一方要求行使探望权，不符合《民法典》第1086条规定的享有探望权的条件，但如果父母已经分居，未成年人不能得到未共同生活父或母一方的呵护、关爱，其身心健康难免受到不利影响，不符合未成年人利益最大化原则，故应赋予分居的父母享有探望权。[②]

（3）成年子女对父母进行探望时，特别是对年迈父母探望时要充分尊重父母的意愿。

【规范指引】

《民法典》第1084条、第1086条。

争点19：未给付子女抚养费的父或母不会因此丧失探望权

【案例】李某甲诉张某探望权纠纷案[③]

李某甲、张某原系夫妻关系，在双方离婚纠纷案中，法院判决：“一、准予张某与李某甲离婚。二、婚生子李某乙由张某抚养，李某甲自本判决生效次月起至李某乙年满十八周岁止，于每月的28日前按山东省上年度城镇居民人均可支配月收入的25%支付李某乙抚养费。李某甲对李某乙享有探望权。”该判决已生效。离婚诉讼审理期间，李某甲在日本打工，2020年12月5日，李某甲回国并要求探望孩子，但张某未予配合，李某甲为此提起诉讼。婚生子李某乙于2012年9月30日出生，现跟随张某生活。经法院要求张某配合法庭征询婚生子李某乙意见，张某未予配合。法院经审理认为，本案中，李某甲主张的探望权系李某甲基于与李某乙的父子血缘关系享有的法定权利，是否给付抚养费不应作为拒绝行使探望权的理由。

---

① 史尚宽：《亲属法论》，我国台湾地区荣泰印书馆1980年版，第31页。

② 杜万华主编：《〈第八次全国法院民事商事审判工作会议（民事部分）纪要〉理解与适用》，人民法院出版社2017年版，第113页。

③ 参见山东省济南市莱芜区人民法院（2021）鲁0116民初4386号民事判决书。

【分析】

探视权是父母的法定权利，与抚养义务的承担无对等关系。探视权是基于父母子女间特定的亲属身份发生的。父母婚姻关系的终结并不改变父母子女的血缘身份关系。无论一方是否承担抚养义务，均可享有探望子女的权利。需要说明的是，探视权非因法定事由不会丧失。父母丧失探望权的法定理由是父或母探望子女，不利于子女身心健康，而非以是否负担子女抚养费为前提条件。

特别说明：抚养费的给付与探望权的行使属于不同的法律问题，两者不能等同适用，对方未支付抚养费或减少抚养的，直接抚养子女的一方不能以此为由限制或剥夺对方探望子女的权利。同理，未直接抚养子女的一方，不能因对方不让其探望子女便不给付或减少给付抚养费。

【规范指引】

《民法典》第 1086 条。

争点 20：当事人就探望权纠纷再次提起诉讼的，人民法院应当受理

【案例】戴某诉练某乙探望权纠纷案[①]

戴某与练某乙结婚后共育一子练某甲，2016 年 9 月 27 日出生。2017 年 9 月 6 日双方登记离婚，双方约定婚生子由戴某抚养。2020 年，练某乙向法院起诉戴某，请求判令婚生子练某甲的抚养权变更由练某乙所有。经法院判决：婚生小孩练某甲由练某乙负责抚养，戴某每月 15 日前支付 800 元小孩抚养费给练某乙，直至练某甲满 18 周岁止；戴某每月享有两个周末对婚生小孩练某甲的探视权，练某乙应予以协助；戴某应于判决生效之日起 10 日内将由其保管的用于小孩教育、医疗的款项 10 470 元返还给练某乙保管。该判决现已生效。2021 年 5 月 10 日，因双方就子女的探视事宜协商不成，戴某就探视权问题诉至法院。法院经审理认为，本案中，双方当事人虽曾于执行笔录中对探望权问题进行约定，但双方就探视的具体时间和方式仍无法达成一致，当事人起诉请求人民法院确定具体的探视时间和方式并无不当，不构成重复起诉。

---

① 参见广东省惠州市中级人民法院（2021）粤 13 民终 6811 号民事裁定书。

【分析】

探望权是基于父母子女关系而享有的一种身份权，具有人身属性，原判决不应成为孩子与父母情感交流的屏障，故当事人就探望权纠纷再次起诉的，不应受“一事不再理”原则的束缚，人民法院应当依法受理。

特别说明，随着未成年人的成长和当事人情况的改变，探视权行使方式的基础于生效裁判文书作出后发生了变化，当事人对探望权行使的时间、方式产生了新的需求，形成超出原有生效裁判之外的新的事实。该项新的事实为既判力基准之后发生，并未被生效裁判所确认，不在诉讼系属中，不应受既判力的约束，其性质属于新的事实、新的理由构建下的新诉。

【规范指引】

《民法典》第 1086 条；《民事诉讼法解释》第 247 条。

五、监护权纠纷

（养）父母对（养）子女的监护责任源于（拟制）血亲，具有身份性。无论是养父母抑或生父母婚姻关系的解除，都不能成为拒绝或消极履行监护责任的理由，因此，子女（养）父母婚姻关系解除是否影响对子女监护权的享有即是监护权纠纷争点主要的涵摄范围。

争点 21：离婚后，非直接抚养子女的一方仍需要承担监护责任

【案例】胡某诉胡某乙物权确认纠纷案[①]

胡某系胡某乙与胡某甲的婚生子，胡某乙与胡某甲于 2017 年 1 月 24 日经法院调解离婚，且婚生子胡某由胡某乙抚养。调解书中约定，由胡某乙为婚生子出资购买房屋一套。嗣后，胡某乙履行了该义务，但系以自己的名义购买，胡某甲遂以胡某的名义起诉胡某乙，要求确认案涉房屋的权属归胡某所有。法院经审理认为，胡某甲虽亦具有对胡某的监护权，但非胡某的直接抚养人，在抚养关系未发生变化的前提下，不宜直接代理胡某起诉作为直接抚养人的胡某乙，故依法应当驳回胡某的起诉。

---

① 参见江苏省景德镇市昌江区人民法院（2019）赣 0202 民初 1705 号民事判决书。

【分析】

生父母与子女的权利义务关系是基于血缘关系产生，是一种天然的亲权关系。《民法典》第 26 条第 1 款规定，父母对未成年子女负有抚养、教育和保护的义务。第 1084 条规定，父母与子女之间的关系，不因父母解除婚姻关系而消除。离婚后，子女无论由父或母直接抚养，仍是父母双方的子女。离婚后，父母对子女仍有抚养、教育、保护的权利和义务，父母的监护权不因离婚受到影响。

特别说明：离婚后，无民事行为能力人对外从事民事法律行为一般由直接抚养人作为其法定代理人代为实施。但若直接抚养人的处分行为或其他行为可能侵害无民事行为能力人合法权益时，不直接抚养一方有权作为无民事行为能力人的法定代理人以无民事行为能力人的名义起诉直接抚养人，此亦符合未成年人利益最大化的保护理念。

【规范指引】

《民法典》第 26 条、第 35 条、第 1084 条。

争点 22：养父母婚姻关系解除不能成为双方或一方离婚时拒绝对养子女进行监护的理由

在未办理收养登记前，收养人收养未成年子女并与其长期共同生活的行为，使得未成年子女客观上脱离了原抚养或监护义务人的监管范围，收养人也自愿地以实际行为为己方设定了抚养或监护义务。对于收养人符合收养子女条件，虽未办理收养登记，但业已形成事实上的收养关系的，未成年被收养人的抚养或监护义务主体已经转移至收养人。从对未成年人“特殊、优先”保护原则和“未成年人利益最大化”原则考虑，收养人不能以离婚为由对被监护人进行推诿或拒绝履行监护义务，人民法院也不能以收养人未办理收养登记，不符合《民法典》相关规定为由对未成年被收养人的监护问题不予处理，忽视对未成年被收养人的生存权、受教育权等权利的保护。离婚诉讼中，人民法院应该以更加清晰的方式，对收养人的监护权利和义务行使进行规范。如果养父母一方或者双方均愿意抚养未成年人，对于符合收养条件的，明确由该方补办收养登记，继续抚养未成年人；如果养父母双方均不符合收养条件或者愿意监护的一方不符合收养条件或者双方均不愿意继续监护的，人民法院可待未成年人确定监护人后，再行处理离婚案件。对于养父母未严格履行自己应尽的全部监护义务，情节严重的，应认定其行为构成遗弃罪或虐待罪，须承担相应的刑事责任。

特别说明：（1）《民法典》第 27 条第 1 款规定，父母是未成年子女的监护人。父母对未成年子女的监护权具有人身专属性和法律强制性，监护权基于身份关系产生，作为父母对未成年子女的专属权利义务，具有当然性、法定性和优先性。在收养人收养未成年子女的行为未经登记，且对未成年子女的抚养问题未能达成一致意见的情况下，对于有意愿且具备抚养能力的未成年子女生父母要求确认其作为未成年子女监护人的主张，人民法院应当予以支持。

（2）在生父母与继父母的婚姻关系终止时，如果继父母与继子女之间没有成立因抚养教育形成的拟制的血亲关系，仅是单纯的姻亲关系，则生父母与继父母的婚姻关系终止时，则继父母和继子女的关系也随之解除。如已构成拟制血亲关系，则这种血亲关系不因婚姻关系的终止而解除。

【规范指引】

《民法典》第 1067 条、第 1068 条、第 1111 条。

六、赡养纠纷

原告诉请要求被告承担赡养义务的，影响其诉请要件事实成立与否的事实争点有原、被告之间是否存在抚养关系、有无尽到抚养义务，原、被告之间有无赡养协议、赡养协议效力是否有效，被告是否具备赡养能力等，因此，以上事实争点内容系赡养纠纷争点的主要涵摄范围。

争点 23：未与继父母形成事实上的抚养关系的继子女不需要承担赡养义务

【案例】裔某甲诉秦某乙赡养纠纷案[①]

裔某甲与秦某乙母亲秦某甲于 1986 年结婚，婚后夫妻分居两地，秦某乙系秦某甲婚前收养，自幼随母亲一起生活、学习，由母亲与外婆一起照顾生

① 参见江苏省镇江市中级人民法院（2018）苏 11 民终 1122 号民事判决书。

活，所需抚养费由母亲独自承担。2015 年裔某甲将其与秦某甲的夫妻共同房产拆迁款 40 万元通过中国工商银行转入被告秦某乙账户，次日，秦某乙将上述款项全部转入其母亲账户上。另查明，裔某甲与秦某乙母亲结婚前已育有儿子，长子裔某乙，次子裔某丙，1985 年 7 月裔某甲离婚，当时长子裔某乙 15 岁随其母亲生活，次子裔某丙 9 岁随裔某甲生活，2017 年 7 月 3 日，裔某甲诉至法院称秦某乙系其养女，要求秦某乙履行赡养义务。法院经审理认为，本案中，继子女并未与裔某甲共同生活，且在继子女未成年期间裔某甲也未从经济上、生活上以及精神上对继子女予以长期照顾、教育、管教和保护，故双方之间并未形成事实上的抚养关系，因此，无须承担对应的赡养义务。

【分析】

正常情况下，继父母子女的关系属于姻亲关系，不属于法律调整的范围。只有随着继父母子女间共同生活，形成抚养教育关系，继父母与继子女间才属于法律上的拟制血亲，具有与自然血亲的父母子女相同的权利和义务。倘若继父母与继子女之间未共同生活，亦未在继子女未成年期间从经济上、生活上以及精神上对其予以长期照料、教育、管教和保护，即双方并未形成事实上的抚养关系。此种情况下，继父母要求继子女承担赡养义务缺乏事实和法律依据，人民法院不予支持。

特别说明：关于“受其抚养教育”的认定，要充分考虑抚养时间的长期性、持续性，经济与精神抚养的客观存在、家庭身份的融合程度以及继子女与继父母来往密度等因素综合认定。对于事实上虽不构成抚养教育关系，但继父母基于与未成年人生父母的婚姻关系，对未成年继子女进行偶尔照顾或付出，或者在继子女成年之后为其工作或结婚产生了一定的经济支出。此种偶尔的照顾生活虽达不到抚养教育的目的标准，但实际付出了情感和金钱，在继父母年老力衰、经济困难时，可以基于公平原则，由继子女在其成年后依据实际情况对继父母予以适当的经济补偿。[①]

【规范指引】

《民法典》第 1072 条。

---

① 国家法官学院、最高人民法院司法案例研究院编：《婚姻家庭与继承纠纷裁判规则理解与适用》，中国法制出版社 2023 年版，第 614~616 页。

争点 24：子女间签订的赡养协议一般不能对抗其赡养父母的法定义务

【案例】陈某甲诉黎某乙等赡养纠纷案[①]

陈某甲与丈夫共育有黎某乙、黎某丙等五个子女。2002 年，陈某甲到广东帮黎某乙照顾孩子。2005 年，黎某乙、黎某丙分家并达成口头协议，母亲即陈某甲随黎某乙生活，父亲随黎某丙生活。2013 年农历五月初七，陈某甲丈夫去世。后因发生家庭矛盾，2014 年初，黎某乙与黎某丙再次达成协议，其中，第 4 条约定："1. 自 2014 年起，母亲跟黎某乙吃，帮黎某乙带小孩，黎某乙负责日常生活费。医疗费达 200 元以上由两兄弟负责（均分）。2. 如果母亲不能帮带小孩，或者黎某乙不用母亲帮忙带小孩时，母亲的生活费、医疗费、保健费等一律由两兄弟负担。母亲百岁时，所用款项由两兄弟平均负担……4. 母亲生活不能自理时，由两兄弟轮流照顾，生活费均摊。"现陈某甲在广西某县租住生活，其余三名女儿均已外嫁。法院经审理认为，本案中，黎某乙与黎某丙签订的赡养协议虽是双方的真实意思表示，但并无其他子女的签字确认，因此，对该份赡养协议的效力应不予认可。

【分析】

免除法定赡养义务的协议无效，由于子女的赡养义务具有法律强制性和人身性，且涉及基本的社会公德，故子女不得通过赡养协议单方免除其赡养义务，更不能违背老年人的意愿。但若赡养协议满足以下几个方面条件的，应认定为有效协议：（1）征得父母同意；（2）有利于父母的物质生活和精神生活；（3）赡养义务人尽到了物质和精神上的义务；（4）赡养行为符合父母的实际需要；（5）协议本身能够根据赡养扶助权利义务的变化而变化。

特别说明：子女对父母具有赡养扶助的法定义务。父母与子女之间达成的免除子女赡养义务的约定或协议不具有法律效力。父母事后主张子女履行赡养义务的，人民法院应予支持。对于父母与子女之间约定，子女放弃家庭共有财产、继承等为条件免除子女赡养义务的，如果协议已经履行，可以酌情减轻子女给付赡养费的义务。

实践中，父母存在多个赡养义务人的情况并不鲜见。作为承担赡养义务

---

① 参见广西壮族自治区平南县人民法院（2017）桂 0821 民初第 988 号民事判决书。

的一个整体，赡养义务人在充分保障被赡养人权利的情况下，可以对赡养费用进行协商解决，如谁承担多少、承担与否等，但当赡养人出现特殊情况难以赡养父母时，有能力的其他赡养人仍应当承担赡养义务。

【规范指引】

《民法典》第 464 条、第 1067 条；《老年人权益保障法》第 20 条。

争点 25：父母未尽到足够的抚养义务不能成为成年子女拒绝履行赡养义务的理由

【案例】某村村民委员会诉王某甲等无因管理纠纷案[①]

杜某系王某甲等人生母。2020 年 2 月 19 日，杜某在家中不慎摔倒导致下肢骨折，因无人送其就医，村委会将杜某先送至医院救治，住院时间为 2020 年 2 月 15 日至 4 月 22 日，出院当天村委会将杜某送至老年公寓。截止到 2021 年 3 月 20 日，村委会为杜某垫付住院期间费用共计 41 700 元。本案审理过程中，村委会申请庭外和解，法院亦多次主持调解，但王某甲等六子女拒绝接受调解意见。法院经审理认为，本案中，杜某系六子女生母，虽子女们以其母未尽抚养义务为由抗辩，但赡养老人是中华民族的传统美德，成年子女的赡养义务不因父母未尽抚养义务而消除，也不因父母的婚姻关系解除而消除。

【分析】

子女赡养父母的义务是法定的、不能附加任何条件的，不能轻易地免除子女对父母的赡养义务。具体的赡养方式及赡养费数额，应根据被赡养人的实际需要和有利于被赡养人生活的原则，以及赡养义务人的现实情况和实际负担能力进行综合确定。因此，成年子女以父母未尽抚养义务为由要求免除赡养义务的，人民法院不予支持。

特别说明：实践中，如果父母在子女未成年时具有抚养能力而恶意不尽抚养义务的，子女成年后可以据此要求不履行赡养义务。因为如让身心受到严重摧残的受害者再去赡养加害人，无论于法、于情、于理均没有说服力，若子女不计前嫌自愿赡养伤害过自己的父母，法律则不予干涉。若父母均存

---

① 参见河北省阳原县人民法院（2021）冀 0727 民初 16 号民事判决书。

在抚养能力而拒不履行抚养义务或者对子女实施虐待、遗弃、故意伤害等行为，情节严重的，可以酌情减轻子女的赡养义务，构成犯罪的，可以免除子女的赡养义务。

【规范指引】

《民法典》第26条、第1067条。

争点26：无劳动能力的成年子女是否需要承担赡养义务

【案例】李某甲诉李某乙赡养纠纷案[①]

李某甲现年70岁，其女儿系李某乙。2023年，李某甲起诉要求李某乙履行赡养义务，支付赡养费。李某乙则辩称，其为三级智力残疾，没有劳动能力，没有生活来源，并有两个年幼的子女需要抚养。审理中，李某乙夫妇提出让李某甲随其夫妇二人共同生活，但李某甲不予认可。法院经审理认为，本案中，李某甲年事已高，其要求李某乙承担赡养义务于法有据。李某乙虽然缺乏劳动能力，但我国实行夫妻财产共有制，李某乙可以以其夫妻共同财产履行赡养义务。李某乙的实际情况可以作为降低赡养费数额的考量因素，审理法院遂判决李某乙每月支付李某甲赡养费200元。

【分析】

成年子女有赡养扶助保护父母的义务，但无劳动能力不等于当然地免除赡养义务，赡养义务的履行不仅包括经济上的供养，还包括精神上的慰藉，即使赡养义务人没有劳动能力导致没有收入来源，赡养人亦可以通过给予精神上慰藉的方式来履行赡养义务。因此，无劳动能力的成年子女以自己无劳动能力为由主张免除赡养义务承担的，人民法院不予支持。

特别说明：婚姻关系存续期间，无劳动能力的赡养人的配偶属于完全民事行为能力人，收入来源系夫妻共同财产的，应按照《老年人权益保障法》的规定，协助无劳动能力的赡养人履行赡养义务，这也与社会主义核心价值观相适应。

---

① 参见赵涛：《智力残疾的成年子女是否承担赡养义务》，载微信公众号“山东高法”，2023年8月25日。

【规范指引】

《民法典》第 26 条、第 1067 条。

七、分家析产纠纷

原告诉请分家析产或代为析产的，影响原告诉请要件事实成立与否的事实争点是是否存在家庭财产、是否涉及家庭财产的处分等；影响原告诉请要件事实成立与否的法律争点是原告是否具备分家析产的主体资格等，因此，以上事实争点与法律争点系分家析产纠纷争点的涵摄范围。

争点 27：分家析产应涉及家庭共有财产的处分或分配事实

【案例】凌某乙诉凌某甲、凌某丙、凌某丁分家析产纠纷案[①]

凌某甲和麦某甲是夫妻关系，夫妇俩生育有三子，分别是凌某乙、凌某丙、凌某丁。该户原有旧宅一处之外，并于 1990 年在村新建占地 169 平方米的住宅，并于 1992 年 11 月 15 日取得《集体土地建设用地使用证》。该户在共同生活过程中，因家庭琐事产生纠纷，于 1992 年 12 月 9 日邀请所在地的管理区干部进行调解，在凌某丁缺席的情况下，形成了围绕该房屋的调解方案。法院经审理认为，该方案并非旨在确认家庭共有房屋所有权如何分割，亦即该方案不属于分家析产协议。

【分析】

分家析产是指家庭成员分割家庭共有财产各自生活的行为，由此产生的纠纷，称为分家析产纠纷。分家析产是对家庭内部财产的处分，涉及家庭财产的分割以及成员享有的财产份额。实践中较为常见的分家析产方式为家庭成员间签署的分家单、分家协议或者家庭财产约定，等等。对于具备分家析产外观的协议，但并未涉及家庭共有财产的处分或分配的，不应认定为分家析产协议，应参照《民法典》合同编相关规定进行审查处理。

特别说明：（1）家庭共有财产在分割时，原则上应均等分割，有约定的从约定，没有约定的应当考虑共有人对共有财产的贡献大小，并按照利于物的利用原则以及适当照顾共有人生产、生活的实际需要等情况进行分割。需

---

① 参见广东省茂名市中级人民法院（2020）粤 09 民终 601 号民事判决书。

要说明的是，家庭共有财产在分割时还应经全体共有人同意，这也是共有人对所有物享有处分权的体现。如对共有财产享有财产权益的家庭成员全部或部分未参加，则“分家析产”行为便侵害了未参加的家庭成员的权益，对应的“分家析产”协议也无法产生法律效力。

（2）分家析产原则上应在父母或其他长辈的主持下进行，否则应视为单纯的共有物分割，而非分家析产。

【规范指引】

《民法典》第 299 条、第 301 条、第 303 条。

争点 28：分家析产协议中涉及财产赠与的条款不能任意撤销

【案例】胡某丁诉胡某乙等人等分家析产纠纷案①

胡某丁与许某系夫妻关系，共同生育胡某甲、胡某乙、胡某丙等子女，胡某丁与许某名下的财产有老房子一幢、新房子一幢、宅基地一块、自留地一块。2004 年，胡某丁夫妇与三个子女协商，达成《家庭财产分配协议》，其中约定家庭财产中的新房子归胡某甲一人所有。协议生效后，新房子的产权一直未作变更，仍旧登记在胡某丁、许某名下。胡某丁与胡某甲后续因非住宅停产停业损失补偿费的分配问题产生争议，胡某丁、许某起诉至法院要求胡某甲、胡某丙支付非住宅停业损失补偿费。审理过程中，胡某丁以新房子系其唯一住房，没有完善手续的赠与协议赠与人可以不再赠与为由，不同意按照约定将房屋过户给胡某甲。法院经审理认为，本案中，胡某丁夫妇与子女们达成的《家庭财产分配协议》，包含分家、析产、赠与、赡养等多个内容的涉及身份关系的分家析产协议，并非单纯的赠与协议，协议各方均认可协议的真实性、合法性，也不违反法律、行政法规的强制性规定以及公序良俗，因此，胡某丁应当按照协议履行新房子的过户义务，其无权主张单方撤销。

【分析】

分家析产协议中关于财产分割的条款，对协议主体各方具有法律约束力。对协议之财产分割涉及赠与的，不宜直接适用或者参照适用《民法典》合同

① 参见中共酉阳土家族苗族自治县委政法委：《分家析产协议中的赠与，能否等同一般赠与适用单方撤销？》，载微信公众号“酉阳政法”，2022 年 2 月 17 日。

编有关赠与的相关规定。分家析产协议中约定将财产“无偿”给予另一方，一方无权依据《民法典》第 658 条第 1 款的规定撤销赠与。家庭关系结合了高度利己性与基于伦理意识的真切利他性，当一般财产法的调整范围触及家庭关系领域之时，必须考虑财产法对家庭关系的调整是否能够维护家庭关系的上述特性，在满足家庭成员个人要求的同时符合家庭的整体利益。

特别说明：如果协议不仅涉及财产的分割，而且包括了父母赡养、债务承担等因素，则不论财产权属性质如何，都不能认定为赠与协议。此时该协议具有整体性，是家庭成员共同对家庭财产的分配、父母养老问题、家庭债务的承担问题等进行的统一的考量而形成的合意，是一个概括的合意，协议成立即告生效，各当事人会对协议进行履行，其中任何一个部分的反悔和履行不当都会影响整个协议的履行，甚至影响家庭关系，不能任意更改。需要说明的是，对于分家协议内容仅对财产进行分配，不对其他家庭身份和财产关系进行约定和调整的情况，一般情况下，仍然不应认定为赠与，理由上文已经进行论述，主要是特殊身份主体之间的给予在主观上不是无偿的，与一般赠与不同。法院裁判时，区分以下两种情况：（1）如果是对共有财产的分割，无论是在子女之间分配或是约定仅仅归属于一人，都不能认定为赠与，此时协议是对共同共有物的分割，也是分家析产协议。（2）如果是财产由一方移转至另外一方，则此时有认定为赠与的可能性，应当以当事人的意思表示为准。在明确为赠与的情况下，可以认定为是赠与合同，此时当事人的意志是即使家庭关系破裂，或者给予时的期待丧失，仍然不会反悔。但是有时家庭成员约定时并不会仔细考量是否为赠与，其意思表示可能是模糊的，所以法官依然有其自由裁量权，当然，法官的自由裁量并非意味着法官可以任意裁判，法院应依据诚信、公序良俗原则，在保护个人权利的同时，考量家庭之间的关系、促进家庭的和睦、考虑家庭长远的发展及弘扬家庭美德和社会道德。

【规范指引】

《民法典》第 658 条。

争点 29：债权人可以对债务人夫妻提起代位析产诉讼

【案例】李某诉王某、刘某债权人代为析产纠纷案①

李某系王某的债权人，王某与刘某系夫妻关系。2017 年，李某以民间借贷纠纷为由将王某诉至法院，法院经审理判决王某向李某返还借款本金以及利息。2018 年，王某与刘某签署离婚协议，约定各自名下的车辆归各自所有，各自银行账户的现金以及有价证券归各自所有，登记在刘某名下的房屋归其所有。李某与王某的民间借贷纠纷案进入执行程序后，李某发现王某名下已经没有足额的资产可供执行，遂向法院提起了债权人代位析产之诉，认为双方签订的离婚协议属于恶意逃债，应当析出王某在争议房屋中的份额后予以执行，并请求人民法院确认争议房屋由王某与刘某共有，并判令二人各享有 50% 份额。法院经审理认为，刘某与王某签订的离婚协议存在恶意串通损害债权人李某合法权益的情形，虽然双方约定讼争房屋的产权归属无争议，但鉴于其恶意串通行为，该房屋应按照夫妻共同财产分割的一般原则，由王某与刘某各享有 50% 的产权份额，因此，李某的代为析产之诉求具有法律依据。

【分析】

债权人提起代位析产诉讼的诉讼要件为：（1）诉争财产为债务人（被执行人）与他人的共有财产；（2）共有财产已被法院采取查扣冻等措施；（3）共有人未协议分割共有财产，或在执行过程中协议分割未经债权人认可；（4）被执行人无足额可供执行的其他财产。

特别说明：（1）债权人在提起代位析产诉讼时，债务人夫妻可能尚处于婚姻关系存续期间或已离婚但未实际分割夫妻共同财产。在夫妻法定财产制下，婚后所得财产一般为夫妻共同财产，故债权人起诉夫妻双方要求析分共有财产具有适法合理性。但在男女同居、父母子女等家庭关系中，由于财产并非绝对共有状态，即便债务人恶意将财产转移至其他同居人或者其他家庭成员名下，债权人亦不能选择代位析产诉讼主张权利，但能够通过债权人撤销之诉的途径予以解决。

（2）离婚协议中财产分割部分涉及不动产分割，需要考虑是否办理不动

---

① 参见北京市第一中级人民法院（2020）京 01 民终 3138 号民事判决书。

产产权转移登记，如未办理不动产产权登记，则不发生物权效力，该财产分割条款无法对抗第三方债权人；如已办理，因债权人无法继续提起代位析产诉讼的，可考虑夫妻双方（一方为债务人）是否存在恶意串通或夫妻举债一方无偿转让财产权益损害债权人权益的情形，通过确认分割条款无效或者债权人撤销权保障债权权益得以实现。

【规范指引】

《民法典婚姻家庭解释（二）》第 3 条；《最高人民法院关于人民法院民事执行中查封、扣押、冻结财产的规定》第 12 条。

第三节　法律适用中的疑难问题

问题 1：高额抚养费的认定标准如何确定

高额抚养费的主张具有未成年人生活消费水平居于高位的现实基础，但当地一般生活水平是否能够作为参照标准存在争议，如何界定高额抚养费数额以及内容的合理性存在争议，也存在裁判标准的不统一。

【案例】李某甲诉李某乙抚养费纠纷案①

李某乙与李某甲（2010 年出生）系父子关系。2018 年 11 月 27 日，李某甲母亲肖某与李某乙登记离婚，并签订《离婚协议书》。《离婚协议书》中就李某甲的抚养权归属以及抚养费金额约定如下：李某甲归肖某抚养，李某乙按月支付抚养费直至李某甲大学毕业独立工作生活为止。对于李某甲的教育费用，包括学费、学杂费、校服费、校车费及保险费、医疗费等合理费用，李某乙按照 50% 的比例承担；对于其他经李某乙认可的李某甲参加的兴趣班、夏令营等活动（目前李某甲在学的兴趣班李某乙均认可，新增课程需额外征求李某乙意见），李某乙按照 50% 的比例承担费用，肖某须提供相

① 参见上海市第一中级人民法院（2020）沪 01 民终 8640 民事判决书。

关活动费用证明。2019 年 8 月起至 2019 年 11 月，李某乙改为每月支付抚养费 8333 元（系以 10 万元每年的标准折合）。法院经审理认为，父母双方达成一致的抚养费标准，即便明显高于当地一般生活水平，原则上也不应当予以推翻。

【分析】

父母就子女抚养费的支付标准、方式等存在明确约定，协议真实有效，对双方具有拘束力，即便抚养费标准明显高于当地一般生活水平，原则上也不应当予以推翻。除此之外，高额抚养费的合理性还可从给付方以及未成年子女两个主体进行综合考量。给付方层面，给付抚养费的一方若月总收入水平较高，未成年子女要求其给付的抚养费数额较高具有客观基础，但与此同时，还需要从未成年子女一方的实际需要以及当地生活消费水平等方面要进行综合、合理的考量，避免让给付方或未成年子女一方陷入不利境地。对于高额抚养费的合理性应从以下三个方面进行考量。一是约定即合理。父母双方对于抚养费的标准明确约定的，即便该约定明显高于当地一般生活水平，原则上也不应当予以推翻，但支付一方若确实存在情势变更的情形除外。二是需要即合理。主要系存在未成年子女教育保持的需要以及实际抚养一方教育参与的需要。未成年子女教育保持的需要是指，父母对未成年子女的生活保持义务以及保障未成年人成长和接受教育的连贯性及持续性的客观规律。实际抚养一方教育参与的需要是指，对于既有费用之外的费用支出，应以抚养人间协商为前提，如协商不成，且非必要费用，实际抚养一方仍坚持支出费用的，应视为其自愿承担的部分，不宜作为未实际抚养一方的抚养费分担范围。三是尊重即合理。这里主要是从尊重未成年个体的独立价值出发，超出基本教育费之外的费用要以保障未成年人身心健康成长为基础，不能违背国家教育政策的社会价值导向。①

【规范指引】

《民法典婚姻家庭编解释（一）》第 49 条。

---

① 参见国家法官学院、最高人民法院司法案例研究院编:《婚姻家庭与继承纠纷裁判规则理解与适用》，中国法制出版社 2023 年版，第 478~483 页。

问题 2：抚养费是否可以用偿还的贷款或其他债务进行抵扣

抚养费给付形式通常分为金钱给付和以财物抵扣，但对于是否可以用偿还的贷款或其他债务进行抵扣的方式支付抚养费存在争议。

【案例】李某甲诉李某乙抚养费纠纷案①

李某乙与张某婚后育有一女李某甲。婚姻关系存续期间，双方负债 80 余万元。后双方因感情不和协议离婚，协议离婚时，因无力承担高额债务，张某向李某乙的父亲出具了借条，主要内容为女方应偿还的相关债务由李某乙的父亲代为偿还，在债务偿清后，不得再以抚养女儿的名义向李某乙索要任何费用。后因张某无力负担女儿的日常生活开支，便以女儿李某甲的名义将李某乙起诉至法院，索要前期抚养费 4 万余元以及今后每月的抚养费 1500 元。李某乙则认为，其父亲代为偿还的借款已经抵扣了子女的抚养费，且双方达成了约定。法院经审理认为，借条不能成为阻却女方代替孩子向男方主张抚养费支付的权利，且孩子正处于成长阶段，必定会有生活教育开销，男方当前经济条件好转，且有能力支付抚养费，理应履行抚养费支付义务。

【分析】

抚养费是一种基于父母子女身份关系而产生的具有人身专属性的债务，更是用于保障未成年子女或无法独立生活的成年子女生活的物质基础。抚养费属于对子女的特定给付，给付抚养费一方主张以偿还的贷款或其他债务进行抵扣有损子女的合法权益，也与债务抵销规则不符。但如果父母就一方财产或财物折抵抚养费达成一致的，双方的此类约定不违反法律、行政法规的强制性规定，也便于抚养义务的履行，从某种程度上说，对未成年子女的利益保护具有积极意义，也并不违反最大化保护未成年子女利益的价值追求。当然人民法院对父母双方的此类约定要严格地审查，从有利于保障子女权益的角度出发，如果抚养方的抚养能力明显不能保障子女所需费用的，可能影响子女健康成长的，人民法院一般不予允许。

【规范指引】

《民法典》第 568 条。

---

① 参见湖南省湘潭市中级人民法院：《男方父母为离异夫妻还了 80 万元债务能否抵充男方应付的抚养费？》，载微信公众号“湘潭市中级人民法院”，2022 年 4 月 27 日。

问题 3：离婚后，父或母一方抢夺隐匿未成年子女的，另一方能否以监护权被侵害为由主张赔偿

监护权纠纷是指因为行使监护权而发生的民事争议，主要是监护权人认为其依法行使的监护权被他人侵害时所引发的纠纷。依据《民法典》第 34 条规定，父母一方抢夺、藏匿未成年子女使一方无法与未成年子女交往，进而无法对未成年子女进行抚养教育保护的，侵害了父母一方的监护权，依法应承担相应侵权损害赔偿责任。

【案例】崔某甲诉刘某侵权责任纠纷案[①]

崔某乙（2011 年 2 月 25 日出生）系崔某甲与刘某婚生子。2013 年 9 月 27 日，崔某甲与刘某自愿办理离婚登记，离婚协议约定，崔某乙由崔某甲抚养，刘某有探视权。离婚后，崔某乙由崔某甲抚养。2014 年 10 月 26 日，刘某在香港与他人办理结婚登记。2014 年 12 月 25 日，崔某甲再婚，并生育一女。2015 年 3 月 26 日，刘某将崔某乙带走。崔某甲为此前往深圳及重庆多次寻找未果。刘某及家人断绝与崔某甲的电话联系，崔某甲一直无法探视崔某乙至今。法院经审理认为，本案被上诉人刘某擅自带离、故意藏匿双方婚生子崔某乙，造成崔某乙与崔某甲的长久隔离，构成对崔某甲监护权的侵犯，同时给崔某甲造成精神痛苦和不能享受因监护产生的精神利益。

【分析】

父母监护权是一种身份权。身份权具有相对权和绝对权的双重属性。前者是指身份关系人之间可以请求彼此为一定行为，是对人权。后者是指权利人可以对于一般人请求不作为，是对世权。《民法典》第 120 条规定，民事权益受到侵害的，被侵权人有权请求侵权人承担侵权责任。如前所述，父母监护权是受法律保护的民事权利。当对对世权的侵害处于持续状态时，即存在已经发生的损害后果，有必要对尚未发生的损害后果防患于未然，即及时制止侵害。对于前者，可适用《民法典》第 1165 条的规定，主张损害赔偿。对于后者，可适用《民法典》第 1167 条的规定，主张停止侵害、排除妨害。此外，为及时制止抢夺隐匿未成年子女的行为，当事人还可以申请法院采取行

---

① 参见重庆市第五中级人民法院（2017）渝 05 民终 205 号民事判决书。

为保全措施。[①] 本案中，审理法院认为，亲权是父母基于其身份而享有的一项专属权利义务，反映了亲属中血缘关系最近、最直接的亲子关系，体现的是父母与亲子之间自然之爱的天性，除非父母死亡、丧失监护能力或有侵害未成年人合法权益的行为被法院依法取消监护权，否则，其他任何人不能以任何理由限制或剥夺父母对未成年人的监护权。故而夫妻一方在行使监护权时，亦不得侵犯另一方的监护权；夫妻双方离婚后，与子女共同生活的一方无权取消、限制对方对未成年子女的监护权，不得故意妨碍未成年人父母另一方监护权的行使，损害另一方的监护权。

【规范指引】

《民法典》第35条、第1165条、第1167条；《民事诉讼法》第103条；《民法典婚姻家庭编解释（二）》第12条、第13条、第14条。

问题4：支付非婚生子抚养费与擅自处分夫妻共同财产的关系如何厘清

夫或妻一方擅自处分夫妻共同财产，主张处分的夫妻共同财产中涉及婚外生育子女抚养费的，实践中存在不同处理意见。一种观点认为，对于审查后确认的一方应当返还的夫妻共同财产，应从夫妻共同财产中扣除部分款项，以保障婚外生育子女的合法权益。另一种观点认为，夫或妻一方即便对婚外生育子女负有抚养义务，但支付抚养费与处分夫妻共同财产属于两个不同法律关系，婚外生育的子女应作为权利人应另案主张。

【案例】叶某诉廖某、李某赠与合同纠纷案[②]

叶某与廖某于1989年10月31日登记结婚。由于夫妻双方在共同生活中因家庭琐事产生矛盾，廖某于2023年4月10日以夫妻感情彻底破裂为由，诉至法院要求与叶某解除婚姻关系。2022年，叶某发现廖某婚内出轨并婚外育有一子。现叶某认为廖某隐瞒其在婚姻存续期间将夫妻共同财产转赠与李某，故而成讼。审理中，李某辩称该款项系廖某给予其非婚生子的抚养费。法院经审理认为，该笔费用与本案并非同一法律关系，李某无权要求予以抵

① 高兴：《民法典背景下婚姻家庭、继承纠纷处理难点精解》，法律出版社2022年版，第215~217页。

② 参见湖北省大冶市人民法院（2023）鄂0281民初3926号民事判决书。

扣，可另案主张要求廖某支付抚养费。

【分析】

未成年的或不能独立生活的子女有要求父母支付抚养费的权利，但支付抚养费与夫妻一方擅自赠与婚外第三人财产纠纷是两个不同的法律关系，未成年子女或不能独立生活的成年子女可以另案主张支付子女抚养费。[①]但作为例外情况，为切实及时地保障未成年子女或不能独立生活子女的生存权益，人民法院也可以在认定婚外第三人返还财产数额的同时，依照子女的实际需要以及当地的实际生活水平等因素酌定合理的抚养费数额，并从返还的财产总额中予以合理扣减。为此，夫妻一方的共同财产权当然地会受到侵害，权利受到损害的一方作为无过错方可以在离婚诉讼中主张损害赔偿。

【规范指引】

《民法典》第1062条；《民法典婚姻家庭编解释（一）》第88条。

问题5：分家析产纠纷中涉及农村宅基地上房屋分割时，共有人的范围如何认定

现行法律法规并未对宅基地上房屋建成后的权属进行明确规定，分家析产纠纷中往往会较多地涉及农村宅基地上房屋权属的诉争。审判实务中，存在将宅基地使用权人或房屋出资建造人认定为农村宅基地上房屋原始取得人两种思路。支持以宅基地使用权人作为农房所有权人的观点主要援引了《民法典》第352条、添附规则以及"房地一致"原则。支持以房屋出资建造人认定为农村宅基地上房屋原始取得人的观点主要援引了《民法典》第231条的规定。两种观点对于权属认定均存在一定合理性，但如何攫取其中合理的观点，提炼出更为妥帖的观点仍存在探讨之处。

【案例】李某诉傅某共有物分割纠纷案[②]

李某系傅某与李某甲之子。李某甲于1998年去世。1996年1月，李某甲为扩建房屋以10 000元的对价取得同村村民宅基地。1996年10月，李某甲提出建房用地申请，后获批建房。李某甲呈报的《农村私人建房用地呈报

① 参见最高人民法院民事审判第一庭编：《最高人民法院民事审判第一庭裁判观点》，人民法院出版社2023年版，第192页。

② 参见浙江省衢州市柯城区人民法院（2018）浙0802民初2106号民事判决书。

表》上显示在册人口为五人，分别为户主李某甲、李某、傅某以及李某甲父母李某乙、吴某。李某甲去世后，李某、傅某以及吴某等人均居住在房屋内。后因李某与傅某出现矛盾，李某向法院提出分割房屋的请求。对于房屋建成后，李某以及李某乙、吴某是否为原始权利人的问题，法院认为，建房前先审批是合法建房的必要程序，但建房审批表等材料并不具备确认产权人的效力。因诉争房产未办理产权登记，对权利人的认定应当结合建房过程中出资、出力等投入与贡献情况认定。诉争房屋是在原屋宅基地基础上扩建，扩建所需的宅基地系李某甲以夫妻共同财产购得。李某甲建房时，李某系未成年人，无经济能力，在取得宅基地、房屋的建造装修过程中未出资，也无其他贡献，其在房屋建成之时不享有权利。李某乙、吴某在建房时分别为69岁、66岁，虽然傅某认可两人在建房过程中帮忙做了洗菜等较轻的体力活，但根据农村建房过程中父母帮忙的惯常情况，两人的行为应当认定为对子女建房的帮助，而不能作为享有房屋产权的依据。现李某未能举证证明两人在建房过程中有其他贡献，故不能仅依据呈报表认为两人也享有该房屋的原始权利。该房屋于李某甲与傅某夫妻关系存续期间建造，属于李某甲与傅某的夫妻共同财产。

【分析】

宅基地上建造的房屋权属认定的基准是户内成员的出资情况。需要说明的是，房屋所有权的权源虽来自出资，但考虑到房屋最终形成的媒介是建造的事实行为，结合《民法典》第231条“因合法建造、拆除房屋等事实行为设立或者消灭物权的，自事实行为成就时发生效力”之规定，在确定宅基地上建成房屋的权属时，除了“出资”这一基础要素需要审查外，还应当对“合法”“建造”两个要素进行细致考察。唯此，方能准确认定宅基地上的房屋共有权人。

首先，就“合法”要素而言，宅基地使用权须合法取得。其一，享有宅基地使用权之民事主体（限于自然人）须有依法申请之手续。《土地管理法》第62条第4款规定，农村村民住宅用地，由乡（镇）人民政府审核批准；其中，涉及占用农用地的，依照《土地管理法》第44条的规定办理审批手续。其二，不享有宅基地使用权的民事主体（限于自然人）须取得宅基地使用权人的同意，否则其在宅基地上翻建房屋的行为便无法被评价为“合法建造”。其三，房屋建造须有合法手续，包括但不限于审批手续。对于事前虽无审批手续，但嗣后得到村组认可或事后补全建设审批手续，且客观上符合规划要求的房屋，亦可对其合法性予以认可。

其次，就“出资”要素而言，宅基地登记权利证书上的家庭成员（户内成员）往往会被直接推定为实际出资人，以及被初步认定为房屋共有人，但仅仅系推定。如后续审查认定部分家庭成员客观上未对宅基地上建设的房屋进行过出资（不限于金钱，还包括劳动等出资样态），主观上也不具有维持家庭成员共同生活的目的，则以上家庭成员会被移除原先推定的房屋共有人范围。特别要指出的是，申请建房时未成年、没有经济收入的家庭成员，不应将其推定为宅基上建成房屋的所有权人，即使其存在劳动投入，也仅应当将其视为辅助帮工性质，并非实质意义的出力。除此之外，形式上虽仍在户内，但已实际迁离或定居在外地的家庭成员（包括城镇居民），即使其出资也应当认定为对原曾共同生活的家庭成员建房的资助、出借或赠与，但当事人之间另有约定的除外。

最后，就“建造”要素而言，法律上的宅基地上房屋建造人应为以自己的劳动或资金投入从事建设行为，并以取得建筑物所有权和用于实际居住为目的的人。对此，应重点区分实践中受雇于他人的建筑行为，不能仅因此断定建设的受托方系建造物的所有权人。受雇于他人实施建造行为的行为人并无“建造其个人居所”的目的意思，在判断其建造行为的法律效果归属时，即使作出了建造行为，也不能将法律后果归属于其，仅能将其视为委托人的建造辅助人。

【规范指引】

《民法典》第231条；《土地管理法》第62条。

第七章 收养关系纠纷

第一节 收养关系纠纷概述

一、收养关系纠纷的概念

收养是婚姻家庭法中的重要制度，它是要在原本没有血缘关系的人之间建立拟制血亲关系。[①] 收养是自然人依法领养他人子女为自己子女的法律行为。通过收养行为，原本没有父母子女关系的收养人与被收养人形成了法律上拟制的父母子女关系，被收养人与生父母及其亲属之间的关系则相应终止。

收养关系纠纷问题涉及了收养关系的确立与解除两种情况。确认收养关系纠纷是指当事人对收养关系是否成立并有效存在不同认识，由此产生的纠纷。解除收养关系纠纷是指当事人对收养关系是否解除存在不同认识，由此产生的纠纷。最后还有收养人与被收养人之间在特殊情况下的补偿款、生活费、教育费等问题产生的纠纷。

二、收养关系纠纷的基本特点

（一）人身性

收养是一种身份法上的行为，是用来创设特定的身份关系的。因此，收养关系只能发生在自然人之间，而且是非直系血亲的自然人之间。自然人以外的民事权利主体不可能成为收养或被收养的主体。直系血亲之间的收养和被收养则既无必要又无任何意义可言。

---

① 陈棋炎、黄宗乐、郭振恭：《民法亲属新论》（修订十一版），我国台湾地区三民书局股份有限公司 2013 年版，第 321 页。

（二）法定拟制性

收养是一种变更亲属关系及其权利义务的行为，具有法定的拟制效力和撤销效力。通过收养，收养人和被收养人之间发生法律拟制的亲子关系，双方具有与自然血亲的父母子女相同的权利和义务。同时，养子女和生父母之间的权利和义务，则因收养的成立消除。收养既是养父母、养子女权利义务借以发生的法律事实，又是生父母、生子女权利义务借以终止的法律事实。不仅如此，收养变更亲属关系及其权利义务的效力还依法及于父母子女以外的其他亲属。需要说明的是，子女为他人收养后，与生父母及其他亲属间基于血缘联系而发生的自然血亲关系仍然存在，消除的只是法律上的权利义务关系。所以，与自然血亲有关的法律规定，如直系血亲和三代以内旁系血亲禁止结婚等，在适用上是不受收养的影响的。

（三）解除依法性

收养行为创设的是拟制血亲的亲子关系，因而是可以依法解除的。基于收养的效力而发生的养亲子关系，既可在符合法定条件时依照法定程序而成立，亦可在出现法定缘由时通过法定方式而解除。这一点是由收养行为的性质决定的，也是拟制血亲的父母子女关系与自然血亲的父母子女关系相区别的重要特征。

三、收养关系纠纷的审理原则

（一）被收养人特殊保护原则

建立收养制度的目的之一是有效贯彻与落实保护儿童合法权益的原则，保护未成年人健康成长。收养制度的建立，是考虑到未成年人当中的一部分特殊未成年人群体的存在，因此在立法上有必要向被收养人的利益倾斜。《民法典》关于收养制度的立法宗旨突出对被收养人合法权益的保护。收养基本原则以特殊标准确定被收养人的地位及利益分配，是源于被收养人的弱势群体身份。以特殊身份来决定利益分配，使这种分配结果有利于保护被收养人即弱势群体的合法权益。

（二）被收养人和收养人权益兼顾原则

收养关系一经建立，收养人和被收养人之间就形成了拟制父母子女关系，具有法律上的权利和义务。因此，收养各方均应依照法律规定，正确地行使权利、履行义务。应当注意的是，收养人的收养行为，除具有道义上的价值外，同时也蕴含一定的感情和生活方面的正当、合理的需求；收养人在履行了对被收养人的抚养教育义务后，有权得到正常的回馈。收养人利益应受到关注，只有高度且同步重视收养人和被收养人的合法权益，才能有利于建立和发展健康、有益的收养关系。因此，在审理收养关系纠纷时，应注重对被收养人和收养人合法权益的双重保护。

（三）拐骗、买卖未成年人严惩原则

将该原则作为审理收养关系纠纷的一项基本原则，是源于对《民法典》中收养制度本身所蕴含的保障被收养的未成年人利益原则的深化，更加明确的规定有助于防止收养领域中的违法犯罪行为，进一步完善收养制度。从犯罪学的角度对收养行为所涉的送养行为进行禁止性规范，禁止借收养名义买卖未成年人，不仅从源头强调对被收养人保障原则的有效实施，而且在防止买卖未成年子女行为，改变传统的男尊女卑、重男轻女观念等方面均具有重要的现实意义。从刑法的视角关注在收养中侵犯儿童权益的问题，将有助于进一步强化收养行为的规范性与合法性。严禁买卖儿童或者借收养名义买卖未成年人，《民法典》对此进一步明确规定，肯定并坚持这一基本原则，目的是打击“人贩子”。借收养名义拐骗、买卖儿童的，包括出卖亲生子女的，依法追究其民事责任，发现有违法犯罪线索的，应当第一时间向公安机关报案，对构成犯罪的，依法追究刑事责任。

四、收养关系纠纷的审查要素

（一）立案审查

1. 当事人主体资格的审查

【审查要点】

（1）养父母与养子女，其中包括未经收养登记但共同生活多年，形成事实上的收养关系的养父母与养子女。

（2）送养人，包括生父母、其他监护人或者符合法律规定的社会福利机构。

【规范指引】

《民法典》第 1093 条、第 1094 条。

2. 管辖的审查

【审查要点】

收养关系纠纷一般由被告住所地基层人民法院管辖，被告住所地与经常居住地不一致的，由经常居住地基层人民法院管辖。对重大疑难、新类型和在法律适用上具有普遍意义的，可以按照《民事诉讼法》第 39 条的规定，由上级人民法院自行决定由其审理或根据下级人民法院报请决定由其审理。

【规范指引】

《民事诉讼法》第 18 条、第 22 条、第 39 条。

（二）原告诉请的审查

1. 确认收养关系诉请的审查

【审查要点】

被诉收养行为是否经过县级以上人民政府的民政部门登记，收养关系自登记之日成立。

【规范指引】

《民法典》第 1105 条。

2. 解除收养关系诉请的审查

【审查要点】

（1）对收养人要求解除收养关系诉请的审查，关注点有三：

一是被收养人业已成年。

二是收养人与送养人虽达成了解除收养关系协议，但未登记（收养关系成立于 1998 年修正的原《收养法》施行前除外）。

三是收养人与成年被收养人关系恶化，无法共同生活且不能达成解除协议。

（2）对送养人要求解除收养关系诉请的审查，关注点有二：

一是被收养人尚未成年。

二是收养人不履行抚养义务，有虐待、遗弃等侵害未成年养子女合法权益行为，且与收养人间无法达成解除协议。

【规范指引】

《民法典》第 1114 条、第 1115 条、第 1116 条。

（三）被告抗辩的审查

1. 确认收养关系抗辩的审查

【审查要点】

（1）被告举证证明被诉收养关系未经县级以上人民政府的民政部门登记或已经经过登记。

（2）被告举证当事人间存在事实收养关系，且符合原《收养法》规定的收养条件。

（3）收养的意思表示不真实或收养行为违反法律、行政法规的强制性规定或者违背公序良俗。

【规范指引】

《民法典》第 1105 条。

2. 解除收养关系抗辩的审查

【审查要点】

（1）对收养人要求解除收养关系抗辩的审查，关注点有三：

一是被收养人尚未成年。

二是成年被收养人举证证明其与收养人的关系并未恶化到无法共同生活的程度。

三是主张双方并非收养法律关系。

（2）对送养人要求解除收养关系抗辩的审查，关注点有三：

一是被收养人已经成年。

二是收养人举证证明不存在侵害未成年养子女合法权益的行为。

三是主张双方并非收养法律关系。

【规范指引】

《民法典》第 1105 条、第 1114 条、第 1115 条、第 1116 条。

第二节　争点整理与认定

在《民事案件案由规定》中，作为二级案由的“收养关系纠纷”项下仅有两个三级案由，即“确认收养关系纠纷”和“解除收养关系纠纷”。但在《民法典》中第五编“婚姻家庭”的第五章“收养”中却有26个法条（即第1093条至第1118条）对“收养”予以了规制，在所有民事案件案由中可以说是绝无仅有。

在司法实践中，就案件数量而言，收养关系纠纷案件并不多，常见的争点有收养关系的成立或解除要件符合法律规定，包括被收养对象的特定、收养关系的成立与解除的法定性、事实收养关系的审查与判断、解除收养关系时各方权利与义务的保障等。收养关系的确认与解除涉及人身关系的确定、社会伦理价值的判断，常常不仅仅关涉纠纷当事人本身，还往往牵涉两个家庭的历史与现实状况的改变，引发纠纷的因素复杂，处理不好会引发深层次矛盾甚至过激性事件。

争点1：只有未成年人才可能成为被收养对象

【案例】简某甲与简某乙、韦某某解除收养关系纠纷案[①]

简某甲与韦某某系夫妻，简某甲与陈某（时年19周岁）签订《简某甲抱子协议》，约定了简某甲收养陈某，陈某更名为简某乙，以及简某乙日后赡养简某甲与韦某某等内容。此后双方共同生活多年，后简某乙因生活困难，无力赡养简某甲、韦某某，遂成本诉。法院经审理认为，收养是为了保障未成年人的权利，被收养人应为未成年人，案涉协议签订时，简某乙已成年，不符合收养条件。故双方并不存在法律上的收养关系。

【分析】

收养是为了保障未成年人的权利，使未成年人能够健康成长，故被收养人在收养时只能是未成年人。如双方当事人基于延续家庭等目的签订共同生

① 参见重庆市南川区人民法院（2021）渝0119民初1088号民事判决书。

活、抚养的协议，不能认定双方存在法律上的收养关系。

【规范指引】

《民法典》第 1093 条、第 1094 条。

争点 2：登记是收养关系得以成立的法定要件和生效要件

【案例】林某某、李某某与余某甲确认收养关系无效纠纷案[①]

2003 年 11 月，余某甲收养了林某某、李某某生育的次女余某乙，但未办理登记等相关手续。后因余某甲患病抚养困难，余某乙于 2014 年 8 月回到生父母林某某、李某某的家中生活。林某某和李某某起诉请求依法确认余某甲与余某乙的收养关系无效。法院经审理认为，余某甲收养余某乙时未向县级以上人民政府的民政部门办理收养登记等相关手续，判决余某甲与余某乙的收养关系无效。

【分析】

社会生活实践中，有不少收养关系并未签订书面收养协议，也未办理收养登记手续，系事实收养关系。1999 年施行的修改后的《收养法》已将收养关系的成立限定在收养应当向县级以上人民政府民政部门登记。对收养关系的认定采用收养登记主义，以登记作为收养关系得以成立的法定要件和生效要件，强调国家公权力对收养的认同，对未进行收养登记的，不予确认收养关系，是否签订收养协议及办理收养公证均不影响收养关系的认定。但该登记要件是可以弥补的，当事人有补办登记的自由。同时，对于《收养法》施行前成立的事实收养关系通常也予以认可。

特别说明：收养应当向县级以上人民政府民政部门登记。收养关系自登记之日起成立。

【规范指引】

《民法典》第 1105 条。

---

① 参见福建省闽清县人民法院（2014）梅民初字第 1081 号民事判决书。

争点 3：未成年子女的父母亦均系未成年人时，未成年人的监护人不得擅自送养该未成年子女

【案例】隆某甲与龙某某、杨某某变更抚养权纠纷案[①]

龙某某、杨某某生育隆某乙时均系未成年人。隆某乙出生不久，由龙某某、杨某某其中一方父母将隆某乙送交隆某甲抚养，该送养未经合法登记。现隆某甲起诉要求解除送养关系，法院经审理后认为，未成年人的父母均不具备完全民事行为能力的，该未成年人的监护人不得将其送养，但父母对该未成年人有严重危害可能的除外。最终判决变更隆某乙抚养权为龙某某享有。

【分析】

《民法典》对于父母在世时，监护人送养未成年子女的规定较为严格。原《收养法》第 12 条规定："未成年人的父母均不具备完全民事行为能力的，该未成年人的监护人不得将其送养，但父母对该未成年人有严重危害可能的除外。"《民法典》第 27 条明确："父母是未成年子女的监护人。未成年人的父母已经死亡或者没有监护能力的，由下列有监护能力的人按顺序担任监护人：（一）祖父母、外祖父母；（二）兄、姐；（三）其他愿意担任监护人的个人或者组织，但是须经未成年人住所地的居民委员会、村民委员会或者民政部门同意。"关于父母可能严重危害该未成年人的理解，本项条件并不要求父母已经对未成年子女造成现实的伤害，只要根据父母的认知能力和行为习惯推断父母有严重危害未成年人的可能性时即可认为符合本项条件，危害可以表现为对未成年人身体的侵害和精神上的伤害，并且危害需达到严重的程度。

特别说明：如果未成年人的父母一方死亡，另一方不具备完全行为能力，按照孤儿的定义，上述未成年人不属于孤儿，不能适用孤儿的送养规则确定送养人。对于上述未成年人，其境遇并不比父母双方均不具备完全行为能力的未成年人更为优越，也应通过准许监护人对其送养来保证上述未成年人得到家庭的温暖和亲人的关怀。故可结合具体案情对本条规定进行扩大解释，将父母一方死亡、另一方无完全行为能力的未成年人按本条规定确定送养条件。

---

① 参见贵州省贵阳市花溪区人民法院（2015）花民初字第 725 号民事判决书。

【规范指引】

《民法典》第 27 条、第 1105 条。

争点 4：收养关系可以通过协议解除或者依法通过诉讼解除

【案例】马某乙与马某甲解除收养关系纠纷案[①]

马某乙夫妇育有一女马某丙，同时收养了马某甲，彼此共同生活多年。后因矛盾从 2023 年 1 月起，马某甲与马某乙不再共同生活，马某甲未履行相应赡养义务。马某乙诉至法院要求解除与马某甲之间的收养关系。法院经审理后认为，在收养法律关系中，养子女对养父母应履行相应的赡养义务。养父母与成年养子女关系恶化、无法共同生活的，可以协议解除收养关系，故判决解除马某乙与马某甲之间的收养关系。

【分析】

本案的争点是收养关系的解除条件。在审查是否符合解除收养关系的条件时应掌握以下两点：一是被收养人在诉讼时，是否成年。如果查明被收养人在诉讼时未成年，在没有协议解除的情况下，按照《民法典》第 1114 条的规定，不得解除收养关系。二是在被收养人已成年的情况下，收养人提出解除收养关系有两种途径，其一是协议解除，养父母与成年养子女自行协议解除收养关系；其二是诉讼解除，养父母与成年养子女关系恶化、无法共同生活，无法自行协商解除收养关系的，可以提起诉讼，请求法院判令解除收养关系。

特别说明：是否符合解除收养关系条件的证明责任由原告负担，如双方关系恶化，确实无法共同生活的证据，如原告提供的证据不能证实其与养子女确已无法生活的，法院将驳回原告的诉讼请求。

【规范指引】

《民法典》第 1114 条、第 1115 条。

---

① 参见山东省临沂市中级人民法院（2015）临民一终字第 340 号民事判决书。

争点5：配偶死亡，另一方送养未成年子女的，死亡一方的父母有优先抚养的权利

【案例】邢某甲、王某与蒋某某变更抚养关系纠纷案[①]

蒋某某系邢某乙（6岁）、邢某丙（3岁）的母亲，邢某甲、王某系两未成年人的祖父母。两未成年人的父亲去世后，母亲蒋某某因收入较低，无力同时抚养两个未成年人，曾请求邢某甲、王某帮忙抚养一个未成年人，但遭到邢某甲、王某的拒绝，后蒋某某将邢某丙送养。为此邢某甲、王某起诉要求将邢某丙变更为归祖父母抚养。法院经审理后认为，邢某甲、王某与邢某乙、邢某丙有一定感情基础，故判决邢某丙由蒋某某继续抚养，邢某乙由邢某甲、王某抚养。

【分析】

对未成年人的抚养问题应从有利于未成年人的身心健康，保障未成年人的合法权益出发，结合抚养人的抚养能力和抚养条件等情况具体决定。

【规范指引】

《民法典》第1107条、第1108条。

争点6：养子女对养父母负有赡养义务

【案例】杨某甲与杨某乙赡养纠纷案[②]

杨某甲与申某于1979年登记结婚，1982年收养杨某乙。2018年申某死亡，2021年杨某甲以赡养纠纷起诉杨某乙。法院审理后认为，赡养父母是中华民族的传统美德，也是子女应尽的法律义务，本案中杨某甲年事已高，丧失劳动能力，经济收入难以维持生活所需，需要子女赡养，故判决杨某乙按月支付杨某甲赡养费等合理主张。

【分析】

收养关系解除后，养子女与养父母以及其他近亲属间的权利义务关系即

---

① 参见湖南省凤凰县人民法院（2017）湘3123民初269号民事判决书。

② 参见北京市第二中级人民法院（2021）京02民终7538号民事判决书。

行消除，与生父母以及其他近亲属间的权利义务关系自行恢复。但是，成年养子女与生父母以及其他近亲属间的权利义务关系是否恢复，可以协商确定。

收养关系解除后，经养父母抚养的成年养子女，对缺乏劳动能力又缺乏生活来源的养父母，应当给付生活费。因养子女成年后虐待、遗弃养父母而解除收养关系的，养父母可以要求养子女补偿收养期间支出的抚养费。

生父母要求解除收养关系的，养父母可以要求生父母适当补偿收养期间支出的抚养费；但是，因养父母虐待、遗弃养子女而解除收养关系的除外。

【规范指引】

《民法典》第 1117 条、第 1118 条。

争点 7：收养人虐待未成年养子女的，送养人有权要求解除养父母与养子女的收养关系

【案例】熊某某与孔某乙解除收养关系纠纷案[①]

2009 年孔某甲女儿孔某乙出生，次年孔某甲将孔某乙送养给熊某某，并办理了收养手续。2021 年熊某某离婚后，单独带着孔某乙生活，熊某某常因生活琐事殴打孔某乙。后孔某甲要求解除熊某某与孔某乙的收养关系。法院审理后认为，结合熊某某的居住生活条件以及其经常打骂的孔某乙等行为，且孔某乙明确表示不愿意再与养父共同生活，故判决解除熊某某与孔某乙的收养关系。

【分析】

收养制度的设立，其本意系为了保障儿童利益最大化原则。法律明文规定，收养人在被收养人成年以前，不得解除收养关系，但是收养人、送养人双方协议解除的除外。而社会生活实践中，不乏部分收养人不履行抚养义务，甚至存在虐待、遗弃等侵害未成年养子女合法权益的行为。于此情况下，赋予送养人解除养父母与养子女间的收养关系完全必要。如果送养人、收养人不能达成解除收养关系协议的，则双方均可以向人民法院提起诉讼。

【规范指引】

《民法典》第 1114 条。

---

① 参见江西省抚州市中级人民法院（2019）赣 10 民终 1185 号民事判决书。

争点 8：协议解除收养关系但未履行必要登记手续，则收养关系解除的协议未生效

【案例】曾某甲与曾某乙收养关系纠纷案[①]

曾某甲与付某某系夫妻关系，早年共同收养一女曾某乙，后付某某因病去世。曾某甲与曾某乙后因房产问题产生矛盾，2018 年 5 月 25 日，曾某甲与曾某乙共同在便条上签名“经曾某甲与曾某乙协商结果，二人从此断绝父女关系”。此后曾某甲将曾某乙诉至法院，请求确认案涉便条是收养关系解除的协议。法院审理后认为，结合曾某甲与曾某乙的往期共同生活情况、亲属证言，可以认定曾某乙系曾某甲事实上的养女，案涉便条不具备法定的解除效力。

【分析】

收养是要式法律行为，收养的成立需要符合法律规定的程序和要件，收养关系的解除同样也需按法律规定的程序进行，未经履行法定程序，不发生收养解除的法律效果。

实践中有些收养当事人双方因关系不睦，实际上已不再以父母子女相称和共同生活，虽然签订解除收养关系的协议但未到登记机关办理解除收养关系登记，这能否视为收养关系在法律层面上已解除，应根据双方收养关系成立时履行的程序要件区别对待。如双方收养关系成立于 1998 年修正的原《收养法》施行之后，双方收养关系的成立应以办理收养登记为要件，则收养解除也应以登记为之。虽双方已符合解除收养关系的条件，但因登记是法律规定的协议解除双方关系的程序要件，未办理登记的，解除收养关系无效，双方仍具有父母子女关系。如果双方收养关系成立于 1998 年修正的原《收养法》施行之前，则根据收养关系成立时有效的法律法规规定，收养可以通过事实收养、签订协议和办理公证而取得法律认可与保护的，则收养的解除也可以通过事实上不再承认父母子女关系、签订解除收养关系协议或办理解除收养的公证等方式予以解除。

【规范指引】

《民法典》第 1116 条。

---

① 参见四川省成都市成华区人民法院（2018）川 0108 民初 5422 号民事判决书。

争点 9：收养关系解除后，养子女与生父母权利义务关系恢复的，同时取得继承权

【案例】黎某甲与黎某乙继承纠纷案①

黎某丁与梁某某育有黎某甲、黎某乙、黎某丙三子。黎某戊系黎某丁的哥哥。黎某甲由黎某戊抚养长大，曾有收养关系，复又解除，并将常住人口登记卡上两人的关系变更为“侄子”。黎某甲、黎某乙因黎某丁、梁某某的财产继承事宜产生争议，诉至法院。法院经审理后认为，黎某甲与黎某戊虽曾建立收养关系，但此后两人又解除了收养关系，依照规定，黎某甲主张其与黎某丁之间的父子关系自然恢复。故黎某甲有权继承相应份额。

【分析】

养父母与养子女间本无自然血亲关系，双方基于收养行为产生法律拟制的血亲关系。当收养被解除，因收养行为产生的拟制效力也自然消除，即养子女与养父母的权利义务关系即行消除。养子女与其生父母之间具有自然血亲关系，该自然血亲关系因收养所具有的解除效力而消除。当收养被解除时，引起养子女与其生父母之间自然血亲关系消除的原因不复存在，相关的自然血亲关系可以恢复。考虑到未成年子女尚不具有完全民事行为能力和独立生活能力，需要有监护人履行监护职责，承担相应的抚养教育和保护义务，确保未成年人的生活不因收养关系解除陷入困顿，故法律规定在养子女未成年时解除收养关系的，养子女与生父母的血亲关系自然恢复。同时，养子女成年后，已具有完全民事行为能力和意思能力，具有独立判断、辨识社会关系，决定自己身份的能力，故出于对成年养子女人格及意愿的尊重，赋予成年养子女以身份选择权，可以选择恢复与生父母的血亲关系，经协商一致，可重新加入生父母家庭，取得与生父母相互继承的权利，承担赡养生父母的义务。

【规范指引】

《民法典》第 1117 条。

① 参见广东省东莞市中级人民法院（2018）粤 19 民终 799 号民事判决书。

第三节　法律适用中的疑难问题

作为一项制度，收养是自然人依法领养他人子女作为自己子女的法律行为，其本意系通过收养行为，使原本没有父母子女关系的收养人与被收养人形成法律上拟制的父母子女关系，被收养人与生父母及其亲属之间的关系则相应终止。收养关系纠纷问题涉及收养关系的确立与解除两种情况。

收养人的收养行为，除具有道义上的价值外，同时也蕴含一定的感情和生活方面的正当、合理的需求。收养人在履行了对被收养人的抚养教育义务后，有权得到正常、合理的回报。收养关系的确立与解除均会衍生人身依附、抚养补偿款、生活费、教育费等诸多问题，矛盾大、争议多。只有对收养人和被收养人的合法权益均予以兼顾，才能有利于建立和发展健康的收养关系。

问题 1：形成事实收养关系后因不符合法定要件，收养关系是否确定解除

【案例】刘某、王某与苏某甲、周某确认收养关系纠纷案①

刘某、王某系夫妻，育有女儿苏某乙。1995 年底，刘某之父将苏某乙送交苏某甲、周某抚养。苏某甲、周某未依法办理收养登记，于 1996 年为苏某乙进行户口登记，2003 年办理独生子女证。另查，在领养苏某乙时，苏某甲 24 岁，周某 26 岁。后刘某、王某诉至法院，请求确认苏某甲、周某与苏某乙的收养关系无效。法院经审理后认为，苏某甲、周某收养苏某乙时，苏某乙的生父母均在且无证据证明生父母有特殊困难无力抚养，苏某乙亦并非由其生父母送养，苏某甲、周某在收养时亦未达到法律规定的收养人年龄，未订立书面协议，故认定该收养关系因违反法律规定而无效。

【分析】

《民法典》第 1094 条的规定明确了送养人主体范围，具体有三，即孤儿的监护人，儿童福利机构，有特殊困难无力抚养子女的生父母。这一规定实

---

① 参见江苏省泰州市中级人民法院（2017）苏 12 民终 1090 号民事判决书。

质也明确了送养人所对应的被收养人。这既有利于规范收养关系的建立，又保护了被收养人的合法权益。送养人的资格条件还关系到送养决定权的行使，对被收养人利益影响重大。单就年龄要求而言，收养人必须年满 30 周岁，而且《民法典》第 1102 条特别指出“无配偶者收养异性子女的，收养人与被收养人的年龄应当相差四十周岁以上”。

抚养教育未成年子女是父母应当承担的法定义务，该义务不得推诿或消极敷衍。对于现实中确有困难无力抚养子女的生父母，如果坚持要求其履行监护职责，不仅会对生父母造成较大的负担，子女实际上也无法得到妥善的照顾与培养。因此，《民法典》第 1094 条明确被送养人的生父母必须具备“有特殊困难无力抚养”该被送养人的条件。《民政部婚姻司对〈收养法〉的解答》中对生父母有特殊困难的具体情形作出了说明，该解答第 5 条规定：“有特殊困难无力抚养的子女，是指有生父母或生父母一方死亡，但其生父母或生父、生母有特殊困难不能抚养教育的未满 14 周岁的子女。如生父母重病、重残，无力抚养教育的子女或由于自然灾害等原因造成其生父母无力抚养的子女，以及非婚生子女等。”据此，生父母有特殊困难无力抚养的未成年人指生父母因身体健康原因、经济原因无力抚养的子女，包括以下三种情形：一是生父母双方均生存，但均因重病、重残或经济原因无力抚养的子女；二是生父母一方死亡或被宣告死亡，另一方重病、重残或经济原因无力抚养的子女；三是非婚生子女。对非婚生子女的收养不以重病、重残或存在经济困难为条件，非婚生的情形即表明符合被收养的条件。

【规范指引】

《民法典》第 1094 条、第 1097 条、第 1098 条。

问题 2：收养关系解除后成年养子女对缺乏劳动能力又缺乏生活来源的养父母负有给付生活费的义务

【案例】邵某甲与邵某乙解除收养关系纠纷案[①]

邵某甲领养邵某乙后共同生活多年，直至双方分户后分开生活。彼时，邵某甲年逾七旬，尚为维持生计而担任保安。2016 年，邵某甲以养父女关系

① 参见浙江省湖州市吴兴区人民法院（2010）湖吴环民初字第 102 号民事判决书。

恶化、无法共同生活为由诉请解除双方的收养关系，由被告邵某乙一次性支付原告邵某甲生活费、医疗费 100 000 元。法院经审理后认为，双方收养关系虽已维持 30 多年，但在邵某乙成年后双方分开居住，且因邵某甲的赡养费和征地补偿款屡生争议，养父女关系已然恶化。邵某甲曾抚养邵某乙多年，现虽有一定经济来源，但已年迈且缺乏劳动能力，邵某乙应承担邵某甲的生活费和医疗费。但考虑到生存年限的不确定性，难以一次性量化邵某甲将来所需的生活费和医疗费，且邵某乙现在没有工作和收入不稳定，一次性给付相关费用亦会给其造成较大生活负担。故判决解除邵某甲与邵某乙的收养关系，参照此前给付标准，邵某乙每月给付邵某甲生活费 500 元，医疗费照实核算。

【分析】

本案在收养关系解除后，养子女为养父母提供生活费问题上提供了思考。养父母之所以收养他人子女，常因自己没有婚生子女，这种收养行为，一方面使被收养的子女能在他们的抚育下健康成长，另一方面也是为了使自己能够老有所养。养子女可能因种种原因与曾抚育自己长大的养父母关系恶化，以致收养关系解除。此时，养子女与养父母及其近亲属间的权利义务关系虽已即行消除，但当曾履行过抚养义务的养父母缺乏劳动能力又缺乏生活来源时，经养父母抚养的成年养子女，仍然负有给付养父母生活费的义务。《民法典》第 1118 条的该规定从权利义务一致的原则出发，旨在更好地保护老年养父母的合法权益，弘扬中华民族养老育幼的良好社会风尚，维护社会安定，减轻社会负担。

特别说明：《民法典》第 1118 条第 1 款的规定表述为“收养关系解除后”，而没有表述为“收养关系解除时”，取“后”而弃“时”，绝非随意遣词用字。应对比《民法典》第 1117 条“收养关系解除后，养子女与养父母以及其他近亲属间的权利义务关系即行消除”中的“即行”理解。收养关系解除时，养父母尚能自食其力，但以后随着岁月的推移，出现了既缺乏劳动能力又缺乏生活来源的情形，则经养父母抚养的成年养子女，仍然负有给付养父母生活费的义务。

【规范指引】

《民法典》第 1117 条、第 1118 条。

下编

继承纠纷

第八章　继承纠纷案件概述

家庭是社会生产生活的基本单位，而继承制度的存在，对于家庭延续具有深远影响，其不仅体现在财富物质的传承上，更表现在文化价值的传递上。例如家风传承，习近平总书记曾指出："家风好，就能家道兴盛、和顺美满；家风差，难免殃及子孙、贻害社会。"[①]因此，继承制度运行不仅涉及每个公民的切实利益，还关系到每个家庭的和谐稳定，更关乎社会的健康发展。继承作为一项法律制度来讲，并不是自古就有的，而是与血缘关系以及婚姻家庭关系相联系的人类社会发展到一定阶段的产物。作为民事法律制度重要组成部分的继承法律制度，其作用在于确立私有财产所有权人在死亡后其财产的有序转移规则。

《民法典》继承编基于我国家庭结构、继承观念等方面的发展变化，对继承法律制度予以修订完善，进一步确立了继承法律制度的基本规则。司法实践中，继承纠纷案件办理需要考虑遗产、继承人、遗嘱、遗产管理人、遗赠扶养人、无主遗产等多重因素，同时更需要关注继承纠纷背后所牵涉的亲情纠葛。通过对继承纠纷系统化梳理、类型化研究，可以帮助法律共同体树立统一法律适用理念，引导社会公众正确运用法律手段解决问题，有效回应时代发展与司法实践的新要求，为相关民事主体的继承权提供更加全面有力的法律保护。

一、继承纠纷案件概况

（一）继承纠纷案件审理概况

近年来，随着人民群众生活水平的不断提高，个人和家庭拥有的财富日

---

① 《习近平在会见第一届全国文明家庭代表时的讲话》，载《人民日报》2016年12月16日，第2版。

益增多，因继承引发的纠纷也越来越多。从继承纠纷案件类型[①]来看，法定继承纠纷占比相对较高，基本能够达到继承纠纷案件数的2/5以上；遗嘱继承虽占有一席之地，但比例相对较小。同时随着全球化进程的加速，继承纠纷案件涉境外因素逐渐增多，比如继承人移民境外、被继承人遗产位于境外等。

继承制度是为了更好实现自然人死亡后财富的继承，确保家庭正常运转的经济基础依然存在，此类纠纷频发的原因在于：一是群众法治观念增强。以前受传统社会"重男轻女"、家产"传男不传女""家丑不外扬"等观念的影响，即使因继承问题产生纠纷，也不愿意诉至法院。但随着当前社会法治化水平不断提升，群众法律意识增强，男女平等观念普及，大量继承人开始运用法律武器维护自己的合法利益，法院受理的继承纠纷案件逐年上升。二是私有财产价值增值。随着中国经济迅速崛起，人民群众生活水平日益提高，个人拥有的私有财产不断增加，国家更是从法律层面给予私有财产充分保护。尤其在房地产价值、公司股权价值等持续增值情况下，因财产继承问题无法协商一致，法院受理的继承纠纷持续增多。三是订立遗嘱观念未形成。由于受传统观念影响，老年人相对比较避讳谈论生死，尤其是对订立遗嘱并不了解，同时担心子女知悉遗嘱内容后被误解或被遗弃等原因，少有被继承人在生前订立遗嘱，导致埋下继承纠纷的隐患。即使被继承人生前立有遗嘱，但遗嘱订立不规范，如在非紧急情况下订立的口头遗嘱、自书遗嘱内容不具体明确、代书遗嘱的见证人为利害关系人、遗嘱人订立遗嘱时丧失民事行为能力等，都会导致继承人之间因遗嘱效力引发诉讼。

（二）继承纠纷案件分类及请求权基础分析

根据2020年最新修改的《民事案件案由规定》，继承纠纷作为二级案由，其项下共包含6个三级案由，即法定继承纠纷、遗嘱继承纠纷、被继承人债务清偿纠纷、遗赠纠纷、遗赠扶养协议纠纷、遗产管理纠纷，其中遗产管理纠纷是《民法典》颁布后继承纠纷项下新增的一个三级案由。《民法典》继承编利用45个条文对该6个三级案由所适用的请求权基础予以明细。

1. 法定继承纠纷

此类纠纷案件因被继承人已经去世，发生纠纷后对被继承人生前生活状况、行为意思表示等审查只能依靠双方当事人所举证据予以推定，因此此类

---

① 相关数据参见最高人民法院公报司法统计栏目。

案件在司法实践中审理的难度较大，尤其集中在遗产分配、[①]遗产酌分、[②]继承权丧失[③]等规范的适用。

2. 遗嘱继承纠纷

此类纠纷主要系因被继承人生前订立遗嘱时，基于其年龄、身体状况、文化水平、经济能力等不同，致使留有遗嘱形式多样，未能满足法定形式要件，导致纠纷频发。《民法典》继承编明确规定了六种遗嘱的形式，本编下面具体章节将重点论述，因为此类纠纷直接关系人民群众切身利益，关乎家庭稳定、社会和谐。遗嘱继承纠纷主要集中于遗嘱无效[④]、附义务遗嘱的规范适用[⑤]，因为六种形式的遗嘱均有可能涉及无效或附义务规范的适用。

3. 被继承人债务清偿纠纷

此类纠纷的处理主要坚持限定继承规则以及民法的公平原则。即继承人对于被继承人的债务承担的是有限清偿责任，而非无限清偿责任。主要涉及继承债务清偿，[⑥]限定继承，[⑦]法定继承与遗嘱继承、遗赠并存时遗产债务清偿[⑧]规范的适用。

4. 遗赠纠纷

此类纠纷主要系因被继承人财产处分所引起，该类纠纷与遗嘱继承纠纷的主要区别在于主体不一样，遗嘱继承中的受益人是被继承人的法定继承人，而遗赠中的受益人，则是法定继承人以外的自然人，也可以是国家、集体或组织。该类纠纷主要涉及遗嘱接受或放弃、[⑨]受遗赠丧失[⑩]规范的适用。

5. 遗赠扶养协议纠纷

此类纠纷实质上是一种双务合同的履行，即扶养人取得遗赠的财产须以履行对遗赠人生养死葬的义务为前提，因此该附义务的赠与相较于其他继承方式而言，效力等级最高。该纠纷主要使用的规范即《民法典》第 1158 条之规定，即权利人是否已经按照协议约定履行相关义务。

---

① 详见《民法典》第 1130 条规定。
② 详见《民法典》第 1131 条规定。
③ 详见《民法典》第 1125 条规定。
④ 详见《民法典》第 1143 条规定。
⑤ 详见《民法典》第 1144 条规定。
⑥ 详见《民法典》第 1159 条规定。
⑦ 详见《民法典》第 1161 条规定。
⑧ 详见《民法典》第 1163 条规定。
⑨ 详见《民法典》第 1124 条规定。
⑩ 详见《民法典》第 1125 条规定。

6. 遗产管理纠纷

此类纠纷是《民法典》制定后新增的一类案由，因为当前司法实践中自然人去世后，没有继承人或继承人放弃继承的情形屡见不鲜，但自然人遗留财产的保护、相关债权债务的处理等问题亟待解决，由此引入遗产管理，对被继承人遗产及时进行保存和管理，确保每个人的合法权益得到尊重。这类纠纷主要涉及的法律规范有遗产管理人违反职责，[①] 基于此可以追究管理人相关责任。

二、继承纠纷案件特点

继承是法律关系的重要组成部分之一，继承纠纷案件主要呈现以下特点。

（一）法律关系有效识别难

继承纠纷案件作为民事案件类型之一，应当接受民事诉讼法的调整，既要符合起诉条件，同时也不能遗漏必要诉讼当事人。而在继承纠纷案件中，无论是遗嘱人指定继承人，还是继承人履行扶养义务，其本质是人的亲属伦理价值的“法价值实践活动”，体现的是人作为“法律主体的理性能动”，满足的是人在亲属关系（包括人际关系）中的“价值性需求”，[②] 因此继承人范围是以婚姻、血缘和家庭关系为基本因素予以确定的。例如，《民法典》继承编对于法定继承人的规定，[③] 其中第一顺序继承人中的配偶、子女、父母的范围存在多种情形，因此在当事人起诉时容易存在遗漏继承人的情形。在继承纠纷中还经常会出现分家析产、法定继承、遗嘱继承、转继承、代位继承等多个法律关系交织的情况，导致一个案件中所涉法律关系相对较为复杂，同时还可能因部分继承人移民国外等情况，导致继承人身份关系确认相对较为麻烦，进而致使这类案件审理难度增大。

（二）遗产范围准确界定难

遗产是财产继承的核心，继承中所有的权利义务关系都围绕着遗产而展开。[④] 随着社会的发展，个人拥有的财产越来越多，财产形式也多种多样，不

① 详见《民法典》第 1148 条规定。

② 杨震：《法价值实践观的理性选择》，载《苏州大学学报》2005 年第 5 期。

③ 详见《民法典》第 1127 条规定。

④ 郑小川、于晶编著：《亲属法原理 · 规则 · 案例》，清华大学出版社 2006 年版，第 175 页。

再局限于传统的房产、车辆、基金、股票等，也包括在数字经济时代背景下所产生的虚拟财产等[①]。对于被继承人突然死亡，生前未订遗嘱，亦未留下财产线索的继承纠纷，继承人难以掌握被继承人的遗产范围，尤其是数字遗产[②]。对于被继承人可能遗留的存款、股票、基金等财产，继承人仅凭被继承人的身份证件无法到银行查询相关信息，只能申请法院调查取证，增加了事实查明的难度。

（三）争议不动产财产权属认定难

当前遗产形态多种样态，除了传统的货币、房产外，还涉及股票、公司股权、债券和无形资产等。但在司法实践中，继承标的物更多涉及的是不动产，而此类不动产主要指房产，虽然在当前房地产行业政策不断调整的时代背景下，房产价值的增长速度有所放缓，但房产较之其他遗产，其价值相对较大是毋庸置疑的，因此房产继承问题往往会成为继承纠纷中的焦点问题。同时，当事人出于各自利益最大化目的，难以达成一致协议，进而导致继承案件难以处理。例如，在以房产作为遗产的继承纠纷案件中，对于涉及夫妻共有或家庭成员共有的房屋、农村宅基地上经过多次翻建、新建的房屋、未取得房产证或产权登记信息不完善的房屋，存在权属认定难的现实困境。

（四）遗嘱效力精准判定难

遗嘱是按照被继承人自己的意愿在法定继承人之间分割自己遗产的继承方式，其可分为自书遗嘱、代书遗嘱、打印遗嘱、录音录像遗嘱、公证遗嘱、口头遗嘱等形式。[③]《民法典》继承编中对于自书遗嘱、代书遗嘱、打印遗嘱、录音录像遗嘱、口头遗嘱制作的条件及形式均有规定，但继承纠纷案件中，所涉遗嘱往往会存在制作上不规范、形式上不完整的情况，导致在案件审理过程中当事人对遗嘱的效力提出异议，法院对遗嘱的效力难以认定。例如，多数自书遗嘱、代书遗嘱均需进行笔迹鉴定，而因为被继承人已死亡，继承人难以提交被继承人生前作出的符合鉴定条件的比对样本，导致鉴定难以进行，使该类遗嘱认定难上加难。

---

① 林旭霞：《虚拟财产权性质论》，载《中国法学》2009年第1期。

② 白冰：《论“数字遗产”的法律继承问题》，载《法学研究》2012年第5期。

③ 详见《民法典》第1134条、第1135条、第1136条、第1137条、第1138条、第1139条规定。

（五）继承纠纷有效调解难

一般认为财产关系是合理的关系，可以用合理的一般的解决基准来对待，而身份关系是非合理的关系，应重在说服，而不是强制确定权利义务关系。[①]因而以非诉讼，特别是调解的方式解决家事纠纷相对较为适宜。同时从社会学角度来看，家庭是社会最基层的组织，是建设和谐社会的基石，处理家事纠纷应坚持调解为主的原则。但继承纠纷涉及复杂的家庭关系，特别是被继承人再婚的家庭，因亲情基础较为薄弱，容易在遗产问题上互不让步。在涉及房产等价值较大的财产继承问题上，双方当事人矛盾易激化，给法官开展调解工作增加了难度。

三、继承纠纷案件审理原则

继承法的原则，是指反映继承法规则的基础性原理和价值准则。即该项原则既是继承法立法的指导思想，也是贯彻执行继承法中研究、解释、适用继承法的依据和出发点。[②]关于继承法的原则，《民法典》继承编并没有用单独的条文予以规定，因此，学者中对于继承法有几条基本原则的认识不完全一致，有"三原则说""四原则说""五原则说"等，但无论基于哪种基本原则学说，继承纠纷案件在审理过程中都应遵循以下裁判理念，才能确保继承纠纷案件得到妥善化解。

（一）注重保护自然人继承权，确保财产有序代际传递

私有财产权是人的生存权和发展权的物质基础保障。国家依法保护自然人的私有财产权，自然人可以依照法律规定继承他人的遗产，自然人死亡后其遗产可由其继承人依法继承。具体表现为两个方面：一方面是法律保护自然人享有依法继承遗产的权利，任何人不得干涉；另一方面是自然人的继承权受到侵害时，法律予以救济，国家以其强制力予以保护。[③]自然人继承权平等，继承权男女平等，非婚生子女与婚生子女继承权平等，养子女与生子女继承权平等，同一顺位继承人继承权平等、同一顺位继承人继承财产一般均

---

① 日本学者我妻荣的观点，转引自李青：《中日家事调停制度的比较研究》，载《比较法研究》2003年第1期。

② 马忆南：《婚姻家庭继承法学》（第5版），北京大学出版社2023年版，第243页。

③ 杨立新：《婚姻家庭与继承法》，法律出版社2021年版，第191页。

等。要通过法定继承、遗嘱继承、遗赠、遗赠扶养协议、遗产管理人等多种制度的正确适用，实现自然人财产的有序代际传递。

（二）注重保护自然人真实意思表示，切实维护遗嘱订立自由

私法自治原则是现代民法的基本原则，继承法亦将该原则作为其重要的立法理念。而私法自治原则反映在继承法领域，最集中的体现即是被继承人可自由处分其遗产。[①] 自然人依法享有订立遗嘱的自由，人民法院在审理继承纠纷过程中，一方面要根据继承编关于遗嘱形式要件和实质要件的规定，通过证据规则发现法律真实；另一方面也要在发现法律真实的基础上，最大限度贴近客观真实，以充分尊重自然人的真实意思，有效保护其遗嘱自由。保护自然人的遗嘱自由，还意味着，对于不符合法律规定形式要件和实质要件的遗嘱，应当依法否定其效力。

（三）注重发挥继承制度养老育幼功能，体现继承制度伦理价值

现代社会的继承制度，一般是以血缘关系和婚姻关系作为继承权取得的依据。作为人口再生产的基本单位，家庭承担着养老育幼的扶养职能，家庭成员之间必须相互扶持，相互照顾，[②] 这既是中华民族长期形成的传统美德，更与社会主义精神文明建设要求相吻合，符合社会主义核心价值观。[③] 而扶养职能的履行又离不开各家庭成员的共同努力及必要的物质基础。因此，为了倡导养老育幼、互助团结、和睦友爱的优良家风，《民法典》继承编秉持充分发挥扶养关系在继承和遗产处理中作用的立法理念。如规定对有扶养能力和有扶养条件的继承人，不尽扶养义务的，分配遗产时，应当不分或者少分；丧偶儿媳对公婆、丧偶女婿对岳父母尽了主要赡养义务的，可以作为第一顺位继承人；遗产分割时，应当保留胎儿的继承份额；遗嘱应当为缺乏劳动能力又没有生活来源的继承人保留必要的遗产份额。

（四）注重宣扬互谅互助精神，促进家庭团结和睦

互谅互让、团结和睦是社会主义道德的要求，继承法将其上升为法律原

---

① 李少伟：《民法法典化与私法价值的实现》，载《河北法学》2019 年第 12 期。

② 马忆南：《婚姻家庭继承法学》（第 5 版），北京大学出版社 2023 年版，第 246 页。

③ 房绍坤、范李瑛、张洪波编著：《婚姻家庭继承法》（第 7 版），中国人民大学出版社 2021 年版，第 160 页。

则，既是发扬社会主义道德风尚、建设社会主义精神文明的要求，也是正确处理继承问题、巩固社会主义新型家庭关系的要求。[①]司法实践中已经出现了诸多因未能互谅互让、协商处理遗嘱中非遗产分割部分内容而产生的纠纷，如所谓“祭奠权”纠纷案件。[②]因此在审理继承纠纷时，应当鼓励家庭成员之间发扬互谅互助的精神，一方面通过多元纠纷化解机制，缓和当事人矛盾对立，促进家庭成员间的团结和睦；另一方面要通过裁判规则的引导，鼓励当事人互相帮助。如对被继承人尽到主要扶养义务的人或者与被继承人共同生活的人，分配遗产时可以多分；对于继承人以外的依靠被继承人扶养的人，或者继承人以外的对被继承人扶养较多的人，可以分给适当的遗产。

---

① 马忆南:《婚姻家庭继承法学》(第5版)，北京大学出版社2023年版，第245页。

② 周斌:《“祭奠权”受侵害可获精神损害赔偿——因祭奠引发纠纷不断增多，法官解析相关法律问题》，载《法制日报》2012年4月5日。

第九章　法定继承纠纷

第一节　法定继承纠纷概述

一、法定继承纠纷的概念

法定继承又称无遗嘱继承，是由法律直接规定继承人的范围、顺序、条件、份额和原则程序的继承方式，与遗嘱继承相对。[①]法定继承既是对于遗嘱继承的补充，也是对遗嘱继承的限制，最能体现一个国家的伦理亲缘观念。

法定继承制度包含转继承与代位继承。转继承是指继承人在继承开始后、遗产分割前死亡，其所应继承的遗产份额转由其继承人承受的法律制度。《民法典》第1152条规定，继承开始后，继承人于遗产分割前死亡，并没有放弃继承的，该继承人应当继承的遗产转给其继承人，但是遗嘱另有安排的除外。该规定不仅厘清了转继承的是“该继承人应当继承的遗产”，还增加了但书条款，最大限度地尊重被继承人处分遗产的自由。

代位继承也被称为“间接继承”，根据我国原《继承法》的第11条的规定，如果被继承人的子女在被继承人之前去世，则其应继承的份额应由该被继承人的子女的晚辈直系血亲代位继承。该条被视为代位继承定义的规定。我国学术界对代位制的理解和定义存在分歧。一些学者认为，代位继承，也称承祖继承或代袭继承，是指继承人在继承开始前去世或丧失继承权时（其继承权合法），其晚辈直系血亲卑亲属可通过代位继承他的应继份额。[②]另有一些学者认为，代位继承是指继承人子女继承其父或母份额的制度，当继承人先于被继承人去世或丧失继承权时，其子女代位继承其父母的份额。还有

① 史尚宽：《继承法论》，中国政法大学出版社2000年版。

② 参见史尚宽：《继承法论》，中国政法大学出版社2000年版，第83页。

一些学者认为，代位继承是某一亲系的最近亲等的血亲的血亲继承人先于被继承人死亡或丧失继承权时，依法由其直系辈亲属按其继承顺序和继承份额继承被继承人遗产的继承方式。[①]代位继承对于保障遗产在各支系中合理分配、实现财产的传承、发挥遗产育幼功能等方面具有重大作用。《民法典》第 1128 条对代位继承制度作出了重大修改，增加了第 2 款即被继承人的兄弟姐妹的子女可以代位继承。据此，代位继承人包括两类：一类是被继承人子女的直系晚辈血亲；另一类是被继承人兄弟姐妹的子女。值得注意的是，因兄弟姐妹是第二顺序继承人，只能在没有第一顺序继承人继承的情况下，被继承人的兄弟姐妹才有资格继承，其子女也才可能发生代位继承。

二、法定继承纠纷的基本特点

（一）身份性

法定继承以法定的亲属身份关系为前提和基础，亲属身份权是法定继承的本源，法定继承则是亲属身份权的派生。法定继承是以一定的人身关系为前提，即法定继承的发生因被继承人和继承人之间的婚姻、血缘和家庭关系而确定。因此，《民法典》继承编所确定的法定继承的继承人的范围、继承顺序、继承份额，都是以一定的身份关系为基础，被继承人与继承人之间有特定的亲属关系，才可以发生法定继承。

（二）法定性与强制性

法定继承人的范围、法定继承的顺序、遗产的分配方式等内容均具有法定性与强制性，不得由任何人予以变更。根据《民法典》继承编相关规定，法定继承人的范围包括配偶、子女、父母、兄弟姐妹、祖父母、外祖父母以及对公婆尽了主要赡养义务的丧偶儿媳和对岳父母尽了主要赡养义务的丧偶女婿。同时，《民法典》继承编将法定继承人划分为两种继承顺序：第一顺序为配偶、子女、父母；第二顺序为兄弟姐妹、祖父母、外祖父母。[②]根据法律

---

① 参见郭明瑞、房绍坤、关涛：《继承法研究》，中国人民大学出版社 2003 年版，第 81 页。

② 在《民法典》编纂过程中，全国人大常委会法工委曾准备对继承编作出较大幅度的调整，其中包括将父母调整为第二顺序法定继承人，继承编草案曾采纳了这一立法设计，但是在其征求意见稿及审议稿中，又恢复了父母作为第一顺序法定继承人的规定。参见杨立新：《民法典继承编草案修改要点》，载《中国法律评论》2019 年第 1 期。

规定，继承顺序具有优先性和排他性，两类不同顺序的继承人不能同时继承，仅在前一顺序的继承人不存在时，后一顺序的继承人才能继承遗产。在第一顺序继承人中，如果子女先于被继承人死亡的，则适用代位继承制度，即子女的子女可以代位继承，此时视为第一顺序的继承人继承。对公婆尽了主要赡养义务的丧偶儿媳和对岳父母尽了主要赡养义务的丧偶女婿，也是列为第一顺序的继承人。

（三）补充性与限定性

近代继承法的两大重要继承方式为法定继承与遗嘱继承。遗嘱体现当事人的主观意愿，遵从当事人的意思自治原则。法定继承是遗嘱继承的补充，在没有遗嘱的情况下，适用法定继承。故遗嘱继承优于法定继承。但遗嘱继承在适用的时候又受到法定继承的限制，立遗嘱人只能在法定继承人的范围内选定遗嘱继承人，同时应当为特定的继承人保留必要的遗产份额。由此可见，法定继承既是遗嘱继承的补充，又是遗嘱继承的限制。

三、法定继承纠纷的审理原则

（一）法定继承权平等原则

法定继承权平等原则是《民法典》总则编平等原则在继承编中的体现，它不仅包括男女继承权平等，也包括非婚生子女与婚生子女继承权平等、养子女与亲生子女继承权平等、同一顺序继承人继承权平等，顺序继承人继承财产一般均等。继承权平等的要求贯穿于继承的始终。继承权平等尤其是男女平等原则，摆脱了封建宗法男尊女卑、重男轻女等思想的影响，切实保障了女性的权益。为此，同一顺序的继承人不论男女，不因性别而受到歧视性待遇，都享有平等的继承权。在代位继承中，晚辈直系血亲不论男女都有继承权。同时，各个继承人对遗产的期待权是平等的，任何继承人不得剥夺其他继承人的继承权。

（二）适当保护弱者原则

养老育幼、照顾病残是中华民族传统美德在继承法上的体现，具有很强的伦理性，对实现家庭抚养职能、帮助弱者、减轻社会负担具有重要作用。该原则对特定的弱势群体予以特殊照顾，是对继承平等原则的限制，有利于实现实质平等和社会正义。它的主要内容表现为：有扶养能力和有扶养条件的继承人，不尽扶养义务的，分配遗产时，应当不分或者少分；丧偶儿媳对公婆、丧偶女婿对岳父母，尽了主要赡养义务的，作为第一顺序继承人；遗产分割时，应当保留胎儿的继承份额。

（三）权利义务相对等原则

在审理法定继承纠纷案件的过程中要坚持贯彻权利义务相对等的原则。在确定法定继承人的范围上，《民法典》继承编中对法定继承人的范围原则上是确定为父母、子女、配偶、男系祖父母、女系祖父母、兄弟姐妹六种人，而这六种人都是有相互扶养义务的人。继父母与继子女之间，养父母与养子女之间，继兄弟姐妹之间，丧偶儿媳对公、婆之间，丧偶女婿对岳父、岳母之间，本来没有血缘关系，如果按照单纯的血缘关系来确定法定继承人的范围，他们应当被排除在法定继承人的范围之外。然而，由于他们之中的有些人相互之间有扶养关系，因此，那些有扶养关系的人也属于法定继承人的范围。这些人能享有继承权，起决定性作用的是扶养关系，它十分明显地体现了权利与义务相一致原则。对此，用单纯的血缘关系是无法解释的。权利与义务相一致的原则更突出地表现在法定继承份额的问题上，《民法典》规定了"有扶养能力和扶养条件的继承人，不尽扶养义务的，分配遗产时，应当不分或者少分"，"对被继承人尽了主要扶养义务或者与被继承人共同生活的继承人，分配遗产时，可以多分"，即尽义务多的继承人可以多分，有条件尽义务而不尽义务的继承人可以不分或者少分。这种做法既合乎情理，又有利于发扬我国人民养老育幼的优良传统，促进社会主义精神文明建设。

四、法定继承纠纷的审查要素

（一）立案审查

1. 当事人主体资格的审查

（1）被继承人身份的审查

【审查要点】

当事人起诉时，除需有明确的被告外，一般还需提交证明被继承人死亡的初步证据，以证明被继承人死亡，继承开始。同案中，有多个被继承人的，个别被继承人缺乏死亡证明的，如能通过其他材料判断其确已死亡的，应当立案受理。如无任何证据证明被继承人死亡应告知当事人予以补正。

【规范指引】

《民事诉讼法》第122条。

（2）继承人身份的审查

【审查要点】

一般可以通过户口簿、户籍事项证明、出生医学证明、独生子女证等身份关系证明，审查被继承人与继承人之间的关系及继承人范围。无上述材料的，可通过干部履历表、个人履历表、职工履历表、入党志愿书等个人档案材料或者亲属关系公证书等材料，审查继承人范围。

【规范指引】

《民法典》第1127条。

（3）第三人范围的审查

【审查要点】

继承人以外的其他人员，与被继承人无继承关系，但与被继承人存在房屋共有或者与遗产处理有其他利害关系的，可在继承案件中将其列为第三人。

【规范指引】

《民事诉讼法》第59条。

（4）遗漏继承人的处理

【审查要点】

立案后，发现遗漏继承人的，应当告知当事人补充有关身份关系材料，当事人申请追加该继承人参加诉讼的，应当根据当事人申请及法律规定追加其为共同原告或者被告。

当事人不申请追加，法院可依职权通知其参加诉讼，如继承人中有既不愿参加诉讼，又不表示放弃实体权利的，应当追加其为共同原告。

【规范指引】

《民法典继承编解释（一）》第44条。

2. 管辖的审查

（1）被继承人死亡时住所地的审查

【审查要点】

认定被继承人死亡时住所地，应以其户口簿、身份证或户籍证明上记录的地址为准。被继承人死亡时的经常居所地与户籍地不一致的，死亡时的经常居所地视为住所地；当事人以被继承人的经常居所地作为住所地提起继承诉讼的，应当审查被继承人的实际居住状况，以确定案件的管辖。

【规范指引】

《民法典》第25条；《民事诉讼法》第34条第3项。

（2）被继承人死亡时主要遗产所在地的审查

【审查要点】

被继承人主要遗产所在地在起诉时一般难以客观确定，如果当事人有初步证据证明被继承人有遗产在受诉法院辖区，受诉法院即可立案受理。立案受理后，发现被继承人主要遗产在他地，且当事人所主张的遗产主要系他地遗产，受诉法院可根据当事人管辖权异议或者依职权裁定移送有管辖权的人民法院审理。

【规范指引】

《民事诉讼法》第34条第3项。

（3）管辖冲突的处理

【审查要点】

同一当事人或不同当事人分别向被继承人死亡时住所地或者主要遗产所在地法院提起继承诉讼的，由先立案的法院管辖。后立案的法院发现有关法院先立案的情况后，应当在7日内裁定将案件移送先立案的法院审理。

当事人在继承案件审结后，就其他遗产向其他有管辖权的法院提起诉讼的，不属于管辖冲突，新立案法院应当审理，不得以前案由其他法院审理为由裁定移送。

（二）原告诉请的审查

【审查要点】

对法定继承诉讼请求的审查，应当围绕遗产范围、所在、数额或者价值、继承方式进行：

（1）当事人要求继承的遗产应在被继承人名下，如不在被继承人名下的，需提交证据证明归属于被继承人或者被继承人与他人共有，并说明遗产的所在。

（2）当事人要求继承遗产的，应当明确遗产的价值、继承方式，未明确的，法院应当释明，引导其明确诉讼请求。

（3）当事人要求继承银行存款、保险、养老保险个人账户内资产、公积金个人账户内资产的，或者要求分割抚恤金的，如无法明确具体数额，应当提交财产线索，并在立案后补充提交；当事人无法获取的，可申请调查令查询或者申请法院依职权查询，待查询完毕后，应要求当事人明确诉讼请求。

（4）当事人要求继承的财产如尚不具备继承的条件，比如与案外人存在权属尚未明确等情形，应当释明，引导当事人另案提起析产之诉、权属确认之诉，然后再起诉继承。

【规范指引】

《民事诉讼法解释》第 90 条。

（三）对被告抗辩的审查

1. 对主体的抗辩审查

（1）被继承人死亡时间的抗辩审查

【审查要点】

被继承人的死亡时间决定继承的顺序、遗产的范围及相关财产在死亡时间点的价值，被告如对被继承人的死亡时间提出抗辩，应注意审查当事人提交死亡证明及相关证据材料的真实性。

（2）继承人范围的抗辩审查

【审查要点】

继承人的范围直接决定当事人主体是否适格，被告如对继承人范围提出抗辩，应注意审查是否系法定继承人，如相关人员以受遗赠人、遗赠扶养人、酌分遗产人参与诉讼，应当作出合理说明或者提交相应的初步证据。

在继承纠纷中，如遇部分继承人或被继承人早年移居国外、失联、早年死亡等情况时，可能出现无法查明代位继承人或者转继承人的情形。对于此种情况，除了要求当事人提交相关证据外，必要时应当依职权调取被继承人或者相关继承人的人事档案、户籍档案，或者通过涉外取证程序，调查继承人的范围。

被告抗辩继承人存在丧失继承权情形的，应当承担举证责任。

在个别案件中，被继承人家庭情况复杂，当事人众多，其中个别继承人失联，无法确认其具体住址、是否在世，在穷尽调查手段仍无法确定的情况下，可将其追加为当事人，其应继承的份额在判决时予以保留。

2. 对遗产的抗辩审查

（1）遗漏遗产的抗辩审查

【审查要点】

被告认为案涉遗产不限于原告诉请的遗产的，应当提交证据加以证明或者提交财产线索。但因继承纠纷应当全面查明被继承人遗产范围，故被告的主张不作为反诉，一般应一并处理。

【规范指引】

《民事诉讼法解释》第 112 条；《最高人民法院关于民事诉讼证据的若干规定》第 18 条。

（2）遗产性质的抗辩审查

【审查要点】

被告对遗产性质提出抗辩的，应作出合理说明或者提交证据加以证明，遗产涉及家庭共有、夫妻共有或者与其他人按份共有等情形时，当事人提起析产之诉的，继承纠纷应中止审理；或者向原告释明，待析产以后，另行提起诉讼分割遗产。当事人对遗产性质和范围无异议，要求在继承纠纷中一并析产的，且财产共有人均系继承纠纷的当事人，为避免当事人的诉累，可一并处理。

除夫妻共同财产以外，当事人对登记于被继承人名下的不动产主张享有权属或者权利份额的，一般应另案提起所有权确认之诉主张，当事人另案诉讼的，继承纠纷应当中止。

【规范指引】

《民法典》第 1153 条。

（3）对酌分遗产的抗辩审查

【审查要点】

酌分遗产人要求酌分遗产的，对其依靠被继承人扶养或者对被继承人扶养较多负有举证责任。

【规范指引】

《民法典》第 1130 条。

第二节 争点整理与认定

一、继承人身份的认定

《民法典》第 1127 条至第 1129 条对继承人的资格作出明确规定。

第一，第 1127 条第 1 款第 1 项规定了配偶、子女、父母为第一顺序继承人；第 1129 条规定了丧偶儿媳对公婆、丧偶女婿对岳父母尽了主要赡养义务的，也可作为第一顺序继承人。在第一顺序继承人中易发生如下争议：（1）正在进行诉讼以及处于离婚冷静期内的夫妻是否属于第 1127 条所规定的夫妻，存在争议。（2）在子女、父母能否作为第一顺序继承人的案件中，争议主要容易发生在继父母与继子女之间，以及养父母与养子女之间。（3）丧偶儿媳、丧偶女婿主张作为第一顺序继承人时，容易与其他第一顺序继承人发生争议。

第二，第 1127 条第 1 款第 2 项规定了兄弟姐妹、祖父母、外祖父母为第二顺序继承人。继承开始后，由第一顺序继承人继承，第二顺序继承人不继承；没有第一顺序继承人继承的，由第二顺序继承人继承。

第三，第 1128 条规定了代位继承制度，将代位继承人的范围扩大至被继承人的兄弟姐妹。

第四，《民法典》第 1131 条规定了酌情分得遗产权，对继承人以外的依靠被继承人扶养的人，或者继承人以外的对被继承人扶养较多的人，可以分给适当的遗产。

争点 1：未构成事实婚姻的被继承人的同居人，不属于被继承人的法定继承人

【案例】徐某甲诉徐某乙遗产管理纠纷案[①]

徐某甲系王某某与徐某乙的女儿，出生后一直跟随其姨妈王某生活，王某某与徐某乙未办理结婚登记。2021 年 6 月 7 日，王某某去世。2021 年 7 月 14 日，王某某在中国农业银行股份有限公司某支行账户内的存款 1 210 203.40

---

① 参见山东省德州市中级人民法院（2022）鲁 14 民终 1120 号民事判决书。

元由徐某乙转出至祝某某账户中。王某某父母在王某某去世前已经去世，王某某徐某甲外，无其他子女。徐某甲向一审法院起诉，请求继承母亲王某某的遗产121万元。人民法院经审理后认为，徐某乙虽与王某某同居多年，但未办理结婚登记，依照法律规定及徐某乙陈述，其与王某某同居应发生在1994年2月1日之后，未构成事实婚姻，对王某某的遗产不享有继承权，故徐某甲应系王某某的唯一法定继承人。

【分析】

当事人虽然与被继承人同居多年，但未办理婚姻登记，且同居期间在1994年2月1日之后，未构成事实婚姻，不属于被继承人的法定继承人。因此，被继承人的非婚生女儿为其唯一法定继承人。

【规范指引】

《民法典》第1127条。

争点2：继父母与继子女之间已经形成抚养关系的，继子女应当认定为第一顺序继承人

【案例】陈某甲、陈某乙、陈某丙与李某甲法定继承纠纷案[①]

被继承人陈某某与李某某系夫妻，双方均系再婚。再婚时，陈某某婚前子女三人均已成年，李某某婚前女儿李某甲9周岁，双方再婚后无生育。陈某某于2016年12月29日去世。因陈某某婚前子女认为李某甲并非陈某某第一顺位法定继承人，诉至法院。人民法院经审理后认为，陈某某与李某某结婚时李某甲尚未成年，三人共同生活多年，李某甲与陈某某形成了具有抚养关系的继父女关系。李某甲成年后对继父尽到了扶养、照料的义务，因此李某甲为陈某某第一顺序法定继承人。

【分析】

根据《民法典》第1127条第3款的规定，《民法典》继承编所称子女，包括婚生子女、非婚生子女、养子女和有扶养关系的继子女。因此，继子女的继承权以形成扶养关系为前提。

（1）扶养关系的认定较为复杂。形成扶养关系一般应当以继父母对未成

---

① 参见山东省德州市中级人民法院（2022）鲁14民终582号民事判决书。

年继子女履行了抚养义务为基本条件，主要包括继子女受继父母经济上的供养和生活上的抚养、教育两个方面。

（2）继父或者继母与生母或者生父结婚时，继子女已经成年的，原则上不形成扶养关系；但继子女无行为能力、限制行为能力，且主要依靠继父母扶养的，在继父母去世时，可以分得适当遗产。

（3）虽未形成扶养关系，但继子女对继父母赡养较多的，可以作为酌分遗产人分得遗产。

（4）继子女继承了继父母的遗产的，不影响其继承生父母的遗产。

（5）继父母继承了继子女的遗产的，不影响其继承生子女的遗产。

（6）继子女与继父母的扶养关系效力，并不当然及于继子女与生子女兄弟姐妹之间，继子女与生子女相互之间的继承权取决于他们之间是否形成扶养关系，没有扶养关系的，不能互为第二顺序的继承人；继兄弟姐妹之间发生继承的，不影响其继承亲兄弟姐妹的遗产。

【规范指引】

《民法典》第1072条、第1127条；《民法典继承编解释（一）》第11条、第13条。

争点3：尽到主要赡养义务的丧偶儿媳、丧偶女婿，可以为第一顺位继承人

【案例】陈某等法定继承纠纷案[①]

陈某某与于某某系夫妻，二人育有子女五人。于某某、三女陈某甲、次子陈某乙先后于1996年、1998年、2007年去世。陈某乙去世后，陈某某与陈某乙妻子王某某共同生活居住直至去世。共同生活期间，王某某对陈某某生活多有照顾。陈某某去世后，王某某为其办理后事，其在世子女因王某某是否应作为第一顺序法定继承人继承陈某某遗产发生纠纷，故诉至法院。法院经审理后认为，王某某在婆婆于某某、丈夫陈某甲去世后的20余年，与公公陈某某共同居住生活，为其送终，应视为尽到主要赡养义务，应作为第一顺序继承人继承陈某某遗产。

① 参见北京市密云区人民法院（2022）京0118民初572号民事判决书。

【分析】

根据《民法典》第1129条的规定，丧偶儿媳对公婆，丧偶女婿对岳父母，尽了主要赡养义务的，作为第一顺序继承人。因此，丧偶儿媳和丧偶女婿的继承权，以尽到主要赡养义务为前提。

（1）尽到主要赡养义务是指对被继承人生活提供了主要经济来源，或者在劳务等方面给予了主要扶助；丧偶儿媳或者丧偶女婿未能尽到主要赡养义务，但相较于其他继承人对被继承人扶养较多的，可以分配给其适当遗产。

（2）是否尽到主要赡养义务，举证责任在提出该请求的一方，法院在诉讼中发现丧偶儿媳或者丧偶女婿尽到主要赡养义务，但未作为当事人参与诉讼的，应当对相关当事人予以释明，必要时可依职权追加其作为当事人参加诉讼。

（3）丧偶儿媳对公婆、丧偶女婿对岳父母遗产的继承权不受其是否再婚的影响。

（4）丧偶儿媳对公婆、丧偶女婿对岳父母的遗产享有继承权，不影响其子女的代位继承权。

（5）作为第一顺序继承人的丧偶儿媳和丧偶女婿，其继承权同其他继承人平等，其分得的遗产一般应与其他继承人大致均等。

【规范指引】

《民法典》第1129条；《民法典继承编解释（一）》第18条、第19条。

争点4：养子女与养父母已经协议解除收养关系的，不应认定为法定继承人

【案例】王某甲、王某乙与费某法定继承纠纷案[①]

王某甲、王某乙系夫妻关系，费某系夫妻双方养子，自9岁时被收养。费某成年后，因债务问题与养父母关系恶化，父母要求与其解除收养关系并处于多年失联状态。王某甲、王某乙去世后，其养子费某因继承问题与夫妻二人的父母发生矛盾诉至法院。法院经审理后认为，养父母与成年养子女关系恶化、无法共同生活的，可以协议解除收养关系。继承开始后，继承人放

① 参见上海市松江区人民法院（2006）松民一（民）初字第1194号民事判决书。

弃继承的，应当在遗产处理前，作出放弃继承的表示，没有表示的，视为接受继承。对生活有特殊困难且缺乏劳动能力的继承人，分配遗产时，应当予以照顾。

【分析】

养子女能否成为继承人取决于其与被继承人之间的收养关系是否成立或者收养关系是否解除。

（1）收养关系成立以后，养子女与养父母建立拟制血亲关系，从而取得对养父母财产的法定继承权。

（2）收养关系成立后，养子女与生父母的父母子女关系消除，从而丧失对生父母财产的法定继承权。

（3）收养关系是否成立，一般应根据《民法典》第 1105 条的规定或者行为时有效的法律认定，未办理收养登记的，不能成立法律上的父母子女关系。

（4）对于因历史原因形成的事实收养，应区分不同时间节点，按照当时的法律、法规和司法解释的相关规定认定是否构成父母子女关系。如 1992 年 4 月 1 日《收养法》生效以前，因社会公认以收养关系而长期共同生活的，可认定为收养关系。另可根据《司法部关于办理收养法实施前建立的事实收养关系公证的通知》（司发通〔1993〕125 号）处理，该通知虽然系对收养关系公证的规定，但规定"收养关系自当事人达成收养协议或因收养事实而共同生活时成立"。如 1992 年 4 月 1 日以后私自收养未办理登记的，一般不应认定为建立收养关系。此外，《民政部、公安部、司法部、卫生部、人口计生委关于解决国内公民私自收养子女有关问题的通知》（民发〔2008〕132 号），也否定了事实收养的法律效力。

（5）对于实践中养子女与养父母关系并未解除，但对生父母尽到较多赡养义务的情形，可按照《民法典》第 1131 条将其作为酌分遗产人，分给其适当的遗产。

（6）养子女与生子女之间、养子女与养子女之间，系养兄弟姐妹，可以互为第二顺序继承人。

（7）收养关系的解除，应当按照《民法典》婚姻家庭编第五章第三节或者行为时有效的法律、法规和司法解释认定。对于 1999 年 4 月 1 日以前通过事实解除方式解除收养关系的，可以认定为收养关系已解除。对于 1998 年修正的《收养法》生效以后，当事人主张事实解除但未办理解除登记的，除非该收养关系于 1999 年 4 月 1 日前也是以事实收养方式建立，否则也不宜认定为解除收养关系。但是，如养子女确实与养父母长期未共同生活，相互之间互相不尽赡养和扶养义务，虽然当事人之间仍具有继承权，但可以根据《民法典》第1130条第4款对其不分或者少分遗产。

【规范指引】

《民法典》第1105条、第1111条、第1127条；《民法典继承编解释（一）》第10条、第12条。

争点5：被继承人的子女先于被继承人死亡，该子女的晚辈直系血亲可以代位继承

【案例】黄某甲、黄某乙等代位继承纠纷案①

黄某甲与顾某甲（病故）共生育两个子女，分别为黄某戊（2009年8月15日病故）、黄某乙。黄某戊育有两个子女，即黄某丙、黄某丁。顾某甲父母顾某乙、俞某已在顾某甲病故前去世。1986年10月，黄某甲与顾某甲共同建造房产，并于1998年7月30日登记在黄某甲名下，属于黄某甲与顾某甲的共同财产，其中1/2的房产份额属于顾某甲的遗产。

各方因黄某丙、黄某丁是否可以代位其父亲黄某戊继承顾某甲的遗产发生争议成讼。人民法院经审理后认为，被继承人的子女先于被继承人死亡的，由被继承人的子女的直系晚辈血亲代位继承。本案中，黄某丙、黄某丁可以代位其父亲黄某戊继承顾某甲的遗产。

【分析】

被继承人的子女先于被继承人死亡，该子女的晚辈直系血亲可以代位继承，其中包括被继承人的养子女的亲生子女、被继承人已形成扶养关系的继子女的亲生子女、被继承人亲生子女的养子女、被继承人养子女的养子女、被继承人已形成扶养关系的继子女的养子女，均可以代位继承。

被继承人的兄弟姐妹先于被继承人死亡的，被继承人的兄弟姐妹的子女可以代位继承。但如果被继承人于《民法典》施行前死亡的，仅在被继承人的遗产无人继承且无人受遗赠的情况下，其兄弟姐妹的子女方可代位继承。

---

① 参见江苏省南通市中级人民法院（2021）苏06民终2849号民事判决书。

【规范指引】

《民法典》第 1128 条;《民法典继承编解释(一)》第 15 条。

争点 6:被继承人的兄弟姐妹先于被继承人死亡的，应根据被继承人死亡是在《民法典》施行之前还是之后，准确认定其兄弟姐妹的子女是否可以代位继承

【案例】黄某甲、李某诉黄某乙、黄某丙代位继承纠纷案

2021 年 5 月，被继承人黄某(男)去世，未留有遗嘱。黄某生前一直未婚，无配偶，无子女。黄某的父母、祖父母、外祖父母均先于黄某去世。黄某父母生前共育有黄某、黄某甲、黄某乙、黄某丙、黄某丁五个子女。黄某丁于 2007 年去世，生前育有一女李某。2021 年 7 月，黄某甲、李某诉至法院，要求与黄某乙、黄某丙共同继承黄某名下的一套房屋，四人各分得 25% 的产权份额。人民法院经审理认为，本案被继承人黄某未留有遗嘱，应按照法定继承处理。因黄某生前无配偶及子女，父母均先于其死亡，无第一顺序继承人，故应由其兄弟姐妹继承其遗产。黄某的妹妹黄某丁先于黄某死亡，应由其女儿李某代位继承其份额。同一顺序继承人继承遗产的份额，一般应当均等。对被继承人尽了主要扶养义务的继承人，分配遗产时，可以多分。黄某乙、黄某丙在黄某生前尽到了更多的扶养义务，在黄某去世后亦为其操办了丧葬事宜，依法应予多分。李某在诉讼中自愿将其应继承份额各半赠与黄某乙、黄某丙系对自己权利的处分，依法予以准许。法院遂判决:案涉房屋由黄某甲继承享有 20% 的产权份额，黄某乙、黄某丙各继承享有 40% 的产权份额。

【分析】

被继承人兄弟姐妹的子女代位继承的条件:

(1)须继承开始时无第一顺序法定继承人且被继承人的兄弟姐妹先于被继承人死亡。在法定继承中，只要存在第一顺序法定继承人，即排除第二顺序法定继承人继承遗产。而只有当继承开始时，无第一顺序法定继承人时，才有作为第二顺序的被继承人的兄弟姐妹继承遗产的机会。在此前提下，如果被继承人的兄弟姐妹先于被继承人死亡的，则根据《民法典》第 1128 条规定由被继承人兄弟姐妹的子女代位继承。

(2)被代位人是被继承人的兄弟姐妹。《民法典》第 1128 条第 2 款扩大

了代位继承的适用范围，将被代位人由被继承人的子女扩大到被继承人的兄弟姐妹。这也是《民法典》编纂中的亮点。在《民法典》编纂过程中，很多学者建议扩大法定继承人的范围。因为我国民间一直存在侄子女、甥子女继承的传统；同时我国实行30多年的计划生育政策以来，大多数家庭只有一个子女，如果不扩大法定继承人的范围，将会导致无人继承遗产情况的发生。但《民法典》并未扩大法定继承人的范围，而是通过扩大被代位继承人的范围，在一定程度上弥补了未扩大法定（本位）继承人范围的不足。

（3）代位继承人须为被继承人兄弟姐妹的子女。在此种代位继承中，代位继承人仅限于被继承人兄弟姐妹的子女，即被继承人的侄子女或甥子女，而不包括被继承人兄弟姐妹的其他直系晚辈血亲。由此可见，对被继承人的兄弟姐妹作为被代位人的代位继承，《民法典》作出了严格的限制。

特别说明：（1）代位继承属于法定继承中的一项重要制度，其不能适用于遗嘱继承或者遗赠中。即遗嘱继承中，如果遗嘱人通过遗嘱指定了子女以外的人作为继承人，如果该继承人先于立遗嘱人死亡的，该继承人的晚辈直系血亲不能通过代位继承的方式继承被继承人的遗产。遗嘱继承或者遗赠体现被继承人对自己财产的处分，当遗嘱继承指定的继承人或者受遗赠人先于立遗嘱人死亡的，则会产生遗嘱或遗赠无效的法律效果，被继承人的遗产只能按照法定继承予以处理。

（2）《最高人民法院关于适用〈中华人民共和国民法典〉时间效力的若干规定》第14条规定了侄甥代位继承溯及适用的条件，被继承人在《民法典》施行前死亡，遗产无人继承又无人受遗赠，其兄弟姐妹的子女请求代位继承的，适用《民法典》第1128条第2款和第3款的规定，但是遗产已经在《民法典》施行前处理完毕的除外。

侄甥代位继承溯及适用的条件比《民法典》所规定的侄甥代位继承的条件更为严格，适用时应予注意。一是被继承人于《民法典》施行前死亡。这是侄甥代位继承溯及适用的基本前提，如果被继承人在《民法典》施行后死亡，直接适用《民法典》第1128条规定即可，根本不发生溯及适用的问题。二是被继承人的兄弟姐妹先于被继承人死亡，这是侄甥代位继承所发生的原因。三是被继承人的兄弟姐妹并未丧失继承权。四是代位继承人为被继承人的兄弟姐妹的子女。五是遗产无人继承又无人受遗赠。这是侄甥代位继承溯及适用的重要条件。六是遗产在《民法典》施行前已经处理完毕的不得溯及适用。

【规范指引】

《民法典》第 1128 条第 2 款;《最高人民法院关于适用〈中华人民共和国民法典〉时间效力的若干规定》第 14 条。

争点 7：对于继承人以外的人，如果属于依靠被继承人扶养或对被继承人扶养较多的人，可以分给适当遗产

《民法典》第 1131 条规定两种继承人以外的人可以适当分得被继承人的遗产：一种是依靠被继承人生前扶养的人；另一种是对被继承人生前扶养较多的人。这里的"扶养"，还包括抚养、赡养情形，指的是提供经济上的支持和生活上的帮助等。

（1）继承人以外的人依法取得被继承人遗产的权利受到侵害时，有权独立提起诉讼。《民法典继承编解释（一）》第 21 条规定："依照民法典第一千一百三十一条规定可以分给适当遗产的人，在其依法取得被继承人遗产的权利受到侵犯时，本人有权以独立的诉讼主体资格向人民法院提起诉讼。"继承人以外的人在其依法取得被继承人遗产的权利受到侵犯时，既可以原告身份提起侵权责任纠纷之诉，也可以有独立请求权的第三人的身份参加原、被告的继承纠纷之诉。如果是以有独立请求权的第三人身份参加诉讼，在继承纠纷之诉中原告撤诉的，有独立请求权的第三人仍然有权在另案中以原告的身份提起诉讼。

（2）"可以分给适当的遗产"的考虑因素。可以分给适当遗产的人，分给他们遗产时，按具体情况可以多于或者少于继承人。因对"可以分给适当的遗产"没有具体统一的标准，在分配遗产时，可以由当事人之间协商确定或者由法院确定。其中，《民法典继承编解释（一）》第 20 条中规定的"按具体情况可多于或少于继承人"，其考虑的因素主要包括：①依靠被继承人扶养的程度。如是否全部由被继承人扶养，还是与其他人共同扶养，以后是否需要长期扶养等。②对被继承人照顾扶养的程度。按照扶养时间的长短、扶养方式，以及扶养人与被继承人之间的关系来判定。分给扶养人遗产的数额应以与其对被继承人所尽扶养义务相一致为原则。如果对被继承人扶养的程度高于继承人所尽扶养义务的程度，则可以在遗产分割上数额多于继承人。③遗产情况和继承人情况。分配遗产需要考虑遗产的数量、种类，还要考虑继承

人的情况。如继承人中有既无劳动能力又无生活来源的人，应首先保障该继承人的基本生活需要，再予以考虑继承人以外的可以酌给遗产的人。

特别说明：（1）原《继承法》第14条规定："对继承人以外的依靠被继承人扶养的缺乏劳动能力又没有生活来源的人，或者继承人以外的对被继承人扶养较多的人，可以分配给他们适当的遗产。"《民法典》沿袭了这一规定，但删除了"缺乏劳动能力又没有生活来源"的限制条件，实质上扩大了酌情分得遗产的适用主体范围，有利于充分发挥遗产的扶养功能。

（2）该制度规定的是一种法定的请求权而非继承权，可以在遗嘱继承的情况下适用。

首先，从文义解释而言，"对继承人以外的对被继承人扶养较多的人，可以分给适当的遗产"的表述本身未禁止适当分得遗产的请求权在遗嘱继承的情况下行使。其次，从体系解释而言，尽管适当分得遗产的请求权规定于《民法典》"法定继承"一章，但是综观"法定继承"一章的内容，《民法典》第1126条至第1130条规定的都是基于亲属身份（或亲属身份加上赡养事实）取得的继承人身份以及继承顺序、继承份额、继承规则等内容，与《民法典》第1131条规定的适当分得遗产的请求权存在较为明显的差异，适当分得遗产的请求权并非继承权，而是针对遗产的分配请求权，"遗嘱继承优先于法定继承"这一规则的"法定继承"应当指向《民法典》第1126条至第1130条规定的狭义"法定继承"，并不包括适当分得遗产的请求权。再次，从立法目的而言，设立适当分得遗产的请求权是为了鼓励赡养老人的传统美德。如果适当分得遗产的请求权无法在遗嘱继承的情况下行使，将会使立法目的在很大程度上落空。尊重被继承人的真实意思和个人意志固然是继承法所遵循的重要原则，但同时也需要考虑遗产继承的功能性，体现社会的善良风俗和公平性。最后，法律规定，分割遗产，应当清偿被继承人的债务。适当分得遗产请求权的权利人，尽管在被继承人生前并不享有对被继承人的债权，但是法律赋予其在被继承人死后可以依据其对被继承人生前的扶养事实请求适当分得遗产的权利，在请求权得到支持的情况下，遗产上将产生权利负担，该负担应比照被继承人债务处理，在分割遗产以前予以涤除。综上所述，在遗嘱继承的情况下，适当分得遗产的请求权可以行使，在分出适当遗产后剩余遗产再按遗嘱继承。

【规范指引】

《民法典》第1131条；《民法典继承编解释（一）》第20条、第21条。

争点 8：代为抚养的未成年人对代为抚养人的财产不享有继承权

【案例】赵某等诉刘某戊、刘某甲等法定继承纠纷案[①]

被继承人刘某乙与刘某甲之父刘某丁以及刘某戊、刘某己、刘某庚是同胞姐弟关系，五人之父早年去世。赵某与刘某乙系夫妻关系，1986 年生育一女刘某丙。赵某与刘某乙于 1986 年建造了案涉的位于某村的房屋。刘某甲之父刘某丁婚后于 1991 年 6 月 20 日生育刘某甲。后刘某丁去世，刘某甲随其奶奶丁某搬至上述房屋，与赵某、刘某乙、刘某丙一家三口同住在该房屋院内。刘某乙于 2019 年 9 月去世，其母丁某于 2021 年 6 月去世。刘某甲述称，其与刘某乙之间长期以父子相称，双方之间构成收养关系。赵某、刘某丙与刘某戊、刘某己、刘某庚对刘某乙的遗产分割产生争议，为此诉至法院，要求依法分割刘某乙遗留的位于某村的房屋一套以及经法院确认的债权一份。

【分析】

本案主要涉及收养关系与代为抚养关系的区分认定问题。

收养是指自然人根据法律规定的条件、程序领养他人的子女为自己的子女，创设拟制血亲亲子关系的民事法律行为；代为抚养则是指生父母因无经济能力、患有严重疾病、丧失民事行为能力、死亡等特殊原因不能或不宜直接抚养子女，而将子女委托他人代为照顾的代管行为。现实生活中收养与代为抚养的情形并不鲜见，二者从形式上看也主要都是为了对未成年人的抚养。但从作为法律概念的角度来看，收养与代为抚养具有本质性的区别，具体可从以下几个方面予以区分：

第一，目的不同。收养的目的有多种，包括但不限于延续血统、继承家产、同情未成年人遭遇等，但追求的结果均系让本没有血亲关系的收养人与被收养人之间建立法律拟制的亲子关系。与此相对应，生父母作为送养人，其目的则是终止其与子女之间的权利义务关系。而代为抚养的目的则相对单一，生父母与代为抚养人均系从保障被抚养人的基本生存环境和维护被抚养人的合法权益角度出发，并不追求建立或消灭亲子关系的结果。

第二，成立要件不同。收养为要式的法律行为。收养关系的成立存在收养登记、收养公告、收养协议、收养公证、收养评估等多个形式要件。其中

① 参见山东省桓台县（2021）鲁 0321 民初 3781 号民事判决书。

收养登记是收养关系的成立要件，不依法办理收养登记手续的，收养关系无效，即自始不发生法律效力。而代为抚养关系的成立则没有特别的成立和生效要件，也不需要履行特定的法律程序，只要未成年子女的父母与代为抚养人均自愿并达成一致意见且代为抚养人实施了大众通常理解的抚养行为即可成立并生效。

第三，主体范围不同。《民法典》第 1107 条规定，代为抚养人仅限生父母的亲属、朋友，被抚养人限于孤儿或者生父母无力抚养的子女。而我国规定的收养人、被收养人的范围并不限于此，收养人只要是符合《民法典》中关于收养人条件的民事主体即可，被收养人除孤儿或者生父母无力抚养的子女外，还包括查不到生父母的未成年人。

第四，法律后果不同。收养关系的成立使得收养人与被收养人之间产生法律上的拟制血亲的亲子关系，这种拟制血亲的亲子关系与自然血亲的亲子关系享有同样的权利义务。这就意味着它会涉及对未成年人的抚养教育、对收养人老年的赡养扶助以及家庭财产继承等一系列民事法律关系。同时，收养关系受法律保护，收养关系依法成立后当事人一方意欲解除的，需采取协议解除或诉讼解除的方式，否则合法成立的收养关系继续存在且有效。而代为抚养并不会发生上述法律效果。因抚养权为未成年人父母所享有的法定权利，故代为抚养人不会因其与被抚养人共同生活或对被抚养人照顾更多而获得被抚养人的抚养权。正因如此，被抚养人的亲生父母随时可以解除代为抚养的委托关系。

根据以上收养与代为抚养的区分认定要点，再具体到上述案例中，刘某甲是刘某乙同胞兄弟的亲生子，在刘某甲生父早逝、母亲改嫁后，刘某乙将刘某甲接到家中长期共同生活，虽然刘某甲述称其与刘某乙以父子相称，但结合庭审调查以及本案现有证据，刘某乙与赵某夫妇作为刘某甲的叔婶，其对刘某甲仅是代为抚养，自始至终并无收养刘某甲的意思表示，且刘某乙与赵某婚后育有独生女，并不符合当时《收养法》的收养条件，双方亦未办理收养登记手续。因此，本案应当依法认定刘某甲与刘某乙之间不存在收养关系，双方之间仅构成代为抚养关系。在此情况下，刘某甲无权参与对刘某乙名下遗产的直接分配，但其作为刘某丁的继承人，可以代位继承丁某的部分遗产。该案案情虽不复杂，却是婚姻家庭纠纷审理实践中的一个缩影。当事人之间因为无法正确区分代为抚养与收养而提起的法定继承纠纷、抚养权纠纷、确认收养关系纠纷等案件时有发生。

【规范指引】

《民法典》第1093条、第1098条、第1105条第1款、第1106条、第1107条。

二、法定继承份额的认定

法定继承纠纷案件中，遗产分割规则较为复杂，《民法典》第1130条规定了遗产分配的原则。第一，同一顺序继承人继承遗产的份额一般为均等，但对生活有特殊困难又缺乏劳动能力的继承人、对被继承人尽了主要扶养义务或者与被继承人共同生活的继承人，可以多分遗产；第二，有扶养能力和扶养条件却不尽扶养义务的继承人应少分或不分遗产；第三，继承人协商一致的，也可以不均等分割。案件审理中，当事人对于继承人是否尽到主要扶养义务或未尽到扶养义务的事实，往往存在较大争议，且此类事实难以通过单一事实或证据予以证明，不仅需要考量、对比继承人付出的精力和财物，还要考量被继承人生前的生活状态、身体状态和生活来源等。即使认定了上述事实，在确定遗产分割比例时仍需综合考虑案件整体情况。

争点9：对被继承人尽了主要扶养义务或者与被继承人共同生活的继承人，分配时可以多分

【案例】贾某与李某某继承纠纷案

李某某系被继承人曹某某的母亲，年近七十。贾某系曹某某的妻子，双方于2019年6月4日登记结婚。2019年8月7日曹某某在单位组织的体育活动中突发疾病去世。曹某某父亲已于之前去世，曹某某无其他继承人。被继承人曹某某去世后，名下遗留房产若干、存款若干元及其生前单位赔偿金、抚恤金若干元。贾某诉请均分曹某某遗产。法院经审理后认为，本案被继承人无遗嘱，应按照法定继承进行遗产分配。对被继承人尽了主要抚养义务或者与被继承人共同生活的继承人，分配遗产时，可以多分。结合对子女抚养的付出及贾某与被继承人结婚、共同生活时间、家庭日常贡献等因素，酌定遗产分配比例为：贾某分配20%，李某某分配80%。

【分析】

尽到主要扶养义务除与其他继承人之间进行比较，也要根据社会一般认

知进行判断。与被继承人共同生活不是多分的充分条件。

（1）尽到主要扶养义务应满足两个条件：一是与其他继承人相比，对被继承人照顾较多；二是根据社会一般观念，被继承人的赡养、扶养主要依靠该继承人进行。

（2）尽到主要扶养义务应根据生活上的照料、经济上的支持、精神上的慰藉等方面表现综合判定。生活上的照料如对被继承人的衣、食、住、行进行照顾，协助被继承人就医，对被继承人进行陪护或者护理等；经济上的支持如定期或者不定期给予被继承人赡养费用，承担被继承人生活或者就医的费用；精神上的慰藉包括定期或者不定期探望被继承人。

（3）与被继承人共同生活的人，在分配遗产时可以多分，但如果其并未对被继承人尽到赡养义务，甚至虐待、遗弃被继承人，可以视情况对其少分直至剥夺其继承权。

【规范指引】

《民法典》第1130条第3款。

争点10：生活有特殊困难又缺乏劳动能力的继承人，分配遗产时应当予以照顾

【案例】庄某等与郝某等析产、继承纠纷案[①]

郝某与曹某戊系夫妻，二人育有一女曹某甲、一子曹某丁。曹某丁与庄某系夫妻，二人育有二女，长女曹某乙、次女曹某丙，曹某乙系智力二级残疾人。曹某戊于2017年4月29日死亡，曹某丁于2018年2月28日死亡，生前未留有遗嘱。各方因曹某乙是否可以多分得遗产发生争议成讼。法院经审理后认为，同一顺序继承人继承遗产的份额，一般应当均等。对生活有特殊困难又缺乏劳动能力的继承人，分配遗产时，应当予以照顾。继承人系重度智力残疾人，生活有特殊困难又缺乏劳动能力，故在分割遗产时，应当予以多分。曹某乙系重度智力残疾人，法院考虑其生活有特殊困难又缺乏劳动能力，判决在分割遗产时予以多分。

---

① 参见北京市第一中级人民法院（2023）京01民终1576号民事判决书。

【分析】

继承人同时满足“生活有特殊困难”和“缺乏劳动能力”两个条件的，分配遗产时可以对其多分。

（1）关于“生活有特殊困难”的认定，一般应根据其财产状况、收入状况、当地生活消费水平综合认定，对于无独立生活来源、收入水平在当地最低收入标准以下或者其收入难以维持最基本的生活水平的，可以认定为“生活有特殊困难”。

（2）对于“缺乏劳动能力”的认定，一般应根据其年龄、身体状况、工作状况等进行认定，对于年幼、年迈、严重残疾、患有重大疾病导致劳动能力部分丧失或者完全丧失的，可以认定为“缺乏劳动能力”。

特别说明：“生活有特殊困难”是指继承人没有独立的经济来源或者经济收入难以维持当地最低生活水平而导致生活有特殊困难；“缺乏劳动能力”即根本无法通过参加劳动改变生活困难的局面，而不是劳动能力不强。①

【规范指引】

《民法典》第1130条第2款。

争点11：有扶养能力和有扶养条件的继承人不尽赡养义务的，依法应当不分或者少分遗产

【案例】黄某法定继承纠纷案

黄某甲是被继承人夫妇的养女，因与养父母关系不睦，自1978年搬到单位集体宿舍独立生活，此后至养父母死亡的40年间，未再与养父母见面，也未尽赡养义务。被继承人生前跟随侄女黄某乙生活，去世时留有房产一处。黄某甲起诉要求上述房产归其所有。人民法院经审理认为，黄某甲自与养父母发生矛盾离家后，长达40年未与养父母联系，不尽赡养义务，依法应当不分或者少分遗产。黄某乙在无法定赡养义务的情况下，对被继承人进行了扶养、照料，依法应有获得继承遗产的权利。法院遂判决黄某甲继承案涉房产20%的份额，黄某乙继承80%的份额。

---

① 参见陈甦、谢鸿飞主编：《民法典评注：继承编》，中国法制出版社2020年版，第56页。

【分析】

对有扶养能力和有扶养条件的认定，应综合继承人的收入状况、经济条件、家庭状况等因素判断。

（1）继承人主观上具备扶养被继承人的意愿，但客观上不具备扶养能力和扶养条件的，不能按照本款处理。如继承人本身家庭经济困难，需要社会救济，或者继承人本人身患重病，无法在劳务上对被继承人加以扶助，则对其分配遗产时不能少分；相反，如果其满足《民法典》第1130条第2款的规定，还可以对其进行多分。

（2）继承人主观上具备扶养被继承人的意愿，客观上具备扶养能力和扶养条件，但被继承人因有劳动能力和固定的收入，明确表示不要求其扶养的，分配遗产时，一般不应因此影响该继承人的份额。

【规范指引】

《民法典》第1130条。

争点12：确定代位继承人遗产份额时，应考虑被代位继承人对被继承人是否尽到了主要的赡养义务

【案例】闫某甲与闫某乙代位继承纠纷案[①]

被继承人闫某、刘某系夫妻关系，二人共生育被告闫某乙与闫某丙2个子女。闫某丙于1996年1月27日死亡，留有一子即原告闫某甲。闫某2006年8月9日死亡，刘某2007年10月26日死亡，二人去世时均未留有遗嘱。诉争房屋系闫某、刘某在婚姻关系存续期间取得，登记在闫某名下。被告闫某乙在闫某、刘某生前为照顾二被继承人，与二被继承人一起居住生活至二人死亡。法院经审理后认为，诉争房屋属于被继承人闫某、刘某的夫妻共同财产，在二人去世后，应按照法律规定进行继承。我国继承法规定，被继承人的子女先于被继承人死亡的，由被继承人的子女的晚辈直系血亲代位继承。代位继承人一般只能继承他的父亲或者母亲有权继承的遗产份额。同时规定，对被继承人尽了主要扶养义务或者与被继承人共同生活的继承人，分配遗产时，可以多分。原告闫某甲享有代位继承权，但综合本案，闫某甲父亲去世

① 参见北京市朝阳区人民法院（2013）朝民初字第38119号民事判决书。

后，其尚未成年，本身需要人抚养，而被告闫某乙承担了较多的赡养继承人的义务，故根据上述情况，在遗产分割时闫某乙应多分遗产。

【分析】

我国继承法在确立代位继承的性质上采用“代表权利说”，即代位继承人继承被继承人的遗产，是代表被代位继承人的地位参与继承，取得被代位继承人应继承的份额。如果被代位继承人生前已放弃继承或者被剥夺继承权，其子女无权代位继承。同理，被代位继承人应得的遗产份额所考量的因素，同样适用于代位继承中代位继承人份额的确定。

（1）代位继承人一般只能继承被代位继承人有权继承的遗产份额，但不排除在特殊情况下对代位继承人多分。

（2）代位继承人缺乏劳动能力又没有生活来源，或者对被继承人尽到主要赡养义务的，分配遗产时，可以多分。

（3）继承人丧失继承权的，其晚辈直系血亲不得代位继承。如该代位继承人缺乏劳动能力又没有生活来源，或者对被继承人尽赡养义务较多的，可以适当分给遗产。

【规范指引】

《民法典》第1128条第3款；《民法典继承编解释（一）》第16条、第17条。

第三节　法律适用中的疑难问题

问题1：继承案件中析出配偶财产时，是否需考虑配偶过错的适用空间

【案例】张某与苗某继承纠纷案

苗某与张某系夫妻关系，二人于2005年结婚。婚后，因丈夫苗某在婚姻存续期间与他人同居，夫妻感情逐渐疏远。2021年初，苗某在朋友聚会回家

途中被撞身亡。在苗某继承人遗产分割过程中，其配偶张某认为苗某在婚姻关系存续期间存在过错，因此不能将夫妻共同财产的一半作为其遗产，故请求法院确认将夫妻共同财产的 1/4 确认为苗某的遗产。人民法院经审理后认为继承案件中析出配偶财产时无须考虑配偶过错，故驳回张某的诉讼请求。

【分析】

《民法典》第 1153 条第 1 款规定："夫妻共同所有的财产，除有约定的外，遗产分割时，应当先将共同所有的财产的一半分出为配偶所有，其余的为被继承人的遗产。"但在继承案件中析出配偶遗产时，是否可以不采取一人一半的方式，而是生存配偶基于去世配偶的过错行为，请求多分财产？对此，目前存在两种不同的观点：一是认为生存配偶不能在继承案件中以被继承人有过错为由请求多分财产，因为过错是在离婚案件中主张的，以婚姻关系解除为前提，在继承案件中不能主张；二是认为无论继承还是离婚，分割夫妻共同财产都是基于共同关系不存在时的清算，清算规则应当一样，不能机械地采取一人一半的方式，而应当考虑财产来源、婚姻过错等因素，在继承案件中综合认定生存配偶一方应当获得的夫妻共同财产份额。

离婚和配偶死亡是完全不同的语境，离婚和继承是两个不同的法律关系，不能把处理离婚纠纷的规则适用于继承纠纷。财产分割时对夫妻共同财产一人一半的原则是继承法的规定，《民法典》继承编沿用了这个规则，不可以从财产来源、一方存在过错等方面进行突破。配偶已经去世，不能再要求一个去世的人承担责任，过错问题只能在离婚诉讼中进行判断，一方死亡则丧失了探究的基础。《民法典》第 1087 条规定了离婚时分割夫妻共同财产应按照照顾子女、女方和无过错方权益的原则判决，这是处理离婚案件的实体规定，即夫妻双方均生存情况下解除婚姻关系的处理规则；而继承编规定的是配偶一方死亡情形下遗产分割的处理规则，两者不能混淆。死亡和离婚是导致婚姻关系解除的两个不同原因，在遗产分割时不存在考虑配偶过错的适用空间。[①]

【规范指引】

《民法典》第 1153 条第 1 款。

---

① 《在继承案件中析出配偶遗产时，是否可以不采取一人一半的方式，而是生存配偶基于去世配偶的过错行为，请求多分财产》，载最高人民法院民事审判第一庭编：《民事审判指导与参考》（总第 82 辑），人民法院出版社 2021 年版，第 229 页。

问题 2：继子女是否具备继承人资格、能否分得遗产应当如何审查认定

【案例】邹某甲与高某某、孙某、陈某法定继承纠纷案[①]

1974 年 3 月，被继承人孙某某与案外人邹某某结婚，1974 年 12 月生育一女名邹某甲。1981 年 9 月，孙某某与邹某某调解离婚，邹某甲随邹某某生活。1984 年 12 月，被继承人孙某某与案外人陈某某再婚，婚后陈某某与其前夫所生之子陈某随孙某某、陈某某共同生活。1991 年 10 月孙某某与陈某某协议离婚，被告陈某由其母陈某某抚养，并迁回原户籍地。1998 年后，陈某主要在国外生活。后孙某某与案外人刘某某结婚，婚后未生育子女，2000 年 11 月孙某某与刘某某协议离婚。2002 年 5 月，孙某某与被告高某某结婚，婚后生育一女孙某。2016 年 5 月 3 日，被继承人孙某某死亡，孙某某父母均先于其死亡。

被继承人孙某某的遗产即系争房屋于 2000 年办理产权登记，登记产权人为孙某某。2016 年 5 月，被继承人孙某某死亡后，高某某、孙某申请办理了孙某某的继承公证，确定系争房屋由高某某、孙某共同继承。2016 年 8 月，高某某、孙某申请变更系争房屋的产权登记，2016 年 9 月，系争房屋核准变更登记权利人为高某某、孙某各享有 1/2 产权份额。

邹某甲向法院提出诉讼请求，要求与孙某某的法定继承人均等继承孙某某的该房产。法院最终判决邹某甲、高某某、孙某对孙某某的该房屋按份共有，陈某不是孙某某的法定继承人，不享有继承权。

【分析】

《民法典》第 1127 条规定，形成扶养关系的继父母子女互享继承权。该规定突破传统继承权产生基础，系我国继承法之特色。该制度初见于 1980 年《婚姻法》与 1985 年《继承法》，旨在形塑养老育幼的道德风尚，促进家庭和谐稳定。[②]法定继承纠纷案件中，除配偶及具有血亲关系的近亲属外，养父母子女、继父母子女、尽到主要赡养义务的丧偶儿媳或女婿等有权要求作为

---

① 参见上海市静安区人民法院（2016）沪 0106 民初 18925 号民事判决书、上海市第二中级人民法院（2017）沪 02 民终 10068 号民事判决书。

② 房绍坤、郑倩：《关于继父母子女之间继承权的合理性思考》，载《社会科学战线》2014 年第 6 期。

继承人分割遗产；继承人以外的依靠被继承人扶养的人，或者对被继承人扶养较多的人，也可以分得适当遗产。不同于配偶等身份较为明确的情形，继父母子女是否应认定为继承人、对被继承人扶养较多的人能否分得遗产，则需综合案件事实进行判断。然而相关案件事实一般为一段时间内被继承人与当事人之间生活的事实，大多需要结合当事人陈述、证人证言、照片、视频、缴费记录等细节性证据予以审查。其中一些证明事项和证据形成的时间往往距离案件审理已有十几年甚至几十年，当事人对相关内容的真实性争议较大。因此，当事人是否具备继承人身份、能否分得遗产的审查认定较为困难。

该类案件存在以下主要争议：

（1）扶养关系形成标准。司法实践大体以长期共同生活、稳定经济供养及双方意愿为标准判断扶养关系的形成。[①]首先，对何谓扶养之长期性，存在3年、5年、10年等不同标准，跨度较大。有观点认为，共同生活时间较短（如刚满1年）不足以形成抚养关系。也有观点认为3年以下，甚至仅持续数月的共同生活也可形成扶养关系。在扶养时间的起算上，普遍认同以再婚登记时间为准。此外，对经济供养、共同生活、关怀照顾等因素在判断扶养关系中的权重，分歧较大。一种观点认为物质与情感之交流缺一不可。另一种观点认为，经济供养为判断扶养关系的核心要素，存在经济供养，依日常经验即可判定扶养关系形成，反之，单有精神、情感关怀不足以形成扶养关系。也有观点认为，满足经济供养或生活关照之一，即可形成扶养关系。

（2）成年继子女能否因赡养事实取得继承权。对于成年继子女能否因赡养形成扶养关系，继而取得继承权，司法实践存有分歧。一种观点认为“扶养”一词囊括“抚养”“赡养”及同辈间“扶养”之意，对于未与继父母形成扶养关系的成年继子女，如果存在赡养继父母之事实，也可以形成扶养关系，继而取得法定继承权。也有观点认为“扶养关系”中的“扶养”特指继父母对继子女的抚养，如果继子女幼时未受继父母抚养，即使成年后主动赡养继父母，也不能形成继承法上的扶养关系。继子女赡养继父母仅构成酌定分得遗产的依据，不与法定继承权挂钩。即使假定赡养事实能够形成扶养关系，在是否存在赡养事实的判断上，司法实践对经济供养、共同生活、关怀照顾等因素的权重，仍存分歧。

（3）既已形成的扶养关系是否受赡养义务情况、再婚关系解除等情况影

---

① 吴晓芳：《〈民法典〉婚姻家庭编涉及的有关争议问题探析》，载《法律适用》2020年第21期。

响。对于扶养关系形成后，继子女未充分履行、甚至完全不履行赡养义务的法律后果，有不同观点。一种观点认为，扶养关系一旦形成，继子女的继承法地位即与生子女无异，当然享有法定继承权。至于赡养义务的履行情况，则构成法定多分、少分、不分遗产事由，而非与法定继承权的有无挂钩。也有观点认为，继子女对继父母的继承权，以实际赡养继父母为前提，未履行赡养义务的成年继子女不享有继承权。此外，对于扶养关系形成后再婚关系解除的情形，有观点认为，再婚关系解除不影响既已形成的扶养关系。也有观点提出，再婚关系解除打破原有的法律拟制，继父母子女关系能否延续，应视双方是否持续抚养、赡养。倘若继子女在再婚关系解除后未赡养继父母，则视为解除扶养关系。

本案中，判断继父母子女之间是否享有继承权，以是否形成扶养关系为标准。确定是否形成扶养关系应以继承实际发生时为节点。本案中，陈某2岁时，因生母陈某某与被继承人孙某某结婚，确实与孙某某共同生活，形成事实上的继父子关系。后陈某某与孙某某协议离婚，双方在离婚协议中明确约定时值9岁的陈某由陈某某继续抚养，孙某某不再承担抚养费用。陈某成年后主要在国外生活，也未对孙某某尽过赡养义务。在此情形下，法院认为孙某某不再继续抚养是对原已形成的抚养事实的终止，孙某某与陈某之间的继父子关系视为解除，陈某对被继承人孙某某的遗产不享有继承权。

【规范指引】

《民法典》第1072条、第1127条。

问题3：限制民事行为能力人放弃产权的行为与其精神健康状况不相适应的，应当如何认定放弃行为的效力

【案例】范某甲诉范某乙等法定继承纠纷案[①]

原告父亲范某某与母亲谢某某于1931年2月结婚后生育了范某乙、范某甲，范某某与龙某于1942年7月结婚后生育了范某丙、范某丁。范某某与谢某某、龙某均未办理结婚登记手续，系新中国成立前形成的一夫多妻家庭，新中国成立后范某某与谢某某、龙某仍共同生活在一起。原告范某甲因枪伤

① 参见重庆市永川区人民法院（2011）永民初字第02862号民事判决书。

患有精神病，系精神二级残疾人。1998年11月23日，范某丁与范某甲及范某乙在法律服务所的调解鉴证下共同协商签订了《房屋产权协议》。该协议约定范某甲系残障人且多年生活由范某丁照顾，未承担还产补差义务，故放弃产权，但享有房屋居住权。范某甲现起诉认为，范某丁在其无民事行为能力期间擅自伪造其签名将房屋过户到自己名下，剥夺了范某甲的继承权，故要求确认范某甲享有房屋50%的所有权份额。

【分析】

本案所争议的焦点首先在于1998年11月23日范某甲、范某丁、范某乙所签订的《房屋产权协议》的效力问题，即范某甲放弃产权的约定是否有效，如其无效，本案讼争的房屋就不能按该协议处理，而应按继承财产分割处理。从本案查明的事实来看，原告范某甲于1983年8月起患有精神病，至2010年6月7日领取精神二级残疾人证，期间并无证据证明其已治愈，且在签订该《房屋产权协议》时亦无医学证据证明其是在精神清醒状态下所作出的意思表示行为。范某甲作为限制行为能力人，是在没有法定代理人监护的情况下所签订的《房屋产权协议》，其并不知道自己行为的性质，不能预见其后果，也不知道其放弃继承房屋系价值较大的财产，故原告范某甲在所签订的《房屋产权协议》中放弃产权的条款无效。

【规范指引】

《民法典》第145条。

问题4：部分继承人明确表示放弃继承遗产后又反悔，如何审查认定

【案例】范某某、朱某某等继承纠纷案[①]

范某甲与牛某某夫妇共同育有两子，长子范某乙（于2015年7月22日去世）、次子范某丙（于2021年1月2日去世），长子范某乙与林某某于1982年9月2日登记结婚，婚后育有一女范某丁。次子范某丙与朱某某于1984年9月21日登记结婚，婚后育有一女范某戊。牛某某于1995年6月6日离世。范某丙于2021年1月2日病逝。2021年1月18日，范某甲出具声明自愿放

① 参见陕西省西安市碑林区人民法院（2021）陕0103民初16007号民事判决书。

弃继承范某丙所有财产。2021 年 4 月 5 日，二被告朱某某、范某戊出具遗产分割协议。2021 年 12 月 8 日，范某甲出具声明称因办理范某丙保险事宜才作出放弃继承的意思表示，现表示反悔，不同意放弃继承。

本案争议焦点为范某甲作为继承人放弃继承后反悔的效力问题。法院经审理后认为，被继承人范某丙去世后，其父即本案原告范某甲作出放弃继承的书面承诺，现提出反悔。原告放弃继承系其意思自治的体现，现原告一改此前放弃继承期待权的表示，不符合诚信原则。且原告名下另有房产，有退休工资作为收入来源，其亦未提交证据证明其作出放弃继承意思表示时受到欺骗、胁迫或具备其他反悔的正当理由，故审理法院不予承认放弃继承权的反悔效力。

【分析】

在此类案件审理中，部分继承人明确表示放弃继承遗产后又反悔，当事人能否反悔往往成为案件争议的主要焦点。一般情况下继承人放弃继承后又反悔的法院不予准许，但若存在欺诈、胁迫或有违公序良俗等特定情形的，则可视情况允许继承人反悔。在对特定情形认定标准严格把握的情况下，对相关事实的审查认定也较为困难，因此继承人放弃继承后能否反悔的审查存在难度。

法律给予继承人充分的时间考虑是否接受或放弃继承的权利。关于继承人放弃继承权后反悔的具体理由是否成立问题，应从公平原则、诚信原则、维护其他民事主体的权利和交易安全等角度出发予以审查，同时，也应结合当事人的生活状态、经济能力等考量因素进行认定。如果放弃继承后可以任意反悔，会侵害其他继承人、继承人之债权人和被继承人之债权人的利益，使得放弃继承制度的目的落空，不符合民法上的诚信原则。例如，放弃继承人因放弃继承而收到其他继承人给付的补偿款，该补偿款可能由其他继承人通过借贷方式获取后支付。若放弃继承人任意反悔，会害及其他继承人的利益。其他继承人的债权人得知债务人拥有全部继承份额时，也会影响对其未来还款可能性的判断，导致与被继承人有关的财产法律关系再次陷入混乱。只有基于法律上之理由，放弃继承反悔才具有合理性，才能维护继承关系之稳定。《民法典继承编解释（一）》第 36 条规定通过赋予法官自由裁量权，对继承人放弃继承后的反悔予以限制。只有继承人的反悔理由合法合理，法院才应当对此予以承认。因此，我国虽没有明确规定放弃继承的具体理由，但是并不意味着只要是在遗产分割前或者诉讼进行中就可以任意反悔。

【规范指引】

《民法典》第 7 条、第 148 条、第 150 条;《民法典继承编解释(一)》第 36 条。

第十章　遗嘱继承与遗赠纠纷

第一节　遗嘱继承与遗赠纠纷概述

一、遗嘱继承与遗赠纠纷的概念

遗嘱继承是与法定继承相对应的一种继承方式，是指于继承开始后，继承人按照被继承人生前所立的合法有效的遗嘱继承被继承人遗产的法律制度。[①]《民法典》第1133条第1款规定："自然人可以依照本法规定立遗嘱处分个人财产，并可以指定遗嘱执行人。"该条确认了遗嘱自由，体现了对个人合法财产的保护。与法定继承相比，遗嘱继承充分尊重被继承人的意愿，是民法意思自治原则在《民法典》继承编的体现。但要使遗嘱有效须符合一定的实质要件，包括遗嘱人立遗嘱时必须具有完全民事行为能力、遗嘱处分的是个人财产、应当为缺乏劳动能力又没有生活来源的继承人保留必要份额。除此之外，立遗嘱还需要符合法定的形式要件，包括自书遗嘱、代书遗嘱、打印遗嘱、录音录像遗嘱、口头遗嘱、公证遗嘱六种形式。各种形式的遗嘱均需满足形式要件和实质要件的规定，才能发生法律效力，是一种严格的要式法律行为。

遗赠，是指自然人以遗嘱的方式表示在其死后将其遗产的一部分或者全部赠给国家、集体或者法定继承人以外的人的法律行为。遗赠是遗赠人死亡后才生效的单方、无偿的民事法律行为，遗嘱人不得在遗赠的同时，把有关的债务转移给受赠人。[②]遗嘱继承和遗赠虽然都是通过遗嘱来处分财产，但实

---

① 茆荣华主编:《上海法院类案办案要件指南》(第5册)，人民法院出版社2022年版，第123页。

② 最高人民法院民法典贯彻实施工作领导小组编著:《中国民法典适用大全·继承卷》，人民法院出版社2022年版，第105页。

际上是两种不同的继承方式。遗嘱继承中的受益人是被继承人的法定继承人，而遗赠中的受益人，则可以是法定继承人以外的自然人，也可以是国家、集体或组织。遗赠也须符合一定的条件才能发生效力。主要包括以下几点：一是遗赠人须有完全的民事行为能力。二是遗赠人须为缺乏劳动能力又没有生活来源的继承人保留必要的遗产份额。三是遗赠人所立的遗嘱符合法律规定的形式要件。四是受遗赠人须为国家、集体、组织或者法定继承人以外的自然人。

二、遗嘱继承与遗赠纠纷的基本特点

（一）形式要件是否合法认定难

《民法典》明确了自书遗嘱、代书遗嘱、打印遗嘱、录音录像遗嘱、口头遗嘱和公证遗嘱这六种遗嘱类型，并分别规定了法定形式要件。有效的遗嘱必须以满足法定形式要件为前提，但实践中，由于被继承人的年龄、身体状况、文化水平、经济能力、社会关系等情况不尽相同，所立遗嘱形式多样，存在并不完全符合法定遗嘱类型的情形。如配偶一方书写遗嘱，另一方配偶仅签名，又如在较为常见的代书遗嘱中，当事人往往对见证人资格、是否全过程见证、有无全程录音录像等存在较大争议。因此，遗嘱是否符合法定形式要件的审查上存在一定难度。

（二）被继承人真实意思查明难

意思表示真实是民事行为有效的必要条件。遗嘱必须是被继承人处分其财产的真实意思表示，只有完全民事行为能力人订立的遗嘱才能是有效的遗嘱，无民事行为能力人或限制民事行为能力人订立的遗嘱无效。然而，被继承人订立遗嘱时大多年事已高或身患疾病，去世后，子女往往对被继承人订立遗嘱时是否具有民事行为能力或是否亲笔签名产生争议。由于涉诉时被继承人已经去世，其订立遗嘱时的民事行为能力或笔迹可能无法通过司法鉴定确定，需对照遗嘱，结合被继承人生前生活状态、患病情况、文化水平等因素综合判断。此外，遗嘱形成时间较早也给查明被继承人真实意思增加了难度。

（三）遗产范围界定难

遗嘱内容所指向的财产应当是被继承人生前拥有的个人合法财产，但一些遗嘱往往在遗产范围的描述上不够精准，多使用“我的份额”“我的财产”等概括性描述，加之被继承人的遗产多混同于夫妻共同财产或家庭共有财产中，故审理此类案件时须先将相关财产析出，以确定被继承人的遗产范围。实践中，还存在被继承人在错误认识财产归属的基础上订立遗嘱，以及订立“共同遗嘱”后一方单独变更己方遗嘱等情况，由此引发当事人对遗产范围甚至遗嘱有效性的争议。以上问题往往需要在案件审理中结合多方因素综合认定，给案件的审理带来困难。

（四）是否接受遗赠确定难

遗嘱继承和遗赠都属于通过遗嘱的方式处分财产，不同之处在于，遗赠的对象只能为法定继承人以外的人。根据《民法典》第 1124 条第 2 款的规定，受遗赠人应在 60 日内作出接受或者放弃受遗赠的表示。但是，对于具体在何时表示、向谁表示、如何表示等问题，法律并未作明确规定，导致实践中难以形成统一认识。如有的受遗赠人只向与之关系亲近的法定继承人之一表示接受遗赠，其他法定继承人会以未接到通知为由，主张受遗赠人未依法作出接受遗赠的表示。又如有的受遗赠人主张是以登报、公证、诉讼、实际占有遗产等方式作出接受遗赠的意思表示，法定继承人则对上述形式不予认可。由此，如何正确认定受遗赠人是否在法定期间内作出接受遗赠的意思表示成为此类案件的审理难点。

三、遗嘱继承与遗赠纠纷的审理原则

（一）保护自然人的遗嘱自由

自然人依法享有订立遗嘱的自由，人民法院在审理继承纠纷过程中，一方面要根据继承编关于遗嘱形式要件和实质要件的规定，通过证据规则发现法律真实；另一方面也要在发现法律真实的基础上，最大限度贴近客观真实，以充分尊重自然人的真实意思，有效保护其遗嘱自由。保护自然人的遗嘱自由，还意味着，对于不符合法律规定形式要件和实质要件的遗嘱，应当依法否定其效力。

（二）体现继承制度的伦理价值

《民法典》以保障人民群众追求幸福美好生活为主要目标。应注重发挥司法的教育、评价指引与示范功能，指导继承人对待遗产问题应本着互谅互让、公平合理的原则分割遗产，实现物尽其用、家庭和睦。

（三）促进家庭的团结和睦

继承纠纷的主体一般为相互有亲缘关系的自然人，因此在审理继承纠纷时，应当鼓励家庭成员之间发扬互谅互助的精神，一方面通过多元纠纷化解机制，避免矛盾激化，促进家庭成员间的团结和睦；另一方面要通过裁判规则的引导，鼓励当事人互相帮助。

（四）坚持养老育幼、照顾病残

养老育幼、照顾病残是中华民族传统美德在继承法上的体现，具有很强的伦理性，对实现家庭抚养职能、帮助弱者、减轻社会负担具有重要作用。该原则对特定的弱势群体予以特殊照顾，是对继承平等原则和遗嘱自由的限制，有利于实现实质平等和社会正义。它的主要内容表现为：遗产分割时，应当保留胎儿的继承份额；遗嘱应当为缺乏劳动能力又没有生活来源的继承人保留必要的遗产份额。

四、遗嘱继承与遗赠纠纷的审查要素

（一）立案审查

1. 遗嘱继承和遗赠纠纷主体的审查

【审查要点】

（1）当事人起诉时应当有明确的被告，并提供被继承人、遗赠人死亡的初步证据。

（2）当事人应当提供户口簿、户籍事项证明、出生医学证明、独生子女证等身份关系证明，以初步确认被继承人与继承人之间的关系及继承人范围。

（3）其他成员与被继承人存在房屋共有或者与遗产处理有其他利害关系的，可在继承案件中将其列为第三人。

【规范指引】

《民法典》第1127条;《民事诉讼法》第59条、第122条;《民法典继承编解释(一)》第44条。

2. 管辖的审查

【审查要点】

(1)因继承遗产纠纷提起的诉讼,由被继承人死亡时住所地或者主要遗产所在地人民法院管辖。

(2)管辖冲突时,由先立案的法院管辖。后立案的法院发现有关法院先立案的情况后,应当在7日内裁定将案件移送先立案的法院审理。

【规范指引】

《民事诉讼法》第34条第3项、第36条。

(二)原告诉请的审查

1. 遗嘱继承诉请的审查

【审查要点】

当事人要求按照遗嘱内容继承遗产,应当注意审查是否提交遗嘱,遗嘱是否具备基本的形式要件,遗嘱所涉遗产与当事人的诉请是否存在对应关系。

(1)当事人要求遗嘱继承,应提交相应遗嘱;当事人无法提交遗嘱的,应说明遗嘱的所在;遗嘱存于他处时,当事人无法自行获取的,提出诉请的一方可在立案后申请调查令调取;无法通过调查令的方式获取的,可申请法院调取。

(2)当事人提交遗嘱的,应审查该遗嘱与当事人所提诉请之间有无对应关系,遗嘱所涉遗产范围是否明确,如遗嘱所涉遗产范围不明确,法院应当释明,引导当事人明确诉请。

(3)遗嘱存在无效情形或者不满足遗嘱的基本形式要件的,应当围绕遗嘱的真实性、遗嘱人的遗嘱能力、代书人或者见证人是否具备资格、遗嘱是否存在欺诈或者胁迫等情形组织当事人进行举证;遗嘱系自书遗嘱的,当事人可以申请鉴定;遗嘱系代书遗嘱的,当事人可申请代书人、见证人出庭作证;遗嘱系公证遗嘱的,当事人可申请调取公证遗嘱的内档材料;遗嘱系录音录像遗嘱,打印遗嘱,口头遗嘱的,当事人应当说明遗嘱的录制或者打印、见证的基本过程,当事人可以申请相关见证人出庭作证。

(4)遗嘱未为缺乏劳动能力又无生活来源的继承人保留必要份额,遗嘱部分无效，但相关当事人对缺乏劳动能力又无生活来源负有举证责任。

（5）审查发现遗嘱无权处分他人财产，法院应当就该无效情形进行释明，引导当事人明确或者变更诉讼请求，防止侵害他人的诉讼权利和实体权利。

【规范指引】

《民法典》第 1133 条。

2. 遗赠纠纷诉请的审查

【审查要点】

（1）受遗赠人包括国家、集体、组织以及继承人以外的自然人，而不能是法定继承人以内的人。孙子女、外孙子女不是法定继承人，如遗嘱遗留给孙子女、外孙子女的，则应当按照遗赠处理。

（2）受遗赠人先于被继承人死亡的，其受遗赠权消灭，遗产应按照法定继承处理。被继承人死亡后，受遗赠人表示接受遗赠后并在遗产分割前死亡的，其接受遗赠的权利转移给他的继承人，受遗赠人的继承人以自己的名义起诉接受遗赠的，应当立案受理。

【规范指引】

《民法典》第 1133 条。

（三）被告抗辩的审查

1. 对遗嘱继承的抗辩审查

【审查要点】

当事人对于遗嘱继承、遗赠主要享有以下四种抗辩权：一是遗嘱不存在；二是被继承人同时和他人订有遗赠扶养协议；三是遗嘱存在无效、可变更或可撤销情形；四是被继承人存在丧失、放弃继承权或先于遗嘱人死亡的情形。

当事人对遗嘱的有无提出抗辩的，应当根据证据材料内容从实质角度审查，而不能简单以证据材料的名称和形式认定。当事人对遗嘱效力提出抗辩的，应根据双方的诉讼请求分配举证责任。

【规范指引】

《民法典》第 1123 条、第 1134 条至第 1144 条、第 1154 条。

2. 对遗赠纠纷的抗辩审查

【审查要点】

当事人对于遗赠享有的主要抗辩权有两种：一是受遗赠人存在丧失、放弃继承权或先于遗嘱人死亡的情形；二是受遗赠人未在法定期限内表示接受遗赠。当事人对受遗赠人是否接受遗赠、接受遗赠的意思表示是否在法定期间内作出而提出抗辩的，一般应由受遗赠人就上述情况举证加以证明。但对于受遗赠人是否知道或者应当知道遗赠，一般应由主张该事实的当事人承担举证责任；该当事人举证证明受遗赠人知道或者应当知道遗赠的，受遗赠人如予以否认，则受遗赠人承担进一步的举证责任。

【规范指引】

《民法典》第 1123 条、第 1124 条第 2 款、第 1154 条第 1 项至第 3 项。

第二节　争点整理与认定

立遗嘱，是指自然人生前在法律允许的范围内，按照法律规定的方式预先处分其个人财产，安排与此有关的事务，并于其死亡时发生法律效力的单方民事法律行为。立遗嘱的主体为自然人，遗嘱的内容为处分个人财产。自然人若通过立遗嘱的方式实现财产在其死后的分配，所立遗嘱必须合法有效。立遗嘱作为民事法律行为，既要符合《民法典》总则编民事法律行为有效的条件，也要符合继承编对其效力的特别规定。这些特别规定包括：无民事行为能力人或者限制民事行为能力人所立遗嘱无效；遗嘱必须表示遗嘱人的真实意思，受欺诈、胁迫所立遗嘱无效；遗嘱必须满足不同遗嘱形式要求；遗嘱必须为缺乏劳动能力又没有生活来源的继承人保留必要的遗产份额；遗嘱应为胎儿预留份额等。立遗嘱后，遗嘱人仍可以撤回、变更自己的遗嘱。合法有效的遗嘱在一般情况下，能够得到有效的执行，但下列情形又会导致遗嘱不予执行：遗嘱继承人先于遗嘱人死亡；涉及的财产不复存在；遗嘱继承人被依法剥夺继承权；遗嘱继承人放弃继承权；遗嘱继承人没有履行遗嘱附加的义务。遗赠是自然人以遗嘱的方式将其遗产赠给国家、集体或者法定继承人以外的人，除了需要满足遗嘱的有效要件外，还需要重点审查受遗赠人是否在法定期限内表示接受遗赠。围绕上述规范逐一审查相应的构成要件便形成了本章常见的争点。

一、遗嘱继承

争点 1：对自书遗嘱真实性的认定应根据双方举证情况合理分配证明责任

【案例】单某甲与单某乙、单某丙继承纠纷案①

单某生前曾立下自书遗嘱，其房产由其大女儿单某乙和二女儿单某丙共同继承。单某立遗嘱时，两个女儿进行了录音录像，视频显示单某明确表示因儿子单某甲在母亲去世后对其不闻不问，故将其所有的房产留给两个女儿。单某甲对遗嘱的真实性提出异议，但表示不申请对遗嘱进行笔迹鉴定。法院经审理认为，持有自书遗嘱一方对该遗嘱的真实性应承担举证责任，如其证明该遗嘱无形式瑕疵，则认定其已完成证明责任。本案中单某乙、单某丙举证的自书遗嘱无形式瑕疵，且提交的视频证据亦能够直观显示单某明确的意思表示，故案涉遗嘱有效，应按照遗嘱进行继承。

【分析】

自书遗嘱应重点审查遗嘱是否系其本人书写，遗嘱上的签字及日期是否齐备，遗嘱内容是否系有权处分。在形式审查上，首先，自书遗嘱应当由遗嘱人亲笔书写，伪造的遗嘱无效；部分由遗嘱人书写、部分由他人代书的遗嘱，无效或者部分无效；遗嘱被篡改的，篡改的内容无效。其次，遗嘱应由遗嘱人亲笔签名，遗嘱人未签名的，遗嘱无效。再次，遗嘱无署期或者署期不全，遗嘱的主干内容记载了署期，可以认定有效；但如果只记录了年或者年、月，但未标明日的，且无法通过上述方式确定形成时间的，倾向于认定无效。最后，遗嘱内容的书写日期与落款日期不一致的，如果均系被继承人亲笔书写，一般应认定为有效。

在遗嘱真实性审查上，继承纠纷成诉时，遗嘱人已死亡，遗嘱真实性无法自证，故对遗嘱真伪的审查和认定是遗嘱继承案件的难点和关键点。持有自书遗嘱一方应对该遗嘱的真实性承担举证责任，如其证明该遗嘱无形式瑕疵，或者虽有瑕疵，但综合遗嘱来源、当事人的陈述、遗嘱发现的过程、遗

---

① 参见北京市第二中级人民法院 2023 年 10 月 26 日发布的《民法典》实施以来遗嘱继承纠纷案件典型案例。

嘱的内容以及被继承人的一贯生活状况可综合确认遗嘱的真实性，则认定其已完成证明责任。相对方若对遗嘱的真实性不认可，将遗嘱真实性的证明责任分配给主张遗嘱无效一方，由其提供反证。因当事人无法提供对比样本导致自书遗嘱无法鉴定或者无法得出确定鉴定意见时，其应自行承担举证不能的不利后果。

【规范指引】

《民法典》第1134条；《民法典继承编解释（一）》第27条、第28条。

争点2：立遗嘱人确实不会书写自己名字的，在代书遗嘱上可用按指印或者盖章方式代替签名

【案例】莫某甲与莫某乙、莫某丙等遗嘱继承纠纷案[①]

窦某生前留有代书遗嘱一份，明确将其名下与大儿子莫某甲共同登记为产权人的房产由原告莫某甲一人继承。窦某未在该遗嘱上签名，仅在立遗嘱人处加盖其印章，另有两名律师作为见证人签名并注明日期。二儿子莫某乙和小儿子莫某丙则认为窦某系文盲，无法理解遗嘱的含义，且遗嘱上没有其签字，无法证明遗嘱是窦某真实意思表示，遗嘱应属无效。法院经审理认为，原、被告均确认窦某文化程度为文盲，确实不会书写自己的名字。两名律师作为见证人到庭详细陈述了窦某委托出具遗嘱的过程，并提供现场录音作为佐证，结合窦某文化程度和表达能力，认定遗嘱符合法定形式要件，应属有效。案涉遗产应遵照窦某的意愿进行处理。

【分析】

代书遗嘱应重点审查遗嘱人是否出于自愿，代书人、见证人有无利害关系，遗嘱人、代书人、见证人是否均签名并注明年、月、日。对于代书遗嘱应重点审查以下内容：

（1）代书遗嘱应当符合法律规定的形式要件，对其形式要件的审查应当严格把握，对于欠缺形式要件的，一般不宜认定为有效。

（2）代书遗嘱应有两个或者两个以上的见证人在场见证，其中一人代书，仅有一名见证人的，该代书遗嘱无效。

---

① 参见上海市长宁区人民法院2021年10月9日发布的2017~2020年遗嘱继承纠纷典型案例。

（3）代书人、见证人应在遗嘱上签名，仅按捺手印但未签字的，除代书人、见证人能够到庭说明情况外，一般不宜认定为有效。

（4）代书人、见证人、遗嘱人应在遗嘱上注明签字年、月、日，或者应就立遗嘱时间和见证情况作出说明，否则不宜认定为有效。

（5）代书人代书、见证人见证与遗嘱人口述遗嘱应当具备同步性，即上述过程应当基本发生在同一时空，代书人、见证人对遗嘱人身份进行核实，代书人应如实记录遗嘱人的遗嘱内容，并交由遗嘱人阅看或者对其宣读，并由代书人、见证人和遗嘱人签字确认。

（6）代书人、见证人应当同步见证代书遗嘱的形成过程，代书人一人独立代书、见证后由另一见证人签字确认的，该遗嘱无效。

（7）代书人、见证人应为完全行为能力人，且不能是继承人、受遗赠人本人。

（8）代书人、见证人本人或者其近亲属不应与继承人、受遗赠人存在利害关系，一般是指代书人、见证人不能是法定继承人范围内的人。包括第一顺序和第二顺序的法定继承人，也不能是受遗赠人。

（9）诉讼中，代书人、见证人一般应出庭作证，对遗嘱的形成过程，遗嘱的形成时间，代书人、见证人、遗嘱人签字的真实性等作出说明，并接受当事人的询问。代书人、见证人无正当理由拒不到庭作证，导致遗嘱真实性或者合法性存疑的，一般不宜认定遗嘱有效。

（10）实践中，对于代书人、见证人是否与案件存在利害关系的认定，存在一定的争议，我们倾向认为，继承人的配偶、子女，继承人或者受遗赠人的债权人、债务人，共同经营的合伙人，也应视为与继承人、受遗赠人有利害关系，一般不宜作为遗嘱的代书人和见证人。

【规范指引】

《民法典》第 1135 条、第 1140 条。

争点 3：打印遗嘱须符合生效实质要件和法律规定的形式要件

【案例】王某甲与陈某某遗嘱继承纠纷案

被继承人刘某（女）育有儿子王某甲和女儿王某乙，陈某某为刘某的外孙。陈某某主张外婆刘某生前订立了打印遗嘱，愿意将其名下的村集体股份及分红在其去世后由陈某某继承，刘某仅在立遗嘱人处按指模。两位律师作为见证人除签名外没有署年、月、日。两位律师仅录制了刘某在遗嘱上按指模的视频，且没有出现在视频中。刘某的儿子王某甲起诉陈某某，请求确认遗嘱无效。法院经审理认为，立遗嘱人没有在遗嘱上签名，两位见证人签名后没有注明年、月、日，录制的视频中也没有出现两位见证人的肖像。视频虽然记录了立遗嘱人在遗嘱上按指模的过程，但并未记录见证人在立遗嘱人按指模前向其宣读遗嘱内容，难以证实刘某在按指模前对打印的遗嘱内容完全知悉并理解，故案涉遗嘱不符合打印遗嘱的形式要件，也不符合生效实质要件，案涉遗嘱无效。

【分析】

打印遗嘱作为《民法典》规定的新型遗嘱形式，该遗嘱形式仍是要式行为，即打印遗嘱除了要符合民事法律行为一般的成立和生效实质要件外，还必须符合法律规定的形式要件。遗嘱的要式性是为了保证遗嘱的真实性，保证遗嘱体现立遗嘱人处分自己遗产的真实意思。打印遗嘱关于见证人资格的审查规则同代书遗嘱，不同的是打印遗嘱并不要求遗嘱由见证人电脑记录和打印，遗嘱人自行电脑记录和打印，见证人对整个过程进行见证的亦可。对于打印遗嘱应重点审查以下内容：（1）打印遗嘱的见证人应当在遗嘱的每一页上签名并注明年、月、日，见证人仅在遗嘱的最后一页签名并注明年、月、日的，一般应认定未签名部分无效；如未签名部分和签名部分不可分或者签名部分并无遗嘱的实质内容的，则遗嘱整体无效。（2）打印遗嘱如系双面打印，遗嘱人、见证人仅在第二页签字和注明日期的，如果经确认未签名部分与原始电子文稿一致，原始电子文稿形成时间戳或修改时间与打印遗嘱形成时间相同的，可认定该遗嘱有效。（3）遗嘱人手写遗嘱并签字，后交由其他人电脑誊写后打印的，应当按照打印遗嘱的要件审查认定，手写遗嘱可按照前述自书遗嘱的要件审查认定。（4）遗嘱人手写遗嘱但未签字，后交由其他人电脑誊写后打印的，但无见证人见证的，打印遗嘱无效；手写遗嘱不符合自书遗嘱的形式要件，亦应认定为无效。

【规范指引】

《民法典》第1136条。

争点 4：录音录像遗嘱效力的裁判规则

【案例】张某甲与赵某等继承纠纷案[①]

被继承人王某、张某生育张某甲、张某乙、张某丙子女三人。张某于2019年10月31日住院期间，将张某甲、张某乙、张某丙及张某的两个弟弟叫到病房，由张某的两个弟弟作为见证人，经案外人录像，张某口述表示将其名下的房产于过世后留给长女张某甲，张某甲根据该录像向法院起诉，要求继承张某名下的诉争房产。法院经审理认为，当事人提交的录像内容，录像现场有立遗嘱人张某及两个见证人的肖像，各方当事人均认可录制时间为2019年10月31日，可以确认录制时间和见证人身份，该录像符合《民法典》规定的录音录像遗嘱的形式要件，应为有效的录音录像遗嘱。

【分析】

案涉遗嘱为录像遗嘱，是《民法典》新规定的遗嘱形式，录像遗嘱比录音遗嘱多了录像动态画面，其真实性和有效性同录音遗嘱的相关规定。录像遗嘱指的是以录像机、照相机等可以录制声音和影像的器材所录制的遗嘱人的遗嘱，这种遗嘱既可以记录遗嘱人的声音，也可以记录遗嘱人的影像，相比于录音遗嘱更为直观，也更容易体现遗嘱人的真实意愿，弥补了以往《继承法》中关于口头遗嘱和录音遗嘱未规定的空白领域，充分体现了《民法典》对时代发展的回应。本案中遗嘱人在录像录制时，虽然法律对录像遗嘱没有明确的规定，但是依据《民法典》溯及力的相关规定，结合具体案情可以对遗嘱有效性进行合理认定。录音录像遗嘱关于见证人资格的审查同代书遗嘱，不同之处在于录音录像遗嘱一般由遗嘱人口述，且应记录见证人的姓名或者肖像。对于录音录像遗嘱应重点审查以下内容：（1）录音录像遗嘱中记录见证人姓名的，一般应由见证人本人口述其本人姓名；（2）录音录像遗嘱中应记录见证人的肖像，未记录见证人的肖像，但记录了见证人的姓名，且由见证人本人口述其本人姓名的，可以认定为有效；（3）对录音录像遗嘱的形成时间有异议，可以委托相关鉴定机构对其形成的原始时间进行鉴定；（4）对遗嘱是否确系遗嘱人本人所述或者见证人是否确实在场有异议的，可以委托

---

① 参见2021年天津法院家事审判典型案例，载澎湃新闻网，https：//www.sohu.com/a/510989255_121019331，2023年12月7日访问。

相关鉴定机构对录音、录像的真实性进行鉴定，必要时还可以对相关人员的声纹进行鉴定。

【规范指引】

《民法典》第1137条。

争点5：口头遗嘱必须在危急情况下订立

【案例】臧某甲与臧某乙、臧某丙、臧某丁、臧某戊继承纠纷案[①]

臧某某与张某某共生育子女五人。臧某某于2011年6月21日去世，张某某于2019年9月18日去世。臧某某、张某某生前与臧某甲及其配偶刘某、臧某己共有房屋一处，房屋共有人未约定各自共有份额。2016年11月28日，张某某、臧某甲、臧某乙、臧某丙、臧某丁、臧某戊在公证处进行公证，由臧某甲继承臧某某的房屋份额。张某某去世后，臧某丙要求以实物形式继承张某某的房屋份额，臧某甲不同意，遂诉至法院。法院经审理认为，臧某甲诉称张某某生前立有指定其继承相应房屋份额的口头遗嘱，但其未提供证据予以证明，故依据《民法典》第1138条的规定认定该口头遗嘱无效。按照“遗产分割应当有利于生产和生活需要，不损害遗产的效用”的规定，应由藏某甲实际使用房屋，并按照市场价格向臧某丙支付相应份额的房屋价款。

【分析】

口头遗嘱必须符合遗嘱人处于危险状态的前提，且应当有两个以上见证人在场见证。在民事诉讼法的证明标准上，口头遗嘱与一般事实的“高度可能性”标准不同，采取的是“排除合理怀疑”的更高标准。

在处理口头遗嘱继承案件时，应先审查口头遗嘱是否存在。对于口头遗嘱是否存在的证明责任，应交由主张遗嘱存在的一方负担，如果主张的一方能够证明口头遗嘱存在，下一步才涉及审查口头遗嘱效力的问题。

遗嘱涉及的利益重大，而口头遗嘱内容往往不易确定，且容易被遗忘、曲解、误解，甚至被篡改，故对口头遗嘱存在与否的证明标准也应高于其他遗嘱形式。《民事诉讼法解释》第109条规定：“当事人对欺诈、胁迫、恶意

---

① 参见最高人民法院民法典贯彻实施工作领导小组编著：《中国民法典适用大全·继承卷》，人民法院出版社2022年版，第148页。

串通事实的证明，以及对口头遗嘱或者赠与事实的证明，人民法院确信该待证事实存在的可能性能够排除合理怀疑的，应当认定该事实存在。”从该条可以看出，对于口头遗嘱是否存在以及口头遗嘱内容如何的证明，应该达到“排除合理怀疑”的程度。

在审查口头遗嘱的效力时，要注意查清遗嘱人是否存在危急情况，只有在危急情况下所立的口头遗嘱才可能是有效的遗嘱。如果没有危急情况的发生，口头遗嘱也就没有适用的余地，当事人不得以此遗嘱为依据来要求分得相应的遗产。

要区别口头遗嘱和一般的日常聊天、谈话。实务中，常常有当事人主张被继承人在生前多次向家人或者邻居说过要在其死亡后将某财产遗留给自己，并据此认为这是被继承人遗留的口头遗嘱，要求按照该口头遗嘱继承相应的财产，有些当事人甚至还找来诸多的亲戚、朋友，甚至邻居对此加以证明。不可否认，被继承人生前确实可能在日常生活中提到过要将某项财产遗留给某人继承，其陈述的对象可能是该财产的受益人，也可能是家里的亲戚或相关的朋友、邻居，但需要注意的是，这种口头表述在日常生活中最多只能被看作被继承人的一种希望留下相应遗嘱的想法和愿望，它并不是法律规定的遗嘱，因为它不符合法律规定的任何一种遗嘱形式，如果要成为一份有效的遗嘱，必须经过一定的法定程序，否则不能将其作为遗嘱看待。

特别说明：口头遗嘱的订立应满足在危急情况下这一条件，审查重点在于危急情况的认定。

（1）口头遗嘱关于见证人的条件同代书遗嘱。

（2）危急情况应指发生了危及遗嘱人自身安全的自然灾害、社会事件或者遗嘱人受重伤、生重病等足以导致遗嘱人客观上没有可能或者没有能力以其他方式订立遗嘱的状态。对于遗嘱人虽患病需要手术，在手术前有足够时间订立遗嘱，其在手术前仅口头作出遗产安排，但却在手术中出现意外情况导致死亡的，不应认定为危急情况。

（3）危急情况消除以后，遗嘱人能够以其他方式订立遗嘱的，应当以其他方式重新订立遗嘱，口头遗嘱无效。实践中，随着手机、移动电脑的普及，已经极大便利了被继承人订立录音录像遗嘱，故对口头遗嘱应作严格认定。

【规范指引】

《民法典》第1138条。

争点 6：公证遗嘱被撤销后遗嘱人所立遗嘱并非当然无效

【案例】沈某甲与沈某乙继承纠纷案[①]

黄某某与沈某某婚后育有一子沈某甲与一女沈某乙。黄某某于 2013 年 5 月 8 日死亡。黄某某生前曾于 2013 年 5 月 7 日在公证处由两名公证员立有代书遗嘱一份，将所有遗产留给儿子沈某甲一人继承，公证处对黄某某立遗嘱过程进行了录音、录像。2013 年 5 月 9 日，公证处对黄某某所立遗嘱出具《公证书》。因公证处审批人批准遗嘱公证书之前遗嘱人黄某某已死亡，公证处于 2017 年 12 月 1 日出具《撤销公证书决定书》，决定撤销《公证书》。沈某甲起诉要求按遗嘱继承，沈某乙认为公证遗嘱被撤销，遗嘱无效，应按法定继承。法院经审理认为，《公证书》系因黄某某在公证处审批人批准遗嘱公证书前去世被撤销，而非基于事后查明黄某某在公证处立遗嘱时存在主体身份不实、民事行为能力欠缺、意思表示不真实或遗嘱内容违反法律规定等与立遗嘱本身这一民事法律行为成立、生效要件有关的相关事实原因而被依法撤销，故案涉遗嘱符合代书遗嘱构成要件，属于有效遗嘱。

【分析】

公证是公证机构根据自然人、法人或者其他组织的申请，依照法定程序对民事法律行为、有法律意义的事实和文书的真实性、合法性予以证明的活动。对诉讼而言，《公证书》仅仅是一项证明力较强的证据，其本身不能产生、变更或消灭民事法律关系，与其所证明的民事法律行为、有法律意义的事实和文书等公证事项并非一体，这从我国司法部颁布的《遗嘱公证细则》第 19 条的相关规定中便可体现。该条款规定，由于遗嘱人在公证处审批人批准遗嘱公证书前死亡而终止办理遗嘱公证的，若遗嘱人提供或者公证人员代书、录制的遗嘱，符合代书遗嘱条件或者经承办公证人员见证符合自书、录音、口头遗嘱条件的，公证处可以将该遗嘱发给遗嘱受益人。故公证机关依法撤销《公证书》，并不当然意味着作为原公证事项的民事法律行为或有法律意义的事实和文书等不具备真实性、合法性。人民法院仍应根据各当事人的事实主张及经质证的其他在案证据，对与案件处理有关联的原公证事项的真实性、合法性进行查证和审查认定。只要《公证书》非系基于事后查明遗嘱

---

① 参见上海市第二中级人民法院（2019）沪 02 民终 8056 号民事判决书。

人在公证处立遗嘱时存在主体身份不实、民事行为能力欠缺、意思表示不真实或遗嘱内容违反法律规定等与立遗嘱本身这一民事法律行为成立、生效要件有关的相关事实原因而被依法撤销，同时，所立遗嘱符合法定遗嘱形式的构成要件，那么对该份遗嘱有效性应当进行认定。

特别说明：公证遗嘱的效力认定审查重点是公证程序是否符合法律规定、遗嘱人有无行为能力、遗嘱人意愿是否真实。

（1）遗嘱公证应由遗嘱人本人办理，其他人不得代办，遗嘱人一般应亲自至公证机构办理，本人亲自至公证机构有困难的，可以请求公证机构至其住所或者临时处所办理。

（2）遗嘱公证的管辖并不适用于不动产专属管辖，遗嘱人就不动产办理遗嘱公证的，可以由当事人住所地、经常居住地、行为地公证机构管辖。

（3）应由两名公证人员共同办理，两人一般应为公证员，或者至少一人是公证员，另一人可以是公证处工作人员，公证由公证员办理，另一人作见证。

（4）遗嘱人认为公证书存在错误的，可以自收到公证书之日起1年内向公证机构提出复查；继承人认为公证书存在错误的，可以自知道或者应当知道该公证事项之日起1年内向公证机构提出复查。

（5）公证机构认为公证书基本内容违法、与事实不符或者严重违反法定程序的，应当作出撤销公证书的处理决定。

（6）公证遗嘱被撤销的，则公证处提交的遗嘱自始无效。如被继承人在公证过程中曾向公证处提交过遗嘱或者遗嘱草稿，则可按照自书、代书、录音录像遗嘱、打印遗嘱等规定对其自己提供的遗嘱进行形式和实质审查，认定是否具备法律效力。

（7）录音录像并非公证遗嘱的必要条件，一般不宜以缺乏录音录像认定遗嘱无效；公证机构有录音录像，当事人以录音录像中公证机构程序不规范、表述不严谨等对公证遗嘱的效力提出异议的，可参照《公证程序规则》和《遗嘱公证细则》审查，除严重违反公证程序外，一般不宜认定遗嘱无效。

（8）在原《继承法》第17条规定遗嘱的各种形式时，因公证遗嘱是经公证机构审核，保证遗嘱内容和形式合法性，且遗嘱内容不易被篡改和伪造，故具有最高的法律效力。《民法典》公布施行以后，依据《民法典》第1142条之规定，遗嘱人可以撤回、变更自己所立之遗嘱，立遗嘱后，遗嘱人实施与遗嘱内容相反的民事法律行为的，视为对遗嘱相关内容的撤回。立有数份遗嘱，内容相抵触的，以最后所立的遗嘱为准。遗嘱人所订立的公证遗嘱，时间上早于其最后立的遗嘱，在遗嘱人不方便或者无力再通过立公证遗嘱推翻前公证遗嘱的情况下，如果公证遗嘱具有优先效力，实际上是违背了遗嘱人处分自己遗产的真实意愿。由此，公证遗嘱不再具有优先于其他遗嘱形式的效力。①

【规范指引】

《民法典》第1138条；《公证法》第6条、第11条。

争点7：遗嘱见证人应当具备见证人资格

【案例】杨某与徐某等遗赠纠纷案②

葛某与前妻杨某乙生育三个子女，分别为杨某丙、杨某丁、杨某戊。杨某系杨某丙之子。张某系杨某戊之妻，二人生育一女杨某己。后葛某离婚后于1986年和汪某结婚，婚后未生育子女。汪某与前夫徐某甲生育一子徐某。葛某父母均已去世。汪某父亲汪某甲于1991年去世，母亲杨某甲在世。葛某曾于1997年购得案涉房屋。2014年，由高某作为代书人，陈某作为见证人，葛某立下代书遗嘱，案涉房产由爱人汪某居住，并由孙子杨某照顾生活，待汪某去世后，案涉房产最终由杨某继承。遗嘱由葛某签名并注明时间，代书人和见证人也均签名并写明时间。立遗嘱时高某、陈某、聂某、汪某、杨某在场。高某系葛某之侄女，聂某系杨某的高中同学，陈某系杨某的大学同学。汪某去世，杨某主张按遗嘱继承，同时提交葛某立遗嘱时的录像、照片等。徐某、杨某甲、张某、杨某己称遗嘱不符合法定形式，代书人、见证人与杨某有亲属、同学关系，遗嘱应为无效。法院经审理认为，本案中代书人高某与本案中的各方当事人均存在一定的亲属关系，无法认定高某与本案中当事人的某一方存在利害关系，故高某不应被认定为有利害关系的人。见证人聂某系杨某的高中同学，陈某系杨某的大学同学，但“同学”的范围较为广泛，且未有证据证明其与受遗赠人杨某存在民事债权债务等其他经济往来关系，故聂某、陈某亦不应被认定为有利害关系的人。

---

① 参见最高人民法院民法典贯彻实施工作领导小组编著：《中国民法典适用大全·继承卷》，人民法院出版社2022年版，第155页。

② 参见北京市第一中级人民法院（2018）京01民终8637号民事判决书。

【分析】

遗嘱见证人，是指受遗嘱人指定，为遗嘱人设立遗嘱作出见证的人，也即能证明遗嘱内容确为遗嘱人真实意思表示的人。由于遗嘱是遗嘱人单方处分其财产的重大民事法律行为，为保证遗嘱的真实、有效、准确，避免在遗嘱执行时发生不必要的纠纷，各国多通过立法要求遗嘱见证人以在场见证遗嘱制作过程的方式来确保遗嘱的真实性。遗嘱见证人应同时满足以下条件：一是遗嘱见证人的积极条件，即遗嘱见证人应当具有见证能力，具体包括见证人自身的民事行为能力以及事实见证能力；二是遗嘱见证人的消极条件，即遗嘱见证人应与遗嘱内容没有任何直接或者间接的利害关系。只有同时符合这两方面条件的人员才是合格的见证人，由其见证的遗嘱才有可能是有效的遗嘱。

关于“与继承人、受遗赠人有利害关系”具体范围问题，《民法典》施行后，原《最高人民法院关于贯彻执行〈中华人民共和国继承法〉若干问题的意见》第36条对“与继承人、受遗赠人有利害关系”具体范围所作规定已被废止，由《民法典继承编解释（一）》第24条规定予以吸收。根据《民法典继承编解释（一）》第24条之规定，继承人、受遗赠人的债权人、债务人，共同经营的合伙人，应当视为与继承人、受遗赠人有利害关系，不能作为遗嘱的见证人。上述司法解释对“有利害关系的人”采取列举方式进行界定，在并未将“与继承人、受遗赠人有其他关系的人或有牵连关系的人”界定为“有利害关系的人”的情况下，不宜随意扩大解释。因此，在对与继承人、受遗赠人“有利害关系的人”进行认定时只宜排除有较强利害关系者，至于邻居关系、同学关系、战友关系、职业上下级关系等，若不满足上述条件不宜作为“有利害关系的人”进行排除。

【规范指引】

《民法典》第1140条；《民法典继承编解释（一）》第24条。

争点 8：遗嘱应当为缺乏劳动能力又没有生活来源的继承人保留必要的遗产份额

【案例】陈甲与陈丁、陈乙、陈丙遗嘱继承纠纷案[①]

2011 年 1 月，陈乙、陈丙和陈甲之父陈某死亡。陈某生前为家族企业老板，留有遗嘱。因其配偶已先于陈某死亡，故陈某在遗嘱中为其长子陈乙、次子陈丙各留有公司股份的 30%，小儿子陈甲 3 年前因车祸重伤，丧失行为能力，陈甲的再婚妻子胡某在其遭遇车祸丧失行为能力后曾经提出过离婚，被法院驳回，已经实际上与陈甲分居。为了使小儿子今后的生活有保障，陈某将家族企业股份的 35% 留给了陈甲之子陈丁并限制陈丁在陈甲有生之年转让股份。陈某在遗嘱中要求陈丁照顾其父的生活，陈乙、陈丙对此负有监督之责，有权从陈丁每年应分得的收益中直接划扣陈甲在疗养院的全部生活护理费用。2011 年 2 月，胡某以陈甲的法定代理人的身份起诉，认为陈某的遗嘱没有给丧失劳动能力的法定继承人陈甲留有遗产，请求法院认定陈某的遗嘱无效，按照法定继承的原则分割陈某的遗产。法院经审理认为，综观陈某遗嘱的全部内容，应该看到陈某作为父亲，为自己丧失行为能力的儿子所作的周密安排。从法律意义上说，这种安排没有剥夺无劳动能力又没有其他生活来源的法定继承人的继承权，遗嘱因为不违反法律而应当被认定有效；从情理上说，遗嘱所体现的一个父亲对儿子的舐犊深情，亦应得到尊重，故案涉遗嘱有效。

【分析】

必留份是指保障继承人生活需要所必不可少的份额。只有在该继承人既缺乏劳动能力，又没有生活来源的情况下，才符合为其保留必要遗产份额的条件。审查的重点在于缺乏劳动能力和生活来源的认定。判断遗嘱人所立遗嘱是否违反《民法典》第 1141 条的规定，属于没有为缺乏劳动能力又没有生活来源的继承人保留必要的遗产份额，应当对遗嘱的实质内容进行分析。只要遗嘱人在处分遗产时为缺乏劳动能力又没有生活来源的继承人今后的生活作出了特别安排，即使形式上没有指定其继承遗产，亦不应当认定遗嘱人未

---

① 参见最高人民法院民事审判第一庭编：《最高人民法院民事审判第一庭裁判观点 · 婚姻家庭卷》，人民法院出版社 2023 年版，第 197 页。

保留缺乏劳动能力又没有生活来源的继承人的遗产份额。

特别说明：（1）缺乏劳动能力的认定，与《民法典》第1130条第2款一致，即一般应根据其年龄、身体状况、工作状况等进行认定，对于年迈、严重残疾、患有重大疾病导致劳动能力部分丧失或者完全丧失的，可以认定为“缺乏劳动能力”。

（2）缺乏生活来源一般应指没有稳定的收入和经济来源，依靠其自身收入和资产持有状况远不足以维持基本生活水平。但如果继承人虽然缺乏稳定的收入，但其自身持有一定的大额资产，依靠资产收益或者处分闲置资产足以长期维持其基本生活需要的，则一般不宜认定其缺乏生活来源。

（3）保留份额的多少，应当根据遗产的价值、当地经济发展水平以及基本生活水平综合判定，如根据上述因素仍难以判定，可以参照法定继承条件下其应当继承的份额认定。同时，还要综合考虑当事人的赡养情况。

（4）诉讼中，当事人提出保留必要份额的诉讼请求，提出请求的一方应当就缺乏劳动能力和生活来源进行举证，必要时可以委托司法鉴定机构或劳动部门对其进行劳动能力鉴定，但当事人明显不具备劳动能力的，可由法院直接认定。

（5）保留份额的确认还需要综合遗产状况综合确定，虽然案涉的遗产没有为当事人保留必要份额，但除该遗产外，当事人还能继承其他遗产，则不应认为未保留必要的份额。

【规范指引】

《民法典》第1141条；《民法典继承编解释（一）》第25条。

争点9：变更、撤回遗嘱内容的认定规则

【案例】杨某甲与杨某乙、杨某丙遗嘱继承纠纷案[①]

杨某和妻子育有三子，妻子去世后，杨某逐渐丧失自理能力，由三个儿子轮流接回家中居住生活。2018年，杨某去世，留下房屋一处。三子就遗产分割不能达成一致，向法院提起诉讼。诉讼中，三子均各自提供一份杨某的

① 参见烟台市中级人民法院：《“案说”民法典：遗嘱人可以撤回、变更自己所立的遗嘱吗？遗嘱的效力如何认定？》，载https：//m.thepaper.cn/baijiahao_16811310，2024年12月3日访问。

自书遗嘱以证明其本人为遗产继承人。法院经审理认为，三份遗嘱内容彼此冲突，应当以杨某最后一份遗嘱为准，三份遗嘱的先后顺序为次子杨某乙、三子杨某丙、长子杨某甲，因此本案以杨某甲所持遗嘱为准，杨某名下房屋由杨某甲继承。

【分析】

实践中，部分遗嘱人会订立多份遗嘱，应先行审查每一份遗嘱的效力，对于多份遗嘱均有效的，应重点审查遗嘱内容是否互相抵触。如多份遗嘱的内容并无矛盾，则能进一步相互印证遗嘱的真实性。对于变更、撤回遗嘱内容的认定应重点审查以下几个方面：（1）被继承人可以撤回、变更自己所立的遗嘱，不仅包括明示撤回、变更，还包括默示撤回、变更。（2）遗嘱人实施与遗嘱内容相反的民事法律行为，视为对遗嘱内容的撤回。具体可以参照《最高人民法院关于贯彻执行〈中华人民共和国继承法〉若干问题的意见》第39条精神处理，遗嘱人生前的行为与遗嘱的意思表示相反，而使遗嘱处分的财产在继承开始前灭失、部分灭失或者所有权转移、部分转移的，遗嘱视为被撤回或者部分撤回。（3）被继承人于《民法典》施行前死亡的，关于其遗嘱效力及是否冲突的认定，应适用原《继承法》的规定。（4）被继承人的多份遗嘱均系在《民法典》施行前订立，则对于多份遗嘱之间的冲突裁判，应当依据原《继承法》第20条处理。（5）被继承人在《民法典》施行之前立有公证遗嘱，在《民法典》施行后又立有新的遗嘱，应当依据《民法典》第1142条处理，即公证遗嘱不具有优先性。

【规范指引】

《民法典》第1142条；《最高人民法院关于适用〈中华人民共和国民法典〉时间效力的若干规定》第23条。

争点10：自然人被法院判决宣告为无民事行为能力人、限制民事行为能力人，未经法院撤销行为能力宣告判决的，订立遗嘱的行为无效

【案例】石某甲与石某乙、石某丙、石某丁遗嘱继承纠纷案

石某与张某系夫妻关系，共育有子女四人，分别为原告石某甲及三被告石某乙、石某丙、石某丁。2010年石某因精神分裂症被法院宣告为限制民事

行为能力人并指定张某为监护人。2018 年 8 月立有代书遗嘱，遗嘱表明其名下房产份额归石某乙一人继承，根据拍摄的视频可以看出石某在立代书遗嘱时表现正常。石某和张某相继去世后，原告石某甲及被告石某丙、石某丁主张按照法定继承分割房产，而被告石某乙主张石某的房产份额应按遗嘱继承。法院经审理认为，石某于 2010 年即被法院认定为限制民事行为能力人，该宣告在石某立遗嘱时并未被撤销，也无确切证据证明石某在立遗嘱时具有完全民事行为能力，故本案代书遗嘱应认定为无效，应按法定继承。

【分析】

《民法典》第 1143 条对遗嘱人的遗嘱能力作出了规定，明确指出无民事行为能力和限制民事行为能力人所订立的遗嘱无效。如果一个自然人经特别程序被人民法院判决宣告为无民事行为能力人或者限制民事行为能力人，其在疾病痊愈后，在未经法院撤销前述行为能力宣告的情况下订立了遗嘱，这种遗嘱的效力应如何认定。对此有两种不同的观点。一种观点认为遗嘱人的遗嘱能力应以实际情况为准，如果确有证据证明遗嘱人在订立遗嘱时已经恢复为完全民事行为能力人，则可以认定遗嘱有效，而无须法院另行作出撤销行为能力判决。另一种观点则与此完全相反，该观点认为在法院判决撤销宣告之前，遗嘱人所订立的遗嘱应是无效遗嘱，其理由为：自然人的民事行为能力应以有资质的司法鉴定机构的鉴定意见为准，既然其行为能力的缺失是由法院判决宣告的，那么其行为能力的恢复也应以法院的撤销判决为准。应当说，第二种观点更为合理。因为我国法律对公民民事行为能力的宣告和撤销规定了严格的程序，法院的判决具有很强的公信力，如果认定这种遗嘱有效，会有损判决的公信力。且遗嘱人是否痊愈也应经过一系列严格的程序来加以确定，确保其完全恢复了民事行为能力，而法院撤销判决的程序性规定能够满足这一要求。[①] 综上，在判决被撤销前订立的遗嘱应是无效的遗嘱。

【规范指引】

《民法典》第 1143 条。

---

① 人民法院出版社编:《最高人民法院司法观点集成 · 民事卷》(第 4 版)，人民法院出版社 2023 年版，第 2216 页。

争点 11：订立遗嘱时是否存在欺诈、胁迫情形的证明标准应达到“排除合理怀疑”的程度

【案例】陈某甲与陈某乙遗嘱继承纠纷案

陈某与妻子育有二子陈某甲和陈某乙。陈某在妻子去世后患上间歇性精神病，经系统治疗后恢复正常。因兄弟二人对陈某均关怀备至，陈某在陈某甲处居住期间自书遗嘱一份，将名下唯一房产留给陈某甲继承；在陈某乙处居住期间又自书遗嘱一份，将名下唯一房产留给陈某乙继承。兄弟二人知道此事后发生激烈争吵，导致陈某因受刺激旧病复发，在精神病院住院过程中自杀。陈某甲认为陈某乙欺骗父亲立下遗嘱，应由其继承房产。法院经审理认为，陈某留两份遗嘱时均为精神病未发状态，意思表达能力正常，均具备遗嘱能力。后来陈某精神病复发，不影响立遗嘱时的遗嘱能力。鉴于双方均没有证据证明陈某立遗嘱时受到胁迫或者欺诈，因此所立遗嘱均为有效遗嘱。陈某乙所持遗嘱系陈某生前最后一份遗嘱，因此应当以该遗嘱为准，陈某名下房产由陈某乙继承。

【分析】

在证明是否存在欺诈、胁迫的情形时，其证明标准与一般情况下的证明标准是不一样的。《民事诉讼法解释》第 109 条规定：当事人对欺诈、胁迫、恶意串通事实的证明，以及对口头遗嘱或者赠与事实的证明，人民法院确信该待证事实存在的可能性能够排除合理怀疑的，应当认定该事实存在。从该规定可以看出，对于是否存在欺诈、胁迫的情况的证明，应该达到“排除合理怀疑”的程度，这一标准要高于一般民事案件证据认定时的证明标准。

【规范指引】

《民法典》第 1143 条；《民事诉讼法解释》第 109 条。

争点 12：不能仅以遗嘱人存在身体上的某种缺陷否认其遗嘱效力

【案例】陆某乙与陆某甲遗嘱继承纠纷案

陆某与王某系夫妻关系，均为盲人，不会书写，育有一子陆某甲、一女陆某乙。因老房拆迁获得巨额利益，二人于 2019 年 3 月 10 日请两名村干部

代书立下二人去世后将财产全部留给儿子陆某甲，女儿陆某乙不得分任何财产的遗嘱，遗嘱由夫妻二人按手印，代书人和见证人均签名并书写日期。见证人另用手机对整个立遗嘱过程进行了录音录像。2022年，陆某与王某相继去世。陆某乙以父母为盲人不具有遗嘱能力，案涉遗嘱系陆某甲串通村干部欺诈胁迫被继承人所立而无效。法院经审理认为，案涉遗嘱符合代书遗嘱的法定形式，被继承人虽为盲人，但是具有相应的民事行为能力，录音录像能够证明不存在欺诈胁迫情形，故案涉代书遗嘱有效，应按遗嘱继承。

【分析】

《民法典》第1143条从遗嘱人的年龄和精神健康状况方面规定了遗嘱人的遗嘱能力，但未对聋、哑、盲等无精神障碍的成年人的遗嘱能力作出特别规定。在身体上有一定缺陷的人不一定是非完全民事行为能力人，如聋、哑、盲人，他们在完全民事行为能力的情况下也可以订立有效的遗嘱，只是需要选择与其身体状况相适应的遗嘱形式。因此，"对这部分人设立的遗嘱不仅要依法定形式作成，而且还应当从设立方式能否真实表达遗嘱人的意思上判别遗嘱的真伪。例如，对不会书写的言语障碍人士订立的代书遗嘱，代书人、见证人应为会哑语或明白其意思的人。如设立遗嘱的言语障碍人士为文盲，而代书遗嘱的代书人、见证人中又无人会哑语或明白其意思，则该代书遗嘱应当认定为无效"。[①]

【规范指引】

《民法典》第1143条。

争点13：财产形态转化后应否按原遗嘱执行

【案例】孙某甲诉孙某、孙某乙继承纠纷案[②]

孙某与孟某系夫妻，二人育有孙某甲、孙某乙。孟某于2018年1月14日去世。2018年10月15日，孙某将登记在其名下但属于夫妻共同财产的房屋以950万元的价格出售。孙某甲主张按照法定继承，其应继承全部房屋的

---

① 杨立新主编：《中华人民共和国民法典释义与案例评注·继承编》，中国法制出版社2023年版，第122页。

② 参见北京市海淀区人民法院：《遗嘱继承纠纷审判白皮书》（2022年度），载北京市海淀区人民法院网站，https://bjhdfy.bjcourt.gov.cn/article/detail/2023/03/id/7219370.shtml，2024年12月7日访问。

1/6，折合价款158万元。孙某、孙某乙向法庭提交一份2017年11月16日由孙某书写，孙某与孟某共同签字、按手印并注明日期的遗嘱一份，遗嘱明确写明将案涉房屋由孙某乙继承。法院经审理认为，该遗嘱系孙某与孟某基于处分案涉房屋的共同意思表示而订立，遗嘱内容明确，形式要件完备，合法有效。孟某在遗嘱中对其遗产份额的处分合法有效，遗产份额转化为房款后也应按照遗嘱进行继承。

【分析】

实务中，在遗嘱人不具有再次订立新的遗嘱的客观条件时，应该按照遗嘱人之前订立的遗嘱来执行。如果遗嘱人具备再次订立新的遗嘱的客观条件，则应尊重遗嘱人的选择。如果遗嘱人订立了新的遗嘱，则按照新的遗嘱办理。如果遗嘱人没有订立新的遗嘱，放任这种财产转化情况的发生，则应视为遗嘱人以自己的行为撤回了原有的遗嘱，不能再按照原有遗嘱办理。[①]

【规范指引】

《民法典》第1142条。

二、遗赠纠纷

争点14：接受遗赠的时间

【案例】李某与石某甲、石某乙遗赠纠纷案

石某与张某系夫妻关系，育有一子石某甲、一女石某乙。2015年8月17日，石某与张某共同立书面遗嘱一份，将二人名下房产一套遗赠给同村平时关心自己较多的村民李某，并于当天将遗嘱交给李某保管。石某和张某分别于2017年6月10日和2022年5月15日去世。李某参加了二人的葬礼。李某后因其他事情忘记了遗赠的事情，直至2022年8月26日才起诉要求确认案涉房产归其个人所有。法院经审理认为，李某作为受遗赠人在继承开始后应当在知道受遗赠后的60日内作出接受遗赠的表示，到期没有表示的，视为放弃受遗赠。现李某作出接受遗赠意思表示的时间已超过60日，应视为放

① 参见最高人民法院民事审判第一庭编：《最高人民法院民事审判第一庭裁判观点·婚姻家庭卷》，人民法院出版社2023年版，第215页。

弃，案涉房产应按法定继承处理。

【分析】

受遗赠人应当在规定的时间范围内接受遗赠，审查的重点在于何为知道受遗赠。继承自被继承人死亡时开始，遗赠也不例外。对于接受遗赠的具体时间起算，应注意区分两种情形：第一，如受遗赠人在被继承人生前即已知晓受遗赠情况的，由于遗嘱在被继承人生前并不生效，受遗赠人即使接受遗赠，被继承人仍可以在其生前修改遗嘱，生前即表示接受意义并不大，则该60日应从遗赠人死亡时开始计算。第二，如受遗赠人在被继承人生前并不知晓受遗赠情况的，以其知道之日起计算60日为期限。需要说明的是，此处的"知道"受遗赠，应理解为"知道或应该知道"，但对于"应当知道"的推定必须谨慎，对证据也应严格审查。当事人对受遗赠人接受遗赠的时间提出异议的，应举证证明受遗赠人于何时"知道或应该知道"该遗赠。

【规范指引】

《民法典》第1124条第2款。

争点15：接受遗赠的方式

【案例】周某与陈甲、周甲遗赠纠纷案

2018年5月18日，被继承人陈某在两名律师的见证下订立代书遗嘱，主要内容为将财产由姐姐陈甲和外甥女周甲继承。5月30日陈某去世后，陈甲、周甲于7月16日向见证律师出具"接受陈某遗赠申明书"，表示接受遗赠。7月17日，见证律师向陈某之母周乙发送通知函、遗嘱及接受遗赠申明书，但因地址有误致周乙未收到快递。现周乙以陈甲、周甲接受遗赠的意思表示未在两个月内送达其本人为由主张遗赠无效。法院经审理认为，陈甲、周甲二人在被继承人去世后的60日内已向见证人作出接受遗赠的意思表示，二人具有继承资格，遗产应按遗嘱进行处理。

【分析】

受遗赠人应当在规定的时间范围内接受遗赠，审查的重点在于以何种方式作出接受遗赠的意思表示。从接受的主体而言，一般应由受遗赠人本人作出接受遗赠的意思表示，本人因客观原因无法直接作出的，可以由受其委托的人作出；从接受的形式而言，接受遗赠一般需为明示接受，明示可以是书面的，受遗赠人可以通过写信、打电话、发短信、发电子邮件等方式接受遗赠，还可以通过登报的方式接受遗赠。明示也可以是口头的，当事人口头表示接受遗赠的，应当提交证据加以证明。特殊情况下，受遗赠人没有以语言或者文字的方式明确表示不接受遗赠，但已以占有、使用等方式支配遗产，也可视为其表示接受遗赠。就表示对象而言，司法实务中一般认为向与继承或遗产存在较为密切关系之人作出均可，如继承人、继承人的利害关系人、遗产管理人、见证人等，并不要求向全部继承人均作出接受的意思表示。

【规范指引】

《民法典》第1124条第2款。

争点16：受遗赠人的范围

受遗赠人应当是国家、集体、组织或者法定继承人以外的自然人。

（1）被继承人的子女先于被继承人死亡，被继承人立遗嘱将遗产遗留给孙子女、外孙子女的，因孙子女、外孙子女并非法定继承人，且遗嘱继承中并不存在代位继承，故该遗嘱仍应认定为遗赠，适用遗赠的处理规则。

（2）孙子女、外孙子女未在法定期间内接受遗赠的，应认定其丧失受遗赠的权利，但该孙子女、外孙子女仍可以按照法定继承的规定代位继承其父母应继承的份额。

（3）受遗赠人基于受遗赠取得遗产，但被继承人的配偶对遗赠财产享有居住利益的，可以对抗房屋所有权人排除妨害请求权。

【规范指引】

《民法典》第1133条第3款。

第三节　法律适用中的疑难问题

问题1：共同遗嘱人一方先死亡时，生存方是否有权变更或者撤销共同遗嘱

【案例】杨某甲诉杨某乙等遗赠纠纷案①

2013年，杨某甲和其丈夫陈某甲共同立下遗嘱，其中有如下内容：现有京华苑房屋，待我们俩去世后赠与三个孙子（女）陈某乙、陈某丙、杨某乙。2014年陈某甲死亡，后杨某甲向法院起诉，要求判令京华苑房屋及外地另外两套房屋归其所有。因京华苑房屋为夫妻二人共同立遗嘱赠与三个孙子（女），陈某甲虽然死亡，但杨某甲尚在，受遗赠的条件尚不成就，故法院对京华苑房屋未作分割。之后，杨某甲又起诉至法院，要求撤销共同遗嘱中将京华苑房屋遗赠给三个孙子（女）的内容。

法院经审理认为，虽然我国继承法没有共同遗嘱的相关规定，但共同遗嘱实质上反映了共同遗嘱人对生前以及死后财产作出处分的一种合意，体现了当事人意思自治和对自身民事权利自由处分的基本原则，也符合父母双亡后子女才去分割处理父母财产的传统继承习惯，应当认可共同遗嘱效力。案涉共同遗嘱属于有效的自书共同遗嘱。共同遗嘱人一方先死亡时，属于该遗嘱人的财产份额即发生继承，生存方仅可变更、撤销涉及其个人财产部分的遗嘱内容，但共同遗嘱内容存在相互牵连、不可分割情形，且变更、撤销行为违背共同遗嘱人共同意思表示的除外。本案中，陈某甲在订立遗嘱至去世时，并未更改遗嘱内容，故上述房屋中属于陈某甲个人的财产份额即发生继承。现杨某甲主张撤销该共同遗嘱中关于京华苑房屋的遗赠，既违背了共同遗赠人陈某甲生前的真实意思表示，亦因房屋中属于陈某甲的个人财产份额已发生继承而无法撤销。但该共同遗嘱中遗赠的内容并不存在相互牵连、不可分割的情形，且并未明确遗赠部分内容不可撤销，故杨某甲作为仍健在的遗嘱人，有权撤销变更该共同遗嘱中属于自己财产份额部分的遗赠内容。

---

① 参见江苏省盐城市中级人民法院（2019）苏09民终4085号民事判决书。

【分析】

实践中，关于共同遗嘱争议较大的是，如果共同遗嘱人其中一位死亡了，另一遗嘱人是否有权变更或者撤销其在共同遗嘱中作出的意思表示？

一种观点认为，虽然共同遗嘱是两人共同所立，但只是将两个主体对自己遗产处分的意思表示载于同一份文书，个人对自己的财产仍有处分权利。立遗嘱人中的一方要求撤销、变更该遗嘱的，无论另一方同不同意或是另一方已死亡的，其均可以撤销、变更遗嘱中属于其个人的财产部分，遗嘱其余部分仍有效力。若其中涉及共有和不可分割部分的，可通过析产、折价补偿等方式，将其个人的权属明晰后，予以变更、撤销。

另一种观点认为，共同遗嘱可以经立遗嘱人合意而变更或撤销。若一方单独要求变更或撤销共同遗嘱，则需采取明示方式通知另一方。一方变更、撤销的范围应仅限于其独立的财产以及共有财产中属于其个人的部分。若财产存在不可分割性，一方的变更、撤销的意思并不产生相应的效力。若订立共同遗嘱的一方已经死亡或丧失行为能力，则另一方应仅能就其个人独立的、独有的财产予以处理，不得对共同遗嘱中涉及的共有财产、不可分割财产作出新的处理。

还有一种观点认为，共同遗嘱的特征就在于共同的意思表示，若允许单方任意撤销或变更其遗嘱内容，则共同遗嘱就失去了价值。因此，共同遗嘱应限制立遗嘱人单方变更、撤销遗嘱的权利，如存在一方已经死亡或遗嘱所附条件已经成就时，共同遗嘱的立遗嘱人不得单方变更或撤销遗嘱。若双方约定共同遗嘱不得变更和撤销，则也应当尊重当事人的意思表示，限制立遗嘱人的变更、撤销行为。

对此，我们倾向认为，由于法律并未专门规定共同遗嘱，对此，应当适用《民法典》总则编关于法律行为的一般规定进行处理。如果共同遗嘱存在相互牵制、相互制约的内容，则对于该相互牵制和制约的部分，一方当事人死亡后，另一方不得单独变更或者撤销。如果共同遗嘱并不存在相互牵制和制约，而仅仅具有意思表示的相互性和一致性的，一方死亡后，另一方得单独变更或者撤销其意思表示。同时，认定遗嘱内容是否存在相互牵制、相互制约，应当综合考虑共同遗嘱签订的时间、背景、财产来源及归属、共同遗嘱人一贯的意志等，最大限度尊重当事人的真实意思表示，平衡自然人的遗嘱自由与保护被继承人的真实意思。

【规范指引】

《民法典》第 1142 条第 1 款。

问题 2：遗嘱义务与法定义务何者优先

【案例】顾某甲、顾某乙、顾某丙诉顾某庚、顾某丁等遗嘱继承纠纷案[①]

被继承人顾某某与沈某甲系配偶，两人生育顾某甲、顾某乙、顾某丙、顾某戊、顾某庚、顾某丁、顾某己等 7 个子女。沈某甲于 1996 年 5 月 14 日报死亡；顾某某于 2017 年 12 月 15 日死亡。上述两人死亡时，其父母均已分别先于该两人死亡。顾某己于 2013 年 10 月 4 日死亡，其配偶为沈某乙，两人未生育子女。2009 年 8 月 8 日，顾某某立代书遗嘱一份，主要内容为：顾某某在案涉房屋中拥有的产权由顾某甲、顾某乙、顾某丙、顾某丁四人继承；顾某某拥有的银行存款自己保管，用于今后生老病死、日常生活之用。若不够由六子（孙）女按房产份额分摊承担。顾某丁为顾某某丧事事宜共支出人民币 59 559.20 元。后原被告双方因案涉房产继承份额及丧葬费承担发生争议。

法院经审理认为，法律并不禁止遗嘱人通过遗嘱为继承人设定义务。但是根据权利义务一致以及公平的原则，继承人的义务应小于遗嘱继承所取得的遗产利益，且继承人同意负担遗嘱义务。本案争议的遗嘱第 2 条明确，被继承人的“生老病死费用”由其自有财产先行支付，不足部分由遗嘱所列的 6 位晚辈“按房产份额分摊”。现尚无证据证明被继承人的自有财产已足以支付丧葬费，故按照上述遗嘱意愿，丧葬费应由遗嘱所列 6 位继承人分担，但是鉴于顾某戊、顾某庚两人未获得任何遗嘱利益，且顾某己早于遗嘱人顾某某死亡，故遗嘱该项内容对顾某戊与顾某庚不生效力，由四位遗嘱继承人继承房产，同时分摊丧葬费用。

【分析】

我国《民法典》将附义务的遗嘱作为公民处分其遗产的一种重要方式列入遗产继承制度中，从法律上肯定了附义务遗嘱的地位和作用。案涉代书遗嘱为附义务遗嘱，亦属于附义务的民事法律行为。该义务施加是单方意思表

---

① 参见上海市高级人民法院（2020）沪民再 11 号民事判决书。

示，无须与对方协商，也无须征得对方同意，相对人只存在接受与不接受的选择权，义务具有强制性，如果相对人不履行义务，其享有的权利可能被撤销。然而，遗嘱所附义务若系限制他人再婚等人身权利，违反公序良俗，所附义务部分无效。

我国《民法典》规定了成年子女有赡养扶助父母的义务。子女赡养父母是法定义务，但父母在遗嘱中明确由哪个儿女赡养是父母的自由，指定赡养人并不免除其他子女的赡养义务。对于立遗嘱人的赡养义务，出现了法定义务和遗嘱义务并存的情况。从义务性质来看，遗嘱义务应当具有优先性，而法定义务则具有兜底补充性。根据原《继承法》的相关规定，遗嘱对于遗产的处置要优先于法律的默示处置规则。因此，只有在遗嘱继承人无力承担赡养义务的前提下，其余法定继承人方才承担赡养义务。从遗嘱制度的设立初衷来看，遗嘱制度旨在体现立遗嘱人的意愿，保护其对自有财产的支配权。从案涉遗嘱内容来看，立遗嘱人之意愿并非由全部法定继承人对其承担赡养义务。从权利义务一致原则来看，其余两位非遗嘱继承人未获得继承收益，如仍让其负担丧葬费不符合权利义务一致的原则。而四位遗嘱继承人所负担的遗嘱义务亦明显小于其所享有的继承利益。

【规范指引】

《民法典》第1144条。

问题3：遗嘱信托应如何设立

【案例】李某与钦某、李某己遗嘱继承纠纷案[①]

1980年4月2日，被继承人李某丁与案外人李某戊登记结婚。婚后二人育有一女，即原告李某。2006年、2012年，李某丁与被告钦某先后生育李某己、李某庚（2015年5月30日死亡）。2013年2月16日，李某丁与李某戊经法院判决离婚。2013年9月5日，李某丁与钦某登记结婚。2015年8月11日，李某丁因病去世。李某丁曾于2015年8月1日写下自书遗嘱一份，内容如下：（1）财产总计：①元普投资500万元（月月盈）招商证券托管；②上海银行易精灵及招商证券约500万元；③金家巷、青浦练塘前进街、海口房

① 参见上海市第二中级人民法院（2019）沪02民终1307号民事判决书。

产各一套。（2）财产处理：①在上海再购买三房两厅房产一套，该房购买价650万元左右，只传承给下一代，永久不得出售（现有三套房产可出售，出售所得并入李某丁家族基金会，不出售则收租金）；②剩余350万元资金及房产出售款项约400万元和650万元房屋及其他资产约1400万元，成立“李某丁家族基金会”管理。（3）财产使用：妻子钦某、女儿李某己每月可领取生活费1万元整（现房租金5000元，再领现金5000元），所有医疗费全部报销，买房之前的房租全额领取。李某己国内学费全报。每年钦某、李某甲、李某乙、李某丙（系李某丁的兄弟姐妹）各从基金会领取管理费1万元。妻儿、三兄妹医疗费自费部分报销一半（住院大病）。（4）财产管理：由钦某、李某甲、李某乙、李某丙共同负责。新购650万元房产钦某、李某己、李某均有权居住，但不居住者，不能向居住者收取租金。

李某丁曾于2014年11月23日写下自书遗嘱一份，其中提及设立“李某丁家族信托基金会”。

李某丁过世时，钦某及李某丁名下财产中夫妻共同财产部分的价值为人民币8 542 396.42元及8876.03美元（含李某丁名下有价证券、理财产品、外汇以及第三人处为李某丁办丧事的余款）。另有海口房屋一套及三菱汽车一辆，系李某丁婚前财产。李某丁遗嘱中提及的金家巷房屋和青浦练塘房屋，均系公有住房。李某丁的遗产，扣除其婚前债务，经折价后总值为人民币4 150 421.28元及4438美元。李某丁的父母均先于其去世。

原告认为，李某丁、钦某婚前签署《婚前财产协议》，约定婚前财产以及婚姻关系存续期间取得的财产归各自所有。后因被告钦某拒不执行遗嘱，且擅自转移部分遗产，故诉请判令：（1）按照被继承人李某丁的遗嘱继承其遗产；（2）剩余遗产部分由原告与两被告依法继承分割。

被告认为，钦某与李某丁在婚前并未签署《婚前财产协议》，李某丁的遗嘱实际无法执行，遗产应按法定继承处理。

第三人认为，遗嘱应予执行，第三人愿意担任管理人和受托人。

法院经审理认为，从遗嘱的内容来看，被继承人表达的意思是不对遗产进行分割，而是要将遗产作为一个整体，通过一个第三方进行管理，虽然被继承人没有直接在遗嘱中写明设立信托，但上述被继承人的意思表示符合信托的法律特征，应当识别为被继承人希望通过遗嘱的方式设立信托，实现家族财富的传承。被继承人所立遗嘱，目的合法，所使用的书面形式以及内容要素均符合《信托法》的规定，依法有效成立信托。部分信托内容，因被继承人的遗产客观贬值，无法执行。但遗嘱中还有受益人收取信托利益等其他内容，上述内容与无法执行部分之间没有因果关系或前提关系。只要信托财产符合法律规定，即具备执行条件，可按照遗嘱执行。

【分析】

遗嘱信托，是指遗嘱人在遗嘱中明确表示将其遗产的全部或部分在其死后委托于受托人，由受托人依信托目的或者其他特定目的管理及处分信托财产。遗嘱信托设立通常应注意两方面的问题：一是遗嘱信托的遗嘱的内容。结合《信托法》的规定，遗嘱人可以在遗嘱中明确记载信托的宗旨、目的、信托财产、受托人和受益人、信托成立的时间、信托的存续期限等。二是遗嘱信托的形式。依据《信托法》第8条的规定，所有信托均须采取要式主义，信托不能通过口头方式设立，也不能通过默示行为设立。书面形式包括信托合同、遗嘱或者法律、行政法规规定的其他书面文件。遗嘱信托所采取的形式比《民法典》继承编有关遗嘱形式要严格。信托财产是受托人因承诺信托而取得的财产，结合遗嘱生效及遗嘱信托成立规则，受托人因承诺信托而取得遗嘱人遗产的时点应当是遗嘱人死亡时。如果受托人取得的遗嘱信托财产依据有关法律、行政法规规定无须办理登记手续，则此类遗产的遗嘱信托在遗嘱人死亡时生效；如果受托人取得的遗嘱信托财产依据有关法律、行政法规规定应当办理登记手续，则涉及此类遗产的遗嘱信托自办理登记手续时生效，且其效力溯及信托成立时，即遗嘱人死亡时。

【规范指引】

《民法典》第1134条第4款；《信托法》第8条。

问题4：被继承人立遗嘱时行为能力如何认定

【案例】隗某乙诉侯某甲继承纠纷案[①]

被继承人周某与侯某系夫妻，二人育有子女侯某乙及被告侯某甲，原告隗某为侯某乙之女。侯某、周某分别于1996年、2016年死亡。2004年1月18日，侯某乙死亡。案涉房屋登记在周某名下。周某名下留有银行存款，存折及存单均由侯某甲持有。隗某诉称，自母亲侯某乙去世后，其一直与侯某

① 参见北京市第三中级人民法院（2019）京03民终5586号民事判决书。

甲共同照顾周某。周某去世后，其与侯某甲共同享有继承权。故要求分割案涉房屋及银行存款。侯某甲提交周某所立《遗嘱》一份，主要内容为侯某甲出资购房并装修，周某去世后，案涉房屋由侯某甲继承。该遗嘱落款为“立遗嘱人周某 2001 年 12 月 19 日”。隗某不认可该遗嘱真实性。经释明，双方均不申请笔迹鉴定。周某自 1969 年开始患有精神分裂症状，多次住院治疗，2012 年 11 月 9 日的司法鉴定意见认为周某目前仍处于疾病进展期，评定其为限制民事行为能力人。隗某与侯某甲关于周某生前精神及身体状况均表示其需要吃药维持精神状态，但未能坚持服用。法院经审理认为，无行为能力人或者限制行为能力人所立的遗嘱无效，遗嘱人立遗嘱时必须有行为能力。根据周某的门诊病历和司法鉴定意见足以证明周某患有精神分裂症数十年，未能坚持服用药物，病情反复，疾病仍处于进展期，为限制民事行为能力人，故在无其他充分有效的证据证明周某在订立遗嘱时具有完全民事行为能力的情况下，周某所立遗嘱的效力不应予以确认。

【分析】

遗嘱人是否具有遗嘱能力应以其订立遗嘱时的状况为准，即被继承人订立遗嘱时有无行为能力是判断遗嘱效力的重要标准。确定被继承人民事行为能力是否存在瑕疵，应以客观判断依据为主、以主观判断依据为辅、主客观依据相统一，以达到证明标准。客观判断依据主要指案件中的被继承人生前鉴定意见、门诊病历等具有科学性、专业性、客观性的证据。主观判断依据主要是指案件当事人关于被继承人精神状态的相关陈述等。在类似案件中因无法启动鉴定，故对被继承人行为能力的判断还应询问案件当事人对被继承人精神状态的意见，以作出更为全面严谨的结论。为了最大限度查明遗嘱内容的真实性，法院应在参照精神医学鉴定结果的基础上，综合其他调查结果，作出最终判断。在此过程中，应综合全案证据，按照“主客观依据相统一”的规则，即鉴定意见、门诊病历等客观判断依据中关于精神状态、行为能力的表述应当和当事人自述保持一致，双方当事人之间的自述也应当保持一致，形成环环相扣、相互印证的完整可用的证据链，以达到民事诉讼中“高度盖然性”的证明标准。

【规范指引】

《民法典》第 1143 条。

问题 5：探寻遗嘱的内心真意是遗嘱解释的首要原则

【案例】简某甲诉简某乙等四人遗嘱继承纠纷案[①]

罗某于 2003 年 9 月 12 日去世，其父母先于罗某去世。简某甲和简某乙等四人均为第一顺位法定继承人。2002 年 8 月 9 日，罗某写下《遗言》一份："我本人过身后，将现住房屋产权留给四子简某甲，三女简某乙有居住权，房屋不能出租或出卖，如有变动需经五儿女签名同意。本人余下现金首饰留给五儿女平分，部分金饰、港币存折系三女简某乙所买应归还。我房屋冷气、电视机、衣车系五女所买应归还。"被继承人罗某生前一直与上诉人简某甲一家共同居住在案涉房屋，现简某甲仍在该房屋居住。简某甲名下没有其他房屋。四被告婚后陆续搬出案涉房屋。

法院经审理认为，遗嘱是典型的要式行为、死因行为、无相对人的单方法律行为，与合同等双方法律行为存在本质区别，故遗嘱解释不同于一般的合同解释。被继承人立遗嘱的本意是希望其所立的遗嘱能够生效，并能够按照遗嘱人的真意来处理遗产。因此，遗嘱的解释应探寻被继承人的内心真意，力求符合遗嘱愿望，而非仅仅因遗嘱存在个别错误或部分歧义而轻易否定其效力。首先，关于《遗言》中"原意"的认定。《遗言》中关于案涉房屋的表述，全文并无转折或但书，具有逻辑上的一体性，结合罗某的年龄及文化程度，《遗言》中"原意"为笔误，实际应系"愿意"之义。其次，关于《遗言》中对于案涉房屋的处分。罗某将案涉房屋产权遗留给四儿子简某甲的意思表示是清晰明确的，其关于三女简某乙有居住权、未经同意不能出租或出售等只是遗嘱附有的义务，系对继承人所有权的限制，而不是对所有权的否定，不足以推断简某乙所称的只是给简某甲一家挂靠户籍的意思。原审法院仅根据《遗言》中有对继承人所有权附有限制条件而否认被继承人罗某通过遗嘱方式将案涉房屋的产权给予简某甲的意愿，从而不确认《遗言》的效力，并据此对本案适用法定继承处理，显然与罗某立遗嘱的内心真意不符，二审法院予以纠正。上诉人简某甲上诉主张其应享有案涉房屋的全部所有权份额有理，二审法院予以支持。需要指出的是，简某甲继承案涉房屋的所有权时，须尊重被继承人罗某生前

---

① 参见广东省广州市中级人民法院（2015）穗中法民一终字第 2958 号民事判决书。

遗愿，履行《遗言》所确定的简某乙有居住权及未经简某乙等四人同意不得对案涉房屋出租或出售之义务。

【分析】

根据《民法典》继承编第 1143 条第 2 款的规定，遗嘱必须表示遗嘱人的真实意思，这是遗嘱解释的首要目标。遗嘱必须是遗嘱人真实意思的自由表达，即遗嘱人具有完全民事行为能力，自愿、自由地订立遗嘱，不存在遗嘱人受欺诈、胁迫，行为能力受限制及遗嘱被伪造、篡改等导致遗嘱无效的情形。在确认遗嘱是遗嘱人自由意思表示的情况下，遗嘱解释的过程，实际上是判断遗嘱是否具有歧义，如有歧义，则在遗嘱可能具有的各种含义中，通过考量案件各种事实，最大限度还原遗嘱人当时的真实意愿，契合遗嘱人所要表达的真实意思，涉及遗嘱解释的目标。

遗嘱是典型的要式行为、死因行为、无相对人的单方法律行为，与合同等双方法律行为存在本质区别，故遗嘱解释不同于一般的合同解释。根据《民法典》第 142 条第 2 款的规定，无相对人的意思表示的解释，不能完全拘泥于所使用的词句，而应当结合相关条款、行为的性质和目的、习惯以及诚信原则，确定行为人的真实意思。这是遗嘱解释的一般原则。具体到遗嘱解释的实操部分应结合继承编的相关规定，主要体现在以下三方面：一是遗嘱解释属于意思主义，即仅以探求遗嘱人真实意思为目标，非遗嘱人的真实意思不是遗嘱解释的考量因素；二是遗嘱解释的对象应为有效遗嘱，遗嘱解释不能任意突破遗嘱的严格要件主义原则，即法官不能以解释遗嘱的方式弥补遗嘱的要件缺失及形式瑕疵；三是遗嘱解释需结合立遗嘱人多方面因素综合考量，即遗嘱虽处分的是遗产利益，但包含了立遗嘱人的身后愿望和个人情感，因此在解释遗嘱时要结合社会伦理、个人情感、教育水平、文化程度等因素综合考量。遗嘱解释的主体是法官，解释权是法官行使审判权的应有之义。法官行使遗嘱解释权，应当根据法定的遗嘱解释规则和方法进行，不能任意加以解释。遗嘱解释要探求遗嘱人的真实意愿，遗嘱解释需要确认跟遗嘱有关的法律事实，属事实问题、事实判断，而非价值判断。因此司法价值判断的作用在于社会引导，但遗嘱作为私文书，其内容会因遗嘱人的不同存在不同表达，因此遗嘱解释属于法官对案件事实的一种认定。被继承人立遗嘱的本意是希望其所立的遗嘱能够生效，并能够按照遗嘱人的真意来处理遗产。因此，遗嘱的解释应探寻被继承人的内心真意，力求符合遗嘱愿望，而非仅仅因遗嘱存在个别错误或部分歧义而轻易否定其效力。综上，确认遗嘱案件的相关法律事实后，法官依据有效遗嘱作出对遗产分配的最终裁判。

【规范指引】

《民法典》第1143条第2款。

第十一章　遗产的处理纠纷

第一节　遗产处理纠纷概述

一、遗产处理纠纷的概念

遗产的处理，指的是怎样处理被继承人的遗产。遗产处理的本质，是反映被继承人意志，实现社会财富平等保护和财产代际流传。当今社会，生活的各个方面都在发生着变化，人们手中拥有了更多的财产，关于遗产的分配也有了更多的想法，实践中关于遗产处理的纠纷越来越多，需要完善的法律规范予以指引，法律规则的确定性、规范性、权威性有助于继承关系的妥善处理，有助于被继承人遗产的处理。

遗产的处理是继承程序的重要组成部分，遗产分配的目的是实现财富传承，使遗产发挥其应有的效用。《民法典》在原《继承法》的基础上，进一步完善了遗产处理制度：一是为确保遗产得到妥善管理、顺利分割，更好地维护继承人、债权人的利益，增加了遗产管理人制度，明确遗产管理人的产生方式、职责和权利等内容。二是吸收继承法司法解释的有关规定，明确转继承规则，以充分保障继承人的合法权益。三是完善遗赠扶养协议制度，适当扩大扶养人的范围，明确继承人以外的组织或者个人均可以成为扶养人，以满足养老形式多样化需求。四是完善无人继承遗产的归属制度，明确归国家所有的无人继承遗产应当用于公益事业。

二、遗产处理纠纷的基本特点

遗产的妥善处理，关乎自然人继承权的实现，关乎遗产利害关系人的权益保护，关乎财产的流转和保管，其重要性不言而喻。但司法实践中关于遗产处理的纠纷案件却并不容易，遗产处理纠纷的基本特点是：（1）诉讼主体的多元性，牵涉的主体不仅包括具有亲属关系的遗产继承人和被继承人，还包括受遗赠人、遗嘱执行人、遗产管理人、转继承人、遗产债权人及其他利害关系人等。（2）审查内容的复杂性，该章节的内容繁杂，除了遗产内部的分配，还包括围绕遗产产生的系列纠纷。不仅包括遗产管理人的指定以及具体履职内容的审查，涉及遗产的通知、保管，遗产的范围确定，分割原则的适用，还包括转继承的适用、遗产债务清偿的具体内容，以及无人继承遗产的处理等。（3）争议处理的疑难性，司法实务中对一些问题的处理存在分歧，对相关问题的法律规定仍有空白，比如《民法典》第1145条关于确定遗产管理人的规定，对所谓的“及时推选”缺乏客观标准，对“及时”的理解难以统一，不利于遗产债权人申报及实现债权。同时对遗产管理人的主体范围、任职条件、表决形式等问题也存在观点分歧，影响遗产管理人产生的及时性和有效性。[①]

三、遗产处理纠纷的审理原则

遗产处理纠纷的审理原则，既要遵循社会主义核心价值观的要求，也要坚持法律的倡导性规范。遗产分割的时间、办法和份额，由各继承人优先协商处理，有利于充分表达当事人的意愿，切实消除矛盾冲突，促进家庭关系和谐。遗产的处理应遵循以下原则。

（一）物尽其用原则

物尽其用原则，是指在遗产分割时，应当从有利于生产和生活的需要出发，注意充分发挥遗产的实际效用。遗产的分割方法可通过遗嘱确定，遗嘱中未确定遗产分割方法的，则应按照物尽其用的原则进行分割，依照“有利于生产和生活需要”的原则进行，以达到“不损害遗产的效用”的目的。[②]要实现这一目的，就必须思考两方面的问题，即“物的效用”和“物为谁所用”，以作为遗产的物由谁来继承才能发挥物的效用来决定遗产的分割。

---

① 参见卞良、吴静文、谢嫣雯：《遗产管理人制度审判相关问题研究》，载微信公众号“中国上海司法智库”，2023年1月5日。

② 参见最高人民法院民法典贯彻实施工作领导小组主编：《中华人民共和国民法典婚姻家庭编继承编理解与适用》，人民法院出版社2020年版。

（二）限定继承原则

该原则是公平原则在继承法中的体现，即继承人清偿被继承人的遗产债务只以遗产的实际价值为限，超过遗产实际价值的部分，继承人不负清偿责任。一方面，被继承人和继承人之间虽具有一定的亲属关系，但均是平等独立的民事主体，各自具有独立的民事行为能力和责任能力，理应以自己所有的财产为限承担责任；另一方面，根据权利和义务相一致原则，继承人继承遗产，取得权利的同时必须承担一定的义务，即清偿被继承人所负债务。限定继承原则的例外情形在于，如果继承人放弃继承，放弃继承的继承人不应承担遗产债务，即不应承担被继承人生前依法应缴纳的税款和所负的个人债务。

（三）保留必要份额原则

继承遗产中债务清偿时应当为缺乏劳动能力又没有生活来源的继承人保留必要的遗产，该条确立了应给予特殊照顾的人应具备以下三个条件：（1）缺乏劳动能力；（2）没有生活来源；（3）系继承人。所谓“缺乏劳动能力”，是指在被继承人死亡时，其继承人不具备或不完全具备劳动的能力。所谓“没有生活来源”，是指继承人不具有独立维持个人最低物质生活水平的经济条件。需要强调的是，该条规定适用于继承人，不包括继承人以外的依靠被继承人扶养的人或继承人以外对被继承人扶养较多的人。该规定符合我国养老育幼的原则，是社会主义核心价值观的体现。

四、遗产处理纠纷的审查要素

（一）立案审查

1. 地域管辖

【审查要点】

《民事诉讼法》第 34 条第 3 项规定：“因继承遗产纠纷提起的诉讼，由被继承人死亡时住所地或者主要遗产所在地人民法院管辖。”根据该规定，涉及继承遗产的纠纷应当由特定法院专属管辖。《民法典》第 1145 条规定，没有继承人或继承人均放弃继承的，由被继承人生前住所地的民政部门或者村民委员会担任遗产管理人。确定遗产管理人的纠纷亦属于因继承遗产引发的纠纷，在当事人同时提起继承遗产纠纷的诉讼时，考虑到“被继承人死亡时的住所地或者主要遗产所在地”法院管辖，便于法院了解遗产状况等事实。因此，结合特别程序的一般规则，确定遗产管理人的纠纷一般应当由被继承人死亡时的住所地或者主要遗产所在地的基层人民法院管辖。[①]

【规范指引】

《民法典》第1145条；《民事诉讼法》第34条。

2. 级别管辖

【审查要点】

继承、家庭等案件，一般由基层人民法院管辖。

【规范指引】

《民事诉讼法》第18条。

（二）原告诉请的审查

1. 指定遗产管理人诉请的审查

（1）指定遗产管理人纠纷的主体

【审查要点】

申请指定遗产管理人的主体为利害关系人。利害关系人包括遗嘱执行人、继承人；被继承人生前住所地的民政部门或者村民委员会；受遗赠人等与遗产有利害关系的人。此外，仅在因无人继承或无法确定遗产管理人等原因导致遗产存在毁损、灭失、侵占等风险的情况下，遗产债权人为避免损害的发生，才可作为利害关系人向法院申请指定遗产管理人。

（2）遗产管理人的报酬请求权

【审查要点】

遗产管理人的报酬请求权来源于法定或约定，目前并无遗产管理人报酬确定及支付的法律规定，应当主要以约定为依据。

遗嘱执行人以及继承人推选的人担任遗产管理人，应当根据遗嘱或者约定执行；无明确约定，遗嘱继承人以及法定继承人共同担任遗产管理人的，因系管理自身财产，则无权取得报酬。虽无明确约定，并非遗嘱继承人，或者遗嘱继承人管理遗嘱所涉遗产以外的遗产，或者继承人共同管理，但最终

---

① 参见最高人民法院民法典贯彻实施工作领导小组编著：《中国民法典适用大全·继承卷》，人民法院出版社2022年版，第199页。

仅有部分继承人取得遗产，其他未取得遗产的继承人，可以主张报酬。民政部门或者村民委员会担任遗产管理人的，具有行使行政职权的性质，原则上不应当支付报酬。

【规范指引】

《民法典》第1149条。

特别说明：被继承人或者继承人与遗产管理人对报酬的范围、计算方式有约定的，从其约定；无约定的，可以参照无因管理的相关规定，酌情确定遗产管理人的报酬数额。

2. 转继承诉请的审查

【审查要点】

适用条件：

（1）继承人于特定的期间内死亡：继承开始之后、遗产分割之前。

（2）被转继承人和转继承人都享有继承权。

（3）被转继承人和转继承人都没有放弃继承，即都接受继承。

（4）遗嘱没有其他安排。

【规范指引】

《民法典》第1152条。

3. 遗产范围诉请的审查

（1）个人财产的认定

【审查要点】

①个人基于身份关系取得、不得转让的财产。

②个人取得但是没有投入家庭共同生活的财产。

③个人受赠或继承所得的财产。

特别说明：①保护未成年子女的个人财产。未成年子女个人的生活用品、通过创作获得的报酬、奖励物品，以及通过接受赠与、遗赠和继承等方式所获得的财产，所有权应属于未成年子女。

②区分共同生活的成年子女个人财产。成年子女与父母共同生活的，子女已经参加工作并对家庭共有财产的形成有所贡献，一般应当认定产生了家庭共有关系，在分割遗产时应当从共有的家庭财产中将子女应得的份额划分出来，剩下的才能作为共有财产进行分割。

③子女已经给付父母的赡养费属于父母的夫妻共同财产，不属于对家庭财产的贡献。

【规范指引】

《民法典》第 308 条、第 1153 条。

（2）合伙财产的继承与分割

【审查要点】

①合伙人去世，继承人并不当然成为合伙企业的合伙人。

②继承人愿意加入合伙，符合合伙协议约定或经全体合伙人一致同意，从继承开始之日继承人取得合伙人资格。

③继承人不愿意加入合伙，或者合伙协议对此没有约定且未能获得全体合伙人一致同意，继承人不能继承被继承人的合伙资格，合伙企业应当将被继承人在合伙中的财产份额分出并退还继承人，具体份额按照出资比例或者协议约定的比例确定。

（3）遗产折价时间点的审查

【审查要点】

折价与补偿分割的方式，涉及作为遗产的物的价值确定问题，继承人协商不成时，一般需要通过评估的方式确定遗产物的价值，一般而言，继承开始的时间与遗产分割中折价的时间不是同一时间，遗产的实际价值会随着时间的变化而变化，从而发生增值或者贬值，司法实践中法院一般采用诉讼的时间点作为确定遗产折价款的时间点。

4. 遗产债务清偿诉请的审查

【审查要点】

（1）遗产债务的认定。《民法典》第 1159 条规定，分割遗产，应当清偿被继承人依法应当缴纳的税款和债务；但是，应当为缺乏劳动能力又没有生活来源的继承人保留必要的遗产。

遗产债务可以分为广义和狭义两类。狭义的遗产债务是指被继承人生前个人依法应当缴纳的税款和完全用于个人生活及生产需要所欠下的债务；广义的遗产债务还包括继承开始后，因遗产的管理、分割以及执行遗嘱等所支出的费用，即继承费用。本条规定的应是狭义的遗产债务，指完全用于被继承人个人需要，与满足家庭共同生活需要增加家庭共有财产、偿还家庭共有债务无关的债务。具体包括：①应缴纳的税款；②合同之债；③损害赔偿之债；④不当得利之债；⑤无因管理之债；⑥其他属于被继承人个人的债务。

（2）区分继承费用。继承开始是区分被继承人债务和继承人债务的分界点，被继承人生前所欠债务为遗产债务，继承人继承的财产义务以所继承遗产为限。继承费用指继承开始后，因遗产的管理、分割以及执行遗嘱所支出的费用。继承费用属于遗产的一部分，遗产债务要在遗产实际价值减去继承费用后的价值范围内去清偿，即继承费用应从遗产中支付，但其不属于遗产债务的范围。

（3）区分家庭共同债务。家庭共同债务，是家庭成员共同作为债务人所承担的债务，主要包括：①为家庭成员生活需要而承担的债务；②为增加家庭共同财产承担的债务；③夫妻共同债务等。

【规范指引】

《民法典》第1161条。

5. 无人继承遗产诉请的审查

【审查要点】

（1）无人继承遗产的范围。继承开始后，没有继承人或继承人全部放弃继承，且无人接受遗赠的遗产，包括三种情况：①被继承人无法定继承人，也未立遗嘱指定受遗赠人，生前也未与他人签订遗赠扶养协议；②被继承人的法定继承人、遗嘱继承人全部放弃继承，受遗赠人全部放弃遗赠，或者被继承人的法定继承人、遗嘱继承人全部丧失继承权，受遗赠人全部丧失受遗赠权；③被继承人没有法定继承人，仅在遗赠中处理了部分遗产，其余遗产也构成无人继承遗产。

（2）无人继承遗产的处理。一是清偿死者债务。首先应在遗产实际价值范围内清偿死者生前所欠债务，支付为办理死者丧葬事宜所花掉的必要费用，剩余财产才归国家或集体组织所有。二是非继承人取得适当的遗产。继承人之外的依靠被继承人扶养的缺乏劳动能力又没有生活来源的人，或者继承人之外的对被继承人扶养较多的人，应当酌情分给适当的遗产。三是分情况归国家或集体所有制组织所有。

【规范指引】

《民法典》第1160条；《民事诉讼法》第198条、第199条、第200条。

6. 遗赠扶养协议诉请的审查

（1）遗赠扶养协议的效力认定

【审查要点】

遗赠扶养协议在我国是从农村五保户供养制度发展形成而来的。[①] 其不同于遗嘱和遗赠，本质上是双方法律行为。一方面遗赠扶养协议有利于减轻社会负担，弥补社会救济不足，另一方面遗赠扶养协议也有利于更好解决农村五保户遗产问题。

①遗赠扶养协议是自然人（遗赠人）与继承人以外的组织或者个人（扶养人）所签订，内容是扶养人承担对遗赠人生养死葬的义务，并享有受遗赠的权利的协议。

②遗赠扶养协议的效力认定，应当根据《民法典》第 143 条规定的民事法律行为的一般规定，对双方的行为能力、意思表示真实性、是否存在欺诈、胁迫等情形进行认定。

③当事人就遗赠扶养协议发生争议，《民法典》继承编未作规定的，可以参照《民法典》合同编的相关规定处理。

④遗赠扶养协议是否有效，并不以是否等价作为前提，当事人一般不得以显失公平主张撤销遗赠扶养协议。

⑤遗赠扶养协议一经订立即发生法律效力，但遗赠人生前相关财产权利并不转移，待遗赠人死后，受遗赠人才能主张相关权利。

【规范指引】

《民法典》第 143 条、第 1158 条。

（2）遗赠扶养协议的争议处理

【审查要点】

遗赠扶养协议对遗赠人和受遗赠人具有约束力，双方均应按照约定履行协议内容，任何一方不得随意变更或解除。

①遗赠人不履行遗赠扶养协议，或者采用另立遗嘱、处分遗赠物等方式表明不再履行遗赠扶养协议的，受遗赠人可以请求解除协议，遗赠人应当偿还受遗赠人已支付的扶养费用。

②受遗赠人无正当理由不履行遗赠扶养协议，导致协议解除的，不能享

---

① 参见最高人民法院民法典贯彻实施工作领导小组编著：《中国民法典适用大全 · 继承卷》，人民法院出版社 2022 年版，第 280 页。

有受遗赠的权利，其支付的供养费用一般不予补偿。

③受遗赠人是否尽到扶养义务，应当根据协议内容以及双方履行情况判断，除物质供养外，遗赠人的生活、就医等尽到充分的照顾义务，在精神上对遗赠人进行陪伴和安抚，也应当视为尽到相应的扶养义务。

【规范指引】

《民法典继承编解释（一）》第 40 条。

（3）遗赠扶养协议效力等级的审查

【审查要点】

遗赠扶养协议、遗嘱、法定继承冲突的情况下，根据《民法典》第 1123 条的规定，一般是遗赠扶养协议效力最高，遗嘱次之，法定继承再次。

【规范指引】

《民法典》第 1123 条。

（三）被告抗辩的审查

1. 对遗产范围的抗辩审查

（1）区分夫妻共同财产和遗产

【审查要点】

①夫妻共同财产认定。

②配偶财产的分出。

【规范指引】

《民法典婚姻家庭编解释（一）》第 24 条、第 25 条、第 26 条、第 27 条。

（2）区分家庭共有财产和个人财产

【审查要点】

家庭共有财产指家庭成员在家庭共同生活关系存续期间共同创造、共同所得的财产。

①以家庭成员间的共同生活关系的存续为前提。

②产生于具备某种特殊身份关系的家庭成员之间。

③家庭成员共同享有财产的所有权。

2. 对遗产清偿债务的抗辩审查

【审查要点】

（1）遗产债务清偿与分割遗产的顺序。实践中有两种方式均可采用，一是先清偿债务后分割遗产，即总体清偿方式，先从遗产中清算出遗产债务，从遗产中摘出相当于遗产债务的财物交付给债权人，然后根据各继承人应继承的份额，分配剩余遗产。二是先分割遗产后清偿债务，即分别清偿方式，先按照继承人应继承份额分割遗产，同时按照该份额分摊债务，然后由各继承人根据自己分摊的债务数额向债权人清偿，该种方式在存在多个继承人时大大影响债权人实现利益的效率。

（2）保留必要遗产份额。对缺乏劳动能力又没有生活来源的继承人保留必要的遗产份额。即使遗产的实际价值不足以清偿债务，也应当保留份额。缺乏劳动能力，是指在被继承人死亡时，其继承人不具备或不完全具备劳动的能力。没有生活来源，是指继承人不具有独立维持个人最低物质生活水平的经济条件。上述人员不包括继承人以外的依靠被继承人抚养的人或继承人以外对被继承人扶养较多的人。

【规范指引】

《民法典》第1159条；《民法典继承编解释（一）》第25条。

3. 对指定遗产管理人的抗辩审查

（1）遗产管理人的指定顺序抗辩

【审查要点】

继承开始后，遗产管理的选定须遵循以下顺序：遗嘱执行人担任，继承人推选，继承人共同担任，民政部门或者村民委员会担任。

①在立有遗嘱的情况下，遗嘱执行人为遗产管理人，遗嘱继承和法定继承并存时，遗嘱执行人和法定继承人可同时作为遗产管理人。

②利害关系人对遗产管理人的确定有争议的，可向人民法院申请指定。

【规范指引】

《民法典》第1145条、第1146条。

特别说明：在遗产管理人难以确定时，被继承人的债权人可以作为利害关系人向人民法院申请指定民政部门担任遗产管理人，以破解遗产处理僵局；《民法典》并未规定在没有继承人的情况下居委会的当然遗产管理人资格。

（2）遗产管理人的责任抗辩

【审查要点】

①遗产管理人应履行的职责包括：清理遗产并制作遗产清单；向继承人报告遗产情况；采取必要措施防止遗产毁损、灭失；处理被继承人的债权债务；按照遗嘱或者依照法律规定分割遗产；实施与管理遗产有关的其他必要行为。

②遗产管理人履行职责不当，给继承人、受遗赠人、债权人造成损害的，应承担相应的民事责任。其承担责任的前提是故意或者重大过失，故意的认定表现在故意侵吞、窃取、转移所管理的遗产，或者明知他人侵吞、窃取、转移所管理的遗产而放任不管；重大过失的认定一般应以对待自己之财产的谨慎态度审视，如遗产管理人对于被继承人的债权怠于提起诉讼，导致超过诉讼时效等。

③遗产管理人承担责任的方式，应根据《民法典》总则编和侵权责任编的规定，按照不同的行为方式和结果，包括消除危险、排除妨碍、返还财产、恢复原状、损害赔偿等。

【规范指引】

《民法典》第 1147 条、第 1148 条。

第二节　争点整理与认定

遗产的处理解决的是遗产如何分配的问题，本章涉及的主要争点有遗产管理人制度，包括遗产管理人的确定，转继承规则的适用，遗产的分割顺序，遗产的分割原则和方法，配偶再婚时对继承财产的处分权，遗赠扶养协议的适用规则，无人继承遗产的处理，以及继承人对遗产债务的清偿责任等。司法实践中对这些常见争点有了较为统一的认识，现梳理如下。

争点 1：遗产管理人的确定要秉持有利于遗产处理的原则

【案例】吴某丙等申请指定遗产管理人纠纷案[①]

吴某（19 世纪生人）有三女一子，该四支继承人各自向下已经延嗣到第五代，但儿子一支已无信可查，幼女吴某甲一支散落海外情况不明，仅长女

① 参见福建省厦门市思明区人民法院（2021）闽 0203 民特 224 号民事判决书。

吴某乙和次女吴某丙两支部分继承人居住在境内。因继承人无法穷尽查明，长女与次女两支继承人历经长达十年的诉讼，仍未实现继承析产。后经法院审理认为，吴某生前未立遗嘱，未指定遗嘱执行人或遗产管理人，考虑次女一支在吴某生前尽到主要赡养义务，与产权人较为亲近，且历代长期居住在遗产房屋内并曾主持危房改造，与遗产房屋有更深的历史情感联系，对周边人居环境更为熟悉，更有实际能力履行管养维护责任，更有能力清理遗产上可能存在的债权债务，遂判决指定次女一支继承人为吴某房屋的遗产管理人。

【分析】

侨乡涉侨房产因年代久远、继承人散落海外等情况，往往析产确权困难，存在管养维护责任长期处于搁置或者争议状态的窘境，不少历史风貌建筑因此而残破贬损，确定合适的遗产管理人非常必要。遗产管理人的确定应秉承最有利于遗产保护、管理、债权债务清理的原则，在综合考虑被继承人内心意愿、各继承人与被继承人亲疏远近关系、各继承人管理保护遗产的能力水平等方面因素，确定遗产的合适管理人。

【规范指引】

《民法典》第 1145 条。

争点 2：遗产管理人的设定应有利于维护遗产状况

【案例】徐某某与杨某甲、杨某乙等申请指定遗产管理人纠纷案[①]

杨某某与戴某某育有子女四人，儿子杨某甲、杨某乙、杨某丙以及女儿杨某丁（已去世，育有一子徐某某）。杨某某、戴某某去世后，留有 2 套房屋，徐某某认为尚有上述房屋动迁后产生房屋租金、安置过渡费若干及分红款等动产，上述财产实际控制人是三被申请人，有存在毁损、流失遗产可能，故申请由其作为上述遗产的遗产管理人。法院经审理认为，申请人就被申请人就遗产等纠纷在法院存在诉讼，现尚未处置完毕，遗产现在在被申请人控制管理下，申请人要求指定其为遗产管理人不利于维护财产现状，也不利于解决双方的争议。故依法驳回申请人的申请。

---

① 参见上海市嘉定区人民法院（2021）沪 0114 民特 171 号民事判决书。

【分析】

《民法典》第1145条规定："继承开始后，遗嘱执行人为遗产管理人；没有遗嘱执行人的，继承人应当及时推选遗产管理人；继承人未推选的，由继承人共同担任遗产管理人；没有继承人或者继承人均放弃继承的，由被继承人生前住所地的民政部门或者村民委员会担任遗产管理人。"此为保障遗产的妥善处理，故增设遗产管理人制度。对遗产管理人的确定有争议的，利害关系人可以向人民法院申请指定遗产管理人，但设定遗产管理人的意义在于更好地维护遗产状况，解决遗产争议及维护继承人的合法权益。申请人与被申请人就讼争遗产的纠纷正在另案继承纠纷诉讼审理过程中且尚未处置完毕，讼争遗产目前尚在被申请人的控制管理之下，申请人要求指定其为遗产管理人不利于维护财产现状，也不利于解决双方的争议。

【规范指引】

《民法典》第1146条。

争点3：未保留胎儿继承份额的遗产分割行为无效

【案例】官某丁与官某乙等继承纠纷案[①]

官某甲于2011年9月因病去世，官某乙系官某甲的父亲，王某系官某甲的继母，与官某甲形成扶养关系，官某丙系官某甲的儿子，官某丁系官某甲非婚生女儿，系在官某甲去世后于2012年1月23日出生。官某甲死亡后，其遗产被官某乙、官某丙及王某继承分割完毕，官某丁出生后经依法确认为官某甲的继承人，官某丁遂依法向法院要求其他继承人返还其应当继承的份额。法院经审理后依法支持官某丁的诉讼请求。

【分析】

遗产分割时，应当保留胎儿的继承份额。案涉继承人在继承发生时属于未出生的胎儿，但其依然享有继承权，无论其他继承人当时是否清楚胎儿的存在，是否有侵害胎儿继承权的故意，均不能成为不保留胎儿继承份额的理由。因此，其他继承人未保留胎儿继承份额、分割被继承人遗产的行为无效，应当将保留的份额从其他继承人所继承的遗产中扣除。

---

① 参见四川省成都市中级人民法院（2020）川01民终2260号民事判决书。

特别说明：继承人资格即继承能力，属于民事权利能力范畴。自然人的民事权利能力始于出生终于死亡，继承开始时已经受孕的胎儿，因尚未出生，本人不符合继承人资格，但胎儿数月后成为自然人是显见的趋势。为了保护胎儿的合法利益，保证胎儿出生后能够正常生活，《民法典》对胎儿的继承人资格作出特殊的保护性规定，即涉及遗产继承、接受赠与等胎儿利益保护的，胎儿视为具有民事权利能力。《民法典》第1155条以附条件的方式将胎儿拟制为已经出生的自然人，享有相应的继承权利，在遗产分割时，应当保留胎儿的继承份额，但如果胎儿娩出时是死体的，因其民事权利能力自始不存在，也就不具有继承人资格，为其保留的份额无法实现特定目的，就只能回到法定继承中，按照法定继承办理。《民法典》关于胎儿利益保护的规定，符合人道主义和人性伦理的要求。胎儿尚未出生，不能成为民事主体，但仍应为其预留遗产份额。如果胎儿娩出时为死体，则预留的份额按法定继承继续参与分配。

【规范指引】

《民法典》第16条、第1155条。

争点4：遗产的分割应当有利于生产和生活需要，不损害遗产的效用

【案例】许某与许某甲、许某乙等继承纠纷案[①]

许某与钱某系夫妻关系，婚后共育有子女许某甲、许某乙、许某丙、许某丁。许某与钱某婚姻关系存续期间建造一四层楼房，从中间楼梯可分为南面、北面均等各一栋，并登记在许某名下。许某在上述房屋建成后一直居住在该房内，房产四楼为祖先祭拜祠堂，许某甲现居住在南面二楼，但在城区和中心区各有一处房产；许某乙的老婆经常居住在北面二楼，许某乙偶尔回来居住；许某丙、许某丁出嫁后外出居住。许某与许某乙冲突激烈，钱某去世后，许某起诉四子女要求继承该房产。法院经审理后认为，案涉房屋虽从中间楼梯可分为南北各一栋的布局，但考虑到许某与子女之间的矛盾，若共有案涉房产在使用过程中容易产生冲突；又考虑到案涉房产承载着许某对亡

---

① 参见广西壮族自治区防城港市中级人民法院（2021）桂06民终1090号民事判决书。

妻的思念之情以及祭拜祠堂的设置，法院判决许某继承案涉房产，并按照评估价值补偿四子女相应的价款。

【分析】

遗产的分割就是以消灭遗产的共同共有关系为目的的法律行为，遗产上的权利义务分别归属于各继承人。许多遗产无法进行物理分割，则应坚持物尽其用的分割原则，按照“有利于生产和生活需要”的原则，以达到“不损害遗产的效用”。在分割遗产中的实物时，要考虑“物的效用”和“物为谁所用”，以作为遗产的物由谁来继承才能发挥物的效用，来决定遗产的分割。

【规范指引】

《民法典》第 1156 条。

争点 5：继承人于遗产分割前死亡，其应当继承的遗产转给其继承人继承

【案例】张某甲与张某丙等继承纠纷案

张某的爷爷张某某和奶奶生育了大儿子张某甲和小儿子张某乙，张某乙生育了张某丙，2019 年张某乙与妻子离婚，2021 年 7 月 22 日张某乙病逝，生前未订立遗嘱，留下遗产若干。2021 年 7 月 26 日，张某某去世，去世前未作出过放弃继承张某乙遗产的意思表示。张某甲认为张某乙的遗产中有自己的份额，要求分割。法院经审理认为，对于张某乙的遗产，其父亲张某某、母亲和儿子张某丙是第一顺序法定继承人，各继承 1/3 遗产份额。张某某于张某乙去世后、遗产分割前去世，且未放弃继承，其应继承的张某乙遗产发生转继承，由张某某的继承人即妻子和大儿子张某甲继承。因继承取得的财产属夫妻共同财产，应先将共同所有财产的一半分出为配偶所有，故属于张某某的 1/3 份额遗产中，有一半是属于其妻子的夫妻共同财产，剩余 1/6 份额由妻子和大儿子张某甲再行继承分割。

【分析】

继承开始后，继承人于遗产分割前死亡，并没有放弃继承的，该继承人应当继承的遗产转给其继承人，但是遗嘱另有安排的除外。

特别说明：同一顺序继承人继承遗产的份额，一般应当均等。对生活有特殊困难又缺乏劳动能力的继承人，分配遗产时，应当予以照顾。对被继承

人尽了主要扶养义务或者与被继承人共同生活的继承人，分配遗产时，可以多分。有扶养能力和有扶养条件的继承人，不尽扶养义务的，分配遗产时，应当不分或者少分。

【规范指引】

《民法典》第1130条、第1152条；《民法典继承编解释（一）》第38条。

争点6：生存配偶在继承遗产后可以带产再婚

【案例】王某甲、王某乙、王某丙与骆某所有权确认纠纷案[①]

王某与黄某系夫妻关系，婚后购买一处房产登记于王某名下，二人育有王某甲、王某乙、王某丙三位子女。2006年黄某去世后，2008年王某与骆某结婚，2019年5月21日双方申请办理房屋登记析产，2019年5月30日骆某取得房产证，占有案涉房屋1/2份额。2019年5月26日王某因病死亡，王某甲、王某乙、王某丙将骆某诉至法院，要求确认三原告各占案涉房屋20.315%份额。法院经审理后认为，案涉房屋为王某与黄某夫妻共同财产，双方未约定份额，视为各占有1/2份额，黄某先于王某死亡，黄某占有的1/2份额发生法定继承，由王某及三位子女各继承12.5%份额，王某共占有62.5%份额，王某在去世前将房屋50%的份额通过析产方式转移给骆某，系对自己财产的处分，该处分行为有效。

【分析】

生存配偶对死亡配偶遗产的继承权，是基于生存配偶与死亡配偶生前的婚姻关系，只要在死亡配偶死亡前，生存配偶一直与其保持合法的婚姻关系，就享有对死亡配偶遗产的继承权，除非因生存配偶具有《民法典》第1125条所规定的丧失继承权的法定情形，否则继承权不因生存配偶再婚而消灭。

遗产分割完成后，继承人所分得的被继承人的遗产即成为继承人的个人财产，夫妻一方死亡，生存配偶通过继承取得的死亡配偶的遗产即成为生存配偶的个人财产，享有对所分得遗产的所有权，不论生存配偶是否再婚，其对这部分财产所享有的占有、使用、收益和处分的权利均不会发生改变，因此生存配偶在继承遗产后可以带产再婚。

---

① 参见广东省广州市花都区人民法院（2021）粤0114民初7341号民事判决书。

特别说明：如果死亡配偶死亡前双方已离婚，双方婚姻关系终止，生存配偶即无权再以配偶身份继承死亡配偶的遗产。

【规范指引】

《民法典》第 1157 条。

争点 7：遗嘱无效部分所涉及的遗产以及遗嘱未处分的遗产按法定继承办理

【案例】高某乙与高某丙、高某丁、高某戊继承纠纷案①

高某甲与李某分别是高某乙的祖父母，高某乙没有工作，专职照顾高某甲与李某生活至二人去世，且后事由高某乙出资办理。高某甲于李某去世前立下代书遗嘱，主要内容为因高某乙照顾老人，二人去世后将居住的房屋送给高某乙。高某丙、高某丁、高某戊为高某甲与李某的子女，认为案涉代书遗嘱的代书人是高某乙的妻子，且没有见证人在场，遗嘱无效。高某乙以上述三人为被告提起诉讼，要求确认遗嘱合法有效，并确认房屋所有权归其所有。法院认为，该代书遗嘱因代书人是高某乙的妻子，在代书遗嘱时双方是恋爱关系，这种特殊亲密关系与高某乙取得遗产存在身份和利益上的利害关系，属于原《继承法》第 18 条（《民法典》第 1140 条）规定的禁止代书人，不符合代书遗嘱的法定形式要求，应属无效，本案应当按照法定继承进行处理。高某乙虽不是法定第一顺序继承人，但其自愿赡养高某甲、李某并承担丧葬费用，根据原《继承法》第 14 条（《民法典》第 1131 条）的规定，继承人以外的对被继承人扶养较多的人，可以分配给他们适当的遗产，高某乙可以视为第一顺序继承人。

【分析】

符合法定要件的遗嘱所涉及的遗产，按照法定继承办理并无争议。而遗嘱无效部分所涉及的遗产以及遗嘱未处分部分所涉及的遗产，则亦当按照法定继承办理。

需要注意的是，目前，在司法实践中代书遗嘱比较普遍，依照《民法典》

---

① 参见人民法院大力弘扬社会主义核心价值观十大典型民事案例，载《人民法院报》2020 年 5 月 14 日。

的相关规定，代书遗嘱应当有两个以上见证人在场见证，由其中一人代书，并由遗嘱人、代书人和其他见证人签名，注明年、月、日。遗嘱见证人的禁止性范围包括：（1）无民事行为能力、限制民事行为能力人以及其他不具有见证能力的人；（2）继承人、受遗赠人；（3）与继承人、受遗赠人有利害关系的人。

【规范指引】

《民法典》第 1135 条、第 1140 条。

争点 8：诉讼代理人口头代为放弃继承权不能免除继承人的偿债责任

【案例】金某某与王某甲等被继承人债务清偿纠纷案[①]

王某下欠金某某货款 57 000 元，并出具欠条一份，后王某因交通事故死亡，原告金某某遂起诉王某法定继承人王某甲、王某乙及陈某。审理中查明王某的农村房屋由陈某管理、使用，庭审中三被告的共同委托诉讼代理人向法院口头陈述，表示三被告均自愿放弃对王某遗产的继承。法院经审理后认为，继承人放弃继承权应以可确认的书面方式向人民法院作出，代理人口头代为作出放弃的意思表示不能得到支持，遂依法判决三被告在继承王某遗产的范围内支付原告货款 57 000 元。

【分析】

《民法典》明确规定，继承人放弃继承的，对被继承人依法应当缴纳的税款和债务可以不负清偿责任。该规定意在保护继承人的利益，避免“父债子还、夫债妻还”，但现实中存在继承人对被继承人的遗产“形式放弃、实际管控”，以逃避对被继承人债务的清偿责任的情形。因此对继承人放弃继承权，除实质有效要件外，法律还规定程序要件，否则不发生放弃继承权的效力。根据《民法典继承编解释（一）》的规定，应以书面形式向遗产管理人或其他继承人表示，若在诉讼中以口头方式表示的，要制作笔录，并由放弃继承的人签名。

---

① 参见湖北省高级人民法院（2019）鄂民再 331 号民事判决书。

【规范指引】

《民法典继承编解释（一）》第33条、第34条。

争点9：公司赠股（干股）产生的收益可作为遗产继承

【案例】王甲与李小丙继承纠纷案[①]

王甲与李乙生育一子李小丙，李乙生前与王甲在某公司投有股份，以现金出资50 000元，后公司考虑到李乙的贡献，决定给予其赠股100 000元，并在公司章程约定该赠股可参与分红，不享有其他权利。后李乙死亡，王甲起诉李小丙要求分割李乙的遗产。一审法院认为赠股属于公司内部自治事项，不宜由法院直接确定，故驳回原告诉讼请求；二审法院认为该赠股在李乙死亡后所产生的收益是可以继承的财产，各继承人可以按照继承比例来继承，依法改判。

【分析】

公司赠与员工的内部股权不计入公司的注册资本，持有人只享有相应份额的分红权，不实际占有股权比例，俗称“干股”，是持有人未出资而获得的股份，并不是真正的股份，因此，公司赠送的干股实质上是公司收益的分红权，而不是公司法意义上的股权。公司赠股实质上是公司收益分红权，对应着相应比例的公司收益，该部分收益是被继承人的个人合法财产，依法可以作为遗产继承。在未转化为现实的利益前，可以对其期待权依法进行分割。

【规范指引】

《民法典》第1122条。

---

① 参见最高人民法院民事审判第一庭编：《民事审判指导与参考》（2009年第2集），法律出版社2009年版。

争点 10：五保户去世，无人继承的遗产归所在村民小组所有

【案例】桂阳县某村民小组与某银行继承纠纷案[①]

张某系桂阳县某村民小组集体经济组织成员，因张某生前无配偶、子女，父母及兄弟姐妹早已去世，属于五保户。张某 2022 年 8 月死亡，其所在的村民小组料理了其丧葬事宜。张某生前在银行存有定期存款 3 万元，村民小组去银行取款遭拒，遂诉至法院要求继承该存款本息。法院经审理认为，张某无继承人，生前属村民小组成员，村民小组对其生前尽到一定的照顾义务，在该村民死亡后又负责其丧葬事宜，故上述存款本息归村民小组所有。

【分析】

五保户是指《农村五保供养工作条例》中的五保供养对象，主要包括村民中符合下列条件的老年人、残疾人和未满 16 周岁的人：（1）无法定扶养义务人，或者虽有法定扶养义务人，但是扶养义务人无扶养能力的；（2）无劳动能力的；（3）无生活来源的。五保户的遗产由其合法继承人继承，五保户没有继承人或者继承人放弃或者丧失继承权的，如果其生前为农村集体组织的成员，遗产归集体组织所有，如果死者生前不是农村集体组织的成员，则遗产归国家所有。

特别说明：《农村五保供养工作条例》废止了“五保对象死亡，其遗产归所在的农村集体经济组织所有；有五保供养协议的，按照协议处理”的规定，《民法典》对此作出新的规定。

【规范指引】

《民法典》第 1160 条；《民法典继承编解释（一）》第 39 条。

---

① 参见李果、黄进东：《五保户去世无人继承，遗产归谁？》，载《人民法院报》2023 年 7 月 21 日，第 3 版。

争点 11：对孤寡老人扶养较多的继承人以外的人，可作为利害关系人申请指定遗产管理人

【案例】顾某乙等与太仓市民政局申请指定遗产管理人纠纷案[①]

杨某甲系孤寡老人，父母已去世，无配偶、子女、兄弟姐妹。杨某甲在世时，顾某乙、顾某丙二人尽心照顾杨某甲的生活起居，在杨某甲因病入院时，顾某乙二人轮流探望、陪护，并负责处理医疗费、伙食费等费用，在杨某甲去世后操办杨某甲的丧葬事宜，后顾某乙二人向法院申请指定太仓市民政局作为杨某甲的遗产管理人。

【分析】

继承人以外的对被继承人扶养较多的人，可以分给适当的遗产，因此对孤寡老人扶养较多的继承人以外的人，可作为利害管理人向人民法院申请指定遗产管理人。

【规范指引】

《民法典》第 1131 条、第 1146 条。

争点 12：被执行人在执行过程中死亡且继承人均放弃继承的，应变更遗产管理人为被执行人

【案例】某银行申请变更北京市某区民政局为被执行人案[②]

某银行向法院申请强制执行张某财产，在执行过程中被执行人张某死亡，张某生前没有指定遗产执行人。张某的第一顺位继承人为配偶、女儿、父亲、母亲，均表示放弃继承。张某的第二顺位继承人祖父母、外祖父母都已去世，且张某无兄弟姐妹。张某生前住所地对应的民政部门为北京市某区民政局。因此，某银行申请法院依法追加北京市某区民政局为该案的被执行人。后法院作出执行裁定，变更北京市某区民政局为案件的被执行人。

---

① 参见江苏省太仓市人民法院（2022）苏 0585 民特 32 号民事判决书。

② 参见北京市大兴区人民法院（2021）京 0115 执异 112 号执行裁定书。

【分析】

被执行人在执行过程中死亡，其继承人均放弃继承的情况下，应当如何确定变更后的被执行人。首先，从实体法的角度来看，根据《民法典》第1145条的规定，继承开始后，遗嘱执行人为遗产管理人；没有遗嘱执行人的，继承人应当及时推选遗产管理人；继承人未推选的，由继承人共同担任遗产管理人；没有继承人或者继承人均放弃继承的，由被继承人生前住所地的民政部门或者村民委员会担任遗产管理人。因此，继承开始后，无论被继承人是否在遗嘱中指定了遗嘱执行人、有无继承人、继承人是否放弃继承，都会存在遗产管理人。其次，从程序法的角度来看，根据《最高人民法院关于民事执行中变更、追加当事人若干问题的规定》第10条的规定，作为被执行人的自然人死亡或被宣告死亡，申请执行人申请变更、追加该自然人的遗产管理人、继承人、受遗赠人或其他因该自然人死亡或被宣告死亡取得遗产的主体为被执行人，在遗产范围内承担责任的，人民法院应予支持。即被执行人在执行过程中死亡的，在遗产分割前，即便继承人放弃继承或者受遗赠人放弃受遗赠，法院也应变更遗产管理人为被执行人。只是在不同情形下，被变更主体分别为遗嘱执行人、继承人推选的遗产管理人、共同继承人、民政部门或者村民委员会。最后，本案中，张某生前并没有指定遗嘱执行人，继承人也没有推选遗产管理人，且共同继承人均明确放弃继承，此时应当由张某生前住所地的民政部门作为遗产管理人，并在执行程序中作为被执行人。张某生前住所地对应的民政部门为北京市某区民政局，故应变更北京市某区民政局为执行案件的被执行人。

【规范指引】

《民法典》第1145条；《最高人民法院关于民事执行中变更、追加当事人若干问题的规定》第10条。

第三节　法律适用中的疑难问题

司法实践中，对被继承人债务清偿纠纷的管辖法院如何确定、人民法院在指定遗产管理人时是否应对遗产的范围进行查明、继承人声明放弃继承时的诉讼主体地位如何列明等问题，仍存在不同观点，有待探索和研究。

问题 1：被继承人债务清偿纠纷的案由及管辖如何确定

【案例】程某某与察某甲、察某乙、察某丙等被继承人债务清偿纠纷案[①]

察某某向原告程某某借钱未还，2021 年原告得知察某某死亡后，发现察某某的法定继承人，即察某甲、察某乙、察某丙、刘某已将察某某的名下财产进行处置，却未归还原告借款，原告遂向上海市浦东新区人民法院起诉要求四被告归还原告借款。被告察某甲在答辩期内提出管辖权异议，认为四被告原共同居住的上海市浦东新区的房屋已被刘某变卖，四被告已搬离该房屋且居无定所，故应由察某甲现住所地法院即上海市青浦区人民法院管辖。一审法院认为四被告原经常居住地房屋已出售，应由被告察某甲现居住地青浦区人民法院管辖。青浦区人民法院认为被继承人债务清偿纠纷属于因继承遗产纠纷提起的诉讼，适用专属管辖，由被继承人死亡时住所地或主要遗产住所地管辖，本案移送显属不当。上海市高级人民法院认为被继承人债务清偿纠纷并不属于因继承遗产纠纷提起的诉讼，不应适用继承遗产诉讼专属管辖规定，应根据原债权债务关系的性质及主体确定管辖法院。本案原债权债务关系系借款合同关系，因被继承人察某某死亡时经常居住地位于上海市浦东新区，故上海市浦东新区人民法院对本案具有管辖权。

【分析】

债权人起诉继承人在所得遗产实际价值范围内清偿被继承人债务，是基于《民法典》第 1161 条之规定，而非合同约定，故案由应为被继承人债务清偿纠纷，而非借款合同纠纷或者法定继承纠纷。关于被继承人债务清偿纠纷是否适用继承遗产诉讼专属管辖规定，一种意见认为，该纠纷表面是债务清偿，但与继承遗产行为交织在一起，应为继承遗产诉讼专属管辖精神所吸收，应附属于继承纠纷案由。另一种意见认为，该纠纷并不属于因继承遗产纠纷提起诉讼，不适用于继承遗产诉讼专属管辖规定。理由是：第一，继承遗产诉讼，是继承人为继承被继承人遗产发生纠纷诉诸法院的诉讼，如继承权的确认、遗产的分割等，诉讼主体一般均为继承人。而被继承人债务清偿纠纷，是指因被继承人死亡时遗留的尚未清偿的债务引起的纠纷，诉讼主体为债权人和遗产管理人或者继承人，诉争的是债务清偿而非继承遗产。第二，不能

---

① 参见上海市高级人民法院（2022）沪民辖 299 号民事裁定书。

因被继承人债务清偿纠纷作为第三级案由被安排在第二级案由继承纠纷项下，就直接使用继承遗产诉讼专属管辖，因为三级案由不等同于第二级案由，继承纠纷项下的6个第三级案由对应的案件比如遗赠扶养协议纠纷、遗产管理纠纷案件并不是因继承遗产提起的诉讼，均不能适用继承遗产诉讼专属管辖规定。[①]因此，被继承人债务清偿纠纷案件应根据债权人与被继承人之间债权债务关系的主体、类型、性质、内容等确定管辖。

特别说明：在被继承人债务清偿纠纷案件中，债权人的权利来源于债权人与被继承人之间的债权债务关系。因此，债权人主张遗产管理人或者遗产继承人清偿债务，应受原债权债务关系约束，即债权人依法享有原债权债务关系中相应的权利，同时也负有相应的义务，包括实体法上以及管辖在内的程序法上的权利义务。不能因债务人死亡而改变债权人的诉讼管辖预期，损害债权人的管辖利益。

【规范指引】

《民法典》第1161条；《民事诉讼法》第24条、第34条。

问题2：指定遗产管理人时是否应对遗产范围及债权债务进行查明

【案例】于某某与济南市历城区民政局申请指定遗产管理人案[②]

庞某系济南市历城区居民，2020年5月去世，生前帮助于某某进行股票投资管理，于某某向其汇款40万元。庞某去世后，其第一、第二顺序继承人均明确表示放弃继承，于某某遂向法院申请要求指定济南市历城区民政局为遗产管理人。该民政局认为庞某生前未受该局救助或管理，过世后居委会亦未进行告知，该局对庞某的情况均不知情，为使该局顺利履职，申请法院就有关问题一并查明。该局还向社会发出公告，要求庞某某已查明继承人以外的其他继承人、债权债务人等利害关系人在一定时间内与该局联系。历城区人民法院依职权对庞某的名下财产进行查询，查明庞某证券资产、银行存款、不动产、车辆、社保等相关情况，后法院作出一审判决，指定济南市历城区民政局为遗产管理人。

---

① 戴曙：《被继承人债务清偿纠纷是否适用继承遗产诉讼专属管辖》，载《人民法院报》2022年2月10日，第8版。

② 参见马悦静：《好友去世且继承人放弃继承，交由其投资的40万怎么办？》，载《人民法院报》2023年7月5日，第3版。

【分析】

遗产管理人是对死者的财产进行妥善保存和管理分配的人，不仅负有保管遗产的义务，还有清理遗产并制作遗产清单、向继承人报告遗产情况，采取必要措施防止遗产损毁、处理被继承人的债权债务、按照遗嘱或者依照法律规定分割遗产、实施与管理遗产有关的其他必要行为的职责。但遗产管理人制度施行过程中一个不可避免的问题是，民政局对于庞某这样的普通居民，难以掌握其工作生活、财产收入、债权债务等具体情况，如仅对利害关系人提出的财产进行管理，必然是不全面的，还有可能带来履职偏差。所以在指定管理人的同时，还应当对潜在的继承人、遗产、债权债务等进行基本的查明，也明确其他利害关系人，以便遗产管理人履职。

【规范指引】

《民法典》第 1145 条、第 1147 条。

问题 3：继承人声明放弃继承遗产，是否还能被列为被告

【案例】王某与冯甲、冯乙、冯丙被继承人遗产债务纠纷案[①]

冯甲、冯乙、冯丙是冯某某的法定继承人，冯某某生前向王某借钱，冯某某猝死后，留有房产一处，登记在冯某某及冯丙名下，债权人王某起诉冯甲、冯乙、冯丙，要求三被告在继承冯某某的遗产范围内承担给付责任。冯甲、冯乙、冯丙庭前提交书面的《放弃继承申明书》，书面表示放弃继承，法院经审理后认为，三被告实际占有、管理、控制冯某某的遗产，并未将遗产移交给国家机关或集体组织接管，其作为遗产的法定继承人，负有以遗产清偿债务的义务，故依法判决三被告在继承冯某某遗产的价值范围内对原告承担还款责任。

【分析】

限定继承原则，是公平原则在继承法中的具体体现，继承人清偿遗产债务以遗产的实际价值为限，超过部分，继承人不负清偿责任。根据权利义务相一致原则，继承人放弃继承权的，因不享有继承权利则无须承担缴纳税款和偿还遗产债务的义务。需要注意的是，继承人放弃继承权的，应当在遗产

---

① 参见江苏省高邮市人民法院（2023）苏 1084 民初 4081 号民事判决书。

处理前，以书面形式作出放弃继承的表示。受遗赠人应当在知道受遗赠后 60 日内，作出接受或者放弃受遗赠的表示。到期没有表示的，视为放弃受遗赠。需要注意的是，实践中存在一些继承人以放弃继承为由，变相不配合清偿债务的情形，比如上述案件中的继承人书面表示放弃继承，却实际占有、居住在遗产房屋中，就不能根据《民法典》第 1161 条第 2 款的规定免除义务。因此如果继承人均明确表示放弃继承，遗产又存在实际的管理人的，包括继承人仍然实际占有、使用、收益、处分遗产的，债权人可以直接以其为被告，要求其配合债权人以该财产清偿被继承人债务。

【规范指引】

《民法典》第 1124 条、第 1151 条、第 1160 条、第 1161 条。

问题 4：被继承人债务清偿纠纷中是否应审查遗产范围及继承情况

【案例】李某与王某甲、张某某被继承人债务清偿纠纷案[①]

王某向李某借款 20 万元，并出具借条，后王某意外死亡，李某起诉王某的法定继承人王某甲、张某某。二被告当庭表示放弃对王某遗产的继承，并表示并不知晓王某遗产情况，李某则表示只需法院判决二被告在遗产范围内清偿债务即可，关于遗产的范围在强制执行阶段再确定。法院遂依法判决二被告在继承王某遗产范围内对李某承担给付义务。

【分析】

第一种观点认为：从平等保护债权人、继承人诉讼权利的角度考虑，遗产的具体范围应当在审判时确定，然而执行法官没有审判权，所以案件进入执行程序后，执行法官没有权力对遗产范围进行认定。第二种观点认为：我国现行法律无明确规定要求必须确定清偿债务的具体遗产范围，审理中法官依据《民法典》继承编的原则性规定作出裁判即属于完成审判任务，遗产范围的具体界定可在执行过程中完成。我们倾向认为，应加强审执衔接，明确职责，如需在案件审理阶段查明，则应依职权进行必要的审查，防止出现空判，增加当事人诉累。

---

① 参见江苏省高邮市人民法院（2023）苏 1084 民初 1135 号民事判决书。

【规范指引】

《民法典》第1161条。

问题5：公职机关不愿作为遗产管理人时如何解决

【案例】石某与上海市某区民政局指定遗产管理人纠纷案[①]

石某于2013年向方某及方某父母购买上海某处房屋，案涉房屋登记在方某名下，一直未过户，后方某于2021年死亡。方某生前无配偶、无子女、无兄弟姐妹，方某父母、祖父母、外祖父母均早于方某死亡，故石某申请法院指定上海市某区民政局为方某的遗产管理人。上海市某区民政局辩称，遗产管理人的职责非常细致、重要，需花费一定的人财物，被申请人缺乏这方面的能力和成本预算，不适合作为遗产管理人。法院经裁判认为，即便被申请人的理由属实，亦不能据此拒绝履行法定职责，而应积极探索、逐步完善相应履职保障措施，故对被申请人的辩解意见依法不予采纳。

【分析】

遗产管理人制度是《民法典》中的新规。遗产管理人的重要性在于，当被继承人死亡时，遗产管理人就代表被继承人的意思，保存和管理被继承人的遗产，确保遗产在继承开始后和遗产分割前的期间内保值和增值，防止遗产被他人侵夺或争抢，保证被继承人的债权人的债权利益。实践中时常出现继承人损害遗产债权人的实例，比如“继承人一方面通过放弃继承逃避债务，另一方面继续占有遗产并获益”。《民法典》规定，对没有继承人或者继承人均放弃继承的，由被继承人生前住所地的民政部门或者村民委员会担任遗产管理人。遗产管理人的身份成了“烫手山芋”，这是因为与职责相配套的相关权利细则还不完善，应进一步探索完善。

【规范指引】

《民法典》第1145条。

---

① 参见上海市浦东新区人民法院（2022）沪0115民特525号民事判决书。

附 1

婚姻家庭纠纷请求权、抗辩（权）基础备考表

编号	案由	诉讼请求	请求权基础	抗辩（权）主张	抗辩权基础
1	婚约财产纠纷	返还婚约财产	《民法典》第 985 条；《民法典婚姻家庭编解释（一）》第 5 条；《涉彩礼纠纷规定》第 3 条、第 5 条、第 6 条	不属于彩礼	《涉彩礼纠纷规定》第 3 条
				已办理结婚登记并共同生活，或曾共同孕育子女	《涉彩礼纠纷规定》第 5 条
				未办理结婚登记但共同生活	《涉彩礼纠纷规定》第 6 条
2	婚姻无效纠纷	确认婚姻无效	《民法典》第 1051 条、第 1054 条；《民法典婚姻家庭编解释（二）》第 1 条	不属于法定无效情形	《民法典婚姻家庭编解释（二）》第 2 条；《民法典婚姻家庭编解释（一）》第 17 条
3	撤销婚姻纠纷	撤销婚姻关系	《民法典》第 1052 条、第 1053 条、第 1054 条；《民法典婚姻家庭编解释（一）》第 18 条	胁迫行为已终止一年以上；被限制人身自由的当事人已恢复人身自由一年以上	《民法典》第 1052 条；《民法典婚姻家庭编解释（一）》第 19 条
4	同居关系纠纷	分割共同财产	《民法典》第 304 条、第 1054 条；《民法典婚姻家庭编解释（二）》第 4 条；《民法典婚姻家庭编解释（一）》第 3 条	财产所有权情况不明，利害人可以请求确认权利	《民法典》第 234 条
				按份共有人对共有的不动产或者动产享有的份额，没有约定或者约定不明确的处理原则	《民法典》第 308 条、第 309 条
				其他共有人的优先购买权	《民法典》第 306 条
				以分割共有物存在瑕疵为由，主张共有人共担损失	《民法典》第 304 条

续表

编号	案由	诉讼请求	请求权基础	抗辩（权）主张	抗辩权基础
4	同居关系纠纷	子女抚养	《民法典》第 1071 条	父方或母方均要求随其生活，一方可优先考虑的情形	《民法典婚姻家庭编解释（一）》第 46 条、第 47 条
		抚养费	《民法典婚姻家庭编解释（一）》第 49 条、第 50 条、第 51 条、第 52 条、第 53 条	已约定由直接抚养一方负担全部或部分抚养费	《民法典》第 1085 条
				对方无经济收入或下落不明的，可以其财物折抵抚养费	《民法典婚姻家庭编解释（一）》第 51 条
				尚未独立生活的成年子女有法定情形，父母又有给付能力的，仍应负担必要抚养费	《民法典》第 1067 条；《民法典婚姻家庭编解释（一）》第 41 条
5	离婚纠纷	解除婚姻关系	《民法典》第 1079 条；《民法典婚姻家庭编解释（一）》第 23 条	现役军人不同意离婚	《民法典》第 1081 条
				女方在怀孕期间、分娩后一年内或者终止妊娠 6 个月内	《民法典》第 1082 条
		子女抚养关系	《民法典》第 1084 条；《民法典婚姻家庭编解释（一）》第 44 条、第 45 条、第 46 条、第 47 条、第 48 条	父方或母方均要求随其生活，一方可优先考虑的情形	《民法典婚姻家庭编解释（二）》第 14 条；《民法典婚姻家庭编解释（一）》第 44 条、第 46 条、第 47 条
				父方或母方均不要求抚养子女时应特别考虑的情况	《民法典婚姻家庭编解释（一）》第 54 条
		抚养费	《民法典》第 1085 条；《民法典婚姻家庭编解释（二）》第 17 条；《民法典婚姻家庭编解释（一）》第 49 条、第 50 条、第 51 条、第 52 条、第 53 条	已约定由直接抚养一方负担全部或部分抚养费	《民法典》第 1085 条；《民法典婚姻家庭编解释（二）》第 16 条
				对方无经济收入或下落不明的，可以其财物折抵抚养费	《民法典婚姻家庭编解释（一）》第 51 条
				尚未独立生活的成年子女有法定情形，父母又有给付能力的，仍应负担必要抚养费	《民法典》第 1067 条；《民法典婚姻家庭编解释（一）》第 41 条

续表

编号	案由	诉讼请求	请求权基础	抗辩（权）主张	抗辩权基础
5	离婚纠纷	探望权	《民法典》第1086条第1款、第2款	父或母探望子女，不利于子女身心健康	《民法典》第1086条第3款
		分割共同财产	《民法典》第1062条、第1087条；《民法典婚姻家庭编解释（一）》第71条至第82条	夫妻双方对于财产归属有约定	《民法典》第1065条；《民法典婚姻家庭编解释（一）》第82条
				对军人权益的特殊保护	《民法典婚姻家庭编解释（一）》第30条、第71条
				父母赠与的财产性质认定	《民法典婚姻家庭编解释（一）》第29条
				婚前一方支付房产首付并登记在其名下，婚后共同还贷	《民法典婚姻家庭编解释（一）》第78条
				婚前一方承租，婚后用共同财产购买的房屋	《民法典婚姻家庭编解释（一）》第27条
				婚前一方所有的房产，约定或已将房屋转移登记至另一方或双方名下	《民法典婚姻家庭编解释（二）》第5条
				夫妻购置房屋由一方父母全额出资	《民法典婚姻家庭编解释（二）》第8条
				关于有限责任公司、合伙企业、独资企业股权的特殊处理	《民法典婚姻家庭编解释（二）》第9条、第10条；《民法典婚姻家庭编解释（一）》第73条、第74条、第75条
				属于一方婚前财产	《民法典》第1063条；《民法典婚姻家庭编解释（一）》第31条
				对于一方隐藏、转移、变卖、损坏、挥霍夫妻共同财产或者伪造夫妻共同债务企图侵占另一方财产的制裁	《民法典》第1092条；《民法典婚姻家庭编解释（二）》第6条、第7条

续表

编号	案由	诉讼请求	请求权基础	抗辩（权）主张	抗辩权基础
5	离婚纠纷	分割共同财产	《民法典》第 1062 条、第 1087 条；《民法典婚姻家庭编解释（一）》第 71 条至第 82 条	一方个人财产婚后的孳息和自然增值不属于夫妻共同财产	《民法典婚姻家庭编解释（一）》第 26 条
				属于婚后共同财产购买的一方父母的房改房，并登记在一方父母名下	《民法典婚姻家庭编解释（一）》第 79 条
				尚不符合领取养老金条件	《民法典婚姻家庭编解释（一）》第 80 条
		分割共同债务	《民法典》第 1089 条；《民法典婚姻家庭编解释（一）》第 34 条、第 35 条、第 36 条	属于夫妻一方个人债务	《民法典婚姻家庭编解释（一）》第 33 条、第 34 条
		经济补偿	《民法典》第 1088 条；《民法典婚姻家庭编解释（二）》第 21 条、第 22 条		
		损害赔偿	《民法典》第 1091 条；《民法典婚姻家庭编解释（一）》第 86 条、第 88 条、第 89 条、第 90 条	被告并非无过错方的配偶；判决不准离婚；婚姻存续期间，当事人不起诉离婚而单独提起赔偿	《民法典婚姻家庭编解释（一）》第 87 条
				对于损害赔偿请求提出的时间限制	《民法典婚姻家庭编解释（一）》第 88 条、第 89 条
				侵权事由的限制	《民法典婚姻家庭编解释（一）》第 23 条
				双方都有过错	《民法典婚姻家庭编解释（一）》第 90 条

续表

编号	案由	诉讼请求	请求权基础	抗辩（权）主张	抗辩权基础
6	离婚后损害责任纠纷	给付损害赔偿	《民法典》第1091条;《民法典婚姻家庭编解释（一）》第86条	被告并非无过错方的配偶；判决不准离婚；婚姻存续期间，当事人不起诉离婚而单独提起赔偿	《民法典婚姻家庭编解释（一）》第87条
				损害赔偿请求提出的时间已届满	《民法典婚姻家庭编解释（一）》第88条、第89条
				精神损害赔偿数额限制	《最高人民法院关于确定民事侵权精神损害赔偿责任若干问题的解释》第5条
7	婚内夫妻财产分割纠纷	分割共同财产	《民法典》第1066条;《民法典婚姻家庭编解释（二）》第6条、第7条	不属于《民法典》第1066条的规定	《民法典婚姻家庭编解释（一）》第38条
8	离婚后财产纠纷	分割离婚时未分割的共同财产	《民法典》第1092条;《民法典婚姻家庭编解释（二）》第6条、第7条;《民法典婚姻家庭编解释（一）》第70条、第83条	超出起诉的时间限制	《民法典婚姻家庭编解释（一）》第84条
				夫妻双方对于财产归属有约定	《民法典》第1065条;《民法典婚姻家庭编解释（二）》第5条、第20条;《民法典婚姻家庭编解释（一）》第82条
				对军人权益的特殊保护	《民法典婚姻家庭编解释（一）》第30条、第71条
				对妇女、儿童的特殊保护	《民法典》第1087条
				父母赠与的财产性质认定	《民法典婚姻家庭编解释（二）》第8条;《民法典婚姻家庭编解释（一）》第29条
				婚前一方支付房产首付并登记在其名下，婚后共同还贷	《民法典婚姻家庭编解释（一）》第78条

续表

编号	案由	诉讼请求	请求权基础	抗辩（权）主张	抗辩权基础
8	离婚后财产纠纷	分割离婚时未分割的共同财产	《民法典》第 1092 条；《民法典婚姻家庭编解释（二）》第 6 条、第 7 条；《民法典婚姻家庭编解释（一）》第 70 条、第 83 条	婚前一方承租，婚后用共同财产购买的房屋	《民法典婚姻家庭编解释（一）》第 27 条
				关于有限责任公司、合伙企业、独资企业股权的特殊处理	《民法典婚姻家庭编解释（二）》第 9 条、第 10 条；《民法典婚姻家庭编解释（一）》第 27 条、第 73 条、第 74 条、第 75 条
				属于一方婚前财产	《民法典》第 1063 条；《民法典婚姻家庭编解释（一）》第 31 条
				对于一方隐藏、转移、变卖、损坏、挥霍夫妻共同财产或者伪造夫妻共同债务企图侵占另一方财产的制裁	《民法典》第 1092 条；《民法典婚姻家庭编解释（二）》第 6 条、第 7 条
				一方个人财产婚后的孳息和自然增值不属于夫妻共同财产	《民法典婚姻家庭编解释（一）》第 26 条
				属于婚后共同财产购买的一方父母的房改房，并登记在一方父母名下	《民法典婚姻家庭编解释（一）》第 79 条
				尚不符合领取养老金条件	《民法典婚姻家庭编解释（一）》第 80 条
				属于夫妻一方个人债务	《民法典婚姻家庭编解释（一）》第 33 条、第 34 条
9	夫妻财产约定纠纷	分割共同财产	《民法典》第 1065 条		

续表

编号	案由	诉讼请求	请求权基础	抗辩（权）主张	抗辩权基础
10	扶养纠纷	履行遗赠扶养协议	《民法典》第1158条	未履行遗赠扶养协议所约定义务	《民法典》第1144条
		请求履行扶养义务	《民法典》第1059条、第1175条		
11	抚养纠纷	给付抚养费	《民法典》第1085条；《民法典婚姻家庭编解释（二）》第17条；《民法典婚姻家庭编解释（一）》第41条、第42条、第43条、第49条		
		变更抚养关系	《民法典》第1058条；《民法典婚姻家庭编解释（一）》第44条、第45条、第46条、第47条、第48条、第56条	主张直接抚养	《民法典婚姻家庭编解释（二）》第14条；《民法典婚姻家庭编解释（一）》第44条、第45条、第46条、第47条、第48条
12	亲子关系纠纷	确认亲子关系	《民法典》第1073条；《民法典婚姻家庭编解释（一）》第39条		
		对亲子关系提出异议	《民法典》第1073条；《民法典婚姻家庭编解释（一）》第39条		
13	探望权纠纷	明确探望权履行方式	《民法典》第1086条		

续表

编号	案由	诉讼请求	请求权基础	抗辩（权）主张	抗辩权基础
13	探望权纠纷	中止探望	《民法典》第1086条；《民法典婚姻家庭编解释（二）》第12条；《民法典婚姻家庭编解释（一）》第67条		
14	赡养纠纷	子女支付赡养费	《民法典》第1067条、第1074条；《老年人权益保障法》第14条、第15条；《民法典婚姻家庭编解释（二）》第19条	赡养人之间另外签订赡养协议，并征得老年人同意	《老年人权益保障法》第20条
		变更赡养关系	《民法典》第1067条第2款、第1074条第2款		
15	监护权纠纷	确定、变更、指定、撤销或恢复、终止监护权	《民法典》第27条至第33条、第36条至第39条		
16	分家析产纠纷	分割共同财产	《民法典》第303条、第304条	财产所有权情况不明，利害关系人可以请求确认权利	《民法典》第234条
				按份共有人对共有的不动产或者动产享有的份额，没有约定或者约定不明确的处理原则	《民法典》第308条、第309条
				当事人约定不得分割共有不动产或者动产，非有重大理由不得分割	《民法典》第303条

续表

编号	案由	诉讼请求	请求权基础	抗辩（权）主张	抗辩权基础
16	分家析产纠纷	分割共同财产	《民法典》第303条、第304条	以分割共有物存在瑕疵为由主张共有人共担损失	《民法典》第304条第2款
17	收养关系纠纷	确认收养关系	《民法典》第1093条至第1111条		
		解除收养关系	《民法典》第1114条、第1115条、第1116条、第1117条	养父母对成年养子女的生活费给付请求权、经济补偿请求权	《民法典》第1118条
				养父母对生父母的经济补偿请求权	《民法典》第1118条

附 2

继承纠纷请求权、抗辩（权）基础备考表

编号	案由	诉讼请求	请求权基础	抗辩（权）主张	抗辩权基础
1	法定继承纠纷	确认享有法定继承权	《民法典》第1061条、第1070条、第1127条	丧失继承权	《民法典》第1125条
				存在遗嘱、遗赠或遗赠扶养协议	《民法典》第1123条
				有其他可作为法定继承人或适当分得遗产的人员	《民法典》第1128条、第1129条、第1155条
		确认法定继承份额	《民法典》第1130条第1款	特殊情况的不均等	《民法典》第1130条第2款、第3款、第4款、第5款；《民法典继承编解释（一）》第16条
				法定继承人以外的人酌情分配遗产	《民法典》第1131条；《民法典继承编解释（一）》第10条
		遗产范围	《民法典》第1122条	尚未经过分家析产的家庭共同财产或夫妻共同财产	《民法典》第1153条
2	遗嘱继承纠纷	按照遗嘱内容继承遗产	《民法典》第1133条	被继承人同时和他人订有遗赠扶养协议	《民法典》第1123条
				遗嘱存在无效或变更、可撤销情形	《民法典》第1140条、第1141条、第1142条、第1143条；《民法典继承编解释（一）》第26条、第28条
				遗嘱继承人或受遗赠人存在丧失、放弃继承权或先于遗嘱人死亡的情形	《民法典》第1124条、第1144条、第1154条
				被继承人存在债务	《民法典》第1159条、第1161条、第1162条
3	遗赠扶养协议纠纷	履行遗赠扶养协议	《民法典》第1158条	遗赠扶养协议无效	《民法典》第1143条；《民法典继承编解释（一）》第26条

附3

最高人民法院关于适用《中华人民共和国民法典》婚姻家庭编的解释（二）

法释〔2025〕1号

（2024年11月25日经最高人民法院审判委员会第1933次会议通过 2025年1月15日最高人民法院公告公布 自2025年2月1日起施行）

为正确审理婚姻家庭纠纷案件，根据《中华人民共和国民法典》《中华人民共和国民事诉讼法》等相关法律规定，结合审判实践，制定本解释。

第一条 当事人依据民法典第一千零五十一条第一项规定请求确认重婚的婚姻无效，提起诉讼时合法婚姻当事人已经离婚或者配偶已经死亡，被告以此为由抗辩后一婚姻自以上情形发生时转为有效的，人民法院不予支持。

第二条 夫妻登记离婚后，一方以双方意思表示虚假为由请求确认离婚无效的，人民法院不予支持。

第三条 夫妻一方的债权人有证据证明离婚协议中财产分割条款影响其债权实现，请求参照适用民法典第五百三十八条或者第五百三十九条规定撤销相关条款的，人民法院应当综合考虑夫妻共同财产整体分割及履行情况、子女抚养费负担、离婚过错等因素，依法予以支持。

第四条 双方均无配偶的同居关系析产纠纷案件中，对同居期间所得的财产，有约定的，按照约定处理；没有约定且协商不成的，人民法院按照以下情形分别处理：

（一）各自所得的工资、奖金、劳务报酬、知识产权收益，各自继承或者受赠的财产以及单独生产、经营、投资的收益等，归各自所有；

（二）共同出资购置的财产或者共同生产、经营、投资的收益以及其他无法区分的财产，以各自出资比例为基础，综合考虑共同生活情况、有无共同子女、对财产的贡献大小等因素进行分割。

第五条 婚前或者婚姻关系存续期间，当事人约定将一方所有的房屋转移登记至另一方或者双方名下，离婚诉讼时房屋所有权尚未转移登记，双方对房屋归属或者分割有争议且协商不成的，人民法院可以根据当事人诉讼请求，结合给予目的，综合考虑婚姻关系存续时间、共同生活及孕育共同子女情况、离婚过错、对家庭的贡献大小以及离婚时房屋市场价格等因素，判决房屋归其中一方所有，并确定是否由获得房屋一方对另一方予以补偿以及补偿的具体数额。

婚前或者婚姻关系存续期间，一方将其所有的房屋转移登记至另一方或者双方名下，离婚诉讼中，双方对房屋归属或者分割有争议且协商不成的，如果婚姻关系存续时间较短且给予方无重大过错，人民法院可以根据当事人诉讼请求，判决该房屋归给予方所有，并结合给予目的，综合考虑共同生活及孕育共同子女情况、离婚过错、对家庭的贡献大小以及离婚时房屋市场价格等因素，确定是否由获得房屋一方对另一方予以补偿以及补偿的具体数额。

给予方有证据证明另一方存在欺诈、胁迫、严重侵害给予方或者其近亲属合法权益、对给予方有扶养义务而不履行等情形，请求撤销前两款规定的民事法律行为的，人民法院依法予以支持。

第六条 夫妻一方未经另一方同意，在网络直播平台用夫妻共同财产打赏，数额明显超出其家庭一般消费水平，严重损害夫妻共同财产利益的，可以认定为民法典第一千零六十六条和第一千零九十二条规定的“挥霍”。另一方请求在婚姻关系存续期间分割夫妻共同财产，或者在离婚分割夫妻共同财产时请求对打赏一方少分或者不分的，人民法院应予支持。

第七条 夫妻一方为重婚、与他人同居以及其他违反夫妻忠实义务等目的，将夫妻共同财产赠与他人或者以明显不合理的价格处分夫妻共同财产，另一方主张该民事法律行为违背公序良俗无效的，人民法院应予支持并依照民法典第一百五十七条规定处理。

夫妻一方存在前款规定情形，另一方以该方存在转移、变卖夫妻共同财产行为，严重损害夫妻共同财产利益为由，依据民法典第一千零六十六条规定请求在婚姻关系存续期间分割夫妻共同财产，或者依据民法典第一千零九十二条规定请求在离婚分割夫妻共同财产时对该方少分或者不分的，人民法院应予支持。

第八条 婚姻关系存续期间，夫妻购置房屋由一方父母全额出资，如果赠与合同明确约定只赠与自己子女一方的，按照约定处理；没有约定或者约定不明确的，离婚分割夫妻共同财产时，人民法院可以判决该房屋归出资人子女一方所有，并综合考虑共同生活及孕育共同子女情况、离婚过错、对家庭的贡献大小以及离婚时房屋市场价格等因素，确定是否由获得房屋一方对另一方予以补偿以及补偿的具体数额。

婚姻关系存续期间，夫妻购置房屋由一方父母部分出资或者双方父母出资，如果赠与合同明确约定相应出资只赠与自己子女一方的，按照约定处理；没有约定或者约定不明确的，离婚分割夫妻共同财产时，人民法院可以根据当事人诉讼请求，以出资来源及比例为基础，综合考虑共同生活及孕育共同子女情况、离婚过错、对家庭的贡献大小以及离婚时房屋市场价格等因素，判决房屋归其中一方所有，并由获得房屋一方对另一方予以合理补偿。

第九条 夫妻一方转让用夫妻共同财产出资但登记在自己名下的有限责任公司股权，另一方以未经其同意侵害夫妻共同财产利益为由请求确认股权转让合同无效的，人民法院不予支持，但有证据证明转让人与受让人恶意串通损害另一方合法权益的除外。

第十条 夫妻以共同财产投资有限责任公司，并均登记为股东，双方对相应股权的归属没有约定或者约定不明确，离婚时，一方请求按照股东名册或者公司章程记载的各自出资额确定股权分割比例的，人民法院不予支持；对当事人分割夫妻共同财产的请求，人民法院依照民法典第一千零八十七条规定处理。

第十一条 夫妻一方以另一方可继承的财产为夫妻共同财产、放弃继承侵害夫妻共同财产利益为由主张另一方放弃继承无效的，人民法院不予支持，但有证据证明放弃继承导致放弃一方不能履行法定扶养义务的除外。

第十二条 父母一方或者其近亲属等抢夺、藏匿未成年子女，另一方向人民法院申请人身安全保护令或者参照适用民法典第九百九十七条规定申请人格权侵害禁令的，人民法院依法予以支持。

抢夺、藏匿未成年子女一方以另一方存在赌博、吸毒、家庭暴力等严重侵害未成年子女合法权益情形，主张其抢夺、藏匿行为有合理事由的，人民法院应当告知其依法通过撤销监护人资格、中止探望或者变更抚养关系等途径解决。当事人对其上述主张未提供证据证明且未在合理期限内提出相关请求的，人民法院依照前款规定处理。

第十三条 夫妻分居期间，一方或者其近亲属等抢夺、藏匿未成年子女，致使另一方无法履行监护职责，另一方请求行为人承担民事责任的，人民法院可以参照适用民法典第一千零八十四条关于离婚后子女抚养的有关规定，暂时确定未成年子女的抚养事宜，并明确暂时直接抚养未成年子女一方有协助另一方履行监护职责的义务。

第十四条 离婚诉讼中，父母均要求直接抚养已满两周岁的未成年子女，一方有下列情形之一的，人民法院应当按照最有利于未成年子女的原则，优先考虑由另一方直接抚养：

（一）实施家庭暴力或者虐待、遗弃家庭成员；

（二）有赌博、吸毒等恶习；

（三）重婚、与他人同居或者其他严重违反夫妻忠实义务情形；

（四）抢夺、藏匿未成年子女且另一方不存在本条第一项或者第二项等严重侵害未成年子女合法权益情形；

（五）其他不利于未成年子女身心健康的情形。

第十五条 父母双方以法定代理人身份处分用夫妻共同财产购买并登记在未成年子女名下的房屋后，又以违反民法典第三十五条规定损害未成年子女利益为由向相对人主张该民事法律行为无效的，人民法院不予支持。

第十六条 离婚协议中关于一方直接抚养未成年子女或者不能独立生活的成年子女、另一方不负担抚养费的约定，对双方具有法律约束力。但是，离婚后，直接抚养子女一方经济状况发生变化导致原生活水平显著降低或者子女生活、教育、医疗等必要合理费用确有显著增加，未成年子女或者不能独立生活的成年子女请求另一方支付抚养费的，人民法院依法予以支持，并综合考虑离婚协议整体约定、子女实际需要、另一方的负担能力、当地生活水平等因素，确定抚养费的数额。

前款但书规定情形下，另一方以直接抚养子女一方无抚养能力为由请求变更抚养关系的，人民法院依照民法典第一千零八十四条规定处理。

第十七条 离婚后，不直接抚养子女一方未按照离婚协议约定或者以其他方式作出的承诺给付抚养费，未成年子女或者不能独立生活的成年子女请求其支付欠付的抚养费的，人民法院应予支持。

前款规定情形下，如果子女已经成年并能够独立生活，直接抚养子女一方请求另一方支付欠付的费用的，人民法院依法予以支持。

第十八条 对民法典第一千零七十二条中继子女受继父或者继母抚养教育的事实，人民法院应当以共同生活时间长短为基础，综合考虑共同生活期间继父母是否实际进行生活照料、是否履行家庭教育职责、是否承担抚养费等因素予以认定。

第十九条 生父与继母或者生母与继父离婚后，当事人主张继父或者继母和曾受其抚养教育的继子女之间的权利义务关系不再适用民法典关于父母子女关系规定的，人民法院应予支持，但继父或者继母与继子女存在依法成立的收养关系或者继子女仍与继父或者继母共同生活的除外。

继父母子女关系解除后，缺乏劳动能力又缺乏生活来源的继父或者继母请求曾受其抚养教育的成年继子女给付生活费的，人民法院可以综合考虑抚养教育情况、成年继子女负担能力等因素，依法予以支持，但是继父或者继母曾存在虐待、遗弃继子女等情况的除外。

第二十条 离婚协议约定将部分或者全部夫妻共同财产给予子女，离婚后，一方在财产权利转移之前请求撤销该约定的，人民法院不予支持，但另一方同意的除外。

一方不履行前款离婚协议约定的义务，另一方请求其承担继续履行或者因无法履行而赔偿损失等民事责任的，人民法院依法予以支持。

双方在离婚协议中明确约定子女可以就本条第一款中的相关财产直接主张权利，一方不履行离婚协议约定的义务，子女请求参照适用民法典第五百二十二条第二款规定，由该方承担继续履行或者因无法履行而赔偿损失等民事责任的，人民法院依法予以支持。

离婚协议约定将部分或者全部夫妻共同财产给予子女，离婚后，一方有证据证明签订离婚协议时存在欺诈、胁迫等情形，请求撤销该约定的，人民法院依法予以支持；当事人同时请求分割该部分夫妻共同财产的，人民法院依照民法典第一千零八十七条规定处理。

第二十一条 离婚诉讼中，夫妻一方有证据证明在婚姻关系存续期间因抚育子女、照料老年人、协助另一方工作等负担较多义务，依据民法典第一千零八十八条规定请求另一方给予补偿的，人民法院可以综合考虑负担相应义务投入的时间、精力和对双方的影响以及给付方负担能力、当地居民人均可支配收入等因素，确定补偿数额。

第二十二条 离婚诉讼中，一方存在年老、残疾、重病等生活困难情形，依据民法典第一千零九十条规定请求有负担能力的另一方给予适当帮助的，人民法院可以根据当事人请求，结合另一方财产状况，依法予以支持。

第二十三条 本解释自 2025 年 2 月 1 日起施行。